DROIT CIVIL

EXPLIQUÉ.

COMMENTAIRE DU TITRE XVIII
DU LIVRE III DU CODE CIVIL :

DES

PRIVILÉGES ET HYPOTHÈQUES.

COMMENTAIRES PARUS.

DU TITRE DE LA VENTE, troisième édition, conforme à la première, 2 forts volumes in-8. — 48 fr.

DU TITRE DE LA PRESCRIPTION, troisième édition, 2 forts vol. in-8. — 48 fr.

———

SOUS PRESSE :

LE COMMENTAIRE DES TITRES DU LOUAGE ET DE L'É-CHANGE.

———

AVIS DE L'ÉDITEUR.

La première série des publications de M. le président TROPLONG, commençant au titre *de la Vente*, et finissant à celui *de la Prescription*, termine et complète l'ouvrage de M. Toullier. La seconde série des commentaires du DROIT CIVIL EXPLIQUÉ, comprenant de l'art. 1er à l'art. 1581 du Code civil, paraîtra immédiatement après.

PARIS. — IMPRIMERIE DE COSSON,
rue Saint-Germain-des-Prés, 9.

LE DROIT CIVIL

EXPLIQUÉ

SUIVANT L'ORDRE DES ARTICLES DU CODE,

DEPUIS ET Y COMPRIS LE TITRE DE LA VENTE.

DES

PRIVILÉGES ET HYPOTHÈQUES,

OU

COMMENTAIRE DU TITRE XVIII DU LIVRE III DU CODE CIVIL,

PAR M. TROPLONG,

CONSEILLER A LA COUR DE CASSATION,
ANCIEN PRÉSIDENT DE CHAMBRE A LA COUR ROYALE DE NANCY,
CHEVALIER DE L'ORDRE ROYAL DE LA LÉGION-D'HONNEUR,

OUVRAGE QUI FAIT SUITE A CELUI DE M. TOULLIER, MAIS DANS LEQUEL ON
A ADOPTÉ LA FORME PLUS COMMODE DU COMMENTAIRE.

TROISIÈME ÉDITION.

TOME PREMIER.

PARIS,

CHARLES HINGRAY, LIBRAIRE-ÉDITEUR,

10, RUE DE SEINE.
A NANCY, CHEZ GEORGE GRIMBLOT.

1838.

PRÉFACE.

« Istœ prœfationes, et libentiùs nos ad
» lectionem propositœ materiœ producunt. »
(CAIUS, l. 1, D. de Orig. Juris.)

«La matière des hypothèques, disait M. Réal,
» est sans contredit la plus importante de toutes
» celles qui doivent entrer dans la composition
» d'un Code civil. Elle intéresse la fortune mobi-
» lière et immobilière de tous les citoyens. Elle
» est celle à laquelle toutes les transactions so-
» ciales se rattachent. Suivant la manière dont elle
» sera traitée, elle donnera la vie et le mouvement
» au crédit public et particulier, ou elle en sera le
» tombeau. »

On ne trouvera rien d'exagéré dans ces paroles,
si l'on considère que c'est l'hypothèque qui conserve aux familles le précieux patrimoine des
épouses, qui protége la fortune de ceux à qui
leur âge ou leur incapacité morale ne permet pas
de surveiller leurs intérêts, qui soutient ou relève
le crédit du particulier, qui favorise le placement
des capitaux étrangers au commerce, qui porte
le numéraire au secours de l'agriculture et des spéculations civiles, et qui enfin, comme un puissant
levier, donne le mouvement aux plus importantes

1.
a

transactions, par cela même qu'elle les environne des plus solides garanties.

Cette influence journalière et immédiate de l'hypothèque sur la propriété et la circulation des capitaux, a souvent fait élever des plaintes amères sur la complication des rouages qui servent à la mettre en action. Je reconnaîtrai, tant qu'on voudra, que notre régime hypothécaire est susceptible de grandes améliorations. Mais espérer que l'on pourra jamais y introduire cette simplicité de combinaison qui séduit dans la pratique, et que l'on envie au coupon des rentes sur l'état ou au billet de banque, me paraît à la fois un désir irréfléchi et une utopie impossible à réaliser. Le régime hypothécaire restera toujours la partie la plus ardue du Code civil. Car il remue les intérêts les plus nombreux et les plus graves, il met en conflit les droits les plus opposés et en même temps les plus dignes de faveur ; et le législateur manquerait à sa mission si, par amour pour une simplicité systématique, il les courbait tyranniquement sous un joug absolu, plutôt que de les concilier par des tempéramens opportuns, au risque de sacrifier la simplicité à la justice civile. Lorsque la civilisation a développé chez un peuple un grand mouvement de transactions et d'affaires, la législation est toujours assez simple quand elle est nettement formulée, quand les solennités qu'elle emploie sont, quoique nombreuses, claires et commandées par l'utilité, quand leur établissement est mitigé dans l'application par un principe large d'équité. Après tout, cette

simplicité dans les lois, dont je vois quelques
esprits si préoccupés, n'est qu'un leurre funeste,
une promesse féconde en déceptions. Napoléon
qui a imprimé sur le Code civil les traits de cet
étonnant génie qui brilla dans le gouvernement
de l'état autant qu'à la tête des armées, Napoléon
a dit, à propos du régime hypothécaire, ces mots
profonds qu'il faut sans cesse rappeler aux hommes superficiels que la difficulté effraie, et qui ne
rêvent la simplification indéfinie de la législation
que pour se dispenser de la méditer : « Depuis
» que j'entends discuter le Code civil, je me suis
» souvent aperçu que la trop grande simplicité
» dans la législation est l'ennemie de la propriété.
» On ne peut rendre les lois extrêmement simples,
» sans couper le nœud plutôt que de le délier,
» et sans livrer beaucoup de choses à l'incertitude
» de l'arbitraire..... Que la loi soit moins simple,
» pourvu qu'elle soit conforme aux principes de la
» justice civile (1). »

Si j'avais un reproche à adresser à notre régime
hypothécaire, ce serait bien plutôt d'avoir visé
à une simplicité trop grande dans l'organisation
du système de l'aliénation des droits réels, et d'a-
voir exposé, par une trop grande sobriété dans
les formes, les acquéreurs et les prêteurs à des
mécomptes désastreux. Le système qui consacrait
le secret de l'hypothèque, et qui dispensait le créancier de l'assujettissement à la spécialité et à l'inscription, était, au premier coup d'œil, le plus sim-

(1) Confér., t. 7, p. 118.

ple, puisqu'il était le plus avare des solennités gênantes. C'est en partie sous ce rapport qu'il fut défendu par M. Bigot de Préameneu, dans le travail qu'il fournit au conseil d'état, pour repousser les innovations de la loi de l'an 7, et faire ressortir les avantages de l'ancienne jurisprudence. Mais qui pourrait nier aujourd'hui que cette simplicité ne fût la ruine du crédit et la source intarissable de longs et inextricables litiges? En effet, les idées ont fait bien du chemin, depuis M. Bigot et le petit nombre des conseillers d'état qui réchauffèrent, lors de la discussion du Code civil, les prédilections du chancelier d'Aguesseau pour l'hypothèque occulte. Dans un pays comme la France, où la publicité a pénétré partout comme base de la confiance des gouvernés dans les gouvernans, la raison publique ne sait plus comprendre comment la confiance entre particuliers pourrait s'établir sur le secret dans les affaires privées et sur les apparences souvent trompeuses d'un crédit qui veut échapper aux investigations.

Ainsi donc, pour raisonner sans préjuger sur le mérite du système hypothécaire qui nous régit, deux conditions sont indispensables : résister à ce désir de simplicité qui est incompatible avec la matière même des hypothèques, et de plus, accepter comme seul point de départ possible l'état de choses sanctionné par le Code civil. Quiconque voudrait enlever au législateur le libre emploi de formes, même multipliées, et subjuguer les transactions civiles sous le niveau d'une simplicité toujours arbitraire, méconnaîtrait les progrès de la science législative. Quiconque voudrait remonter dans le passé pour ressusciter les institutions surannées de notre ancien droit hypothécaire, ne serait pas de son temps, et faillirait aux leçons de l'expérience.

La question qui s'agite aujourd'hui parmi les jurisconsultes français et étrangers, est de savoir si le Code civil donne aux acquéreurs et aux créanciers le plus grand nombre de garanties désirables, ou bien s'il n'y aurait pas moyen d'augmenter ces garanties, en élargissant le principe de la publicité, et en le faisant pénétrer dans les hypothèques légales des femmes et des mineurs, et dans l'aliénation de tous les droits de propriété. C'est entre les partisans du *statu quo*, et ceux qui sollicitent les innovations que j'indique, qu'est aujourd'hui la lutte. Car je ne compte pas cette petite secte qui affiche la haute prétention de reconstituer à neuf la famille, la propriété, le droit de succession, toutes les relations de la vie sociale, et qui a proclamé sur le régime hypothécaire des conceptions qui peuvent marcher de pair avec ce qu'on trouve de plus extraordinaire dans le corps de ses doctrines. Le jurisconsulte de cette école spéculative est M. Decourdemanche, qui dépense beaucoup d'esprit à son service. Après avoir fait une brochure pour améliorer le régime hypothécaire, M. Decourdemanche a fini par le trouver décidément mauvais, même avec les perfectionnemens dont il avait cru pouvoir l'enrichir. Il pense que l'hypothèque

est contraire aux principes de justice qui doivent
régler les rapports des hommes entre eux ; qu'elle
est attentatoire au crédit public et anti-produc-
tive (1) ; qu'on doit la proscrire avec la même sévérité que le prêt sur gage mobilier, parce qu'elle est
immorale, et qu'elle ne tient aucun compte de la
bonne foi, etc. Il ne traite pas avec plus de faveur les
priviléges sur les meubles et sur les immeubles (2).
Il en propose en conséquence l'abolition, et demande qu'on interdise au débiteur de créer des
hypothèques. Au système hypothécaire, il sub-
stitue une vaste mobilisation du sol que l'on
assimilerait aux rentes sur l'état. La propriété,
dégagée de tous droits réels et hypothécaires, se
transmettrait sans entraves, et par là des valeurs
énormes seraient rendues à la circulation. Le
propriétaire qui aurait besoin d'argent, et qui
aujourd'hui n'emprunte que parce qu'il ne peut
pas vendre d'une manière opportune (3), se dé-
ferait de son immeuble avec la plus grande facilité, et en trouverait toujours un prix avantageux.

(1) Lettres sur la Législat., let. 8, p. 18 et 19. Ces lettres
ont été imprimées aux frais de la société saint-simonienne, et
publiées dans le *Globe*.

(2) Lettre 7.

(3) Rien n'est plus faux. Celui qui emprunte est toujours mû
par l'espoir de retrouver plus tard le capital prêté sans se priver
de sa propriété, qui est la chose à laquelle l'homme tient le
plus, et à laquelle il ne se décide à renoncer qu'à la dernière
extrémité. En général, il est rare que celui qui veut vendre ses
biens pour réaliser, ne le fasse pas avec avantage, lorsqu'il agit
avec discernement et sans précipitation.

Au lieu de contrats d'hypothèque ou d'antichrèse, il n'y aurait plus que des ventes à réméré. L'emprunteur passerait sous le nom du prêteur le nombre de pièces de terre qui serait nécessaire pour garantir la somme prêtée, et il se ferait remettre une promesse de revente pour l'époque où il rendrait la somme avancée. Si le prêteur vendait à un étranger avant le délai convenu, la vente serait valable, aucune clause résolutoire ne pourrait y porter atteinte. Mais le débiteur aurait une action en indemnité, et il est à croire que cette action serait presque toujours utile, car ceux qui prêtent sont ordinairement solvables.

Par ce moyen la législation serait simplifiée, la confiance renaîtrait, les procès et les frais de justice ne dévoreraient plus la substance du pauvre citoyen, la bonne foi présiderait à toutes les affaires, et probablement nous serions tous comme le sage de Zénon,

« *Liber, honoratus, pulcher, rex denique regum,*
» *Præcipuè sanus, nisi cum pituita molesta est* (1). »

Mais laissons les impraticables rêveries de cette école. Nous ne voulons nous occuper ici que des opinions éclairées par l'expérience ou susceptibles d'entrer dans le domaine des faits.

Et d'abord, jetons un coup d'œil sur les essais de systèmes hypothécaires opérés depuis quelques années chez des nations voisines, qui rivalisent avec nous de lumières et de civilisation.

(1) Horace, épit. 1, *in fine.*

L'étude de la législation comparée est la meilleure manière d'approfondir les grandes questions que présente la science du droit.

Deux codes hypothécaires, celui de Naples et du Piémont, se sont attachés à reproduire les bases principales du Code civil français. Au contraire, en Bavière, en Lombardie, dans la Belgique, la Hollande et dans le canton de Genève, des voies nouvelles ont été ouvertes ou proposées, et notre régime y est tombé dans un discrédit plus ou moins général. Cette adoption d'une part, cette répulsion de l'autre, sont des faits graves dont les causes doivent être recherchées.

Lorsque les royaumes de Naples et de Piémont interrogent les antiquités de leur droit, ils n'y trouvent, avec les lois romaines, que le secret de l'hypothèque, qui a cessé d'être en harmonie avec les besoins et les idées de l'époque actuelle, et qui ne réveille plus, nulle part, aucune sympathie (1). Mais on sait combien il est difficile de rompre d'une manière complète avec le passé. Arriver tout d'un coup d'un système où tous les droits réels se transmettent sans publicité, à une théorie qui les soumettrait tous sans exception à une manifestation extérieure aussi large que possible, serait une transition trop brusque et

(1) *Nulle part!* je vais trop loin. Car je vois, par la lecture des journaux, que la chambre des communes d'Angleterre, à la majorité de 161 voix contre 48, a rejeté le bill présenté par lord Brougham pour l'enregistrement des actes relatifs aux propriétés immobilières et pour la publicité des dettes contractées par les propriétaires fonciers.

trop hasardeuse. L'esprit humain, au milieu
même de ses goûts d'innovation, aime à s'arrêter
de degré en degré pour demander conseil à la
réflexion. Il était donc naturel que la première
tentative faite pour sortir de l'hypothèque occulte,
aboutît à une composition entre le secret absolu
et la publicité absolue du droit hypothécaire ; et
dès lors le Code français, qui offre précisément
l'expression de cette transaction, dut paraître au
législateur napolitain et piémontais le type du
meilleur système. Ajoutez à cela l'admiration et
quelquefois même l'engouement que le Code civil
avait excité chez l'étranger aussi bien qu'en France,
à cause de la précision de ses formes, de la clarté
de ses dispositions, et de l'avantage que présente
la codification moderne comparée au chaos de
l'ancien droit ; faites ensuite la part de l'habitude,
qui, pendant l'occupation française, avait popula-
risé le système hypothécaire du Code civil, et
avait attesté sa supériorité sur le régime fécond
en déceptions qui l'avait précédé ; alors on s'ex-
pliquera facilement pourquoi la révision du
Code français, ordonnée en 1815 par le roi de
Naples, et terminée en 1819 (1), n'amena dans la
matière des hypothèques que des modifications
secondaires, qui ne touchent en rien aux idées
mères du système ; et pourquoi aussi l'édit piémontais du 16 juillet 1822, qui établit la publi-

(1) Voyez dans la Thémis, t. 2, p. 13, un article de M. Ro-
manazzi, Napolitain. Le Code révisé fut déclaré exécutoire à
partir du 1er septembre 1819.

cité et la spécialité à partir du 1er janvier 1823, est à peu près taillé sur le modèle du Code civil (1). Dans un moment où les dynasties anciennes avaient repris leur place, où les conquêtes de Napoléon n'existaient plus qu'en souvenir, et où il se faisait une sorte de réaction contre la domination de la France, ce fut une œuvre de sagesse, et dont il faut savoir gré au législateur napolitain et piémontais, de n'avoir pas rétrogradé jusqu'à l'hypothèque occulte, qui semblait plus en harmonie avec les principes du gouvernement.

Les légères modifications dont j'ai parlé pouvant servir au perfectionnement de quelques parties de notre Code, ou tout au moins à mettre en lumière les élémens d'une controverse toujours utile, je ferai connaître rapidement ici celles qui ont le plus d'importance.

Tout en disposant que le défaut d'inscription ne peut être opposé à la femme ou au mineur, le Code napolitain a cru devoir mettre en mouvement un plus grand nombre d'agens que le Code français, pour procurer l'inscription des hypothèques légales. Il ordonne aux notaires qui reçoivent des actes de constitution de dot, de prendre inscription pour la femme, à peine de destitution et de dommages et intérêts (2). De plus, le juge de paix et son greffier ne doivent pas délivrer des expéditions de délibérations du

(1) Voyez l'analyse de cet édit dans Thémis, t. 5, p. 225, article de M. Jourdan.

(2) Thémis, t. 5, p. 235.

conseil de famille sur la tutelle, si on ne leur justifie de l'inscription prise sur les biens du tuteur. (*Art.* 2027, 2029, 2031.)

Lorsque le mariage est dissous, ou que la minorité a cessé, le même Code veut que la veuve et le mineur prennent inscription dans le délai d'un an, à compter de la dissolution du mariage ou de la majorité. (*Art.* 2032, 2033.) Cette disposition réalise un vœu émis par M. Grenier, pour améliorer le système du Code civil (1).

Suivant l'art. 2014 du Code napolitain, les contrats passés en pays étranger ne sont pas dépourvus de tout effet hypothécaire. Seulement, les tribunaux napolitains doivent en prendre connaissance et en ordonner l'inscription, s'il y a lieu (2). Cette disposition me paraît beaucoup plus juste que celle de notre article 2128, qui rend absolument inefficace la stipulation d'hypothèque conventionnelle, contenue dans un contrat passé en pays étranger. On verra plus bas (3) les motifs de la préférence que j'accorde à cet égard au Code napolitain.

Quant au législateur piémontais, il est entré moins vivement que le Code des Deux-Siciles dans l'imitation du Code français. On y sent, de temps

---

(1) T. 1, p. 524.

(2) I contratti fatti in paese straniero, secondo le leggi del luogo, possono produrre ipoteca sopra i beni esistenti nel regno, allorchè fattone l'esame dal tribunal civile della provincia o della valle, inteso il publico ministero, con sentenza ne sarà ordinata l'iscrizione.

(3) N° 511.

en temps, une tendance à se rapprocher du droit romain; c'est ce que l'on aperçoit dans la dispense indéfinie d'inscription accordée au fisc, au vendeur, au copartageant, à la femme mariée, aux enfans sur les biens du père administrateur.

Les priviléges y sont multipliés bien au-delà des bornes tracées par notre Code, et ils ont effet du jour de leur date, pourvu qu'ils soient inscrits dans les trois mois.

Pour mieux assurer l'inscription de l'hypothèque légale de la femme, on exige, de même que dans le Code napolitain, que le notaire prenne inscription; et comme il pourrait ignorer la situation des biens, on ordonne qu'elle sera signalée au notaire par le mari, qui, pour le dire en passant, est un assez mauvais indicateur des renseignemens qu'on recherche, puisqu'il a intérêt à les dissimuler, et à rendre illusoire la sollicitude de la loi.

Ce qu'il y a de singulier dans un code pour qui l'adoption du système de la publicité semble avoir été un sacrifice, c'est que l'hypothèque légale du mineur est soumise à l'inscription.

Le montant de la surenchère est fixé au sixième.

Le renouvellement des inscriptions n'est plus nécessaire lorsque l'immeuble hypothéqué a été vendu judiciairement avant la péremption de l'inscription; lorsque, par l'expiration du délai accordé aux créanciers pour demander une nouvelle vente, le prix de l'immeuble se trouve définitivement fixé; ou lorsqu'il s'est introduit une instance générale de discussion. On a voulu trancher législativement des questions qui, chez nous, sont dans le domaine de l'interprétation. Quoique les solutions données par le législateur piémontais soient exactes, on pourra cependant se convaincre, par ce que nous avons dit sur ce point dans le courant de cet ouvrage (1), qu'il est loin d'avoir aperçu et embrassé toutes les difficultés qu'il voulait prévenir.

Telles sont à peu près les innovations que l'on remarque dans les deux codes imités du système français. Du reste, rien n'est changé à la théorie du Code civil sur la transmission du droit de propriété à l'égard des tiers : dans le concours de deux ventes faites par le même propriétaire, la préférence appartient au premier acquéreur, quand même le second aurait été plus diligent pour transcrire (2).

Des tentatives plus hardies se rencontrent dans le Code hypothécaire bavarois, dans la législation que l'Autriche a donnée au Milanais sur les hypothèques, dans les projets de Code génevois et belge, ainsi que dans la loi hollandaise du 28 avril 1834.

Le Code bavarois et l'édit milanais n'ont reculé devant aucune formalité ni devant aucune considération, afin d'assurer sur des bases solides le crédit entre particuliers. Tous les droits réels qui pèsent sur le gage immobilier donné au prêteur ou sur la propriété vendue à l'acquéreur, doivent

(1) N° 717, 718.
(2) Art. 2081 du Code napolitain.

être mis au grand jour. On a voulu que le créancier fût complétement sûr que son hypothèque ne pourrait le trahir ; on a voulu que l'acheteur ne pût sous aucun prétexte redouter des évictions inattendues. Pour arriver à ce résultat, il a été décrété que lorsque le propriétaire aliénerait sa chose à deux propriétaires différens, la propriété fût accordée à l'acquéreur le premier inscrit, quelle que fût d'ailleurs la date du titre (1).

Tout individu qui prétend exercer, sur un immeuble possédé par un tiers, un droit réel, soit à titre de servitude (2), de clause résolutoire, de possession, de bail, d'usufruit, d'antichrèse, de droit de retour ou de rachat, de disposition à charge de rendre ou fidéicommis, soit à titre d'hypothèque conventionnelle ou légale, doit justifier d'une inscription existante au moment de l'aliénation faite au tiers détenteur (3). A défaut de quoi, il est déchu de tout droit de suite, et il n'a qu'une simple créance contre celui avec qui il a contracté.

L'inscription est nécessaire, soit que le droit de propriété intégral ou partiel ait été transmis par actes entre vifs, soit qu'il ait été transmis par succession ou testament.

Nul ne peut perdre sa propriété, sans l'inscription du titre de déchéance.

Pour mieux garantir encore les tiers détenteurs

---

(1) § 432, 430, édit milanais.
(2) Dans le Code bavarois, la servitude est dispensée de l'inscription (Thémis, t. 6, p. 197).
(3) § 445, édit milanais. Code bavarois conforme.

contre les résolutions pour survenance d'enfans, ou contre les actions en nullité ou en rescision, la loi veut d'une part que le donateur n'ait contre le donataire qu'une action personnelle; de l'autre que les actions en nullité ou en rescision soient soumises à une prescription très-courte.

Lorsqu'il s'agit d'un droit litigieux, le prétendant-droit peut prendre une inscription provisoire appelée *prénotation;* et si sa prétention se vérifie, cette prénotation devient inscription définitive avec effet rétroactif au jour de sa date (1).

Les cessions d'hypothèque sont également assujéties à l'inscription, en sorte que les cessionnaires ne courent pas le risque d'être trompés par des transports antérieurs qu'ils ignoraient (2).

La tenue des écritures est combinée de la manière suivante.

Une *première* colonne contient :

1° La désignation individuelle de la propriété. De plus son estimation.

L'estimation sert de boussole au prêteur, qui peut calculer avec son secours si les charges qui grèvent l'immeuble lui permettront de rentrer dans ses fonds.

2° Les droits réels, tels que dîmes, droits seigneuriaux, servitudes, etc., dont la propriété est grevée.

Les prénotations.

Cette subdivision de la première colonne dé-

(1) Code bavarois, Thémis, t. 6, p. 199.
(2) Idem, p. 200.

termine l'état de l'immeuble à l'égard des tiers.

La *deuxième* colonne contient :

1° La désignation du possesseur.

2° L'indication de son titre et les restrictions qui le limitent ou peuvent le faire résoudre, telles que réserve d'alimens, faculté de rachat.

Cette deuxième colonne indique l'état de l'immeuble dans ses rapports avec son possesseur actuel, et par elle, le créancier ou l'acheteur aperçoivent d'un coup d'œil les chances d'éviction qui pèsent sur celui avec qui ils contractent.

La *troisième* colonne contient :

1° Les hypothèques dont la chose est grevée.

2° Les cessions d'hypothèque, qui font apercevoir le mouvement de la créance hypothécaire.

3° Les radiations d'hypothèque.

L'inscription hypothécaire s'effectue en indiquant :

Le montant de la créance, même indéterminée;

La nature et la date du titre;

Le taux de l'intérêt;

Le créancier;

Les changemens survenus dans la créance par paiement partiel ou intégral;

Les changemens survenus dans la personne du créancier (1).

Deux tables indiquent, l'une le nom des propriétés inscrites, l'autre celui des propriétaires.

Par cet aperçu des principes fondamentaux des Codes bavarois et milanais, on voit que le législa-

_____

(1) Code bavarois, t. 6, p.196 et suiv.

teur a laissé bien loin derrière lui non seulement
le Code civil français, mais encore la loi de brumaire an 7, que ce même Code avait cependant
trouvée trop prodigue de publicité, soit en ce qui
concerne la transmission de la propriété, soit en
ce qui concerne les hypothèques légales.

Un respect si exclusif pour la publicité la plus
absolue, une application si vive et si énergique
d'un principe dont nos législateurs n'ont jamais
voulu user que partiellement, ne saurait s'expliquer par le seul amour de la logique. Si celui qui
donne des lois à un peuple n'était que logicien, il
aurait bientôt fait le désespoir de ses sujets, et les
hommes qui ont formulé le Code bavarois (1)
et l'édit milanais avaient assez de lumières, pour
savoir que la meilleure législation n'est pas celle
qui est la plus fidèle aux règles inflexibles du syl-
logisme, mais celle qui s'adapte le mieux aux
mœurs d'une nation. C'est, en effet, dans les vieux
usages de l'Allemagne qu'il faut chercher la source
du système dont nous venons d'esquisser les traits
principaux. Elle est là tout entière, et non dans
des théories imaginées dans le cabinet, et déduites,
la dialectique à la main, sans tenir compte de
l'état des peuples.

Lorsqu'une nation en est encore à son époque
féodale (2), et que l'idée abstraite de morale et

(1) Le Code bavarois a été rédigé par M. Goenner, savant
jurisconsulte. Thémis, t. 6, p. 193.

(2) Sur le caractère des époques féodales ou aristocratiques,
voyez l'admirable ouvrage de Vico, intitulé *Scienza nuova*
(Science nouvelle), et traduit par M. Michelet.

I.   b

d'équité n'a pas encore pénétré dans les profondeurs de la société, le législateur est obligé de frapper les sens grossiers de l'homme par des rites symboliques et des formes palpables, qui gravent dans sa pensée les actes de la vie civile, qui lui en rappellent l'importance, qui l'enchaînent aux obligations qui en découlent. Le droit n'est alors qu'une sorte de drame, où chaque contrat s'exprime par des solennités mimiques, des emblèmes, des paroles sacramentelles, etc., etc. De là les formalités de l'hommage lige et simple, la procédure si minutieuse des épreuves, l'offre d'un gazon ou d'un fétu pour signifier et opérer la tradition d'un immeuble, et tant d'autres cérémonies semblables, dont le droit était surchargé au moyen-âge. Dans l'opinion de cette époque, on ne pouvait concevoir l'aliénation d'un droit par la seule volonté des parties, et sans le secours d'un acte exprimant, par un fait extérieur et allégorique, que l'ancien propriétaire se dépouillait, et que l'acquéreur était investi à sa place (1).

C'est dans ces antiquités du droit féodal qu'est l'origine du nantissement, du vest et dévest, des œuvres de loi, etc., pratiqués d'abord dans toute la France avec des modifications diverses, restreints ensuite à certaines provinces, connues sous le nom de pays de nantissement, et toujours maintenus dans la Belgique et l'Allemagne, où les formes féodales se sont perpétuées avec plus de

---

(1) Vico a mis dans tout leur jour ces vérités si importantes dans l'histoire du droit.

tenacité que partout ailleurs. Sans doute les progrès de la civilisation ont modifié ces formes. Ce
qui n'était qu'une procédure réellement en action
s'est converti en une procédure écrite ; mais le
sens en est resté le même ; et pour ces peuples,
l'aliénation du droit de propriété, partiel ou intégral, n'a jamais pu se détacher de la nécessité d'une
tradition imitative, à défaut de tradition manuelle,
et d'une manifestation solennelle et éclatante.

On conçoit, maintenant, comment le régime
hypothécaire adopté par le Code bavarois a pu
facilement s'implanter, sur un terrain de longue
main préparé, par l'emploi des formes nationales
nécessaires pour la transmission du droit de propriété. Depuis le milieu du siècle dernier, ce régime hypothécaire est en plein usage dans la Prusse
et dans l'Autriche, et il ne paraît pas qu'il ait
éprouvé d'entraves dans sa mise à exécution (1).
Là d'ailleurs, comme en Bavière, la tenue des registres des droits réels est singulièrement simplifiée par l'existence de grands domaines, par l'im-
mobilité dont plusieurs sont frappés à raison de
substitutions fidéicommissaires, par une législation sur les successions qui ne tend pas, comme
en France, à diviser indéfiniment la propriété (2).
La popularité dont ce système hypothécaire jouit
en Autriche, dit suffisamment pourquoi l'empereur
a voulu l'introduire dans ses états du Milanais.

(1) Rapport de M. Girod sur le projet de Code génevois.
Thémis, t. 9, p. 19.
(2) M. Jourdan, Thémis, t. 6, p. 202.

M. Bigot a cherché à flétrir ces usages de l'Allemagne et de la Belgique, en les représentant comme
le résultat de l'oppression des seigneurs féodaux,
qui, afin de multiplier leurs droits de mutations,
ont assimilé la constitution d'hypothèque à une
aliénation effective, et ont entravé les transmissions de la propriété par mille formalités, pour
qu'aucune n'échappât à leur avide surveillance (1).
Mais c'est fausser entièrement la vérité de l'histoire. Que les financiers de la féodalité aient profité dans leur propre intérêt de coutumes qui
facilitaient la perception de certains impôts; qu'ils
aient même régularisé ces coutumes dans un but
d'investigation purement fiscale, c'est ce que je
m'empresse de reconnaître. Mais il n'en est pas
moins vrai qu'en elles-mêmes, ces coutumes sont
indépendantes de leurs inventions, et que leur
racine se trouve dans l'intimité même des mœurs
du moyen-âge (2).

Ce régime hypothécaire, si heureusement pratiqué en Allemagne, une commission législative.
l'a proposé, le 21 décembre 1827, à l'adoption du

---

(1) Confér.; t. 7, p. 80, 81, 82.

(2) Je trouve la confirmation de ces idées dans un petit écrit
de M. Cooper, qui traite *des formalités extrinsèques des actes
translatifs de propriété* (Londres, 1831). Ce savant jurisconsulte anglais reconnaît que les *transcriptions et registrations*
en usage chez les peuples du Nord n'ont pas été introduites
originairement par une pensée de crédit public, mais bien
comme moyen plus prompt et plus facile de remplacer l'ancienne tradition (p. 56, 57).

conseil représentatif du canton de Genève (1).
Le projet de loi a été rédigé en grande partie par
M. Bellot, conservateur des hypothèques depuis
quinze ans. Le rapport habilement travaillé, ouvrage de M. Girod, contient la critique la plus
complète et la plus spécieuse du droit hypothécaire, que le Code civil a établi à Genève lorsque
ce pays faisait partie de la France. M. Girod lui
reproche de s'être placé en arrière de ce que la
loi du 11 brumaire an 7 avait ordonné ; d'avoir
permis aux hypothèques légales des femmes et des
mineurs de ne pas se promulguer ; d'avoir entièrement négligé les moyens de constater que l'immeuble, objet du contrat et de la garantie, appartient à l'individu qui se représente comme propriétaire, etc. ; les dispositions que nous avons vues
dans le Code bavarois et dans l'édit milanais sont
proposées comme infiniment préférables ; l'inscription de tous les droits réels, les prénotations,
la publicité des cessions d'hypothèques, passent
dans le projet de loi précédées d'un commentaire lumineux pour en faire sentir les avantages ;
enfin les objections tirées de la grandeur de ces
innovations, de l'encombrement des registres, de
l'immense responsabilité imposée au conservateur,
sont réfutées avec soin, et donnent lieu à deux
mesures imposantes : la première, c'est que les
inscriptions seront affranchies du renouvellement
décennal qui complique inutilement les écritures ;
la seconde, c'est la création d'une caisse d'indem-

(1) Thémis, t. 9, p. 1 et suiv.

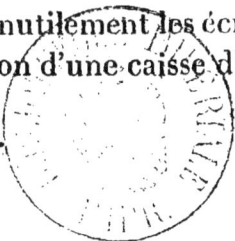

nité où se puiseront les sommes dues pour vices
dans la tenue des registres, et qui sera dotée du
dixième de ce que l'état aura reçu pour droits
perçus par le conservateur (1). Je dois faire observer, au surplus, que ces projets de réforme en
sont, à l'heure qu'il est, au point où le rapport
de M. Girod les a laissés.

Le projet du Code belge contient des innovations moins larges, mais cependant profondes. Ce
projet, présenté en 1824 aux états-généraux, devait se coordonner avec un projet de Code civil,
dont l'une des bases était que la propriété des
immeubles ne pourrait être transférée que par la
transcription (2). Or, pour peu qu'on ait étudié
l'histoire du droit, on sait combien de facilités
offraient les anciens usages belges pour soumettre
à un témoignage public les mutations de droits
réels!! Quant aux hypothèques considérées isolément, le législateur semble avoir (3) fait tous
ses efforts pour rompre les habitudes que la
longue existence de notre Code avait fait germer
en Belgique. Il propose d'abolir les hypothèques
légales du trésor, des mineurs et des femmes,

(1) Cet intéressant rapport se trouve dans la Thémis, t. 9,
p. 1 et suiv.

(2) V. la *Revue étrangère*, t. 1, p. 102 et suiv., et surtout
p. 641. Nous ne saurions trop recommander au public stu-
dieux cet intéressant recueil publié par M. Fœlix.

(3) V. l'analyse que M. Jourdan a faite de ce projet dans la
Thémis, t. 7, p. 53 et suiv. Ce jurisconsulte a cru à tort que
dans le nouveau système proposé, l'aliénation de la propriété
devait rester sous l'empire des dispositions de notre Code civil.

et de n'admettre ces hypothèques qu'autant qu'elles seraient conventionnelles et spéciales. Il entre par là dans le vieux système attesté par Voët (1), et qui n'accordait à la femme aucune hypothèque légale (2). Il proscrit l'hypothèque judiciaire et l'hypothèque générale. Il veut que toute hypothèque soit contractuelle, spéciale et publique. Quant aux priviléges, ils doivent cesser d'attribuer un *jus in re;* ils n'ont plus de droit de suite, et n'ont d'effet qu'entre créanciers d'un débiteur commun. Les créanciers privilégiés ne sont préférables qu'aux chirographaires, mais ils sont primés par les créanciers hypothécaires. C'est la résurrection de la théorie du droit romain (3), que le droit français avait depuis bien long-temps renversée. Or, on sait qu'avant la révolution qui a rompu les liens de la Belgique et de la Hollande, le gouvernement du roi Guillaume était loin de venir chercher en France des autorités, et qu'il se laissait diriger par cette pensée, « qu'il fallait » autant que possible des Codes qui éloignassent » les Belges des institutions françaises (4) ».

(1) Lib. 20, t. 2. n° 20. V. *infrà*, n° 417, note.

(2) M. Jourdan dit qu'il ne peut deviner les motifs de cette innovation du projet du Code belge, et il se livre à des conjectures assez éloignées, p. 56, 57. Il me semble que les antiquités du droit hollandais expliquent clairement cette privation de l'hypothèque légale.

(3) *Infrà*, n°' 18, 19, 20.

(4) Thémis, t. 1, p. 90, article sur les Codes nouveaux qui se préparent en Europe. Voyez aussi, même ouvrage, t. 3,

Aussi, l'un des premiers actes du gouvernement provisoire établi en Belgique lors de la révolution de 1830, a-t-il été de rapporter les projets de Code préparés par les ministres du monarque hollandais; et la révision du système hypothécaire qu'ils avaient médité, a été englobée dans cette proscription. La Belgique reste donc soumise au régime hypothécaire du Code civil. Je n'y connais qu'une seule modification, résultant d'une loi du 22 décembre 1828, qui a statué « qu'à partir » du 1er janvier 1829, il n'y aurait plus lieu au » renouvellement décennal des inscriptions por- » tées sur les registres hypothécaires, en vertu de » la législation en vigueur ».

Mais les tentatives d'innovation qui avaient trouvé la Belgique rebelle, ont été conduites avec plus de succès dans la Hollande séparée de son heureuse rivale. Le gouvernement vient d'y faire adopter, en 1834, le système hypothécaire dont j'ai esquissé tout à l'heure les traits principaux (1). La propriété ne s'y transmet donc désormais que par le secours de la transcription. La loi ne reconnaît plus d'hypothèques légales, judiciaires et générales. Les priviléges sont primés par l'hypothèque, et n'ont pas de droit de suite. Le privilége du vendeur et du copartageant sont abolis. Une inscription ne peut être déclarée nulle qu'autant qu'elle

---

p. 188, un passage de l'exposé des principes qui ont dirigé le législateur belge dans la refonte du Code français.

(1) V. la loi tout entière dans la *Revue étrangère*, t. 1, p. 640 et suiv.

ne fait pas connaître suffisamment le créancier, le débiteur, la dette ou le bien grevé (art. 1264)(1). L'inscription conserve l'hypothèque sans renouvellement (art. 1265). Le délaissement est supprimé. Le mode de purgement est soumis à des modifications graves qui ne semblent pas toujours heureuses; par exemple, la surenchère n'est pas autorisée, et les créanciers restent à peu près désarmés contre les simulations de prix si fréquentes dans nos mœurs.

Toutes ces réformes, réalisées ou projetées en pays étranger, avec plus ou moins d'étendue, doivent avoir pour nous une importance d'autant plus grande, qu'il existe en France une opinion sinon générale, du moins très-imposante, qui tient en grande méfiance le système hypothécaire qui nous régit. Après l'enthousiasme que le Code civil excita à sa naissance, sont venues la réflexion qui a refroidi bien des admirateurs, et la pratique qui a fait naître plus d'un mécompte. La critique a élevé sa voix; et quand elle a eu pour organes des hommes tels que l'infortuné Jourdan, ravi trop tôt à la science du droit qu'il éclairait de la vive lumière de ses aperçus historiques et philosophiques, elle a parlé un langage véhément, incisif, je dirai presque accusateur. Le travail hypothécaire du législateur de 1804 a été immolé sans pitié aux conceptions plus avancées de nos voisins d'Allemagne; l'œuvre de Napoléon, de Portalis et

(1) V. mon comm. de l'art. 2146, t. 3, et ma critique de la jurisprudence de la cour de cassation.

de Treilhard a été stygmatisée, comme un chaos d''*élémens hétérogènes, de dispositions inexplicables, d'antinomies insolubles, ne produisant que tourment pour les interprètes et procès pour les justiciables* (1). Puis, est entré dans la lice un homme que la France pleure encore, Casimir Périer, qui voulut l'ordre avec la fermeté d'un grand caractère, et le progrès avec la maturité d'un génie sage et prudent. Notre système hypothécaire lui avait paru tellement vicieux, qu'en 1827 il ouvrit spontanément un concours, pour indiquer les améliorations qui pouvaient lui rendre la confiance publique, et il créa un prix de 3000 francs pour l'auteur du mémoire qui aurait le mieux atteint ce but. « Depuis long-temps (écrivait-il aux jour- » naux le 5 février 1829), tous ceux qui s'intéres- » sent à la prospérité sociale, s'affligent d'en voir » le développement entravé PAR LES VICES DE NOTRE » SYSTÈME HYPOTHÉCAIRE, dont les principaux ef- » fets sont d'éloigner les capitaux des prêts sur » immeubles, et de maintenir la disproportion » considérable et fâcheuse qui existe entre l'inté- » rêt dans les emprunts sur la propriété, et celui » que présentent les autres opérations de même » nature. Le commerce et l'agriculture réclament » également, dans cette partie de notre législation, » des améliorations qui permettent d'étendre le » crédit dont l'un et l'autre éprouvent un si grand » besoin, en l'assurant sur la base à la fois la plus

(1) Thémis, t. 5, p. 228, 229. Voir aussi, p. 481, et t. 6, p. 193.

»large et la plus solide, sur la valeur immense de
»notre sol.

» Frappé de ce fâcheux état de choses, et dési-
»rant contribuer à en avancer le terme, j'ai pro-
» posé, il y a deux ans, les questions suivantes, en
»créant un prix de 3000 francs pour l'auteur du
» mémoire qui serait reconnu les avoir le mieux
» résolues.

» 1° Quels sont en France les vices et les lacunes
» des dispositions législatives et administratives
» concernant le prêt hypothécaire ?

» 2° Quels sont les obstacles qui s'opposent à
» la direction des capitaux vers cette nature d'em-
» ploi ?

» 3° Quelles seraient enfin les meilleures dispo-
» sitions à établir pour former sur cette partie le
» projet de législation le plus complet et le plus
» en harmonie avec les besoins du fisc, ceux des
» emprunteurs, et les garanties qu'ont droit d'exi-
» ger les prêteurs, etc. ? »

Une législation sur laquelle pèse une im-
probation venue de si haut, et si solennellement
manifestée, ne saurait être absoute, ni par
le grand nom de ses auteurs, ni par les imi-
tations qu'elle a produites au dehors, ni par les
apologies incomplètes de quelques uns de ses
partisans (1). Le gant lui a été jeté ; il faut
qu'elle le relève, et qu'elle vienne rendre compte

(1) Dissert. sur le régime des hypothèques, par M. Henne-
quin (Thémis, t. 4, p. 352 et suiv.). Ce célèbre avocat est
loin d'avoir abordé toutes les objections.

des principes qu'elle a préférés, et des motifs
de son option. Cependant jusqu'à ce jour la critique a parlé seule, et la défense est restée muette.
Est-ce donc à dire que la cause est définitivement perdue?

Pour moi, je ne veux me constituer ni le défenseur absolu ni l'adversaire exclusif du régime
hypothécaire, objet de tant d'attaques. De grands
défauts existent dans le Code; des lacunes fâcheuses s'y font remarquer. Mais, à tout prendre,
ses vices ne sont pas tous aussi énormes, ils ne
sont pas aussi nombreux que le pensent ceux qui
lui reprochent de nuire au crédit, dont devrait
jouir la propriété foncière. Peut-être que, sous ce
dernier rapport, on ne fait pas assez d'attention
qu'on veut rendre le régime hypothécaire responsable d'un état de choses qui tient, en partie, à la
nature même de la propriété.

Quelque simple qu'on suppose la saisie immobilière, qui est la sanction de l'hypothèque, il faudra toujours des formalités assez lentes et même
assez dispendieuses pour arriver à l'expropriation.
Le crédit n'est pas le seul qui ait droit à des garanties. La propriété n'est pas moins fondée à en
réclamer; car elle est le plus précieux de ces biens
inestimables pour lesquels l'homme demande à
la société toute sa sollicitude. Or, pour que la propriété soit efficacement garantie, il est indispensable que le débiteur, qui l'a offerte comme sûreté, trouve, dans des formalités prudentes, la
certitude que ses créanciers n'abuseront pas de sa
position, ne s'enrichiront pas injustement à ses

dépens, et feront vendre son immeuble à sa vraie valeur. Il faut, de plus, des précautions pour que la brusquerie des prêteurs ne trouble pas violemment la possession des tiers détenteurs, et consente à entrer avec eux en compte de leurs améliorations. Enfin, les créanciers eux-mêmes doivent être rassurés contre la crainte que l'un d'entre eux ne s'empare, sans droit, du gage commun. Tous ces intérêts compliqués et divers ne sauraient être pris en considération, sans retarder la rapidité des poursuites, et par conséquent le paiement de ce qui est dû.

Il suit de là qu'un inconvénient grave, et découlant nécessairement de la nature même de la propriété, sera toujours inhérent au prêt hypothécaire. C'est que le prêteur ne peut espérer une prompte rentrée dans son capital, si à l'échéance le débiteur ne paie pas volontairement; et cet inconvénient se présente d'autant plus fréquemment, qu'en général ceux qui empruntent sur hypothèque manquent de crédit personnel; qu'on prête plutôt au sol qu'à eux-mêmes, et qu'une dette contractée par un propriétaire foncier en amenant ordinairement une autre, l'expropriation forcée est le terme où aboutit son dérangement. Je ne dis pas que ce résultat soit sans exception. Je suis loin de prétendre qu'il n'y ait aucun prêt hypothécaire qui ne soit fondé sur le désordre des affaires de l'emprunteur; je reconnais même que beaucoup d'emprunts sur gage immobilier sont contractés par des pères de famille possesseurs d'un actif solide. Mais j'ai voulu faire

allusion à l'état de choses malheureusement si-
gnalé par le plus d'exemples. Presque toujours les
propriétaires aiment mieux emprunter que vendre ; et quand ils ont emprunté et que le fardeau
des intérêts les a mis dans l'impossibilité de
restituer la somme, beaucoup préfèrent se laisser arracher le patrimoine qui leur est cher,
que de s'en séparer par un sacrifice volontaire.
C'est là un résultat de cet amour du sol, qui s'exalte
si facilement jusqu'à l'exagération la plus mal entendue, tant il a de profondes racines dans le cœur
de l'homme.

Placez au contraire le prêteur en présence d'un
commerçant en possession de tout son crédit.
Quelle immense différence ! Il n'en est pas ici
comme du propriétaire inconnu qui, ses titres
en main, est obligé de solliciter le secours du capitaliste. Le négociant accrédité n'a pas besoin
d'aller au devant des écus ; ce sont eux qui viennent le trouver. Son crédit vaut un titre authentique, son renom égale toutes les garanties. Quiconque a un excédant sur ses revenus, ou un capital disponible, s'empresse de le déposer chez lui,
en se contentant du modique intérêt qu'il lui
plaît de fixer. Car c'est lui qui dicte la loi, et non
lui qui la reçoit ; le prêteur se croit même heureux qu'il accepte ses fonds, dont peut-être il ne
saurait que faire, et il trouve une compensation
suffisante de la diminution du taux des intérêts
dans la certitude d'être remboursé sans frais et
sans longueur, souvent à sa simple réquisition.
Tels sont les avantages de prêter à la personne

plutôt qu'à la chose, au crédit plutôt qu'à la propriété. Le vrai crédit personnel est toujours prêt à rendre, la propriété toujours disposée à différer. Le crédit offre sûreté et promptitude, la propriété fait acheter la sûreté par de longs délais. La condition du crédit personnel est donc de l'emporter sur la propriété. Vouloir changer cela, c'est vouloir changer la nature des choses.

Mais cette supériorité du crédit sur le gage immobilier apparaît en caractères bien plus éclatans, quand c'est l'état qui emprunte, et que la sûreté du grand-livre de la dette publique est protégée par l'ordre intérieur, par la paix du dehors, et la fixité de la constitution. De tous les placemens de fonds, ceux qui offrent le plus de commodité, de sûreté et d'avantages, sont alors les achats de rentes sur l'état. La facilité des transferts, la puissance de l'amortissement, les chances d'élévation du capital, alors que l'avenir est exempt d'inquiétudes, le paiement régulier des intérêts dans les localités les plus reculées, tout concourt à faire affluer les capitaux dans cette direction, et à ralentir les prêts sur hypothèque. Épuisez les combinaisons les plus ingénieuses de la législation, et vous ne pourrez faire qu'un simple propriétaire soit aussi solvable que l'état placé dans une situation paisible, que le crédit d'un seul vaille le crédit de tous. Il faut donc accepter cet état de choses, ou bien se créer des chimères.

L'époque à laquelle Casimir Périer faisait appel aux jurisconsultes réformateurs, était celle d'une fièvre industrielle inouïe dans nos annales, et d'une confiance illimitée dans les fonds publics. La paix ouvrait au commerce de vastes débouchés; l'activité française se portait avec une ardeur impétueuse sur tous les genres de spéculation; la bourse, s'appuyant sur la situation florissante du pays , et sur la confiance qu'inspirait l'avenir, attirait à elle une masse énorme de capitaux , les uns pour se caser paisiblement , les autres pour courir les chances de l'agiotage. N'est-ce pas une conséquence même de cet état prospère , que les prêts sur hypothèques fussent sacrifiés , dans quelques villes de grand commerce , à des placemens qui souriaient davantage à la tendance des esprits et aux besoins de la société? Je suis peut-être dans l'erreur ; mais je m'étonne que l'esprit juste et profond de Casimir Périer ait imputé aux vices seuls du régime hypothécaire , cette préférence pour des opérations d'un autre genre.

Mais que la chance tourne , que le crédit soit ébranlé , que l'état soit en proie au génie des révolutions : alors les capitaux abandonneront le commerce , les rentes sur le grand-livre seront délaissées , et les prêts hypothécaires auront toute la faveur, parce que, s'ils ne sont pas les plus commodes; ils remplissent du moins toutes les conditions de solidité et de sûreté dont manquent les autres spéculations. Ainsi, chaque remède a sa vertu , chaque combinaison sa revanche et son temps d'opportunité. On a dit des hommes , *non omnia possumus omnes.* Il faut le dire aussi des institutions.

Cessons donc de demander à la législation hypothécaire des effets qu'elle ne pourra jamais produire. Cessons de vouloir qu'elle engendre une rapidité dans les transactions, une commodité dans les recouvremens, incompatibles avec les formes compliquées qui protégent la propriété; renonçons à exiger qu'elle donne à la personne qui n'a à offrir en gage que son immeuble, et qui ordinairement inspire des soupçons d'embarras pécuniaires, par cela seul qu'elle contracte des dettes, cette confiance qui est l'attribut de celui qui, par ses relations commerciales, sa bonne conduite, son travail et sa réputation, vit du crédit public et commande aux capitaux. Il ne faut pas se heurter contre des impossibilités.

Gardons-nous de croire d'ailleurs que les vices du régime hypothécaire empêchent tellement la machine de fonctionner, que le crédit en est frappé au cœur, et que les capitaux fuient épouvantés les prêts sur immeuble. Je sais que tous les jours on répète (et il est arrivé à Casimir Périer lui-même de le dire) que la direction des fonds disponibles s'éloigne d'une manière notable des placemens hypothécaires. Mais cette assertion, quoique sans cesse admise comme point de départ, est d'une incroyable inexactitude, au moins pour la province que j'habite et pour celles qui l'avoisinent. Les renseignemens que j'ai pris auprès de notaires éclairés m'ont prouvé que les capitaux abondent dans leurs études pour être employés en prêts sur contrats, tandis que ce sont les emprunteurs qui manquent et ne se présentent pas. Tout propriétaire qui offre un gage est sûr de ne pas attendre un instant l'argent dont il a besoin. Au contraire, celui qui veut placer est obligé de patienter long-temps, et souvent en vain, pour trouver quelqu'un qui veuille traiter avec lui ; et ce n'est pas seulement aujourd'hui que ce fait existe, il avait lieu même en 1825, à cette époque d'agiotage et de folles spéculations. Qu'on ne dise donc pas que le crédit échappe tout-à-fait à la propriété, et que les capitaux ont pour l'hypothèque une invincible répugnance. La vérité est que, malgré le contrepoids du grand-livre, le sol a encore auprès des détenteurs de fonds un large crédit ouvert, un crédit bien supérieur à ses besoins. Il ne faut pas faire le mal plus grand qu'il n'est, et gâter une bonne cause par l'exagération.

Et toutefois, nous ne devons pas nous abstenir de sérieux efforts pour perfectionner cette législation hypothécaire, mal conçue à tant d'égards. Nous avons droit de lui demander si elle remplit son but principal, la sûreté des fonds prêtés ; si elle ne trompe pas quelquefois la confiance des capitalistes nombreux qui ont encore foi à ses promesses, malgré les vives et publiques attaques dirigées contre ses défauts ; nous pouvons faire des vœux pour qu'elle se débarrasse de formalités inutiles, de lenteurs exagérées qui embarrassent son action. La procédure sur l'expropriation et sur l'ordre doit être simplifiée. Cependant ne nous abusons pas sur la portée de ces réformes. Quelque habiles qu'elles soient, elles ne donneront jamais à l'hypothèque cette allure dégagée, ces armes légères et promptes, qui ajoutent tant de prix au crédit commercial et aux rentes sur le grand-livre (1).

Un bon système hypothécaire ne saurait être conçu, sans se coordonner avec le droit qui préside à la transmission de la propriété. Les rédacteurs du Code civil l'avaient senti : car ils avaient proposé un projet d'article, d'où il résultait que les actes translatifs de propriété ne pouvaient être opposés à des tiers, quand ils n'avaient pas été transcrits (2). C'était persister dans le système adopté, après de longues méditations, par la loi de brumaire an 7. Mais cette proposition fut écartée au conseil d'état par l'influence de M. Tronchet,

---

(1) Plusieurs des propositions qu'on vient de lire ont été contredites par M. L. Wolowski, dans la *Revue de législation et de jurisprudence* (t. 1, p. 43 et suiv.), tribune nouvellement ouverte par ce jurisconsulte à la science du droit. M. Wolowski pense qu'il ne serait pas aussi impossible que je le dis, de donner au prêt hypothécaire la simplicité du coupon de rentes, et il s'appuie surtout sur une institution pratiquée avec succès en Pologne et en Prusse, *les associations territoriales de crédit*. Comme M. Wolowski a plutôt indiqué que développé ses idées dans le premier article qu'il a publié, je ne suis pas assez convaincu pour modifier les miennes. Jusqu'à preuve contraire, la raison philosophique et la raison pratique me feront croire que, tant que le régime hypothécaire sera tenu de pondérer les droits rivaux assis sur la propriété foncière, ce sera une machine compliquée dans ses ressorts et pesante comme le sol qui est son élément. Cependant, si M. Wolowski continue (ce que j'espère) à exposer en détail sa théorie, il me trouvera tout disposé à profiter de ses aperçus et à faire à la vérité le sacrifice de mes opinions.

(2) Confér., t. 7, p. 223.

qui la qualifia de *désastreuse* (1). Ce jurisconsulte
soutint que celui qui achète n'a pas besoin que
la loi pourvoie d'une manière particulière à sa
sûreté. « Il a les titres sous les yeux, disait-il. Il
» peut vérifier la possession du vendeur ; et ce
» serait pour se dispenser de cet examen, qu'on
» ne craindrait pas de compromettre la propriété
» d'un citoyen qui se repose avec sécurité sur un
» contrat légal !

» Cette disposition, à la vérité, n'est pas nou-
» velle : on l'a empruntée de la loi du 11 brumaire
» an 7 ; mais elle n'y était placée, comme beau-
» coup d'autres, *que pour l'intérêt du fisc*, et sans
» avoir de point d'appui dans les principes de la
» matière. Car comment colorer même une préfé-
» rence évidemment arbitraire ou plutôt évidem-
» ment injuste (2) ? »

A ces raisons, d'une incroyable légèreté, M. Treilhard opposait avec force, que l'effet du système
de la publicité des hypothèques serait manqué, si
l'on n'était pas autorisé à regarder comme propriétaire celui avec qui l'on stipule (3). Il démontrait
qu'entre le prêteur, qui a confié ses fonds dans
l'ignorance invincible d'une vente antérieure, faite
par son emprunteur, et l'acquéreur à qui il était
si facile de faire connaître son contrat, et qui ne
l'avait pas fait, il n'y avait pas à hésiter, et qu'il
était de toute justice de sacrifier celui qui, par une

(1) Conf., t. 7, p. 224.
(2) Ibid., p. 225.
(3) Ibid., t. 7, p. 226.

négligence répréhensible, avait induit en erreur le prêteur que la loi renvoyait aux registres. Mais ce fut en vain. La discussion s'égara sur des points secondaires. On perdit de vue le point principal ; on ne sut pas se pénétrer de l'importance qu'il y avait à rattacher le système hypothécaire à un système de transmission de la propriété, protecteur des intérêts des tiers. L'article proposé ne reparut plus, par un retranchement fort difficile à expliquer ; car aucune résolution précise du conseil d'état ne le proscrivit. Ainsi donc, l'une des plus grandes questions du régime hypothécaire fut emportée à la faveur d'une omission non motivée, peut-être par suite d'un malentendu, ou d'un escamotage !!

Voyons ce qui en est résulté à l'égard des acquéreurs et des prêteurs.

Un acquéreur se présente pour acheter un immeuble. Il vérifie avec soin les titres de son vendeur. Il les trouve en règle. Il purge et il paie. Il se croit propriétaire paisible. Mais tout à coup un acquéreur précédent qui avait tenu son titre caché, et qui ne s'était pas mis en possession, réclame l'immeuble, et obtient qu'il lui soit adjugé. Quel moyen le second acquéreur avait-il de se prémunir contre l'erreur dans laquelle il a été entraîné, puisque le législateur a refusé de soumettre les translations de propriété à la publicité ?

Cette hypothèse n'est pas une fiction de l'école, sans exemple dans la pratique. Elle s'est plusieurs fois présentée devant les tribunaux (1).

On a même vu un vendeur recourir à la ruse suivante. Cet individu vend son immeuble avec rétention d'usufruit. Aux yeux des tiers, qui ne peuvent en aucune manière connaître un pareil arrangement, et qui voient la possession se continuer dans les mêmes mains, c'est lui qui demeure toujours le propriétaire de fait et de droit. Mais bientôt à la faveur de ce piége, tendu à la confiance publique, il vend ce même immeuble à un second acquéreur de bonne foi, qui paie son prix sans hésiter. A la mort du vendeur, l'usufruit se réunissant à la nue-propriété, le premier acquéreur, qui est aussi de bonne foi, réclame l'immeuble comme lui appartenant, et, d'après les principes du Code civil, il triomphe dans son action (2). Évidemment de pareilles déceptions seraient impossibles si, conformément au système de la loi de brumaire an 7, abandonné par le Code civil, les transmissions de propriété étaient soumises à la publicité. Le second acquéreur, éclairé par les registres, n'aurait pas acheté; ou bien, si le premier acquéreur n'avait pas transcrit, il aurait dû porter la peine de sa négligence, et son acquisition aurait été destituée d'effet à l'égard des tiers.

(1) Arrêt de la cour de Toulouse du 28 décembre 1821. Autre de la cour de Nîmes du 11 juin 1807. Autre, Angers, 11 novembre 1818 (Decourdemanche, Danger de prêter sur hypothèque, p. 177 à 184, et p. 188).

(2) Espèce jugée par la cour de cassation, 25 juin 1816. Journal du Palais, t. 48, p. 358.

Les mêmes dangers menacent les acquéreurs par expropriation forcée. Je me rends adjudicataire d'un immeuble sur saisie réelle. Mais si, par malheur, cet immeuble avait déjà été vendu à un précédent acquéreur que je ne connaissais pas, et dont la mise en possession n'avait eu rien de public, il pourra m'évincer; et la plus solennelle de toutes les ventes, celle sur adjudication publique, devra être rétractée. C'est ainsi que la question a été jugée, avec raison, par arrêt de la cour de cassation du 18 mai 1810, dans une espèce où les circonstances dont je viens de parler se rencontraient (1). Sous l'empire de la loi de brumaire an 7, un tel péril n'était pas à redouter.

Ce qui arrive à un acquéreur, pour le fonds même de la propriété qui lui a été vendue, et dont le prive une éviction imprévue, peut aussi se présenter pour un usufruit, pour un droit d'usage ou d'habitation, pour une servitude onéreuse, pour un bail qu'on lui aurait laissé ignorer (2), et qu'il est obligé de supporter à son grand détriment, quand ces charges prennent leur source dans des actes antérieurs à son contrat. Dans tous ces cas, l'acquéreur n'a pas eu la possibilité de se prémunir. L'inspection des titres du vendu n'a été sous ce rapport pour lui qu'une inutile exploration. On voit donc combien était inconsidérée la proposition de M. Tronchet, savoir, *que*

(1) Répert., v° Transcription, § 3.

(2) Arrêt de la cour d'Angers du 15 juillet 1818. Palais, t. 54, p. 400. Decourdemanche, p. 198.

celui qui achète n'a pas besoin que la loi pourvoie
d'une manière particulière à sa sûreté.

L'acquéreur ne se trouve pas dans un embarras
aussi invincible, quand c'est par l'effet d'une clause
résolutoire qu'il est évincé. Car, en consultant
les titres de son vendeur, il a pu s'éclairer sur son
existence; il a pu savoir si l'immeuble qu'il a acheté
était frappé d'un droit de réméré, si, ayant été
donné à son vendeur avec des charges à remplir,
celui-ci a prévenu la résolution en y satisfaisant.
Une résolution pour survenance d'enfans, ou pour
défaut d'accomplissement de charges à venir, une
action en réduction des biens compris dans une
donation excessive, ne pourront pas le prendre
au dépourvu; car, sachant que le bien qu'il ache-
tait provenait originairement de donation, il a
dû s'attendre à toutes ces chances, et prendre
contre elles ses précautions. Les titres ont pu lui
faire connaître aussi si son vendeur était soumis
à un recours pour lésion. S'il a acheté un bien
indivis, et que ce bien ne tombe pas dans le lot
de son vendeur, il doit s'imputer d'avoir pris un
immeuble sur lequel ce même vendeur n'avait
pas des droits certains. Enfin, les titres des anciens
possesseurs, en lui faisant connaître la mouvance,
lui ont aussi appris si les acquéreurs successifs
avaient soldé leur prix, s'il n'y avait pas de vendeur
non payé, si les quittances étaient ou non satis-
factoires. Que s'il a eu l'imprudence de ne pas se
livrer à cet examen, et qu'il soit inquiété par un
vendeur non payé, demandant la résolution de la
vente, il doit à la rigueur s'accuser lui-même,

beaucoup plus que l'insuffisance de la loi. C'est
ici qu'on pourra lui objecter, avec M. Tronchet :
« Vous avez eu sous les yeux les titres : vous pou-
» viez vérifier la possession du vendeur (1). » Sans
doute, cette vérification est souvent pénible. Il
faut remonter le cours de longues années, pendant
lesquelles les titres peuvent s'être égarés. Néanmoins les jurisconsultes ont dit avec raison « *Vigi-*
» *lantibus jura scripta sunt.* » Et pour décharger
l'acquéreur de cette vigilance, il n'est pas clair
qu'on puisse imposer à des tiers des obligations
de nature à les gêner.

On peut en dire autant du cas où l'acquéreur a
contracté avec un mineur, un interdit, un failli,
une femme mariée sous un régime qui lui défend
d'aliéner ses biens, un héritier apparent, etc.
Il lui a été rigoureusement possible de s'informer
de l'état de ceux avec qui il entrait en affaires.
Les exemples de déception et d'erreur, qu'offre
la jurisprudence (2), n'excluent pas un certain
degré d'imprévoyance de la part des acquéreurs.

En exposant les divers risques de l'acheteur,
dans les différentes positions où nous l'avons
placé, nous avons voulu, avant tout, nous mettre
à l'abri des exagérations, dans lesquelles il nous

(1) Confér., t. 7, p. 224, 225.
(2) Arrêt de la cour de cassation du 8 octobre 1806, qui
annule une vente faite par un failli (ayant fait cession de biens)
à un individu qui ignorait ces circonstances. Palais, t. 17, p.35.
Arrêt de la cour de cassation du 10 novembre 1806, qui annule une vente faite par un failli à un acquéreur de bonne foi
(Palais, t. 73, p. 264). Decourd., p. 228 et suiv.

paraît que plusieurs critiques sont tombés. C'est le reproche que nous ferons au plus marquant d'entre eux, à M. Jourdan (1), qui, dans ses vives attaques contre le système du Code civil, n'a pas assez nettement distingué le cas où l'acquéreur se trouve dans *l'impossibilité absolue* de vérifier la condition de son vendeur, de ceux où le même acquéreur n'est arrêté que par de *simples difficultés d'investigation.*

Nous venons de voir les chances de l'acquéreur contre des actions en résolution ou en revendication. Voyons si l'action hypothécaire a aussi pour lui des périls imprévus.

Sous ce nouveau point de vue, on ne peut se dissimuler que l'acheteur ne soit plus efficacement garanti, puisqu'il peut dégager son immeuble par la voie du purgement (2). Il peut même le purger des priviléges et hypothèques existans du chef des précédens propriétaires (3). S'il ne connaissait pas les femmes et mineurs ayant hypothèque légale sur les anciens possesseurs, ce ne serait pas un obstacle. L'avis du conseil d'état de 1807 lui offre le moyen de purger sûrement. Ce point est encore un de ceux sur lesquels M. Jourdan a fait à tort le procès au Code civil (4). Notre loi ne contient

(1) Thémis, t. 5, p. 232, 233, et t. 6, p. 194, 195.
(2) N° 927 de ce Commentaire, art. 2181, 2185, 2186, 2193 du Code civil, et Avis du conseil d'état de 1807, n° 979.
(3) N° 913.
(4) « Quant aux hypothèques légales dispensées d'inscrip-
» tion, dit-il (Thémis, t. 5, p. 233), l'avis du conseil d'état
» de juin 1807 a rempli une lacune du Code civil, en ouvrant

à mon avis qu'un vice, et il est majeur ; c'est de
permettre au vendeur, qui a laissé purger l'immeuble de son privilége, de revenir par la voie
détournée de la clause résolutoire (1). Si le purgement peut être rendu inutile par la demande
en résolution, à quoi bon l'autoriser avec un luxe
trompeur de formalités?

Concluons de tout ceci que, dans plusieurs cas
importans, la solidité des acquisitions manque de
garanties, par l'abandon du système de la loi de
brumaire an 7 ; et que, si le mal n'est pas aussi
général que l'ont dit quelques auteurs, il est
néanmoins assez grave pour qu'on soit en droit
d'accuser le législateur d'imprudence, et d'exiger
une réforme également désirée par les esprits
pratiques et par les esprits spéculatifs (2).

» à l'acquéreur une voie pour purger celles qu'il ne pourrait
» pas connaître. A l'égard des hypothèques inscrites sur le ven-
» deur, il est vrai de dire que l'acquéreur peut s'en garantir.
» *Il n'en est pas de même des hypothèques* INSCRITES sur les
» précédens propriétaires de la chose, dont l'acquéreur peut
» ignorer les noms. (Cette assertion me paraît entièrement
» fausse. V. n° 913.) Ce n'est que dix ou vingt ans après la
» transcription de son contrat qu'il pourra être à l'abri de toute
» inquiétude. Ce n'est que trente ans après son acquisition qu'il
» devra être rassuré contre le privilége d'un vendeur sans pré-
» judice des suspensions légales.» Tout cela est inexact. Il est
connu de tous qu'on peut purger les hypothèques et priviléges
inscrits sur les précédens propriétaires. De plus, si ces hypothèques sont inscrites, comment l'acquéreur pourrait-il ignorer les noms des précédens propriétaires, puisque l'inscription
doit faire connaître le nom du débiteur propriétaire ?

(1) V. n°ˢ 222 et suiv.

(2) Les notaires du Havre ont adressé au ministre de la jus-

Passons au prêteur.

Si le prêteur n'a pas les moyens de s'assurer que l'immeuble qui lui est donné en gage est la propriété de son débiteur, tout l'effet du système hypothécaire se trouve compromis. Or, nous avons vu que l'absence d'une formalité extérieure destinée à donner effet aux acquisitions à l'égard des tiers, expose le possesseur à se voir enlever par des acquéreurs plus anciens, mais forcément inconnus de lui, l'immeuble qui servait de siége à l'hypothèque : la revendication de cet immeuble fera donc tomber cette hypothèque, et le prêteur qui croyait avoir une garantie satisfaisante deviendra simple créancier personnel. Or, cette disparition soudaine de l'hypothèque est un danger contre lequel le Code civil reste impuissant, et qui paralyserait le crédit entre particuliers, si la plupart des emprunteurs n'avaient la bonne foi de répudier les moyens frauduleux auxquels l'imprévoyance de la loi donne un si facile passage.

Ce n'est pas tout. Supposons que le débiteur soit réellement propriétaire de l'immeuble offert en gage. Mais il a pu en diminuer la valeur actuelle par une concession d'usufruit qu'il a laissé ignorer à son créancier. Et lorsque celui-ci se présente à l'effet de saisir l'immeuble, l'acquéreur de

tice, le 31 octobre 1834, une pétition tendant à obtenir le rétablissement de la transcription. Je les remercie d'avoir pensé que mon opinion peut avoir quelque influence sur la solution de cette question importante. Mais j'aurais désiré qu'ils eussent cité mes paroles avec plus d'exactitude.

l'usufruit s'oppose à la poursuite en ce qui concerne son droit. Que devient alors l'hypothèque, privée de ce qui faisait sa valeur principale? Ce cas s'est offert dans une espèce jugée par arrêt de la Cour de cassation du 15 octobre 1810 (1).

Le possesseur peut faire autre chose. Il peut, avant la constitution d'hypothèque, consentir un bail d'une longueur démesurée, et se faire payer d'avance un grand nombre d'années de fermages. Celui qui ensuite prend cet immeuble à hypothèque, ignorant l'existence d'un pareil bail, voit ses intérêts compromis de la manière la plus grave, par des causes contre lesquelles il ne lui a pas été possible de se prémunir. Ce cas s'est présenté devant la Cour de Paris (2), et il est même assez fréquent dans la pratique.

Le créancier peut encore être trompé par l'existence ignorée d'une antichrèse, et par une cession de plusieurs années de fruits faite par anticipation (3) ; évidemment toute supercherie deviendrait impossible, si l'antichrèse et les cessions de fruits étaient soumises à la publicité pour pouvoir être opposées aux tiers.

D'autres perplexités attendent encore le créancier.

Prête-t-il à un homme marié?

En supposant qu'il connût sa qualité et qu'il eût vu son contrat de mariage, il ignorera la quotité

(1) Répert., v° Transcription, § 3.
(2) Arrêt du 3 décembre 1824, n° 777 *ter*, sur l'art. 2166.
(3) Voyez *infrà*, n°ˢ 778 et suiv.

fixe de la somme pour laquelle l'épouse a hypothèque légale ; car cette somme est éventuelle ;
elle se compose d'élémens divers, que l'avenir peut
modifier, tels que successions à écheoir, indemnité pour dettes qui pourront être contractées, indemnité de propres qui pourront être aliénés, etc.
Si le créancier fait un calcul approximatif, et que
les reprises de la femme viennent à être plus fortes
qu'il ne l'avait prévu, la place qu'il croyait avoir
lui échappera, et son hypothèque sera inutile.

Quelquefois le mariage est précédé de plusieurs
jours par un contrat de mariage qui n'a rien de
public pour les tiers ; c'est cependant à l'époque
de ce contrat que remonte l'hypothèque de la
femme (1). Or, le prêteur qui confiera ses fonds
dans l'intervalle du contrat et de la célébration
du mariage, et qui, ignorant ce qui s'est passé,
croira avoir contracté avec un célibataire exempt
d'hypothèque, verra le défaut de publicité lui
enlever la garantie sur laquelle il avait cru pouvoir se reposer.

Si le créancier confie ses fonds à un tuteur, il
trouve devant lui une créance pupillaire, dont il
ne lui est possible de connaître l'étendue, que par
des calculs approximatifs presque toujours trom-
peurs.

Autre cas. Je prête à Pierre que je sais être marié, et je ne m'attends qu'à l'hypothèque légale de
sa femme. Mais voilà que cette femme, veuve d'un
premier mariage et tutrice des enfans qu'elle en

(1) Nº 579.

avait eus, avait conservé l'administration de fait, sans convoquer un conseil de famille, pour faire décider si la tutelle lui serait conservée. Or, on sait que, d'après l'art. 395 du Code civil, le mari est responsable de toutes les suites de la tutelle, et que, par une conséquence nécessaire, l'hypotheque légale du mineur s'étend sur ses biens (1). Me voilà donc primé par une hypothèque peut-être fort considérable, qui n'était pas entrée dans mes prévisions.

Les mêmes dangers pèsent sur moi si je prête à un individu qui à mon insu gère les intérêts d'un mineur comme tuteur de fait (2).

Ce n'est pas tout : une source de déceptions irréparables se rencontre dans les cessions d'hypo-thèques légales, qui sont affranchies d'inscription, d'après la loi actuelle (3). Tant que ces cessions ne seront pas publiques, il arrivera qu'une femme qui aura fait des cessions clandestines de la tota-lité de son hypothèque, se créera cependant un crédit fallacieux par l'appât qu'elle continuera à offrir à d'autres prêteurs, de la participation à une hypothèque légale déjà absorbée à leur insu.

Parlerai-je ensuite de l'inégalité de condition qui existe entre le créancier privilégié et le prê-teur sur hypothèque? Celui qui place ses fonds sur un gage immobilier est exposé à être primé par un vendeur qui ne s'était pas encore fait inscrire,

(1) N° 426.
(2) N° 421.
(3) N°ˢ, 565, 609 et 644 *ter.*

par un copartageant qui se trouve dans le même cas, par un architecte inconnu, par des créanciers ayant privilége général, par les créanciers qui demandent séparation de patrimoine.

Puis, viennent les embarras du concours des hypothèques générales avec les hypothèques spéciales (1), les pénalités contre les inscriptions défectueuses (2), la gêne du renouvellement décennal des inscriptions (3), les précautions poussées à l'excès pour l'indication des immeubles et les abus de la spécialité (4), la dureté du législateur contre les hypothèques consenties dans les dix jours de la faillite (5), les inconvéniens qu'il y a à ce que le débiteur puisse diminuer le gage hypothécaire par des constitutions de droit d'usage, de servitude, de cessions de fruits, et autres droits, qui n'ont pas de suite (6), les longueurs de l'expropriation (7), l'insuffisance de la transcription pour mettre les créanciers en demeure de s'inscrire, etc. (8)!!

Tout ceci donnera la preuve que tantôt le législateur n'a pas donné au prêteur toutes les garanties qu'il lui avait promises; que tantôt il lui a fait trop chèrement acheter l'avantage de la publicité;

(1) N°s 752 et suiv.
(2) Sur l'art. 2146.
(3) Sur l'art 2154.
(4) N°s 514, 515, 539.
(5) Sur l'art. 2146.
(6) N°s 777 et suiv.
(7) N° 795 (4°).
(8) N° 900.

qu'enfin, en présence d'intérêts nombreux que le Code avait à combiner, ce n'est que rarement qu'il a fait pencher la balance en faveur du créancier.

En somme, de grandes défectuosités existent donc dans la loi, tant en ce qui regarde l'acquéreur qu'en ce qui concerne le prêteur. Elle pouvait les protéger plus qu'elle ne l'a fait; elle devait sous certains rapports entrer plus franchement dans les voies salutaires de la publicité. Mais ce n'est pas à dire pour cela que, dans d'autres circonstances, elle ait eu tort de faire prédominer sur les droits hypothécaires, d'autres droits plus favorables. C'est ici qu'un sage éclectisme doit guider la marche de la critique.

Une réforme qui, à mon avis, doit précéder toutes les autres, c'est l'établissement d'une formalité extrinsèque, véhicule d'une grande publicité, et destinée à opérer la translation des droits de propriété à l'égard des tiers. L'abandon du système de la loi de brumaire an 7, sur l'aliénation des droits réels, est la véritable cause du trouble qui se fait remarquer dans tout le système hypothécaire du Code civil, et de l'incohérence qui règne dans plusieurs autres de ses parties (1). On a vu tout à l'heure dans quel dédale d'embûches inévitables cette absence d'une tradition publique de la chose aliénée jette les acquéreurs et les prêteurs. Par là, le système hypothécaire s'est

(1) Ces incohérences ont été relevées par M. Jourdan, dans une dissertation sur la translation du droit de propriété, t. 5, p. 481.

I. *d*

trouvé frappé au cœur. Car, bien qu'en fait les exemples de fraude n'aient pas été peut-être aussi fréquens que pouvaient le faire supposer l'incurie et la mollesse de la loi, néanmoins la crainte existe. Elle paralyse beaucoup d'opérations de prêt, elle refroidit le crédit particulier.

On objectera peut-être que cette législation, qui me paraît grosse de tant d'inconvéniens, n'a cependant pas empêché que d'immenses opérations ne se soient faites sur la propriété ; que c'est précisément depuis la promulgation du Code civil qu'ont pris naissance ces nombreuses acquisitions de vastes domaines, revendus ensuite en détail, morcelés en petites fractions, et mis à la portée du modeste capitaliste des campagnes. Mais je répondrai que si ce grand et heureux résultat a été obtenu, c'est malgré les défauts du Code civil, et par l'effet de causes si puissantes, que l'imperfection de la loi n'a pu comprimer leur action. D'une part, les opérations d'achats et reventes en détail ont présenté jusqu'à ce jour des bénéfices tellement considérables, qu'on a pu négliger les chances de pertes, qui se tirent du défaut de publicité des droits réels ; d'autre part, l'amour de la propriété a jeté de si profondes racines et fait tant de progrès, que ce sentiment n'a pas toujours calculé les dangers auxquels il s'exposait en se réalisant. Le cultivateur économe, comme il y en a en France un nombre infini, fait consister toute son ambition, ou à devenir propriétaire, ou à agrandir le patrimoine de ses pères. Lorsque, par ses sueurs, il a conquis une modique somme d'argent, son

premier besoin, son unique désir, c'est d'acheter
un champ. Les jeux de bourse, les prêts commer-
ciaux, lui sont inconnus. Homme de travail et de
peine, il ne cherche pas même à utiliser son capital par un placement hypothécaire qui lui donnera 5 pour 100 d'intérêt, sans rien faire. Ce
gain ne suffit pas pour lui. Il aime bien mieux
acheter un morceau de terre qu'il cultivera lui-
même, et qui le paiera bien plus largement de
tous ses sacrifices. En un mot, un placement en
biens immobiliers est le seul auquel il aspire, parce
qu'il répond à toutes ses habitudes; parce qu'il
satisfait tous ses goûts d'occupation, parce qu'il
lui offre la plus grande somme de bénéfices. Voilà
dans quelles prédispositions il faut chercher la
cause du grand mouvement imprimé depuis plusieurs années aux opérations sur la propriété. Les
spéculateurs ont exploité un penchant sage et moral, que la révolution de 89 a fait naître dans la
classe agricole, en l'associant à la propriété; ils ont
ouvert à son esprit d'ordre et d'économie une voie
nouvelle pour se satisfaire. Mais si la confiance
dans le sol s'est trouvée plus forte que jamais, ce
n'est pas au système du Code sur l'aliénation des
droits réels qu'il faut en faire honneur; car il a
beaucoup fait pour la compromettre et la dégoû-
ter. Ainsi donc, que d'heureux symptômes auxquels ce système est étranger ne fassent pas illusion au législateur; qu'il ne s'endorme pas sur des
dispositions dont les inconvéniens sont palpables,
et qui auraient pu faire beaucoup plus de mal encore, si la nation n'était meilleure que ses lois.

Dans un moment où la division des terres sauve
la France des horreurs de l'anarchie, c'est presque
pour le législateur un devoir de reconnaissance
de constituer la propriété sur ses bases les plus
solides, et de la dégager des entraves qui pourraient éloigner d'elle la confiance des hommes
prudens et des calculateurs.

Mais quelle est cette formalité que nous sollici-
tons, et au moyen de laquelle les aliénations de
droits réels sront mises au grand jour?

Les Codes bavarois et milanais, et le projet de
Code génevois ont adopté l'inscription. Ce mode
a paru plus en harmonie avec l'instrument de publicité en usage pour l'hypothèque; on l'a trouvé
le plus simple possible, sans rien ôter à la clarté.
On a pensé qu'il permettait d'arriver à une plus
grande régularité dans les écritures, en ce qu'il
facilite le moyen de mettre en regard, dans le
même registre, les aliénations de droits réels et
les constitutions d'hypothèques.

Au contraire, la loi de brumaire an 7 avait
donné la préférence à la transcription : je pense
qu'elle la mérite sous plusieurs rapports.

L'inscription est un acte délicat, qui peut se
trouver vicié par une omission, une négligence;
elle consiste dans un résumé attentif de circonstances capitales, dont l'énonciation doit être à la
fois brève et scrupuleuse. Or, ce résumé peut
facilement pécher par une inexactitude; et dès-
lors les droits les plus précieux se trouvent compromis.

Ce danger n'est pas à craindre dans la transcription, qui consiste dans la copie littérale et matérielle de l'acte qu'on veut rendre public.

La transcription résout de plus, de la manière la plus simple, une difficulté grave que fait surgir le système des inscriptions.

Posons un exemple pour la faire mieux comprendre.

Je suis propriétaire de l'immeuble A, et je le donne à Pierre avec charge de retour. Pierre, en inscrivant son acquisition, omet de faire mention de la charge qui la grève. Puis il vend à Jacques, qui achète et paie son prix. Moi, dont le droit de retour n'a pas été mentionné sur les registres, serais-je non recevable à m'en prévaloir contre l'acquéreur ?

Les Codes à inscription ont décidé cette question contre le propriétaire originaire ; leur règle invariable est que tout droit réel non inscrit n'a pas de suite contre les tiers (1).

Cependant l'application rigoureuse de ce principe à celui qui, en aliénant une chose, ne fait que retenir sur elle un droit éventuel, me paraît souffrir de grandes objections.

En effet, cet individu qui, en se dépouillant, se réserve seulement un faible débris du droit de propriété plein et entier qu'il avait auparavant, ne paraît pas avoir d'intérêt à poursuivre une inscription. Car l'inscription n'est nécessaire que pour acquérir.

(1) Voyez, par exemple, le projet du Code génevois, Thémis, t. 9, p. 7.

3° Le prétexte du crédit entre particuliers, qu'on met en avant pour le sacrifier au tiers détenteur, n'est qu'illusoire. Ce tiers détenteur n'a pas acheté sans consulter les titres. Or, là il a vu écrits en caractères éclatans, les droits qu'il conteste aujourd'hui. Sa confiance n'a donc pas été trompée, et le crédit entre particuliers n'a pas éprouvé d'atteintes. Autant vaudrait dire qu'on force le cédant à remplir une formalité gênante, pour dispenser le tiers détenteur de lire les titres de son vendeur!! Si du reste le cédant a pu être négligent en ne s'inscrivant pas, le tiers détenteur l'a été encore plus en ne portant pas un examen attentif sur les titres qui établissent la généalogie de l'immeuble.

Adoptez au contraire la transcription, et tous les intérêts se trouvent conciliés. De deux choses l'une, ou l'acquéreur transcrit, et la transcription littérale du contrat faisant connaître exactement tous les droits que le cédant s'était réservés, les maintient dans leur intégrité ; ou il n'y a pas de transcription, et alors le cédant, restant propriétaire de la chose, à l'égard des tiers (1), peut à plus forte raison la revendiquer sur eux par droit de retour, clause résolutoire ou autrement.

Ce système est aussi le seul qui concilie rationnellement les droits du vendeur non payé et ayant privilége sur le prix, avec les besoins de la publicité. Par l'inscription vous limitez le droit de propriété, que le vendeur est censé conserver sur l'immeuble tant qu'il n'est pas satisfait; vous faites

_____

(1) N° 276.

dépendre ce droit d'une formalité pour ainsi dire arbitraire : car, pour rester pleinement propriétaire tel qu'il était avant la vente, il n'avait rien à faire ; et voilà que, pour être quasi-propriétaire (ainsi qu'il le demeure par le non-paiement du prix), vous l'obligez à remplir une formalité dont l'omis-sion peut le ruiner ; à celui qui pouvait le plus, vous imposez des conditions pour faire le moins. En un mot, il ne fait que disposer de sa chose, et vous le traitez comme s'il en faisait l'acquisition. Aussi a-t-on été fort embarrassé, dans cet ordre d'idées, pour organiser la publicité du privilége du vendeur. On lui permet de s'inscrire jusqu'au dernier moment, ce qui par conséquent soustrait la connaissance de son privilége aux créanciers à qui l'acquéreur a donné hypothèque sur l'im-meuble (1). D'où il suit que, dans ses décevantes promesses, le législateur a fait espérer aux prê-teurs que l'inscription leur ferait connaître le pri-vilége, tandis qu'en réalité il a permis de le tenir dans l'ombre. Il s'est témérairement engagé à une chose qu'il n'a pu tenir.

Toutes ces contradictions, tous ces embarras n'existent pas dans la loi de l'an 7. Car, faisant dépendre l'aliénation de la transcription, il en résulte que, si la formalité est remplie, le privilége peut agir dans toute son énergie ; si elle est négli-gée, le vendeur reste propriétaire. La publicité est satisfaite, puisque la transcription annonce hau-tement le privilége ; le droit de propriété ne l'est

(1) N° 279.

pas moins, puisque les droits du vendeur ne sauraient jamais être compromis.

Toutes ces considérations me déterminent donc
à préférer la transcription à tout autre mode de
publicité. Seulement, je voudrais, pour plus de
régularité, que le conservateur fût tenu à faire
une inscription d'office sur le registre des inscriptions. Par là, l'objet des législations allemandes se
trouverait rempli; et en même temps, on réuni-
rait les garanties plus efficaces de la transcription,
à des ménagemens ingénieux pour des droits sur
lesquels ces législations ont fait peser une trop
grande sévérité.

Ce n'est pas seulement pour les transmissions
entre vifs que les jurisconsultes réformateurs ont
demandé une entière publicité (1); c'est encore
pour les transmissions à cause de mort, et leurs
idées ont été consacrées par les Codes milanais et
bavarois.

La loi de brumaire an 7 me paraît s'être renfermée dans de plus justes bornes, en n'exigeant pas
de solennités extérieures pour ce genre d'acquisition. Voici pourquoi :

Quand nous nous sommes associés aux vœux des
amis de la publicité, pour demander que la lumière
vînt éclairer les acquisitions de droits réels, nous
avons été dominés par le désir de préserver les
acquéreurs et les prêteurs des fraudes qui pouvaient éloigner leur confiance; or ces fraudes,

(1) M. Jourdan, Thémis, t. 5, p. 244. M. Girod de Genève, Thémis, t. 9, p. 5.

que nous avons signalées, ne sont possibles que par le concours de deux actes entre vifs, émanés du même propriétaire, et portant aliénation de la même chose ou diminution de son importance et de sa valeur. Quant aux transmissions à cause de mort, elles ne peuvent jamais offrir de pareilles armes à la mauvaise foi.

Pierre est propriétaire de l'immeuble B; s'il fait un testament dans lequel il le donne à Jacques, et que postérieurement il me le vende, je n'aurai pas à craindre l'effet du testament antérieur; car la vente faite à mon profit l'a révoqué en cette partie. Il en serait tout autrement si la donation de l'immeuble A eût été faite par acte entre vifs. L'ignorance dans laquelle Pierre m'aurait laissé sur l'existence de cet acte aurait trompé ma bonne foi et compromis mes intérêts. Donc, dans un bon système de transmission de droits réels, tout acte entre vifs doit être publié, afin d'avoir effet à l'égard des tiers. Mais à quoi bon publier un testament?

Les mêmes résultats se retrouvent quand Pierre, au lieu de disposer par testament de la totalité de l'immeuble, a seulement disposé d'un de ses démembremens. La vente pure et simple faite postérieurement révoque la disposition.

Pour exiger la publicité des dispositions à cause de mort et de transmissions par droits de succession, on ne peut donner d'autre raison que l'utilité de faire connaître la généalogie des propriétés, et de dresser en quelque sorte des registres de l'état civil de tous les biens.

Mais ce motif n'est pas assez prépondérant, pour

donner au législateur le droit de déroger à la maxime nationale *le mort saisit le vif*, et pour faire dépendre la saisine des héritiers, d'une prise de fait
antipathique à nos mœurs. Celui qui prête à un
héritier, ou qui veut acheter un bien de la succession, a toutes les facilités possibles de connaître la
mouvance, en se faisant mettre les titres sous les
yeux. L'inscription n'est pour lui qu'un renseigne-
ment supplétif, dont les avantages sont trop secondaires, pour les faire acheter par des entraves à la
transmission des biens. Je conçois cependant que,
dans les pays étrangers, où toute acquisition de
droits réels ne peut s'opérer que par un acte extérieur d'investissement, issu des vieilles habitudes
féodales, on ait profité de cet état de choses pour
le lier à un système d'écriture qui permette de
mettre au grand jour la filiation des propriétés.
Mais les principes de notre droit français s'opposent
à cette innovation : nos précédens y répugnent
tous. Le crédit entre particuliers n'y trouve pas
assez de garanties, pour qu'on l'impose aux héritiers. D'ailleurs, la loi sur les successions divise tellement en France le patrimoine des familles, qu'à
peine les registres pourraient suffire aux inscriptions, qui viendraient les encombrer.

Avant d'en finir sur la transcription, nous
dirons un mot d'une question controversée parmi
ceux qui la réclament. Faut-il fixer un délai pour
la transcription, de telle sorte que cette formalité,
étant accomplie pendant ce délai, produise un effet
rétroactif, à la date de l'acte translatif de propriété;
ou bien la transcription ne doit-elle produire d'in-

vestissement qu'à compter du jour ou elle est faite dans les bureaux du conservateur?

La loi de brumaire an 7 ne fixait pas de délai; elle s'en rapportait à la diligence des acquéreurs. C'est ainsi que le Code civil n'a accordé aucun laps de temps pour les inscriptions hypothécaires. C'est la date de l'inscription qui seule fixe l'ordre de préférence, de même que, sous la loi de brumaire, la date de transcription déterminait la priorité des acquisitions.

Depuis que le Code civil nous régit, aucune réclamation ne s'est élevée sur les dispositions dont nous venons de parler. C'est que l'expérience les a jugées bonnes. Or, ce précédent est assez grave pour résoudre la question à l'égard de la transcription.

On objecte, à la vérité, que s'il n'y a pas de délai accordé pour transcrire, la prééminence d'un acquéreur sur l'autre sera le prix de la course, et que l'acquéreur plus récent, qui achetera dans la localité siége du bureau des transcriptions, primera l'acquéreur plus ancien, qui en sera éloigné. Mais cet inconvénient est plus que compensé par un embarras plus grave, qui résulte du système opposé. Si le législateur donne un certain délai, les tiers qui contracteront pendant cette dispense temporaire d'inscription courront risque d'être trompés sur l'état de la propriété; ils seront placés dans une ignorance fâcheuse du droit de leur vendeur; ou bien, ils voudront attendre pour traiter, que le délai soit expiré, et dès lors les affaires seront paralysées, et le moment opportun de vendre ou d'emprunter pourra s'évanouir.

Il résulte de ces observations que la loi de brumaire an 7, par sa sagesse et la juste mesure de ses combinaisons, doit avoir chez nous la préférence sur tous les autres systèmes connus. Il n'y a qu'un seul point sur lequel elle soit restée en arrière des législations allemandes. C'est qu'elles n'a ordonné que la transcription des *actes translatifs de biens et droits susceptibles d'hypothèques*, tandis que toutes les aliénations de démembremens quelconques de la propriété, tels que servitudes, droit d'usage ou d'habitation, baux, etc., doivent être connus. Il faut que les mêmes précautions qui protégent les uns contre les autres les créanciers hypothécaires du même débiteur, viennent préserver des embûches de la mauvaise foi les acquéreurs du même vendeur. Par ce moyen, celui qui achète ne craindra pas la concurrence d'acheteurs latens, qui viendraient le dépouiller; celui qui prend un immeuble à hypothèque n'aura pas à redouter que son débiteur soit évincé par des ayant-droits porteurs de titres plus anciens. Enfin, ni l'acheteur ni le prêteur ne seront exposés à souffrir des diminutions de l'immeuble dont ils n'ont pas eu connaissance lors du contrat; tous les droits réels qui pèsent sur les immeubles seront connus, sans que le droit de propriété éprouve des gênes ou des atteintes.

Une seconde réforme, sur laquelle nous nous séparerons ouvertement des partisans absolus de la publicité, c'est l'inscription des hypothèques légales des femmes et des mineurs. Nous pensons que, sous ce rapport, le Code civil répond mieux que tous les autres systèmes aux besoins de la société, aux principes du droit, aux règles de la logique.

La discussion qui s'éleva à cet égard dans le sein du conseil d'état, et qui fit triompher le sage éclectisme que nous défendons, est un modèle de force, et une source de lumière. Cambacérès, Portalis, Bigot, y portèrent leur esprit net et judicieux; le premier consul y jeta des aperçus profonds, qui signalent le génie. On a dénigré le système; mais on n'a jamais répondu aux argumens victorieux sur lesquels il repose.

Ses adversaires ne veulent voir qu'un côté de la question, la facilité des prêts hypothécaires; c'est à cela qu'ils exigent que tout soit immolé. Mais il est un autre point de vue plus moral et plus grand, l'intérêt de la famille et de l'état, qui serait ébranlé si les dots des femmes et le patrimoine des mineurs n'étaient mis à l'abri des dissipations et des larcins. Voilà l'intérêt qui fut défendu avec énergie au conseil d'état. On posa ainsi la question : faut-il que les prêteurs, qui peuvent dicter la loi du contrat, soient traités plus favorablement que les femmes et les mineurs, qui ne peuvent pas se défendre? ramenée sans cesse à ces termes par la vigoureuse dialectique du premier consul, la solution du problème ne pouvait être douteuse, et il fut décidé que *la sûreté de la femme et du mineur devait être préférée à celle des acquéreurs et des prêteurs* (1); rien ne saurait ébranler ce

(1) Confér., t. 7, p. 142.

lxij   PRÉFACE.

résultat, si conforme aux règles de la justice.

Voyez l'inconséquence des partisans de l'inscrip-tion. Ils croient l'ordre public intéressé à ce que les femmes et les mineurs aient une hypothèque légale (1), et cependant ils veulent faire dépendre cette hypothèque d'un acte supplétif, dont l'omis-sion la rendrait sans effet. C'est évidemment créer d'une main ce que l'on détruit de l'autre. Si la femme et le mineur sont incapables de stipuler une hypothèque à leur profit, la même incapacité les accompagne pour prendre l'inscription qui doit la compléter.

On croit répondre à cette objection insoluble, en proposant de mettre en mouvement de nombreux agens, pour procurer l'inscription. Mais n'est-ce pas une criante injustice, de subordonner la conserva-tion de droits si précieux à la diligence de manda-taires dont le zèle imposé d'office peut sommeiller, et de faire retomber leur négligence sur la femme et sur le mineur? Qu'on charge du fardeau de l'inscrip-tion les juges de paix, les employés de l'enregistre-ment, les notaires, les parens et amis, les subrogés-tuteurs, les officiers du ministère public, etc., etc.; on n'arrivera jamais à un système rassurant (2). Fréquemment on se marie sans contrat de mariage.

(1) Voyez, par exemple, les observations de M. Jourdan sur le Code belge, qui abolit les hypothèques légales.

(2) M. Berlier, l'un des partisans de la publicité des hypo-thèques légales, finit par reconnaître que le mode d'inscription de la loi de l'an 7 était défectueux, et qu'il était difficile d'ar-river à une théorie qui garantît que l'inscription serait prise avec fruit. P. 135.

La tutelle des père et mère se prend sans solennités publiques. Où trouver alors les surveillans qu'on charge de prendre l'inscription? Dans tous les cas, ces personnes privilégiées que la loi veut environner d'une faveur spéciale, n'auront autour d'elles, par la nécessité de s'inscrire, que des sujets d'appréhension, des causes de désastres. Leurs représentans, quelque vigilans qu'on les suppose, ignorent le plus souvent la situation des immeubles qu'il faut grever de l'inscription. Le mari et le tuteur chercheront à les dérober à leur connaissance; la plus grande partie du gage immobilier de la femme et du mineur restera soustraite à l'hypothèque. Mieux eût valu ne rien faire pour eux, que de leur offrir un présent si funeste.

Mais achevons de démontrer tout ce qu'il y a de téméraire à la fois et d'impuissant dans le système des partisans de l'inscription.

Si l'on ne veut une inscription que pour faire savoir au public que tels et tels immeubles appartiennent à un homme marié ou à un tuteur, il faut avouer qu'on se donne bien du mal et qu'on met en péril bien des intérêts, pour constater un fait qui le plus souvent n'est pas ignoré de ceux qui veulent acheter ou prêter, et qu'au surplus ils ont toujours moyen de vérifier. Le point important que l'inscription doit atteindre, c'est de faire connaître la quotité des sommes pour lesquelles l'hypothèque est acquise. Sans cela il n'y a plus qu'une publicité bâtarde : le bilan des fortunes reste inconnu, et la confiance publique n'est pas satisfaite. Les législations allemandes l'ont bien senti; car elles ont voulu que l'inscription fût inefficace, si elle ne contenait pas une évaluation de toutes les créances quelconques indéterminées.

Mais si l'on a pas conspiré *à priori* la ruine des femmes et des mineurs, comment peut-on exiger, en présence du contrat de mariage, tel que le Code civil l'a sagement organisé en France, en présence de notre système de tutelles, une indication irrévocable du montant des droits de ces personnes, lorsque ces droits dépendent d'une foule d'éventualités, de l'ouverture imprévue d'une succession, de comptes de fruits à échoir, de remploi de propres qui seront aliénés, d'indemnités pour dettes qui seront contractées, etc., etc.? Avec ces inconvéniens désastreux et irrémédiables qui accompagnent l'inscription, osera-t-on mettre en balance ceux qui résultent de la dispense d'inscription?

Le mariage et la tutelle constituent dans la société un état public. La notoriété s'attache à leur existence. Les tiers sont inexcusables de l'avoir ignoré. C'est une règle de prudence élémentaire, que l'on doit toujours vérifier et constater l'état de celui avec qui l'on contracte. Cette recherche peut quelquefois être épineuse; mais elle n'offre rien d'impraticable, tandis qu'il ne faut pas oublier qu'en matière d'inscription des hypothèques légales, on lutte contre de radicales impossibilités.

Le prêteur a de plus des moyens de parer aux inconvéniens qui s'attachent à l'indétermination des créances des femmes et des mineurs.

Il peut exiger que la femme renonce à son hy-

pothèque légale sur l'immeuble qui lui est offert
pour garantie de l'argent qu'on lui demande ; la
restirction de l'hypothèque du mineur, obtenue
conformément à l'art. 2143 du Code civil est aussi
un secours que la loi met à sa disposition.

Enfin rien ne l'oblige à prêter. Il est moins nécessaire qu'il y ait des emprunts que des mariages
et des tutelles.

On prétend que la dispense d'inscription dont
jouit la femme dans le système actuel, est souvent
la cause du désordre de ses affaires, parce que les
créanciers ne prêtent au mari qu'en la forçant à
s'obliger solidairement avec lui (1). Mais, comme
le faisait très-bien observer M. Bigot (2), « ce
» mal se rencontre dans tous les systèmes ». Quoi
qu'on en dise, et ici nous empruntons la pensée
du premier consul (3), les hypothèques de la femme
seront bien plus certaines si, pour les conserver, il
lui suffit de ne pas y renoncer, que s'il lui fallait,
pour en obtenir l'effet, agir et prendre inscription. Beaucoup de femmes refusent avec fermeté
de signer tout acte qui peut compromettre leur
dot. Bien peu sont capables de faire des démarches et de conduire leurs affaires.

Jusqu'à présent, la jurisprudence n'a offert qu'un
nombre limité de cas où l'on ait vu des prêteurs
pris au dépourvu par les hypothèques légales des

(1) M. Jourdan, Thémis, t. 5, p. 230. Treilhard, Confér.,
t. 7, p. 138.
(2) P. 139.
(3) Loc. cit.

I. 6

femmes et des mineurs. Par l'effort de la pensée,
on a pu, jusqu'à un certain point, les multiplier;
mais la pratique ne réalise pas toutes les possibi-
lités qu'entrevoit la théorie. Au contraire, la mise
à exécution de la loi de l'an VII souleva des réclamations générales en faveur des femmes, et l'expérience prouva que cette classe, formant une
moitié de la société, avait été en grande partie dépouillée, sans retour, de ses biens (1). Il est échappé
à M. Jourdan de dire que les cours d'appel avaient
presque unanimement demandé le maintien pur
et simple de la loi de brumaire (2). C'est là une
grande erreur. Sur trente tribunaux d'appel,
huit seulement, ceux de Paris, Lyon, Bruxelles,
Rouen, Caen, Douai, Grenoble et Montpellier,
demandèrent la préférence pour cette loi (3). Au
fond, je ne veux pas nier que la dispense d'inscription ne soit l'occasion de bien des entraves.
Mais toute cette discussion doit être dominée par
ces deux vérités qui répondent à tout : l'une, que
le prêteur, en possesion de toute sa capacité civile,
ne peut aspirer à la même protection que les
femmes et les mineurs, qui sont incapables; l'autre,
que le prêteur peut, par sa prudence et par les
moyens que la loi met à sa portée, corriger les
désavantages de sa position, tandis qu'au contraire

(1) Cette assertion de M. Bigot n'a pas été démentie (t. 7,
p. 56); elle est même accordée par M. Girod, dans son rapport au conseil représentatif de Genève (Thémis, t. 9, p. 19).
(2) Thémis, t. 5, p. 228.
(3) M. Bigot, t. 7, p. 85. M. Réal, id., p. 95. La cour de
cassation opina comme ces cours.

l'obligation de s'inscrire ne produirait pour les femmes et les mineurs que des vices incorrigibles et des maux irréparables.

Nous avons examiné, sans parti pris pour aucun système exclusif, les deux questions vitales du régime hypothécaire, savoir la transcription, et la dispense d'inscription de certaines hypothèques privilégiées. Nous avons cherché à porter dans cette grave controverse cet esprit d'impartialité qui permet de choisir librement entre les idées les plus contraires, d'emprunter à chaque opinion ce qu'elle a d'applicable, et de former de la fleur de chaque système une large théorie, qui résume tous les progrès vers lesquels ils tendent. Pour les autres améliorations à introduire dans le régime hypothécaire, comme elles ne sont que secondaires, il sera plus facile de s'entendre.

Au premier rang, l'on doit placer l'inscription des cessions d'hypothèques légales ou non légales ; cette inscription est exigée dans les Codes hypothécaires allemands. La nécessité en est si généralement comprise en France, qu'il devient inutile de s'y arrêter plus long-temps.

L'art. 2129 doit être mitigé ; il exagère le principe salutaire de la spécialité ; il en fait une gêne et un piége. Les désignations minutieuses de l'immeuble qu'il exige dépassent les bornes du nécessaire. Il veut, en outre, que celui qui hypothèque tous ses biens présens les indique nominativement. Mais à quoi bon ce détail ? si un nouveau prêteur se présente, ne sera-t-il pas assez éclairé quand il saura que celui qui lui demande ses fonds, a déjà assuré hypothèque sur l'universalité de ses biens présens ? en matière de constitution d'hypothèque, comme en matière d'inscription , il ne doit pas y avoir de nullité sans grief. Il ne faut pas que l'omission d'une formalité qui n'a pas causé de préjudices, serve aux desseins avide de tiers qui spéculent sur la ruine d'un créancier dont les droits sont aussi sacrés que les leurs. Sans cette régle , le régime hypothécaire, au lieu de provoquer la confiance, ne sera qu'une arène de chicanes, qui effraiera la bonne foi.

L'influence des faillites sur les priviléges et les hypothèques , doit aussi fixer l'attention du législateur. Dans les observations que nous a suggérées l'art. 2146 du Code civil, nous avons cherché à en faire sortir, par l'interprétation, des adoucissemens à la position des créanciers hypothécaires ou privilégiés. Mais le législateur doit aller plus loin ; il doit opérer des réformes importantes dans cette partie du régime hypothécaire.

· L'art. 2146 défend de consolider, par une transcription ou une inscription faite dans les dix jours qui ont précédé la faillite, des priviléges acquis par des actes antérieurs. Cette disposition , contraire au système de la déclaration de 1702 et de la loi de brumaire an VII, est vicieuse. J'en ai développé les raisons au n° 650. La faillite doit laisser les priviléges dans le droit commun , et je crois que mes réflexions sur l'art. 443 du Code de commerce (1), qui est venu empirer l'art. 2146 du Code civil, ont

(1) Voyez n° 653 *bis.*

achevé de mettre cette vérité dans tout son jour.

L'art. 2146 défend aussi l'inscription des hypothèques dans les dix jours de la faillite, bien que
la cause de ces hypothèques soit antérieure ; c'est,
à mes yeux, une révoltante injustice. Ici, en effet,
toute idée de fraude, de concert dolosif, doit être
écartée. La source de l'hypothèque est pure. Pourquoi donc veut-on lui défendre de se compléter ?

C'est, dit-on, pour empêcher que certains créanciers ne puissent, dans le désastre commun, acquérir des garanties au préjudice des autres ; sans
quoi, les premiers informés primeraient les plus
éloignés, et la préférence serait due à la proximité
des distances.

Ces explications ne sont pas soutenables.

Si le désastre commun doit faire peser un égal
niveau sur tous les créanciers, il faut, logiquement
parlant, annuler toutes les causes de préférence
quelconque, détruire les hypothèques les plus
authentiquement consolidées, renverser les droits
les plus solennellement acquis. Si l'on n'ose pas
aller jusque-là, je ne conçois pas qu'on ait la
hardiesse de porter la main sur les hypothèques
obtenues, quoique non inscrites, avant les signes
précurseurs de la faillite. Ces hypothèques sont
un bénéfice qui doit être respecté. Elles forment
une garantie légitimement acquise : elles ont droit
à se compléter, parce que, leur origine étant sin-
cère, leur complément ne saurait être frauduleux. C'est en vain que certains créanciers se plain-
draient de se voir devancés par d'autres plus promp-
tement informés du dérangement du débiteur

commun. Leurs réclamations seraient sans doute
légitimes, si c'était la faillite ou ses avant-coureurs
qui missent en demeure de prendre inscription.
Mais il n'en est pas ainsi. Les délais pour s'inscrire
s'ouvrent dès le moment que le contrat a été passé
ou le jugement obtenu; chacun est libre dès-lors
d'en profiter, et les retardataires ne doivent accuser qu'eux-mêmes d'être restés en arrière. Si l'ouverture de la faillite a accéléré quelques inscriptions, il ne faut pas que leur jalousie s'en offense.
Ils pouvaient la prévenir par leur diligence. Ils
savaient que la moindre lenteur, à compter de
l'acquisition de l'hypothèque, pouvait la faire descendre de son rang.

Veut-on se placer dans le vrai, et concilier
équitablement les droits de la masse avec les droits
de préférence acquis à des tiers? il faudra prendre
pour guide la déclaration de 1702, et se borner
à enlever leur effet hypothécaire aux obligations
stipulées, et aux sentences rendues dans les dix
jours de la faillite publiquement connue. Le gagiste qui serait nanti dans ce délai serait aussi
sans privilége. Je dis la faillite *publiquement connue.* En lisant ce que j'ai écrit au n° 656, on se
convaincra de l'importance et de l'utilité de cet
amendement.

Ces modifications conduiraient à une autre réforme dans l'art. 2146; ce serait d'abroger la disposition qui défend de prendre inscription sur
une succession bénéficiaire (1). Le législateur doit

(1) N° 657 *ter.*

se montrer attentif à dégager le système hypothécaire de tout ce qui peut jeter les créanciers dans
des mécomptes imprévus et dans des pertes qui
ne sont pas de leur fait.

Que dirons-nous du renouvellement décennal
des inscriptions, et de la suppression de cette disposition par le projet du Code génevois, et par
la loi belge du 22 décembre 1828 ?

On est forcé de convenir que l'art. 2154 du
Code civil, imaginé pour faciliter les recherches
sur les registres, a fait en revanche pullule r les procès ; les recueils d'arrêts en sont remplis. Il n'est
pas un cahier mensuel de Dalloz ou de Sirey qui
n'en contienne plusieurs. Beaucoup de déchéances
ont frappé des créanciers qui se reposaient sur
leurs anciennes inscriptions ; d'autres ont perdu
leur rang, parce que leurs inscriptions renouvelées
étaient imparfaites. Enfin des difficultés sans nombre se sont élevées sur la question de savoir à
quelle époque les inscriptions ont atteint leur
effet, de manière que leur renouvellemen t soit
devenu inutile (1).

Une durée de trente ans donnée à l'inscription
diminuerait la source de ces déchéances, et rendrait les litiges bien moins fréquens.

La facilité des recherches, qu'on a voulu obtenir en forçant le créancier à renouveler, n'est pas
assez démontrée pour laisser subsister une obligation si périlleuse, et qui par conséquent refroidit
la confiance dans les prêts hypothécaires.

(1) V. le comm. sur l'art. 2154.

Souvent les inscriptions renouvelées ne font pas mention des inscriptions précédentes. Si cependant on veut savoir si elles ont été rajeunies en temps utile, il faut remuer laborieusement une masse énorme de volumes, pour retrouver les anciennes, et faire le calcul des dates. Par-là, on se trouve forcément enlacé dans le dédale qu'on avait voulu éviter. D'autres inconvéniens se présentent encore ; et je laisse M. Girod les signaler dans son rapport au conseil représentatif de Genève (1). « La nécessité, pour le conservateur, à chaque de-
» mande de certificat contenant les charges dont
» un immeuble est grevé, de parcourir tous les
» volumes au milieu desquels se trouve cette mul-
» titude d'inscriptions primitives et renouvelées,
» augmente considérablement les chances d'erreur
» ou d'omission dans le travail de compilation.....
» D'un autre côté, le certificat du conservateur,
» surchargé de cette multitude d'inscriptions pri-
» mitives et renouvelées, toutes destinées à dire
» la même chose, et qui la répètent sans avantage
» pour qui que ce soit, devient un volume dans le
» fatras duquel on se perd, et une pièce qu'on paie
» d'autant plus cher, qu'elle est plus obscure et
» plus propre à induire en erreur. »

Il n'entre pas dans mon plan de développer des vues sur l'expropriation forcée ; car ceci demanderait un travail particulier. Mais je proposerai quelques moyens équitables de la rendre inutile dans certains cas. On doit, autant que possible,

(1) Thém., t. 9, p. 26.

retrancher du régime hypothécaire tout ce qui peut consommer inutilement en frais le gage commun (1).

Si le tiers détenteur est en même temps premier créancier hypothécaire, et que son dû absorbe visiblement la valeur de l'immeuble, les créanciers postérieurs ne doivent être admis à requérir l'expropriation forcée, qu'autant qu'ils donneront bonne et suffisante caution de faire monter l'adjudication à si haut prix que le créancier tiers détenteur sera payé intégralement de ce qui lui est dû (2). Ce moyen n'a peut-être pas besoin de l'intervention du législateur pour être pratiqué. Néanmoins, si l'on croyait la jurisprudence incompétente pour l'introduire (ce que je ne pense pas), il devrait trouver sa place dans un régime hypothécaire économe des frais de justice.

Lorsqu'un créancier est premier en date, il faut lui assurer le droit de prendre l'immeuble à dire d'experts, à moins que les créanciers postérieurs ne préfèrent s'engager, sous caution, à faire adjuger l'immeuble à si haut prix que ce créancier plus ancien sera payé intégralement, déduction faite de tous frais d'expropriation : c'est ce qui se

---

(1) Un travail fait au tribunal de Nanci sur trente saisies et dix-neuf ordres, prouve qu'il a fallu, dans la plupart des cas, plus de dix-sept mois au créancier, avant de rentrer dans son capital, et que les frais ont été, terme moyen, de 800 francs. Un pareil état de choses est effrayant pour les capitalistes, et écrasant pour la propriété !!!

(2) N° 803.

pratiquait dans l'ancienne jurisprudence (1). Les principes de notre législation moderne résistent à cet usage; mais de grandes raisons d'équité élèvent la voix en sa faveur.

J'ai parlé de l'inconvénient qu'il y avait à ce que le débiteur pût diminuer la garantie hypothécaire de son créancier par des paiemens de fermage anticipés (2). Dans l'ancienne jurisprudence, ces paiemens anticipés ne valaient, à l'égard des tiers ayant droit de suite sur l'immeuble, que pour un an. Il conviendrait d'adopter cette disposition, qui couperait court à beaucoup de fraudes.

On se plaint des difficultés que présente le concours des hypothèques générales et des hypothèques spéciales. Il faut convenir cependant que la jurisprudence pratique a trouvé moyen de concilier assez heureusement l'indivisibilité de l'hypothèque générale avec les droits que les hypothèques spéciales doivent conserver les unes à l'égard des autres, en raison de leur ordre chronologique (3). Mais il arrive souvent que les créanciers, étrangers aux secrets de la science du droit, négligent, par ignorance, de prendre les précautions ingénieuses qui sont nécessaires pour qu'ils soient subrogés à l'hypothèque générale qui les prime et qui vient s'appesantir sur eux. Le paiement avec subrogation, qui est le pivot de cette substitution du créancier qui n'a qu'une hypo-

(1) N° 795 quat.
(2) N° 777 ter.
(3) N° 752 et suiv.

thèque spéciale, au créancier à hypothèque générale qui vient absorber son gage, ne se présente
pas toujours à là pensée de celui qui manque des
conseils des hommes de loi. Quelquefois même il
peut n'avoir pas les fonds disponibles pour faire
ce paiement, et alors son droit périt, et il a la
douleur de se voir sacrifié, tandis qu'un autre
créancier postérieur, ayant hypothèque spéciale
sur un autre immeuble que par hasard l'hypothèque générale aura ménagé, sera payé intégralement, quoiqu'à l'époque à laquelle il a contracté
avec le débiteur commun, il eût dû compter sur
un actif moins considérable. Le législateur fera
donc une chose réclamée par l'équité, s'il déclare
qu'il y aura *subrogation légale* au profit du créancier à hypothèque spéciale, dont le gage a été
absorbé par une hypothèque générale antérieure.
Muni alors de ce secours, ce créancier répartira
son action, de manière que les hypothèques spéciales les plus récentes soient sacrifiées aux plus
anciennes (1). Il n'y a pas un jurisconsulte qui ne
désire que l'art. 1251 du Code civil soit augmenté
de la disposition que je propose. C'est un besoin si
impérieux, que les arrêts ont quelquefois cherché
à le satisfaire (2) en se mettant au dessus de la loi.

On ne négligera pas, non plus, de s'occuper du
mode de collocation des créances éventuelles qui
ont hypothèque sur plusieurs immeubles, et qui,
dans l'état actuel des choses, ont droit à se faire

(1) Nos 758, 759.
(2) Arrêt de Rouen, rapporté n° 758.

colloquer éventuellement autant de fois qu'il y a
d'ordres ouverts pour le prix des immeubles hypothéqués (1). Pour remédier à cet inconvénient,
qui paralyse la libération du débiteur, retarde indéfiniment la collocation utile des autres créanciers, et met des entraves au crédit entre particuliers, on devrait peut-être apporter une exception
à l'art. 2161, et autoriser, dans ce cas, la réduction
de l'hypothèque aux seuls immeubles nécessaires
pour garantir avec certitude le recouvrement de
la créance éventuelle. Cette exception, que je ne
voudrais pas étendre à d'autres espèces, est vivement sollicitée ici par la nature de la créance dont
l'échéance, subordonnée à des événemens incer-
tains et quelquefois fort éloignés, tient en suspens, par un contre-coup fâcheux, des droits
certains et pressés de se réaliser.

A ces modifications on pourrait joindre celles
que le Code napolitain s'est appropriées, et que j'ai
rappelées ci-dessus. Des perfectionnemens de détails pourraient être introduits dans la rédaction de
quelques articles du Code, qui se ressentent de la
précipitation qui a présidé à la confection de la
loi, et de la lutte des principes contraires dont
elle est née (2). Peut-être qu'alors de cet ensemble
de réformes, étrangères à tout esprit de système
et puisées dans la nature des choses, on pourrait
faire sortir un régime hypothécaire plus parfait
que celui qui nous gouverne.

(1) N° 959 *bis*.

(2) J'en ai indiqué une partie aux n°s 238, 266 *bis*, 286,
291, 386, 633 *ter*, 781, 782, 793, 917, 965, 978 *ter*.

Mais, à cette heure, au milieu des événemens qui nous pressent (1), sera-t-il permis au
légistateur de tourner ses méditations vers ces pai-
sibles débats de la science? Verrons-nous renaître
bientôt ces momens de calme, où la solution des
grandes questions politiques laisse une place ouverte aux discussions sans aigreur, qui éclairent
les intérêts civils? Personne ne fait des vœux plus
sincères que nous, pour que la France, déchargée
du poids de sinistres préoccupations, ait enfin
quelques loisirs à consacrer à des travaux que le
fracas des révolutions épouvante, que l'ambition
bruyante semble dédaigner, mais qui jamais ne
s'ajournent sans malaise pour la société. La marche
du temps n'influe pas moins sur le développement
du droit civil, que sur le progrès du droit public.
Le crédit entre particuliers a ses crises, comme le
crédit des gouvernemens ; la famille se modifie
comme les constitutions, la propriété comme les
états ; et toutefois, par une injuste préférence,
tous les efforts des esprits livrés aux affaires publiques semblent se concentrer aujourd'hui sur le
mouvement politique, oubliant qu'il est d'autres né-
cessités non moins chères à l'humanité, non moins
dignes d'être satisfaites. Espérons que le législateur ne restera pas en arrière de ces exigences,
et qu'averti de sa lenteur par les tentatives d'a-
mélioration opérées en Europe, depuis un quart
de siècle, par des gouvernemens amis du droit
civil, il paiera aussi sa dette à la France, avide

(1) J'écrivais ceci au mois de septembre 1832.

de marcher à la tête de tous les perfectionnemens. De bonnes lois sur les hypothèques, sur les ex-propriations et sur les faillites, sont les premiers ouvrages que réclame de lui l'un des principaux élémens de la prospérité nationale, celui qui aspire à jouer dans la législation civile un rôle de jour en jour plus important, je veux parler du crédit commercial et privé, également éclairé sur ses be-soins par de brillans succès pendant quinze années d'ordre et de paix, et par des revers terribles pen-dant deux années de perturbation et d'angoisses. Doter de pareilles lois l'industrie et la propriété, serait un honneur pour le ministre qui les aurait conçues, et qui saurait disposer les esprits à les discuter mûrement. Pour le législateur, il y a aussi des lauriers à cueillir dans la carrière du droit civil. Rome a gouverné le monde plus long-temps par ses lois que par ses victoires. Nos conquêtes sur l'Europe ont péri; mais nos Codes, encore vivans chez l'étranger, sont là comme des monu-mens, pour attester qne la France est toujours le foyer des lumières et la reine de la civilisation (1).

(1) M. Persil, garde-des-sceaux, vient de donner un signal de bon augure pour l'avenir, par la présentation d'un projet de loi pour réformer le régime des faillites (1834-1835). Il était digne de ce jurisconsulte savant et consommé dans la pratique des affaires d'entendre le vœu de l'opinion publique. Espérons que cette première tentative fortifiera le gouvernement dans la pensée de réaliser les améliorations prudentes que réclame l'expérience, et qu'il se regardera comme débiteur envers nous, pour la session de 1836, d'une loi sur la saisie réelle, la plus urgente de toutes, sans comparaison, aux yeux de ceux qui

veulent l'économie des frais de justice, la promptitude dans la procédure, et la sûreté des créanciers. D'ici là , et lorsque cette plaie de tous les jours sera guérie , les esprits auront peut-être le temps de se préparer à la révision du régime hypothécaire, qui soulève des questions bien plus graves et bien plus hardies, questions vitales au milieu desquelles il sera si difficile , tant que les idées ne seront pas mûries par de fortes études, de tenir exactement la balance entre le progrès et le bouleversement, entre les améliorations et la destruction de ce qui existe.

CODE CIVIL,

LIVRE III,

TITRE XVIII :

DES

PRIVILÉGES ET HYPOTHÈQUES.

~~~~~~

CHAPITRE PREMIER.

DISPOSITIONS GÉNÉRALES.

ARTICLE 2092.

Quiconque s'est obligé personnellement est tenu de remplir son engagement sur tous ses biens mobiliers et immobiliers.

SOMMAIRE.

1. Le principe, *qui s'oblige, oblige le sien*, est du droit naturel. Dissentiment à cet égard avec M. Toullier.
2. Celui qui s'oblige n'oblige pas son corps, si ce n'est 'dans des cas d'exception. *Quid*, dans le droit des époques aristocratiques? Ce qu'on doit entendre par *droit naturel*. Mauvais sens souvent attaché à ces expressions.
3. Objet de ce commentaire. Difficultés qu'il présente.

COMMENTAIRE.

1. Je n'adopte pas l'opinion de M. Toullier, qui semble croire que ce n'est que depuis l'établissement de l'état civil que les biens d'un débiteur sont

devenus le gage commun de ses créanciers (1). Aussi
loin que je remonte dans les annales des peuples, et
même en me reportant par une fiction de la pensée
à cette époque plus idéale (2) qu'historique où
l'occupation seule faisait le droit du possesseur, et
où la propriété purement viagère ne s'appuyait
pas encore sur l'hérédité; il me paraît qu'une loi
dictée par la conscience, *non scripta*, *sed nata lex*,
devait commander au débiteur aussi sévèrement
qu'aujourd'hui de satisfaire à ses engagemens par
tous les moyens en son pouvoir, et devait permettre au créancier de l'y contraindre en s'emparant
des biens *qu'il possédait*. La nature et la raison indiquent cette marche. C'est celle qui se pratique,
par le seul instinct du droit primitif, dans les pays
les plus éloignés du flambeau de la civilisation.

Notre article ne fait donc que déclarer une de
ces lois que la puissance législative ne fait pas,
mais qu'elle trouve créées par un pouvoir antérieur, et qui ont leurs racines dans les entrailles
de l'humanité.

2. Il arrive quelquefois que l'obligation du débiteur se résout en moyen de contrainte non

---

(1) T. 6, n° 462.

(2) Est-ce le *droit civil* qui a créé la propriété et l'hérédité
de la propriété? ou bien la propriété et l'hérédité sont-elles
de *droit naturel?* Ce n'est pas ici le lieu de traiter ces graves
questions. Je me bornerai à dire que c'est, à mon avis, une
grande erreur que de supposer qu'il a fallu *une loi civile* pour
fonder la propriété et la rendre héréditaire. Toute époque antérieure à l'établissement de la propriété et de l'hérédité est
fabuleuse.

seulement par saisie des biens, mais encore par saisie de sa personne (1). Dans les législations des peuples barbares, qu'une singulière confusion a fait regarder long-temps comme plus rapprochés du droit naturel, la contrainte par corps est ordinairement prodiguée avec une sorte de luxe impitoyable. La férocité des créanciers s'exerce sur les débiteurs par des actes sanguinaires ou par les tortures de l'esclavage; les châtimens les plus durs ne sont pas considérés comme étant trop forts pour maintenir la bonne foi dans les emprunts et prévenir les fraudes des débiteurs. La loi des Douze-Tables (2) punissait de mort celui qui était en retard de satisfaire à ses obligations; et, dans les vieilles mœurs gauloises, franques et féodales, le créancier avait une espèce d'hypothèque sur la personne du débiteur : il pouvait le réduire à l'esclavage, et le vendre ou l'échanger comme un vil animal (3). Dans ce système, la tête et la liberté de l'obligé répondent en premier ordre de son exactitude à payer sa dette. Si l'on saisit les biens, c'est comme accessoire de la personne mise à la disposition du créancier (4). *Qui confisque le corps confisque les biens.*

Mais chez les peuples que la civilisation a mis

(1) Art. 2059, 2060.

(2) Pand. de Pothier, t, 1, p. 12, table 3, *De rebus creditis.*

(3) Formules de Marculfe, appendice, form. 16e. Dom Calmet, Notice de Lorraine, v° Epinal, p. 388. Marchangy, Gaule poétique, t. 2, p. 229,

(4) L. 15, D. *De adopt.* Pothier, Pand., t. 3, p. 725, n° 250.

en possession du véritable droit naturel, de ce droit qui s'identifie avec l'équité de tous les sentimens humains, un ordre inverse préside aux garanties que la société assure aux créanciers. La personne de l'homme y est sacrée, et sa liberté y est estimée à trop haut prix pour devenir à tout propos la rançon de ses promesses pécuniaires. Ce n'est que dans quelques cas extrêmement rares que l'utilité publique autorise l'usage de la contrainte par corps ; ce moyen d'exécution y est plutôt considéré comme un sacrifice douloureux et exceptionnel, fait à certaines exigences sociales, que comme un droit découlant naturellement des obligations. En première ligne et toujours, les biens du débiteur sont affectés à l'accomplissement de ses engagemens ; en seconde ligne seulement et dans des circonstances très-limitées, sa personne doit répondre de ce qu'il a promis.

Telle est la théorie du Code civil (1). En général nul citoyen n'est tenu de satisfaire par corps à ses obligations, même les plus téméraires. Ses biens seuls peuvent faire l'objet des poursuites de ses créanciers. Ce n'est que par exception, et dans des cas que leur gravité place dans un rang à part, qu'il est permis de recourir à la *contrainte corporelle* qui prive de la liberté.

3. Je dois traiter, dans ce commentaire, des droits que les obligations produisent sur les biens du débiteur, du développement de cette maxime

(1) Ici, comme ailleurs, le Code civil est plus rapproché du droit naturel qu'aucune autre législation.

fondamentale, *Qui s'oblige oblige le sien;* de ses
combinaisons avec le système des priviléges et
des hypothèques; et des intérêts si compliqués qui
en découlent pour les créanciers et pour les tiers
investis par le débiteur des propriétés déjà affectées
à ses engagemens. Cette matière est vaste et difficile. Elle a toujours été considérée comme une
des plus épineuses du droit; et, malgré la clarté
que le Code civil a répandue sur elle, on peut dire
qu'elle est encore hérissée d'assez d'embarras pour
appeler les méditations des jurisconsultes.

ARTICLE 2093.

Les biens du débiteur sont le gage commun
de ses créanciers, et le prix s'en distribue entre
eux par contribution, à moins qu'il n'y ait
entre les créanciers des causes légitimes de
préférence.

ARTICLE 2094.

Les causes légitimes de préférence sont les
priviléges et hypothèques.

SOMMAIRE.

4. Définition du *gage* que l'art. 2093 donne de plein droit
   aux créanciers. En quoi il diffère du *gage* véritable.
5. Nécessité de joindre à l'obligation personnelle une obligation
   pour affecter les biens principalement.
6. Contrat de gage par nantissement ou antichrèse.
7. Incommodité de cette espèce de gage qui entraîne déposses-
   sion. De l'hypothèque. Son origine grecque. Son introduction à Rome par le préteur.

COMMENTAIRE.

4. La règle que les biens du débiteur sont le gage commun de ses créanciers est le corollaire du principe posé dans l'article précédent : *Qui s'oblige, oblige le sien.*

Mais ce gage, donné aux créanciers, a des caractères qu'il est important de saisir. Il est bien loin d'être de la même nature que celui qui s'o-père par la tradition, et que le débiteur remet entre les mains du créancier pour sûreté de sa créance. Il offre bien moins de solidité et de sûreté.

Le gage, constitué par la voie du nantissement ou de l'antichrèse, entraîne avec lui le dessaisisse-ment de la chose par le débiteur et la mise en possession du créancier. Par ce moyen, les droits de ce dernier acquièrent une garantie qui les met à l'abri des subterfuges de la mauvaise foi ; car, à défaut de l'engagement principal, le créancier a dans ses mains un dépôt assuré sur lequel il peut se faire payer par les voies légales. Ce créancier a pressenti que la personne du débiteur ne lui offrait pas une caution suffisante de solvabilité : aussi ne s'est-il pas contenté d'un recours direct contre lui ; il a voulu s'assurer un droit dans la chose elle-même. Ainsi il a deux actions bien distinctes, l'une *personnelle* pour forcer le débiteur à payer, l'autre *réelle* pour recourir sur la chose, indépendamment de la personne (1).

Au contraire, celui qui stipule un engagement purement personnel, et qui ne se réserve aucun droit exprès sur la chose, ne peut actionner que la personne du débiteur. A la vérité, si ce débiteur manque à ses engagemens, le créancier pourra exercer une action sur les biens mobiliers et immobiliers, par suite du principe : *Qui s'oblige, oblige le sien.* Mais il y aura une différence très-remarquable entre son droit et celui du créancier gagiste. Il n'aura d'action sur les biens qu'à raison de la personne, et parce que ces mêmes biens sont un accessoire attaché à la personne obligée. Mais si le débiteur aliène, le lien qui unissait la propriété à la personne étant rompu, et la chose étant entrée dans le domaine d'un autre proprié-

(1) Le caractère des droits *réels et personnels* a été expliqué avec beaucoup de clarté et de sagacité par M. le duc de Broglie, l'un des esprits les plus élevés et les plus positifs de notre époque, et l'une des lumières de la chambre des pairs. Voyez Revue française, t. 9, p. 226 et suiv.

taire, le créancier sera sans droits pour l'y pour-suivre. D'où il suit que, si le créancier personnel a dans les biens de son débiteur un gage légal, ce gage ne subsiste qu'autant que le débiteur reste propriétaire des biens. Il dépend de ce dernier de le diminuer par des aliénations. Au contraire, le créancier qui s'est fait investir d'un droit réel est à l'abri de ces caprices. La chose lui est obligée non pas à cause de la personne du débiteur, non pas comme un accessoire, mais en vertu d'un droit qui la saisit principalement. Peu lui impor-tent les mutations des propriétaires. Son droit réel est ineffaçable. La chose lui répond directe-ment, sans qu'il s'inquiète de poursuivre la per-sonne.

5. Les créanciers vigilans ont donc facilement senti que leurs intérêts seraient à tous momens compromis, si, mettant toute leur confiance dans ce gage incertain que leur offre la possession par leur débiteur de biens sujets à aliénation, ils ne prenaient les moyens de se constituer sur ces mêmes biens des droits inhérens à la chose et in-dépendans des vicissitudes et des mutations des personnes. On ne s'est donc pas contenté d'obli-gations pures personnelles; car elles ne sont pas toujours solides; et on a trouvé plus de sûreté dans les obligations réelles : « cherchant, dit Bas-
» nage, à s'assurer à la fois sur la personne et sur
» les choses (1). »

6. Le contrat de gage par nantissement ou anti-

_____

(1) Hyp., chap. 1, p. 4.

chrèse dut se présenter naturellement un des premiers (1), comme un de ceux qui offraient le plus de sûreté, puisque le créancier *appréhendait* (2) la chose pour sa garantie.

7. Mais cette manière de contracter fut trouvée incommode, surtout à l'égard des immeubles. Il était fâcheux en effet pour le débiteur de se dessaisir de la possession de son fonds. D'ailleurs, si ses besoins le mettaient à même de contracter beaucoup de prêts, ses héritages étaient soumis à des transmissions successives, nuisibles à l'agriculture. Les biens, n'étant que temporairement entre les mains de créanciers qui ne pouvaient s'y affectionner, ne recevaient aucune amélioration (3).

L'on en vint donc par la suite à établir qu'une simpe convention suffirait pour que le débiteur engageât son fonds, sans en abandonner la possession, à condition toutefois de devoir en être dessaisi en cas de non-paiement au temps fixé par le contrat. Ce fut un établissement que le droit *prétorien* (4), si fécond en équitables innovations, emprunta à la civilisation grecque, comme le justifie Loyseau (5). Aussi le terme dont on se sert pour exprimer cette convention est-il purement grec : Υποθηχή (6).

(1) M. de Broglie, p. 233.

(2) L. 238, § 2, D. *de verbor. signif.*

(3) Loyseau, Déguerp., liv. 3, ch. 1, n° 4. Basnage, Hyp., chap. 1.

(4) *Inst. de Act.*, § 7, L. 17, § 2, D. *de pactis.*

(5) Déguerp., liv. 3, chap. 1, n° 4 et 21.

(6) M. Niebuhr a fait, dans son Histoire romaine, la re-

8. Nous verrons plus tard quelles solennités ont présidé jadis et président aujourd'hui à la constitution de l'hypothèque. Mais, quelles que soient les formes qui l'accompagnent, il n'en est pas moins vrai qu'elle n'est qu'une imitation du nantissement ou de l'antichrèse ; qu'elle concède un droit tout aussi réel que le gage lui-même ; et qu'enfin elle n'est pour le débiteur qu'une manière plus commode d'assurer la dette de son créancier.

9. Ceci posé, on se rappellera comment j'ai montré ci-dessus que le créancier, qui, non content d'une obligation personnelle, avait stipulé en sa faveur un droit réel et principal dans une chose en se la faisant remettre pour sûreté de sa créance, devait être préféré sur cette chose au créancier n'ayant qu'une simple stipulation personnelle. Or il en est de même du créancier qui a exigé une hypothèque, puisque, comme le créancier saisi du gage, il a droit principal contre la personne et contre la chose. « *Res et persona debent.* »

Cette idée est fort bien exprimée par Cujas. Si l'on me demande, dit-il, pourquoi le créancier

marque suivante, qui mérite de trouver place ici. « Le droit
» hypothécaire sur les biens fonds était, à Athènes, plus an-
» cien que Solon. Il existait outre l'engagement de la per-
» sonne, qui fut ensuite aboli. A Rome, l'état des choses ne
» l'admettait pas dans les commencemens. Il était inconciliable
» avec le droit de propriété des Quirites, comme avec la sim-
» ple possession. » (T. 2, p. 385, note 506, trad. de M. de
Golbéry.

hypothécaire est préférable au créancier cédulaire, je répondrai que c'est par la raison donnée en la loi 25 au D. *de reg. juris* : « *Plus cautionis est in re* » *quàm in personâ.* »

10. C'est inutilement que le créancier cédulaire dirait au créancier hypothécaire : « La loi me » donne pour gage les biens du débiteur, et par » conséquent l'immeuble que vous prétendez vous » être affecté. Je tire de la loi le même droit que » vous voulez tirer de la convention; et même » mon droit est supérieur, puisqu'il émane d'une » source plus haute et plus respectable que la » volonté privée. »

Le créancier hypothécaire répondrait par ces argumens victorieux : « Vous avez dû savoir que » la loi ne vous donnait pour gage que les biens » que le débiteur aurait dans son patrimoine lors » de vos poursuites. Car vous, créancier confiant, » qui avez suivi la foi de votre débiteur, et qui » n'avez pris aucune précaution pour vous assu- » rer un droit principal et réel sur ses biens, vous » n'avez pu avoir la prétention que votre droit » purement personnel l'empêcherait d'aliéner ses » immeubles et les rendrait indisponibles dans » ses mains. Il n'y aurait plus de transaction pos- » sible si l'obligation personnelle produisait sur » les biens un pareil effet. Aussi est-il bien entendu » que, quand la loi assigne au créancier person- » nel les biens du débiteur pour gage de sa » créance, elle ne veut parler que des biens pos- » sédés par le débiteur au moment des poursuites. » D'où il suit que, si votre débiteur eût aliéné

» ses immeubles, vous n'auriez sur eux aucun
» droit de suite. Or il a aliéné en ma faveur une
» portion de sa propriété, puisqu'il ma concédé
» un droit d'hypothèque. Vous ne pouvez donc
» vous payer sur ces mêmes immeubles, qu'en me
» tenant compte de l'hypothèque que vous y trou-
» vez assise. Votre débiteur a diminué d'autant son
» patrimoine; il en avait la faculté, et vous devez
» vous contenter de ses biens dans l'état où vous
» les trouvez. »

11. La préférence dérivant de l'hypothèque se
trouve donc étayée des motifs les plus péremp-
toires. Les lois romaines en ont fait un principe
qu'elles proclament dans une foule de textes (1),
et qui est avoué par la saine saison et par la critique la plus sévère. Aussi, quand M. Decourdemanche propose de proscrire l'hypothèque comme
entachée de privilége odieux et d'immoralité (2),
je ne puis voir dans cette boutade contre un droit
qui fait la sûreté des transactions, qu'une suscep-
tibilité *saint-simonienne* qui recrutera peu de partisans : car elle ne peut trouver place que dans un
système qui a pris en aversion la propriété telle
que les principes du droit naturel l'ont faite depuis que le monde existe ; système qui se fonde
avant tout sur la destruction de la liberté humaine et particulièrement de ce droit de disposer
de cette liberté civile, si précieuse et si féconde,

---

(1) L. 12, § 2 *qui potior.* D. L. 6, C. *De bonis auct. jud.*
Pothier, Pand., t. 1, p. 571, n° 13 ; et t. 3, p. 185, n° 28.

(2) Globe, 24 avril 1831; voyez la préface de cet ouvrage.

que nos pères conquirent jadis sur la féodalité, et que leurs descendans n'ont aucune envie d'aller abdiquer sur les autels de la nouvelle doctrine.

12. Mais les hypothèques ne sont pas les seules causes de préférence entre créanciers. Il y a certaines créances qui, à raison de *leur cause*, ont paru dignes d'être privilégiées (1). De là les privi-léges dont je parlerai en commentant l'art. 2095. Le privilége donne au créancier un droit réel qui affecte la chose. Ce droit réel le rend préférable au créancier personnel. Les raisons sont les mêmes que celles que j'ai données pour montrer la préférence du créancier hypothécaire sur le chirographaire.

13. Si le débiteur n'a ni créanciers hypothécaires ni créanciers privilégiés, s'il n'a que des créanciers personnels, ces derniers sont tous d'une égale condition (2). Car, ne s'étant réservé aucun droit principal sur les biens, ils n'ont aucune raison pour y rien prétendre les uns au préjudice des autres. Ils doivent donc venir en concurrence et prendre part par contribution (3).

14. Le créancier personnel le plus ancien ne pourrait se fonder sur l'antériorité de son contrat pour prétendre à être colloqué avant le créancier postérieur en date. Quand on stipule une obligation pure et simple, on ne cherche à engager que

(1) D'Argentrée sur Bretagne, art. 194,

(2) L. 6, C. *De bonis auct. jud. possid.*

(3) Loi citée. Favre, Code, loi 7, t. 32, def. 3. Basnage, Hyp., chap. 13, p. 61.

la loyauté de la personne. Or sur la personne, il n'y a ni priviléges ni préférences. Elle répond pour tous de la même manière, c'est-à-dire par la bonne foi ; et les droits ne peuvent être qu'égaux entre créanciers. Il suit de là que, si le débiteur ne remplit pas ses engagemens, et que l'on vienne à agir sur ses biens (parce que, la personne étant obligée, les biens le sont aussi comme accessoire de la personne), tous les créanciers, n'ayant de droit qu'à raison de la personne et étant tous égaux sur la personne, devront être aussi d'égale condition sur les biens qui ne leur auront pas été affectés d'une manière principale.

15. Après tous les détails dans lesquels je viens d'entrer, on comprendra facilement le système du Code civil pour organiser le recours des créanciers contre les biens de leur débiteur.

Si tous les créanciers sont chirographaires, ils sont d'égale condition, et ils viennent à l'ordre par contribution.

Mais si le débiteur a contracté des dettes privilégiées ou hypothécaires, comme ce sont là des causes légitimes de préférence, les créanciers privilégiés et hypothécaires seront payés avant les chirographaires. Ceux-ci n'auront de droits que sur ce qui restera après que les autres seront satisfaits (1).

16. Je n'ai pas à m'occuper dans ce commen-

---

(1) Voy. le T. du Digeste *De rebus auct. jud. possid.* et le T. du Code *De bonis auct. jud. possid.* Pothier, Pand., t. 3, p. 185, n° 5.

taire de l'*expropriation*, qui est le moyen de contrainte attaché par la loi aux droits que les créanciers ont sur les biens de leur débiteur. Tout droit
doit avoir la force à sa disposition, sans quoi il
serait illusoire. L'emploi des moyens de coaction
qui font la force des créanciers est réglé par les
articles du Code civil et du Code de procédure civile qui traitent des saisies mobilières et immobilières. Je me bornerai à dire ici qu'il y a toujours
eu une différence dans la vraie fin de l'hypothèque
entre le droit français et le droit romain. A Rome,
le créancier agissait par l'action hypothécaire pour
se faire mettre en possession de la chose hypothéquée; et lorsqu'il en était nanti, il avait le droit de
la faire vendre. Ce n'était que lorsque l'hypothèque
avait été convertie en *pur gage conventionnel* que
la vente pouvait avoir lieu (1). En France, il en
est autrement. La poursuite saisit la chose et la
met sous la main de la justice; elle la frappe d'un
gage judiciaire pour la faire vendre ensuite aux
enchères publiques. Le créancier n'a pas le droit
d'en réclamer la possession.

(1) Pothier, Pand., t. 1, p. 576, n° 18. Loyseau, Déguerp.,
liv. 3, chap. 7, n° 1, *infrà*, n° 135 *bis*.

CHAPITRE II.

DES PRIVILÉGES.

ARTICLE 2095.

Le privilége est un droit que la qualité de la créance donne à un créancier d'être préféré aux autres créanciers, même hypothécaires.

SOMMAIRE.

28. Cas d'exception où le privilége marche après l'hypothèque. Renvoi.

COMMENTAIRE.

17. La jurisprudence sur les priviléges est hé- rissée de difficultés. Obscure sous les lois romaines, qui semblent se croiser et se contredire, équivoque et incertaine dans l'ancien droit français, formé de débris du droit romain, de décisions d'auteurs discordans, et des divers arrêts des cours souve- raines, elle présente encore aujourd'hui des ques- tions épineuses et subtiles qui l'ont fait placer parmi les matières les plus ardues de notre droit.

18. Les Romains divisaient les priviléges en *pri- viléges de personne* et *priviléges de cause* (1).

Les priviléges de personne étaient ceux qui dé- pendaient de la qualité de la personne.

Les priviléges de cause étaient ceux que la loi attribuait à la nature de l'action (2).

Voici un exemple de chacun de ces priviléges :

Le privilége du fisc et celui de la république étaient des priviléges *de personne* (3); car ce n'était qu'en raison de la qualité du fisc et du respect dû au gouvernement de l'état que l'un et l'autre avaient préférence sur tous les créanciers.

Au contraire, le privilége des frais funéraires était attribué, non à la qualité de la personne qui avait

(1) L. 196, D. *De reg. juris.*

(2) L. 68. *De reg. juris.* Pothier, Pand., t. 3, p. 186, n° 34.

(3) Cujas, Observ., liv. 10, ch. 22. Pothier, t. 3, p. 185, n° 29.

1.   2

prêté de l'argent, mais à *la cause de ce prêt*, qui était extrêmement favorable, soit parce qu'il est de l'intérêt public que les morts ne soient pas privés de sépulture, soit parce que le prêteur a été déterminé par un sentiment d'humanité.

Mais une chose à laquelle il faut faire une extrême attention pour éviter les erreurs, c'est que tous les priviléges, soit de cause, soit de personne, étaient tous personnels en ce sens qu'ils ne donnaient lieu qu'à l'action personnelle, et qu'ils n'affectaient pas la chose.

Ce n'est qu'autant qu'il avait été stipulé expressément qu'un gage serait affecté comme garantie spéciale au privilége, que ce privilége devenait réel et donnait un droit de suite sur la chose (1). Il en était de même lorsque la loi donnait au privilége une hypothèque tacite, comme, par exemple, dans le cas où un mineur prêtait de l'argent pour l'acquisition d'une chose (2).

19. De cette manière d'envisager le privilége suivait une conséquence bien remarquable, c'est que ce droit, n'étant que personnel et n'affectant pas la chose, était primé par l'hypothèque. « Restat » ut adnotemus, dit Cujas(3), ex lege 9, creditores » hypothecarii anteponi creditoribus chirographa- » riis, id est, qui debitores personali tantùm ac- » tione obligatos habent, etiamsi creditores chiro- » grapharii sint antiquiores, vel etiamsi in actione

(1) L. 7, C. *Qui potior in pignor.*

(2) L. 7, *Qui potior.* D. L. 3, *De reb. cor. qui sub tutelâ.* Pothier, t. 1, p. 573, n° 26, et note *a.*

(3) Recit. Solem., C. *Qui potior. in pign.*, L. 7.

» personali privilegium habeant, id est, *sive ha-*
» *beant privilegium causæ, sive privilegium tempo-*
» *ris.* Namque eos excludunt hypothecarii credito-
» res *optimâ ratione* (1), quia habent actionem
» hypothecariam quæ est actio in rem, in quam
» plus cautionis est quàm in personam. »

Le créancier privilégié n'était préférable qu'aux chirographaires (2). On ne faisait d'exception à cette règle que pour les frais funéraires, qui, quoique simples priviléges et n'emportant aucune hypothèque ni expresse ni tacite, étaient préférés aux hypothèques (3).

20. De tout ceci, il résulte que chez les Romains il y avait quatre sortes de créanciers, divisés en deux classes.

Les créanciers chirographaires simples et les créanciers chirographaires privilégiés formant la classe des créanciers personnels, et les créanciers hypothécaires simples et les créanciers hypothécaires privilégiés formant la classe des créanciers réels (4).

L'hypothèque privilégiée, c'est-à-dire celle à laquelle un privilége personnel se trouvait joint, primait l'hypothèque simple;

L'hypothèque simple primait le privilége;

(1) Cette raison peut s'appliquer à d'autres cas, et servir de réponse aux attaques que dirige M. Decourdemanche contre le droit d'hypothèque, qu'il considère comme constituant un privilége injuste, ainsi que je l'ai dit ci-dessus.

(2) L. 9, C. *Qui potior.* Loyseau, Offices, liv. 3, ch. 8.

(3) L. 45, Dig. *De relig. et impensis funer.*

(4) Loyseau, Off., liv. 3, ch. 8, n° 19.

Le privilége primait la créance simplement personnelle.

21. Entre les hypothèques simples , c'est le temps qui décidait de la préférence. La raison en est donné par Cujas avec une grande précision (1). « Prioris temporis hypotheca firmior est, poste-» rioris infirmior , quia in id tantùm efficax est » quo summa pignoris excedit summum prioris » sortis. » De là la maxime fameuse, et si fréquente même dans notre jurisprudence française, « qui » prior tempore , potior jure. »

Mais entre une hypothèque simple et une hypothèque privilégiée , c'était la faveur de la cause qui déterminait la préférence en faveur de l'hypothèque privilégiée. Par conséquent cette hypothèque privilégiée primait la simple hypothèque , quand même celle-ci eût été antérieure en date (2).

22. Entre privilégiés , ce n'était pas l'ancienneté qui établissait la préférence , c'était la faveur de la cause. « Privilegia non ex tempore æstimantur, sed » ex causâ , et si ejusdem fuerint tituli, concur-» runt , licet, diversitas temporis in his fuerit (3).

Sur quoi je crois à propos d'emprunter à Loyseau (4) la citation suivante, parce qu'elle contient l'énoncé des principes que nous suivons aujourd'hui en matière de priviléges.

(1) Paratitles sur le C. *Qui potior in pignor.*

(2) Cujas, Recit. Solem., l. 7, C. *Qui potior.* Pothier, Pand., t. 1, p. 573, n° 26. Loyseau , Offices , liv. 3 , ch. 8 , n° 21. Nov. 97, ch. 3.

(3) L. 32, D. *De reb. auct. jud. possid.*, art. 2096.

(4) Offices, liv. 3, ch. 8, n° 88.

« Cette loi dit donc que les priviléges ne pren-
» nent pas leur rang du temps. La raison est qu'ès
» actions personnelles auxquelles ils sont attri-
» bués, on n'a pas d'égard au temps du contrat,
» ainsi qu'aux hypothèques. Mais les priviléges
» prennent rang de *leur titre* et *cause*, de sorte que
» les plus favorables et, s'il faut le dire, les plus
» privilégiés entrent en ordre les premiers. Car ce
» qui se dit qu'un privilégié n'use point de son pri-
» vilége contre un autre privilégié, s'entend des
» priviléges égaux ; mais, entre inégaux, le plus
» fort l'emporte (1). »

J'arrête ici mes réflexions sur le droit romain.
J'en ai dit assez pour mon sujet, et je laisse de
côté beaucoup de points controversés dont la place
est ailleurs.

23. En France, les priviléges de créance sont
considérés sous un point de vue bien différent
dans leurs rapports avec les hypothèques. On les
tient pour *réels* et comme affectant la chose. Ils
priment par conséquent les hypothèques, parce
qu'ils réunissent la double prérogative d'être imprimés sur la chose, comme l'hypothèque, et de
plus, de puiser dans leur cause originelle une faveur qui manque à ce dernier droit.

Ce n'est cependant pas sans efforts que la jurisprudence française a abandonné de ce chef les erremens du droit romain. Du temps de Loyseau,
il y avait encore des priviléges personnels, c'est-
à-dire des priviléges qui n'affectaient pas la chose,

_____

(1) Voy. aussi d'Argentrée sur Bretagne, art. 194.

à moins qu'on n'en fût expressément convenu (1).
Néanmoins le système de la réalité prévalait de
jour en jour, et il finit par devenir général et non
contesté. Il en arriva que tous les priviléges furent
assimilés aux hypothèques privilégiées des Romains (2).

24. Je crois qu'on peut assigner la cause suivante à cet abandon du droit romain dans un point
si fondamental (3).

D'abord, d'après les lois romaines, beaucoup de
créances qui sont appelées *priviléges* avaient de
fait une hypothèque légale et tacite. La jurisprudence française étendit par assimilation cette hypothèque de droit à d'autres créances privilégiées
que la loi n'en avait pas investies, et qui cependant semblaient mériter la même faveur.

.Ensuite, à Rome, il fallait une convention expresse et spéciale pour établir une hypothèque, à
moins que la loi n'accordât une hypothèque tacite.
Or, comme le privilége ne venait s'attacher qu'à
l'action personnelle, d'après les règles générales,
il s'ensuit qu'il restait purement personnel tant
qu'une chose ne lui était pas affectée par convention, que la loi ne donnait pas une hypothèque
tacite.

En France, au contraire, tous les contrats passés
en forme authentique emportaient de plein droit

(1) Offices, liv. 3, ch. 8, n°s 31, 32, 33.
(2) Basnage, Hyp., ch. 14. Répert. v° *Subrogat. de Per-*
sonne, p. 28.
(3) *Infrà*, n°s 85, 86.

hypothèque. Il s'ensuit que dans tous les cas les créances privilégiées résultant d'actes authentiques étaient nécessairement accompagnées d'hypothèque ; et comme les actes authentiques étaient plus fréquens que les actes sous seing privé à une époque où peu de personnes savaient écrire, on s'accoutuma à voir que le privilége affectait la chose à cause de l'hypothèque, et bientôt on oublia le véritable motif de cette affectation pour se persuader que c'était un caractère propre au privilége, d'autant que les lois romaines sur lesquelles on avait la manie de vouloir tout calquer, et qui, dans la pratique du barreau, étaient appliquées par des gens peu éclairés (1), présentaient à cet égard des ambiguités trompeuses pour l'inexpérience des légistes de palais.

Quoi qu'il en soit, il est certain que le privilége avait toute préférence sur l'hypothèque.

25. Quant au rang des priviléges entre eux, il se réglait par la faveur de la cause (2). Entre privilégiés, dit Basnage (3), ceux qui ont un privilége *plus digne et plus favorable* l'emportent sur les autres (4).

26. Le Code civil a marché sur les traces de l'ancienne jurisprudence française.

D'après l'art. 2095, le privilége prévaut sur l'hypothèque.

(1) Loyseau, Déguerp., liv. 3, ch. 5, no 13.
(2) Loyseau, Offices, liv. 3, ch. 8, n° 88.
(3) Hyp., ch. 14.
(4) *Suprà*, n° 22.

Il s'attache à la chose et donne sur elle un droit réel.

D'après l'art. 2096, c'est la faveur de la cause qui décide du rang entre priviléges.

27. J'ai vu des esprits positifs s'étonner que la qualité seule d'une créance suffise pour lui donner la vertu d'être préférée à une créance hypothécaire, qui, par stipulation expresse, affecte la personne et les biens.

Mais, en y réfléchissant, on voit que cet effet important ne s'opère que parce que la loi donne aux priviléges sur les immeubles une hypothèque tacite; à la vérité, nos lois ne parlent pas de cette hypothèque légale dans la section du chapitre 3, mais elle n'en existe pas moins. La preuve s'en déduit de l'art. 2113, qui déclare que si les formalités nécessaires pour conserver le privilége n'ont pas été remplies, il reste toujours une créance hypothécaire. Donc toute créance déclarée par la loi privilégiée sur les immeubles se compose de deux élémens, savoir, d'un privilége personnel attaché à la faveur de la cause, et d'un droit réel résultant d'une hypothèque tacite.

Ces réflexions justifient pleinement la prépondérance du privilége sur l'hypothèque. On peut même s'en servir pour porter le flambeau de la critique sur certaines dispositions de nos lois qui paraissent difficiles à comprendre. Je m'en prévaudrai dans mes observations sur l'art. 2097 (1).

28. Au surplus, je fais observer qu'il y a quel-

(1) *Infrà*, nos 84, 85, 86.

ques cas où le privilége ne marche qu'après l'hypothèque. C'est contre le trésor public que cette
exception a été établie par respect pour les droits
acquis. Je renvoie à ce que je dirai en commentant l'article 2098 ci-après.

ARTICLE 2096.

Entre les créanciers privilégiés , la préférence se règle par les différentes qualités de
la créance.

SOMMAIRE.

29. Les priviléges existent sans stipulation. Ils dérivent de la
faveur de la cause. Le classement *à priori* de tous les
priviléges dans un ordre invariable et général est impossible. Raison de cela.

3o. Il n'y a de possible que le classement des priviléges généraux. Il est à regretter que le Code civil n'ait pas décidé
la grande question de savoir si les priviléges généraux
l'emportent sur les priviléges spéciaux.

31. Distinction des priviléges en généraux et spéciaux, sur les
meubles et sur les immeubles. Indication des combinaisons
dont ils sont susceptibles entre eux.

32. Ordre des priviléges généraux d'après l'art. 2101 du Code
civil. *Quid*, lorsque le fisc se présente avec certains priviléges généraux créés en sa faveur par des lois exceptionnelles?

33. Priviléges du fisc pour les contributions mobilières, personnelles et des patentes. Son rang à l'égard des autres
priviléges généraux. La préférence qui lui est accordée
est injuste et exorbitante. Mauvais usage d'une bonne
maxime de Grotius.

34. Rang du privilége de la régie des douanes. Il est moins
dur que le précédent.

54. Nécessité de ces détails pour prouver l'impossibilité d'un classement *à priori*. Citation d'Henrys pour les excuser.

55. Méthode proposée pour arriver à régler l'ordre des privi-léges *spéciaux* de nature à concourir entre eux.

56. L'art. 2102 ne donne pas une liste de rang, mais une simple énumération.

57. Division d'opinions parmi les auteurs pour régler la préférence des priviléges spéciaux.

58. C'est dans la faveur de la cause qu'il faut chercher le motif de la préférence. Trois sources de faveur : *negotiorum gestio, possession, propriété.*

59. *Negotiorum gestio.* Raison de la faveur qu'elle assure.

60. *Possession.* Raison de la faveur qu'elle procure.

61. *Propriété.* Idem.

62. Ces causes de faveur, tantôt se combattent, tantôt se prêtent secours et se combinent diversement. Exemples et détails.

63. Ordre des priviléges sur *les fruits et récoltes.* Dissentiment avec M. Pigeau.

64. Ordre des priviléges sur *les meubles de la maison louée ou de la ferme.*

65. Interprétation des art. 661 et 662 du Code de procédure civile. Si on les prenait à la lettre, ils feraient *antinomie* avec l'art. 2102 du Code civil. Ils n'assurent au loca-teur un privilége exclusif, que parce qu'ils le supposent en concours avec des créanciers simples.

66. Véritable fixation des rangs sur le prix des ustensiles.

67. Véritable fixation des rangs sur le prix des autres meubles de la maison ou de la ferme.

68. Véritable fixation des rangs sur la chose *mise en gage.*

69. —————————— sur la chose *vendue.*

70. —————————— sur la chose *déposée dans une auberge.*

71. Véritable fixation des rangs sur la chose *voiturée.*

72. —————————— sur le *cautionnement.*

73. Du rang des priviléges généraux lorsqu'ils sont en con-cours avec les priviléges spéciaux. Diversité d'opinions.

COMMENTAIRE.

29. J'ai dit sous l'art. précédent que c'était une des prérogatives du privilége de devoir sa préférence non à l'antériorité de date, mais à la faveur de la cause. Nous trouvons ce principe consacré par notre article qui n'est que la traduction de la loi: *Privilegia* 32 D. *de reb. auct. jud.* (1). Ainsi donc les priviléges existent sans stipulation de la part des parties. Ils sont inhérens aux créances dont la cause mérite une faveur spéciale.

Mais, comme c'est une chose qui tient nécessairement à l'arbitraire que de déterminer le plus ou moins de faveur que peuvent mériter des

(1) *Suprà*, n° 22.

crcances privilégiées qui diffèrent par leur cause, il s'ensuit qu'il a toujours été fort difficile d'arriver à un bon classement des priviléges entre eux.

M. Grenier va même jusqu'à soutenir que ce classement est impraticable, et qu'une législation qui se permettrait de l'opérer serait imparfaite (1). Cette opinion paraît exagérée au premier coup d'œil (2), d'autant que les motifs dont s'appuie M. Grenier sont présentés d'une manière embarrassée. Mais, quand on y réfléchit de près, on ne tarde pas à reconnaître que cette proposition n'a rien que de très-juste. En effet, il est certain que tous les priviléges ne peuvent pas concourir entre eux. Parmi les priviléges spéciaux, il en est une foule qui ne peuvent se trouver en présence dans la même distribution par une véritable impossibilité de nature. C'est ce qu'on verra *in decursu* (3).

Ensuite, le degré de faveur qui s'attache à la cause du privilége peut varier suivant les espèces et suivant les différentes positions des créanciers. Tantôt c'est la possession qui vient augmenter la prérogative d'un privilége; tantôt une créance prendra un rang plus élevé, suivant qu'elle a contribué à assurer l'intérêt commun de la masse des créanciers. Ainsi telle créance qui en primait une autre dans tel cas, sera primée par celui-ci s'il se présente un autre concours de circonstances (4). Le législateur pouvait-il entrer dans le détail de

(1) Hyp., t. 2, p. 2, n° 294.
(2) M. Dalloz la trouve fausse, v° Hypoth., p. 78.
(3) N°s 42 à 54, 55.
(4) *Infrà*, n°s 62, 70, 171.

toutes ces combinaisons d'intérêt qui ne sont souvent que le pur effet du hasard?

Tout ceci s'applique directement aux priviléges spéciaux. Le Code ne pouvait établir entre eux une échelle graduée de préférences. Il a dû garder à cet égard un silence obligé, parce que toute tentative eût nécessairement échoué.

3o. Toutefois, reconnaissons qu'il n'en est pas de même des priviléges généraux sur les meubles et sur les immeubles (1). Rien ne s'oppose à ce qu'on les classe dans un ordre invariable, et c'est ce qu'a fait le Code avec précision. Il eût même été à désirer qu'il se fût expliqué sur la question si controversée de savoir si les priviléges spéciaux priment les priviléges généraux, et *vice versâ*. Cette question peut être décidée, *à priori*, par des raisons empruntées à des principes certains, et il est à regretter que le législateur l'ait laissée dans le domaine de la dispute.

31. Nous verrons, en nous occupant des art. 2099 et suiv., que les priviléges sont généraux ou spéciaux, que les uns frappent les meubles et les immeubles, que les autres ne s'étendent que sur les meubles seulement, que ceux-ci sont imprimés sur certains meubles, ceux-là sur certains immeubles.

D'abord aucune rivalité ne peut exister entre les priviléges sur les meubles et les priviléges sur les immeubles, puisqu'ils ne portent pas sur les mêmes objets.

(1) Voy. cependant un cas particulier pour les frais de justice, *infrà*, n° 131.

Le concours ne peut se présenter que : 1° entre les priviléges généraux sur les meubles entre eux; 2° entre les priviléges sur les meubles entre eux; 3° entre les priviléges généraux et les priviléges spéciaux sur les meubles; 4° entre les priviléges généraux sur les immeubles entre eux; 5° entre les priviléges généraux sur les immeubles et les priviléges spéciaux sur les immeubles.

32. L'ordre des priviléges généraux sur les meubles entre eux est fixé par l'art. 2101, auquel je renvoie. En composant cette échelle graduée, le Code a mis fin à toutes les difficultés que faisait naître la diversité d'opinions parmi les auteurs sur la classification de ces priviléges.

Mais les priviléges énumérés dans l'art. 2101 ne sont pas les seuls.

Le trésor royal a privilége sur tous les meubles et effets mobiliers du contribuable pour la contribution personnelle et mobilière, celle des portes et fenêtres, celle des patentes (1); pour les droits de timbre (2), de douane et de contributions indirectes (3).

Le trésor royal a aussi privilége sur tous les meubles du condamné pour frais de poursuite en matière criminelle, correctionnelle et de police (4).

Le même privilége général existe pour le trésor sur les biens des comptables (5).

(1) Loi du 12 novembre 1808, art. 1.
(2) *Infrà*, n°ˢ 96, 33, 39.
(3) N°ˢ 34 et 34 *bis*.
(4) L. du 5 septembre 1807.
(5) *Ibid*.

Enfin, le trésor de la couronne a un privilége semblable sur les biens de ses comptables.

La difficulté consiste maintenant à coordonner ces divers priviléges du fisc avec les priviléges énumérés dans l'art. 2181 du Code civil, et de régler les rangs qu'ils doivent respectivement tenir en cas de concours.

33. D'abord le privilége du trésor public, pour les contributions personnelle et mobilière, portes et fenêtres et patentes, est celui que l'on a voulu faire marcher le premier (1). Il s'exerce avant tout autre et par conséquent avant les frais funéraires et autres énumérés dans l'art 2101 du Code civil. Il n'est primé que par les frais de justice, qui sont moins un privilége qu'une déduction nécessaire, un prélèvement sur le prix, conformément à l'art. 657 du Code de procédure civile (2).

Ce privilége exorbitant, accordé au trésor royal (3), ne peut s'expliquer par aucune raison particulière. Il ne faut rien moins que la volonté positive de la loi pour lui assigner ce degré de préférence (4), et le faire passer même avant les frais de dernière maladie, même avant les frais funéraires!!! comme si, par cette odieuse prérogative, le fisc eût enlevé au malheureux débiteur

(1) Art. 1, l. du 19 novembre 1808.
(2) Tarrible; Répert., *Privil.*, p. 18. Grenier, Hyp., t. 2, p. 23, n° 305. Pardessus, Cours de droit comm., t. 4, p. 367, n° 1209.
(3) *Infrà*, n° 96.
(4) Et cependant il a été étendu aux droits du timbre par la loi du 28 avril 1816, art. 76.

lès soins dus à l'humanité souffrante! Je sais bien
que Grotius a dit avec raison que les obligations
que nous contractons envers la république sont
plus étroites que celles que nous contractons avec
les particuliers. « *Sic reipublicæ quisque ad usus*
» *publicos magis obligatur quàm creditori* (1). »
Mais c'est abuser de cette maxime vraie en elle-
même que de lui donner une telle extension.

34. Le privilége de la régie des douanes est déterminé par l'art. 22 de la loi du 22 août 1791,
t. XIII. Il est moins dur et moins excessif que le
précédent.

Cet article porte que la régie aura préférence à
tous créanciers « sur les meubles et effets mobi-
» liers... des redevables pour tous droits, à l'excep-
» tion des frais de justice et autres privilégiés, des
» loyers de six mois et des marchandises en nature
» revendiquées par le vendeur ».

La loi du 4 germinal an 2, t. 6, art. 4, veut
qu'en matières de douanes le trésor soit préféré
à *tous créanciers*, pour droits, confiscations,
amendes.

Deux questions se présentent ici. Le privilége,
établi par ces deux lois, n'a-t-il pas été abrogé? De
plus, quelle en est l'étendue?

Sur la première question, on a prétendu que les
lois des 22 août 1791 et 4 germinal an 2 ont été
abrogés par la loi du 11 brumaire an 7, et que la
loi du 5 septembre 1807, en ne restituant au
gouvernement que le privilége sur les meubles

_____

(1) *De jure pacis et belli*, lib. 1, c. 1, n° 6.

des *comptables*, a maintenu l'abolition du privilége du trésor sur les effets mobiliers des *redevables*, et par conséquent de celui des douanes.
Mais la jurisprudence (1) a condamné cette opinion, et d'ailleurs le privilége de la régie a été
sanctionné et confirmé par les lois de finance de
1814 et 1816.

Quant à l'étendue du privilége de la régie des
douanes, il résulte de la combinaison des deux
lois de 1791 et de l'an 2 qu'elle a préférence sur
tous les autres créanciers, à l'exception seulement
des frais de justice et *autres privilégiés*, et des
loyers de six mois. Mais quels sont ces *frais privilégiés* dont parle d'une manière si vague la loi du
22 août 1791?

Il est vraisemblable que ce sont les frais funéraires, ceux de dernière maladie, les salaires des
domestiques, les fournitures de subsistances, en
un mot les priviléges énumérés dans l'art. 2101 du
Code civil (2).

En effet, les auteurs les plus accrédités sous
l'ancienne jurisprudence reconnaissaient que les
frais funéraires étaient tellement privilégiés qu'ils
passaient avant tous autres (3).

L'ancienne jurisprudence accordait aussi un
privilége aux frais de dernière maladie et aux gages

(1) Arrêts de la cour de cassation des 17 octobre 1814
(D. 22, 2, 129 note) et 14 mai 1816. Dalloz, v° Hypoth.,
p. 68 et 72.

(2) Dalloz, Hypoth. p. 85, n° 4.

(3) Loyseau, Off., ch. 8, liv. 3, n° 50. Basnage, Hypoth.,
ch. 14. Pothier, Orléans, t. 20, n° 116.

des gens de service, tellement que Loyseau, les assimilant aux frais funéraires, voulait qu'ils allassent à peu près sur la même ligne (1).

Nul doute par conséquent que la loi de 1791, en se servant de ces expressions et *autres frais privilégiés*, n'ait entendu parler des frais funéraires, frais de dernière maladie et gages de serviteurs.

Restent les fournitures de subsistances. Or, dans l'ancienne jurisprudence, elles avaient un privilége incontestable (2).

De tout ceci, je conclus que le privilége de la douane est primé (sans préjudice de ce que je dirai au numéro suivant) :

1° Par les frais de justice;

2° Par le privilége pour *contributions directes*, qui marche avant tous autres (3);

3° Par les frais funéraires;

4° Par les frais de dernière maladie;

5° Par les gages des serviteurs;

6° Par les fournitures de subsistances;

7° Par les loyers de six mois;

8° Par le vendeur qui revendique les marchandises en nature (4).

Ces deux derniers priviléges sont spéciaux sur les meubles (5). Ce sont les seuls de cette nature

---

(1) Off., liv. 3, ch. 8, n° 50.
(2) Brodeaux sur Louet, l. A, somme 17, note (3).
(3) *Suprà*, n° 33.
(4) Art. précité de la loi du 22 août 1791.
(5) Art. 2102 du Code civil.

qui puissent prétendre à une préférence sur le privilége général de la douane.

On a prétendu cependant que le privilége spécial, créé par l'art. 191 du Code de commerce en faveur du prêteur à la grosse, devait l'emporter sur le privilége général de la douane; qu'on devait le faire entrer dans la classe des *autres frais privilégiés*, dont parle la loi du 22 août 1791. Mais la cour de cassation a proscrit ce système par un arrêt du 14 décembre 1824 (1). Il lui a semblé qu'en principe un privilége général devait l'emporter sur un privilége spécial, et j'adopte tout-à-fait cette opinion, comme on le verra plus tard (2).

34 *bis*. Postérieurement à la loi du 22 août 1791, il est intervenu une loi du 1ᵉʳ germinal an 13, qui a créé en faveur de la régie des contributions indirectes un privilége rival de celui de la douane et plus favorisé peut-être.

L'art. 47 de cette dernière loi porte que la régie des contributions indirectes a préférence *à tous* autres créanciers, à l'exception des frais de justice, de ce qui est dû pour *six mois de loyers* seulement (3), et sauf aussi la revendication formée

(1) Dalloz, 1825, 1, 9.
(2) Nᵒˢ 74 et suiv.
(3) Le propriétaire peut être colloqué pour réparations locatives par préférence au Trésor, lorsque le montant de ces réparations, joint au dernier terme de loyer, n'excède pas le montant de six mois de loyer. Dalloz, 1835, 1, 327. Sirey, 35, 1, 741.

par les propriétaires des marchandises encore sous
balle et sous corde.

Ainsi la loi du 1ᵉʳ germinal an 13 ne donne pas
préférence sur la régie aux frais privilégiés, autres
que les frais de justice, comme le faisait la loi de
1791. Ces frais, tels que frais funéraires, frais
de dernière maladie, etc., elle n'y a aucun égard,
et elle leur préfère non seulement le privilége
fiscal qu'elle établit, mais encore les loyers de six
mois, quoiqu'en thèse générale, les loyers soient
moins favorisés que les frais funéraires, de dernière maladie, de gens de service, de fournitures
de subsistances (1).

De là surgit un assez grand embarras pour
classer ces priviléges, quand ils se trouvent aux
prises. La présence de la régie des contributions
indirectes aura-t-elle ce singulier effet de faire
placer les loyers avant les frais funéraires et autres,
quoiqu'ils dussent marcher après, si la régie n'a-
vait rien à réclamer?

Pour concilier la loi de l'an 13 (2) avec les
principes en matière de privilége, voici, je crois,
comme on devra opérer :

La régie prendra rang après les frais de justice,
ainsi que le veut impérativement l'art. 47 de la
loi du 1ᵉʳ germinal an 13. Mais elle devra céder
son droit jusqu'à due concurrence au créancier
des loyers pour six mois; puis, pour s'indemniser
de ce qu'elle aura versé entre ses mains, elle sera

(1) *Infrà*, nᵒˢ 74 et suiv.
(2) Voyez-en le texte, *infrà*, nᵒ 99.

subrogée à ses droits et viendra dans le rang que les loyers ont par le droit commun.

Par exemple : Soient 1500 fr. à distribuer entre les créanciers pour

Frais de justice.	500 fr.	
Droits de contrib. indirectes.	500	
Loyers	300	1800 fr.
Frais funéraires.	200	
Douane.	100	
Frais de dernière maladie. . .	200	

On colloquera ainsi qu'il suit : 1° Frais de justice; 2° régie des contributions indirectes; mais, sur les 500 fr. qu'elle touchera, elle versera 300 fr. au locateur qui a préférence sur elle; 3° frais funéraires; 4° frais de dernière maladie; 5° loyers, et ici la régie des contributions indirectes prendra la place du créancier des loyers; 6° il ne restera plus rien pour le privilége de la douane (1).

35. Le privilége général sur les meubles, attribué au trésor public par la loi du 5 septembre 1807, pour frais de poursuite criminelle, est classé d'une manière non équivoque par cette même loi. Il ne s'exerce qu'après les priviléges généraux et spéciaux, mentionnés dans les art. 2101 et 2102 du Code civil. Bien plus, les sommes dues pour la défense de l'accusé sont préférables au privilége du fisc (2).

36. Cette dernière disposition a donné lieu à des doutes.

_____

(1) Voyez un exemple à peu près semblable n° 36.
(2) Dalloz, Hyp., p. 69, n° 9, note (1).

M. Pardessus (1) s'en est autorisé pour croire que les frais de *défense* sont privilégiés dans tous les cas. Il leur donne la préférence sur les créanciers cédulaires, et les met au sixième rang des priviléges généraux.

M. Tarrible professe une opinion contraire (2).

« La loi du 5 septembre 1807, dit-il, accorde
» bien au défenseur de l'accusé pour ses frais une
» préférence sur le trésor public; mais elle ne lui
» en accorde aucune sur les autres créanciers soit
» privilégiés, soit cédulaires. Il résultera de là
» que, s'il y a concours et insuffisance dans la dis-
» tribution du prix des meubles entre les créan-
» ciers privilégiés, le trésor public, le défenseur
» de l'accusé et des créanciers cédulaires, les
» créanciers privilégiés seront colloqués les pre-
» miers; le trésor public devra être colloqué le
» second; mais *il devra céder son droit au défenseur,*
» *à concurrence du montant de la taxe*, et le trésor
» public, pour le *recouvrement* de cette part cé-
» dée, devra concourir avec tous les créanciers
» cédulaires, par contribution au marc-le-franc.
» Le trésor public ayant en effet cédé son droit
» au défenseur, et ne pouvant exercer d'autres
» droits sur la masse que ceux qu'aurait eus ce
» défenseur, il se trouvera nécessairement réduit
» à la condition des simples créanciers cédulaires
» pour le recouvrement de cette part. »

Cette opinion me paraît beaucoup plus exacte.

(1) T. 4, n° 1197.
(2) Répert., Privilége, p. 16, col. 2, *infrà*, n° 94.

Je crois en conséquence qu'on doit l'adopter sans hésiter.

37. Le privilége général du trésor sur les meubles du comptable est classé, par la loi du 5 septembre 1807, après les priviléges énumérés dans les art. 2101 et 2102 du Code civil.

Il en est de même du privilége du trésor de la couronne sur les biens des comptables (1).

38. On voit que les priviléges établis pour le fisc par les lois du 5 septembre 1807, ne sont pas aussi favorisés que celui dont jouit la régie des contributions indirectes et celle des douanes. Car, comme je l'ai fait remarquer ci-dessus (2), le privilége de la douane passe avant les priviléges spéciaux, excepté le privilége pour six mois de loyers et le privilége du vendeur, tandis qu'au contraire les priviléges du fisc, pour frais de procédure criminelle et pour la gestion des comptables, ne sont classés qu'après les priviléges généraux et spéciaux.

Il suit de là que le privilége des contributions indirectes et celui de la douane doivent être placés dans une hiérarchie supérieure, et que la faveur de la cause n'est pas égale.

Mais, comme les priviléges, érigés par les lois du 5 septembre 1807, jouissent entre eux de la même faveur et qu'ils sont dans le même rang, ils doivent se présenter à l'ordre en concurrence (3).

39. Maintenant, à l'aide de tous ces éclaircisse-

(1) Avis du conseil d'état du 25 février 1808.
(2) N° 34.
(3) Art. 2097 du Code civil.

mens, il ne sera pas difficile d'arriver à une classification exacte des priviléges généraux sur les meubles. En voici la série par ordre de préférence :

1° Frais de justice (1) ;

2° Frais pour contributions personnelle, mobilière, portes et fenêtres et patentes (2), droits de
timbre et amendes de contravention à ce relatives (3) ;

3° Droit de contributions indirectes (4) ;

4° Frais funéraires ;

5° Frais de dernière maladie ;

6° Salaire des gens de service ;

7° Fourniture des subsistances ;

8° Privilége de la douane ;

9° Privilége du trésor pour
frais de poursuite criminelle.

Privilége du trésor sur les
meubles des comptables. . . } par concurrence.

Privilége du trésor de la
couronne. . . . .

40. Voyons maintenant ce qui a rapport au concours et au classement des priviléges spéciaux
entre eux.

Les priviléges spéciaux sur les meubles sont
très-nombreux ; mais, par cela même qu'ils affectent des choses différentes, leur concours ne doit
pas être fréquent. Il y en a même qui sont dans

____

(1) Art. 2101, n₀ 1, du Code civil.
(2) L. du 12 novembre 1808.
(3) Art. 76, loi du 28 avril 1816, *infrà*, n° 96.
(4) Voy. *suprà*, 34 *bis*.

l'impossibilité absolue de se trouver en collision les uns avec les autres.

Pour procéder avec méthode, je commencerai par rechercher l'énumération des priviléges spéciaux sur les meubles. Je montrerai ensuite ceux qui, par la nature des créances d'où ils procèdent, ne peuvent jamais se trouver en concours les uns avec les autres. Enfin je déterminerai le rang que doivent tenir entre eux ceux qui ne sont pas d'une nature incompatible.

41. Les priviléges spéciaux, reconnus par nos lois sur certains meubles, sont les suivans. L'ordre que je suis provisoirement, dans cette énumération, ne tire pas à conséquence pour leur classement.

1° Loyers et fermages des immeubles, sur les fruits de la récolte de l'année, sur le prix de tout ce qui garnit la maison et la ferme, et de tout ce qui rt à l'exploitation ;

2° Privilége sur les mêmes choses, pour réparations locatives et pour ce qui concerne l'exécution du bail ;

3° Sommes dues pour semences et frais de récoltes de l'année, sur les prix de la récolte ;

4° Sommes dues pour ustensiles, sur le prix de ces ustensiles ;

5° Le créancier a privilége sur le gage dont il est saisi ;

6° Les frais faits pour la conservation de la chose, sont privilégiés sur cette chose ;

7° Le vendeur a privilége sur les effets mobiliers

dont le prix n'a pas été payé, et qui sont en la possession de l'acquéreur ; .

8° Les fournitures d'un aubergiste sont privilégiées sur les effets du voyageur transportés dans l'auberge;

9° Les frais de voiture et autres accessoires sont privilégiés sur la chose voiturée;

10° Les créances résultant d'abus et de prévarication commis par les fonctionnaires, sont privilégiées sur les fonds de leur cautionnement et sur les intérêts qui peuvent être dus (1);

11° Les frais de poursuites, avancés pour faire opérer la distribution par contribution, sont privilégiés sur le prix de l'objet vendu ou sur les deniers arrêtés (2);

12° Le trésor public a privilége, pour la contribution foncière, sur les *revenus* des immeubles affectés à cette contribution (3);

13° Le fisc a privilége, pour droit de succession, sur le *revenu* des immeubles, objet de la mutation (4);

14° Le prêteur de deniers pour un cautionnement, a privilége sur le cautionnement (5).

Je ne parle ici ni du privilége du commissionnaire (6) négociant, ni des priviléges énumérés

(1) Art. 2102 du Code civil.

(2) Art. 662 du Code de procédure civile.

(3) Loi du 12 novembre 1808.

(4) Loi du 22 frimaire an 7, art. 15, 32.

(5) Décret des 28 août 1808 et 22 décembre 1812. Loi des 25 vent. an 11 et 25 niv. an 13.

(6) Art. 93 et 94 du Code de commerce.

par l'art. 191 du Code de commerce, ni autres qui se rattachent aux matières commerciales (1).

Ce serait sortir de mon sujet qui se renferme dans le droit civil (2).

42. En jetant un coup d'œil attentif sur cette série, on se convaincra que tous les priviléges ne peuvent concourir les uns avec les autres. Pour qu'il y ait concours entre les créanciers, il faut nécessairement qu'ils soient tous créanciers du même débiteur, et que le gage commun leur soit affecté par le fait de celui-ci. Car s'ils tenaient leurs titres les uns des autres, on ne pourrait plus dire qu'il y a concours; ce serait une confusion de créanciers et de débiteurs. Or, il est très-souvent impossible que le même débiteur ait pu investir plusieurs créanciers à la fois des causes de faveurs qui assurent le privilége.

J'explique ma pensée par un exemple. Titius, créancier nanti d'un gage, veut changer de résidence et s'établir à Nancy; en route, il transporte le gage dans une auberge, et fait des dépenses qu'il ne peut payer. L'aubergiste fait saisir le gage pour se payer par privilége. On ne pourra pas dire que l'aubergiste concourt avec Titius sur le gage. Pour concourir, il faudrait que l'aubergiste fût créancier personnel du débiteur de Titius, et non de Titius lui-même. Or, en supposant qu'il fût

(1) M. Pardessus, t. 3, nos 954 et suiv.

(2) Les décrets des 29 février 1811, 6 février 1811, 15 mai 1813, établissent des priviléges particuliers pour la ville de Paris et pour les facteurs de la Halle aux Blés de cette ville.

créancier du débiteur de Titius, comment pourrait-il tenir de lui un privilége sur la chose mise en
gage? Comme l'aubergiste doit être nanti pour être
privilégié, et que la même condition est imposée
au gagiste, il est impossible de concevoir que la
même chose soit à la fois et au même titre et dans
l'auberge et dans les mains du gagiste. Ces deux
priviléges ne peuvent donc se présenter simultanément.

C'est au développement de ce point de fait « *que*
» *beaucoup de priviléges spéciaux ne peuvent concou-*
» *rir les uns avec les autres* », que je vais me livrer
dans les numéros suivans. Comme ceci tend à
prouver qu'un classement de tous les priviléges
spéciaux entre eux est impossible, il est important
de s'y arrêter.

43. *Du locateur.*

Le locateur qui a un privilége sur *les meubles
qui garnissent la maison* ou *la ferme* louée ne peut
avoir aucun intérêt à démêler avec le créancier
gagiste, puisque la même chose ne peut être à la
fois et chez le locateur et dans la possession du
gagiste.

Par la même raison il ne peut se trouver en
concurrence ni avec l'aubergiste, ni avec celui qui
a droit sur le cautionnement (1).

Mais je ne partage pas l'opinion émise par M. Tarrible (2), que le locateur et le voiturier ne peuvent
concourir.

(1) M. Tarrible, Privilége, p. 10, col. 2.
(2) Idem.

Un voiturier transporte des meubles à Nancy pour le compte de Titius, qui est locateur de Sempronius, et les dépose chez ce même Titius. Sempronius, à qui il est dû des loyers, fait saisir ces meubles aussitôt après le déchargement (1). Il ne faut pas dire que, par cela seul que les meubles ne sont plus sur la voiture, le voiturier a perdu son privilége. Il le conserve au contraire, pourvu que la chose voiturée ne soit pas hors de la possession du propriétaire à qui il l'a remise, surtout s'il ne s'est écoulé que le bref délai nécessaire pour que ce même propriétaire procède à la vérification. C'est l'opinion de M. Pardessus (2), et elle se fortifie d'un arrêt de la cour de Paris du 2 août 1809 (3). Je l'adopte pleinement dans mon commentaire sur l'art. 2102 (4).

Le locateur peut aussi se trouver en concurrence :

Avec celui qui a fourni les ustensiles qui garnissent la ferme (art. 2102 du Code civil);

Avec celui qui a fait des avances pour la conservation des meubles qui garnissent la maison;

Avec le vendeur de ces mêmes meubles;

Avec celui qui a fait les frais de poursuites pour la distribution par contribution.

44. Jusqu'ici je n'ai envisagé le locateur que comme ayant droit sur les meubles qui garnissent la chose louée. Mais il a aussi un privilége sur les

(1) Art. 819 du Code de procédure civile.
(2) T. 4, p. 363, n° 1205.
(3) Dalloz, Comm., p. 802. Sirey, 10, 2, 168.
(4) *Infrà,* n° 207.

fruits qui sont le produit de la ferme donnée à bail.

On aperçoit sans peine qu'il répugne à la nature des choses que le privilége du locateur *sur les fruits* ait quelque chose à débattre avec le privilége pour ustensiles, avec le privilége du vendeur, avec le privilége pour abus et prévarication, avec celui pour prêt de deniers d'un cautionnement.

La même incompatibilité est évidente pour le cas d'un concours avec le gagiste; car le locateur ne conserve son privilége sur les fruits que lorsque le fermier en retient la possession. Or, la mise en gage aurait dépossédé le fermier (1).

Mais le locateur exerçant son privilége sur les fruits pourra être en rivalité :

Avec celui à qui il est dû des sommes pour semences et frais de récolte ;

Avec le conservateur de cette même récolte;

Avec celui qui aura avancé les frais de poursuite pour distribution du prix de la récolte vendue ;

Avec le fisc pour paiement de la contribution foncière et pour droit de succession.

J'ajouterai que le locateur peut concourir avec le voiturier et l'aubergiste. Par exemple : Pierre, fermier de Jacques, a récolté une quantité considérable de grains; il les expédie de Nancy à Lyon pour les y faire vendre. Pierre fait charger le blé sur une charrette appartenant à Joseph, et il accompagne le voiturier jusqu'à Dijon, pour sur-

_____

(1) Mais le locateur pourrait exercer la revendication dans le bref délai fixé par l'art. 2102, *infrà*, nos 161, 165.

veiller le transport. Mais, dans cette ville, il s'aperçoit que les sacs ont éprouvé des avaries, et il est
obligé de séjourner pour les renouveler ou les réparer et empêcher la perte des céréales. En attendant, il fait des dépenses dans l'auberge où son blé
se trouve déposé. Saisie par l'aubergiste.

On verra se présenter :

L'aubergiste,

Le voiturier,

L'ouvrier qui a réparé les sacs,

Le locateur pour ses fermages.

Je ne crois pas qu'on puisse opposer à ce dernier
que le fermier est dessaisi et qu'il a perdu son privilége. Outre que le fermier a toujours accompagné la récolte, on doit décider en principe
qu'il en a conservé la possession, soit qu'il l'ait fait
charger sur la voiture du roulier, soit qu'il l'ait
déposée dans une auberge. Le voiturier n'est qu'un
mandataire, et nous conservons la possession par
nos procureurs. « *Quisquis omninò nostro nomine sit*
» *in possessione, veluti procurator, hospes, amicus,*
» *nos possidere videmur* (1). » De plus, on n'est
censé perdre la possession d'une chose mobilière
qu'autant qu'elle cesse d'être sous notre garde (2);
et ici la récolte était sous la garde du fermier.

Dira-t-on que le fermier a du moins été dessaisi
par le dépôt de son blé dans l'auberge? A mon avis,
ce serait se tromper. A-t-on jamais dit qu'un lo-

---

(1) L. 9, D. *De acq. possess.* Art. 2228 du Code civil. Pigeau, t. 2, p. 184, 2ᵉ *privilégié.*

(2) L. 3, §13, D. *De acq. poss.* Pothier, Orléans, t. 29, n° 36.

cataire fût dessaisi de ses meubles parce que, garnissant la maison louée, ils offrent au locateur *une espèce* de gage? Or, le nantissement de l'aubergiste est de même nature que celui du locateur : l'un et l'autre sont un nantissement d'espèce irrégulière et imparfaite.

Je n'ignore pas du reste que M. Tarrible (1) veut que le voiturier et l'aubergiste ne puissent jamais concourir avec le locateur (2) ; mais je ne crois pas cette opinion exacte.

45. Le privilége de celui à qui des sommes sont dues pour frais de récolte et pour fourniture de semences peut, d'après la nature de sa créance, se trouver en collision avec les priviléges 1° du locateur sur les fruits ; 2° de celui qui aurait fait des frais pour la conservation de la récolte ; 3° du voiturier qui aurait voituré la récolte par commission du fermier ; 4° de l'aubergiste chez qui le fermier l'aurait déposée en la transportant ailleurs ; 5° de celui qui aurait fait des frais de poursuite pour distribution ; 6° du trésor pour droits de succession et de contribution foncière.

Du reste, il est évident que tout concours avec les autres privilégiés spéciaux ne peut jamais se présenter.

46. Celui qui a fourni des ustensiles, ou qui a fait des réparations, a un privilége aux termes de l'art. 2101 du Code civil.

(1) Répert., Privilége, p. 11.

(2) Je prouve, *infrà*, n° 159, que le locateur peut exercer son privilége sur les fruits *de l'année*, lors même qu'ils ne garnissent pas la ferme.

I.   4

Si ces ustensiles (qui dans l'esprit de la loi ne sont que des ustensiles servant à l'exploitation des terres et à la récolte) garnissent une ferme, le privilége de celui qui les a fournis ou réparés ne peut se trouver en concours qu'avec un nombre de priviléges très-restreint. Ce seront le locateur privilégié sur tout ce qui concerne sa ferme et celui qui aura avancé les frais de poursuite pour distribution.

Je n'aperçois aucun autre cas possible où ce privilége puisse se trouver en contact avec d'autres priviléges spéciaux, si ce n'est toutefois le voiturier qui, par commission du fermier, aurait transporté ces ustensiles de chez le vendeur ou de chez l'ouvrier dans la ferme (1).

Si ces ustensiles ne garnissent pas une maison rurale louée, s'ils sont chez un propriétaire qui exploite par lui-même et qu'on les y saisisse, celui qui aura fourni ou réparé ces ustensiles se trouvera encore moins inquiété par des rivaux, puisqu'il aura à redouter de moins la concurrence du locateur.

Au surplus, il est évident que dès que ces ustensiles seront saisis dans la maison rurale à laquelle ils sont attachés pour l'exploitation, ils ne pourront se trouver ni en gage ni chez un aubergiste.

47. On présente facilement la position du créancier gagiste.

Il ne peut se trouver en lutte ni avec le loca-

(1) *Suprà*, n° 44.

teur (1), ni avec l'aubergiste (2), ni avec ceux qui ont privilége sur les fonds de cautionnement ; car le cautionnement déposé par le fonctionnaire public n'est autre chose qu'un gage de sa gestion.

Mais il pourra rencontrer sur son chemin, 1° le privilége pour conservation de la chose ; 2° les frais de poursuites dont parle l'art. 662 du Code de procédure civile ; 3° le privilége du voiturier. J'insiste à l'égard de ce dernier, parce que M. Tarrible a enseigné une doctrine contraire (3) ; mais je ne crois pas devoir partager son sentiment.

Supposons en effet l'hypothèse suivante : Titius envoie à Pierre, qui habite une autre ville, une pendule en gage. Il fait charger à ses frais la caisse qui la contient sur la voiture de Jacques. Celui-ci effectue le transport ; mais au moment où le déchargement s'opère, on apprend la mort de Titius, déclaré insolvable. Il est clair que, sur la vente qui se fera de la pendule, le gagiste et le voiturier se présenteront simultanément.

Le gagiste pourra-t-il être en rivalité avec le vendeur de l'objet mis en gage ? je ne le pense pas. Car le privilége du vendeur ne s'exerce qu'autant que la chose vendue est entre les mains de l'acheteur, et ce privilége s'est perdu lorsque l'acheteur en a transporté la possession au gagiste (4).

48. Les frais faits pour conservation de la chose

_____

(1) *Suprà*, n₀ 43.

(2) *Suprà*, n₀ 42. M. Tarrible, Privilége, p. 11.

(3) Répert., Privilége, p. 11.

(4) M. Tarrible, Privilége, p. 11, col. 1.

sont de nature à se rencontrer avec tous les priviléges existans. Car tout ce qui est meuble est
susceptible de perte et par conséquent de réparation ou conservation (1).

49. Le vendeur d'effets mobiliers non payés a
privilége sur ces effets tant qu'ils sont en possession de l'acquéreur.

De ce que les effets mobiliers doivent se trouver
en la possession de l'acquéreur pour que le vendeur ne soit pas déchu de son privilége, il s'ensuit
qu'ils ne peuvent se trouver en même temps sous
la main d'un créancier gagiste. Par conséquent,
point de rang à disputer entre le vendeur et le
gagiste.

Il n'y a point de contestation possible non plus
avec ceux qui sont privilégiés sur les cautionnemens; car le fonds d'un cautionnement mobilier
ne peut consister qu'en argent, et l'argent se prête
mais ne se vend pas.

Mais, malgré toute l'autorité qu'ont pour moi les
opinions de M. Tarrible, j'estime que le vendeur
pourra se trouver en concurrence avec l'aubergiste et le voiturier, par les raisons que j'ai données
ci-dessus (2).

L'acheteur qui confie sa chose à un voiturier
pour la transporter d'un lieu à un autre ne cesse
pas d'être en possession. S'il n'a pas la possession
matérielle, il a la possession civile, et la loi n'en
exige pas d'autre. On ne peut pas contester en

(1) M. Tarrible, Priv., p. 11, col. 1, alin. 6e.
(2) N° 44.

droit qu'on ne conserve la possession par son mandataire. L'acheteur peut avoir quand il voudra la
chose chargée, en révoquant son mandat, en
donnant un contr'ordre. Elle continue donc à être
sous sa garde. Ces principes sont consacrés par
des arrêts extrêmement graves. La cour de cassation a décidé, le 7 juin 1825 (1), qu'un commissionnaire n'était pas dessaisi en remettant les marchandises à un voiturier de son choix pour les
transporter ailleurs, et qu'il conservait son privilége. Dans cette espèce on ne manquait pas d'invoquer l'opinion contraire de M. Pardessus, qui
pense (2) que le commissionnaire perd son privilége si la marchandise est chargée sur une voiture
pour être rendue au lieu de sa destination. Mais
la cour de cassation s'est prononcée pour la conservation du droit, et cet arrêt doit recevoir l'approbation des jurisconsultes. Les cours de Turin
et de Gênes avaient rendu des décisions analogues
les 16 décembre 1806 et 12 juillet 1813 (3).

De même, si l'acheteur conduit sa chose dans
une auberge, on ne conçoit pas pourquoi on devrait le déclarer dessaisi, et prononcer une déchéance contre le vendeur.

Tout ce que je viens de dire se corrobore de
l'opinion de Pothier, qui, dans son traité de la
Charte partie, fait concourir sur le chargement le
capitaine et le vendeur (4). Or, qu'est-ce que le

(1) Dalloz, 25, 1. 336.
(2) T. 4, p. 361, n° 1203.
(3) Sirey, 6, 2, 657. — 14, 2, 150.
4) N° 89.

capitaine qui effectue le transport du chargement, sinon une personne qu'on peut assimiler au voiturier ?

Il résulte de ceci que le privilége du vendeur ne pourra rivaliser qu'avec

1° Le privilége du locateur sur les meubles qui garnissent la maison ou la ferme : le locataire peut les avoir achetés et ne les avoir pas payés ;

2° Le privilége des frais faits pour la conservation de la chose vendue ;

3° Le privilége des frais de justice pour distribution du prix entre privilégiés ;

4° Le privilége du voiturier et de l'aubergiste. Le vendeur de semences pourra aussi se trouver en concours sur les fruits de l'immeuble avec le trésor à qui il est dû des contributions foncières, et avec les ouvriers employés à la récolte.

5o. Le privilége de l'aubergiste sur les objets transportés dans son auberge n'a de rang à disputer qu'avec celui qui a fait des frais pour la conservation de la chose, celui qui a avancé des frais de justice pour la distibution du prix, le locateur privilégié sur les fruits lorsque le fermier (par lui ou ses mandataires) les fait voyager, avec le vendeur.

On a vu aussi ci-dessus que l'aubergiste pouvait se trouver en concours avec le voiturier (1).

L'exemple suivant en donnera une nouvelle preuve.

Pierre arrive dans une auberge; il y séjourne et fait des dépenses; des effets qu'il attendait lui

----

(1) N° 44.

sont conduits par un voiturier. Mais aussitôt après le déchargement de ces effets dans l'auberge pour le compte du propriétaire, et cependant avant que le voiturier ne soit payé, Pierre, qui était atteint d'une maladie grave, vient à mourir. Évidemment l'aubergiste et le voiturier pourront se trouver rivaux sur les objets déposés dans l'auberge. J'ai supposé, du reste, qu'entre le déchargement et la saisie il ne s'était pas écoulé assez de temps pour que le privilége du voiturier fût perdu, et que l'on a usé des dispositions de l'art. 822 du Code de procédure civile.

51. Du voiturier.

Il peut, suivant les cas, concourir avec le conservateur de la chose, le créancier de frais de poursuite pour distribution, le locateur privilégié sur les meubles, et même sur les fruits dans l'espèce posée au n° 44, le vendeur et l'aubergiste.

52. Frais de poursuite pour distribution.

Le privilége qui leur est accordé peut se trouver en contact avec tous les autres priviléges spéciaux sur les meubles. En effet, chacun d'eux peut donner lieu à des doutes qui souvent doivent être terminés judiciairement.

53. Privilége du fisc sur les fruits.

Le fisc, comme investi d'un privilége sur les fruits des immeubles, soit pour impositions dues, soit pour droit de mutation, craindra la rivalité du locateur, du vendeur des semences, du journalier employé à la récolte, du créancier pour frais de conservation de la chose, du créancier pour frais

de poursuites, et, suivant la possibilité des cas,
avec le voiturier et l'aubergiste (1).

54. Ces détails paraîtront peut-être trop minu-
tieux; mais je les ai crus nécessaires pour montrer l'impossibilité (niée par quelques auteurs) (2)
de classer dans un tableau général et concordant
dans toutes ses parties, des élémens aussi hétérogènes. Au surplus, pour m'excuser auprès du lec-
teur que cette analyse aura fatigué, je dirai comme
le savant et judicieux Henrys (3) : « Nous voulons
» écrire pour le vulgaire plutôt que pour les sa-
» vans de qui nous prétendrions apprendre. »

55. Il résulte des incompatibilités que je viens
de signaler entre les divers priviléges spéciaux que
la seule méthode à suivre pour éclaircir les difficultés de leur classement est de les grouper sur
chacune des choses qui peuvent en être grevées,
et de renoncer au travail inutile et impraticable
d'en présenter *à priori* une liste de rang.

Encore il arrivera dans cette distribution par
groupes que, suivant les espèces et la faveur des
cas, les règles servant au classement seront nota-
blement modifiées, ainsi qu'on peut en voir un
exemple n° 70.

Je vais m'occuper de ce travail. Il trouve naturellement sa place à côté d'un article qui enseigne
que le rang des priviléges se règle par les diverses
qualités de la créance.

56. Je fais observer d'abord que la série donnée

(1) *Suprà*, n° 44.
(2) M. Dalloz, Hypothèque, p. 78.
(3) T. 2, liv. 4. Quest. 178.

par l'art. 2102 du Code civil n'est nullement un
classement par rang de préférence. La loi a voulu
énumérer et non classer. Aussi y a-t-il une grande
différence de rédaction entre l'art. 2101 et l'art.
2102. Le premier, en parlant des priviléges généraux, dit positivement qu'ils s'exercent dans l'ordre
qu'il indique. Au contraire, l'art. 2102, qui traite
des priviléges spéciaux, se tait sur leur rang; il se
borne à dire que les priviléges spéciaux sont ceux
qu'il mentionne aux n°s 1, 2, 3, 4, 5, 6, 7; par là
il est clair que ces n[os] n'indiquent pas une préférence. J'ajoute que, quand même l'art. 2102 aurait
voulu faire un classement par rang, il ne l'aurait
pas pu, puisque, je le répète, , la faveur de la cause
peut faire marcher un privilége avant un autre qui
le précédait dans une autre combinaison d'intérêts.

57. Une grande diversité d'opinions règne parmi
les auteurs sur ce rang des priviléges spéciaux.
L'ancienne jurisprudence offre beaucoup de vague
et d'arbitraire (1). Les nouveaux écrivains présentent chacun un système différent ainsi qu'on peut
s'en convaincre en consultant les opinions de
MM. Tarrible (2), Pigeau (3), Grenier (4), Pardessus (5), Persil (6), Demante (7), Dalloz (8).

(1) Basnage, Hyp., ch. 14. Pothier. procéd. civile, p. 193,
203, 263.

(2) Répert., Privilége.

(3) Procéd. civ., t. 2, p. 181.

(4) Hyp., t. 2, ch. 4, § 1 et 2.

(5) T. 4, n° 1199 et suiv.

(6) Régime hypoth. et Questions.

(7) Thémis, t. 6, p. 130 et 248.

(8) Hypothèque, p. 78, 79.

Pour moi, j'essaierai de profiter des idées de chacun de ces jurisconsultes ; mais je ne pourrai me
trouver d'accord avec eux sur tous les points.

58. Puisque c'est la faveur de la cause qui donne
le rang aux priviléges, il faut rechercher de quelles
sources cette faveur peut découler.

J'en reconnais trois principales :

La gestion d'affaires, *negotiorum gestio*, dans
l'intérêt des créanciers ;

La possession ;

La propriété.

59. Il est des actes qui ont procuré l'intérêt de
tous les créanciers, soit en préparant les moyens de
liquider en argent susceptible de distribution la
chose grevée, soit en conservant le gage commun,
menacé de perte ou de détérioration. Ceux dont les
avantages ont été ainsi faits ne pourront contester
la prééminence à celui qui aura mis ses fonds à découvert pour leur assurer la conservation et l'exercice de leurs droits.

Ainsi les frais de justice qui auront amené la
saisie du gage et sa conversion en argent, et qui
par conséquent ont été exposés dans l'intérêt de
tous les créanciers, auront le pas sur tout.

Ainsi encore celui qui, par ses dépenses, a empêché le gage commun de périr et a fait l'avantage
de tous, réclamera à juste titre un rang préférable
à ceux qui ne sont armés que de créances dont la
faveur est purement individuelle.

J'appelle la cause de préférence dont je parle
negotiorum gestio, parce que c'est une imitation

du quasi-contrat de gestion d'affaires, et qu'au fond l'affaire de tous a été faite.

60. Mais il est d'autres créances qui ne peuvent mettre en avant l'intérêt commun et qui n'ont à se prévaloir que d'une faveur individuelle. Parmi elles il faut distinguer celles dont le privilége est fondé *sur la possession*.

La possession a toujours joui dans le droit des plus hautes prérogatives. « *Si inter plures credito-* » *res quibus res suas in solidum obligavit, quæstio* » *moveatur, possidentis melior est conditio.* » C'est ainsi que s'exprime la loi 10 *D. qui potior.*

La possession est donc un grand motif de priorité entre créanciers privilégiés. Il pourra être invoqué par le gagiste, le voiturier (1), l'aubergiste, le locateur dont la maison est garnie de meubles par le locataire, etc.

La possession donne même des droits préférables à ceux du propriétaire; car la possession, jointe au titre, a la prééminence sur la propriété dépouillée de la possession. D'ailleurs il s'agit ici de meubles, à l'égard desquels la possession est encore de plus haute importance que dans les matières immobilières, puisque la possession y vaut titre.

61. Si la faveur fondée sur la *propriété* n'est pas la première de toutes, elle n'en est pas moins très-grande. C'est sur elle que se fonde le vendeur non payé, etc.

_____

(1) Car très-souvent il est saisi, et la possession ajoute à la force de son droit. Mais elle ne le constitue pas. *Infrà,* n° 207.

Voilà les trois sources fécondes d'où jaillissent presque toutes les prérogatives des priviléges spéciaux. C'est par ces trois causes qu'il sera facile de trouver la place qui doit leur être attribuée dans le partage du prix du gage commun.

Il est d'autres priviléges qui tiennent leur faveur d'une volonté spéciale de la loi, comme ceux du fisc. Ceux-là sont en quelque sorte hors du droit commun.

62. Comme les combinaisons d'intérêt varient à l'infini et se compliquent de mille manières différentes, il arrivera assez souvent que les causes de faveur dont j'ai parlé tantôt se combattront mutuellement et tantôt se prêteront un appui réciproque. D'où il suit que la faveur qu'elles impriment aux priviléges sera variable, et dépendra dans beaucoup de cas de la position respective des créanciers.

Ainsi il se présentera tel concours de circonstances où le conservateur de la chose en aura la possession et cumulera sur sa tête une double cause de faveur.

Ainsi il arrivera que le possesseur de la chose, le gagiste, par exemple, aura fait des frais pour en empêcher la détérioration; il pourra réclamer un double avantage.

Le propriétaire pourra aussi se présenter comme *negotiorum gestor*, mais jamais comme possesseur. Il luttera sans cesse, et même avec désavantage, contre la possession.

Enfin le *negotiorum gestor* a cela de remarquable que son privilége jouit d'une faveur plus ou moins étendue, suivant qu'il a agi dans l'intérêt d'un nombre plus ou moins grand de créanciers concourans.

Ainsi, s'il a fait des frais pour conserver la chose grevée du privilége, et s'il a agi par conséquent dans l'intérêt de tous les créanciers existans antérieurement, il sera préféré à tous les créanciers.

Mais si les priviléges des créanciers nantis n'ont pris naissance qu'après les dépenses faites pour la conservation, il est clair que le conservateur de la chose n'a pas agi dans leur intérêt. On ne peut pas dire qu'il a conservé leur privilége, puisque ces priviléges n'existaient pas encore. Le conservateur de la chose sera donc primé par les possesseurs dont il n'a pas fait l'affaire.

On aura fréquemment occasion de trouver dans la pratique l'application de cette vérité.

Je passe à des exemples, parce qu'en pareille matière l'exemple est nécessaire pour confirmer et inculquer la règle.

63. Ordre des priviléges sur les fruits et récoltes.

Je reprends l'exemple posé au n° 44, et je suppose en même temps qu'il est dû au trésor des contributions par le fermier, et que ce dernier est redevable des semences et frais de récolte.

1° Les frais de justice et de poursuites pour faire opérer la distribution par contribution (art. 662, 657 du Code de procédure civile).

Les frais de justice sont préférés à tous les autres; ils sont moins un privilége qu'un prélèvement. Ils sont nécessaires dans l'intérêt de tous les créanciers sans exception; car la poursuite judi-

claire a pour objet la vente de la chose et sa conversion en prix. Chaque privilégié serait obligé de
faire ces frais lui-même pour se procurer la jouissance de son droit.

Ce privilége, fondé sur la gestion d'affaires,
negotiorum gestio, doit jouir d'une préférence
exclusive.

Je le place donc même avant les contributions
foncières dues au fisc, quoique la loi du 12 novembre 1808 dise que cette dette a un privilége
qui s'exerce avant *tout autre*. J'adopte ici l'avis de
M. Grenier (1).

M. Pigeau suit un classement différent : il fait
marcher le trésor avant tous les autres priviléges (2), même celui des frais de justice; mais je
ne crois pas que cette opinion doive être préférée.

2° Contribution foncière (3) due au trésor.

3° L'ouvrier qui a réparé la chose et empêché
la perte des céréales.

Après les frais de justice, le conservateur de la
chose devrait être préféré : il a travaillé pour l'intérêt commun. Le trésor eût perdu ses droits, et
c'est à l'ouvrier qu'il est redevable de pouvoir les
exercer sur l'objet grevé. Mais la loi du 12 novembre 1808 fait fléchir ces principes, et assure au fisc
une préférence commandée sans doute par la
raison d'état.

4° L'aubergiste. D'abord il est nanti; ensuite,

(1) Hyp., t. 2, p. 23, n° 305.
(2) Procéd. civ., t. 2, p. 181 à 188.
(3) L. du 12 nov. 1808. Dalloz, Hyp., p. 68. *Infrà*, n° 96.

par les fournitures qu'il a faites, il a mis le fermier à même de séjourner et de faire faire des réparations inutiles à tous les créanciers. A sa possession vient donc se joindre un motif tiré de l'avantage indirect qu'il a procuré aux autres créanciers.

5° Le voiturier. Il a une sorte de détention de la chose.

6° Le cultivateur qui a travaillé à la récolte de l'année. Sans les soins qu'il s'est donnés, les fruits eussent péri sur pied. Comme *negotiorum gestor*, il mérite donc une préférence. Toutefois il ne doit passer qu'après les créanciers ci-dessus énumérés; d'abord parce qu'il n'a pas de nantissement, et ensuite parce que, s'il a fait l'affaire de quelques créanciers, ce n'est pas celle de ceux qui n'étaient pas encore créanciers lors de la récolte.

7° Le vendeur des semences. Je le place après les moissonneurs. Car vainement la loi aurait-elle voulu le favoriser en lui donnant un privilége sur la récolte, si l'on n'avait pu trouver des journaliers pour la recueillir et empêcher qu'elle ne pérît sur pied, faute de bras.

8° Le locateur pour les fermages qui lui sont dus.

Tant que le locateur n'est pas payé du prix du bail, la récolte, faite sur son fonds, est plutôt sa propriété qu'elle n'est un gage (1). C'est donc sur le droit de propriété qu'est fondée la faveur dont il jouit. Mais cette faveur est moins grande que

(1) Domat, liv. 3, t. 1, sect. 5, n₀ 12. Basnage, Hyp., ch. 14, p. 70, et ch. 9. Grenier, Hyp., t. 2, p. 13, n° 299, et 308, p. 27.

celle de ceux qui ont agi dans l'intérêt général,
de ceux qui sont saisis, de ceux enfin qui, comme
le moissonneur et le vendeur de semences, ont
procuré l'avantage du locateur.

La distribution de tous ces rangs est calquée,
comme on le voit, sur les principes indiqués ci-
dessus (1).

64. Ordre des priviléges sur les meubles qui
garnissent la ferme ou la maison louée.

Avant de m'occuper de ce classement, je dois
parler d'une difficulté qui résulte des art. 661 et
662 du Code de procédure civile.

65. L'art. 662 porte : « Les frais de poursuite
» seront prélevés par privilége, avant toute
» créance, autre que celle pour loyers dus au pro-
» priétaire. » Il est placé sous la rubrique « *de la*
» *distribution* par *contribution* (*du prix des choses*
» *mobilières*). »

Cet article donne lieu à quelques observations.

Qu'est-ce donc que ces frais de justice dont il
parle?

Ce sont ceux qui sont nécessaires pour parvenir
à la distribution, comme la vacation pour requérir la nomination du juge-commissaire, la
requête pour obtenir son ordonnance afin de
sommer les créanciers opposans de produire, et
le saisi de prendre communication; la sommation,
la dénonciation de la clôture de la distribution
aux opposans et saisi avec sommation d'en prendre
communication (2).

(1) Nos 59 à 61.
(2) Art. 29, 55, 96, 99. Tarif. Pigeau, t. 2, p. 182.

Ces frais, comme on le voit, ne doivent pas être confondus avec ceux de la saisie et de la vente. Ce sont purement et simplement ceux qui procurent la distribution, lorsque la chose est déjà convertie en prix.

En second lieu, en déclarant que ces frais de poursuite, quoique privilégiés avant toutes autres créances, ne passent qu'après les loyers dus au propriétaire, l'art. 662 du Code de procédure civile a-t-il voulu donner aux loyers un privilége sur toutes les autres créances privilégiées?

Je ne crois pas. Ce serait mettre entre l'article 662 du Code de procédure civile et les art. 2101 et 2102 du Code civil une antinomie qui répugne à la raison; ce serait spécialement détruire l'art. 2102, qui dit en termes exprès qu'il y a des créanciers supérieurs en droit au propriétaire.

Écoutons M. Berryat-Saint-Prix (1), dont l'opinion est suivie par M. Carré (2) :

« En prenant cette disposition à la lettre, il
» semble que le propriétaire doive passer absolu-
» ment avant tous les autres privilégiés. Mais il
» serait impossible d'adopter une semblable dé-
» cision, sans détruire tous les principes établis
» dans les art. 2101 et 2102 du Code civil. Il pa-
» raît que celle de l'art. 662, *qui n'existait pas*
» *dans le projet*, n'a été insérée dans le Code de
» procédure que par forme d'exception et pour

(1) P. 559, note 34.
(2) Sur l'art. 662.

» montrer que, quand on fait une distribution du
» prix des meubles arrêtés par des saisies, la créance
» du propriétaire est préférable aux frais de pour-
» suite, parce que le propriétaire a le droit de
» saisir les meubles soumis à son privilége (voy.
» ci-après *Saisie-gagerie*), sans attendre une dis-
» tribution. »

Le propriétaire locateur ne doit pas en effet
supporter sa part des frais de poursuites, parce
que, s'agissant de distribution *par contribution*,
la loi suppose qu'il n'a en regard que des créanciers simples. Or son droit est alors hors de pair.
Les créanciers simples, qui ne peuvent se partager
le prix que par contribution, n'ont rien à dire, si
le locateur, qui est d'une condition supérieure,
est payé avant eux et sans supporter sa part des
frais d'une distribution qui n'est pas dans son
intérêt (1).

L'art. 662 doit être combiné avec l'art. 661. Ce
dernier venait de parler du locateur comme pouvant faire statuer préliminairement sur son privilége, et sans attendre la distribution. Il n'avait
cité, à mon sens, le locateur que par forme
d'exemple, parce que c'est lui qui le plus ordinairement fait saisir, ainsi qu'on peut l'induire de
l'art. 819 du Code de procédure civile, et que le
plus souvent aussi il n'a à sa suite que des créanciers simples ou *inférieurs à lui*. Car les rivalités
de priviléges, que nous nous appliquons à mettre

_____

(1) Arrêt de la cour de Rouen du 12 mai 1828. D. 1829,
2, 62.

ici en présence pour approfondir une théorie, se rencontrent assez rarement dans la pratique.

C'est donc parce que l'art. 661 (voulant montrer par le cas le plus fréquent, comment le privilége se détache de la masse des créanciers simples) venait de mettre en saillie le privilége du propriétaire locateur, que l'art. 662, continuant à raisonner sur la même hypothèse, a encore parlé du locateur, l'a mis en face des frais de poursuites, et a déclaré qu'il devait les primer.

Mais on sent bien que ce n'est pas dans le titre de la *distribution par contribution* que le législateur serait venu renverser toute l'économie du Code civil. Quel était son but principal ? d'indiquer le mode de partager le prix de la chose entre créanciers égaux *en faveur et exempts de priviléges* (1). S'il a parlé un moment des priviléges, c'est afin de les opposer aux créanciers simples, pour qu'on aperçoive mieux comment ils doivent les dominer, et les laisser se débattre dans une région inférieure. Ce qu'il dit du locateur peut s'appliquer aussi bien et par identité de raison à tous les autres priviléges qui ne seront en présence que de créances simples. Mais que le législateur ait prétendu, dans ce titre, comparer les priviléges les uns aux autres et les mettre aux prises pour déterminer invariablement leur rang de préférence, c'est ce que je ne puis admettre sous aucun rapport, à moins de vouloir tuer l'esprit de

(1) Répert., signif. du mot *Contribution*, p. 124.

la loi avec la lettre judaïquement appliquée (1).

Je terminerai par une analogie qui me paraît grave. L'art. 458 de la Coutume de Paris portait aussi que les seigneurs d'hôtel seraient préférés à tous les créanciers. Mais cette disposition, en apparence si absolue, empêchait-elle de reconnaître des priviléges supérieurs à celui du locateur? Non sans doute! et Pothier n'hésitait pas à dire : « Cet » article s'entend des créanciers ordinaires et non » de ceux qui auraient un privilége plus fort que » les seigneurs d'hôtel (2). » A mon avis, l'art. 662 n'a pas un autre sens, et l'on ne doit pas lui donner une autre interprétation.

66. Passons maintenant à la fixation des rangs entre privilégiés sur les effets qui garnissent la maison ou la ferme.

Je pose l'espèce suivante. Il s'agit d'ustensiles.

Titius, fermier de *Sempronius*, a acheté des ustensiles aratoires chez *Caïus*, ou bien il les a fait réparer par *Publius*. Titius charge un voiturier de les lui rapporter de chez Caïus ou Publius. Le voiturier remplit son mandat et les dépose chez Titius. Mais aussitôt après, Sempronius, à qui il est dû des loyers, les fait saisir comme objets garnissant sa ferme.

Quels seront les rangs entre ces divers créanciers?

1° Frais de justice.

(1) M. Pigeau, t. 2, p. 180 et suiv., est entraîné par la force des choses, et ne donne pas toujours le premier rang au locateur. Voy. *infrà*, n° 75.

(2) Procéd., civile, p. 265.

2° Voiturier. Si le voiturier n'eût pas avancé les dépenses de transport, les ustensiles ne garniraient pas la ferme, et Sempronius serait privé de l'objet qui sert d'assiette à son privilége. Le voiturier, comme *negotiorum gestor*, primera donc le locateur.

3° L'ouvrier qui a réparé la chose. Par son industrie il a contribué à conserver le gage, et par suite le privilége du locateur. L'art. 2112, n° 1, du Code civil, est formel.

Ou bien, le vendeur de ces mêmes ustensiles. Le même article s'explique positivement à cet égard.

A la vérité, le vendeur n'est qu'un propriétaire, et l'on peut trouver étrange qu'il soit préféré au locateur qui est nanti. Mais il y a un motif particulier qui fait plier le principe général; c'est que le vendeur d'ustensiles aratoires a doté la ferme d'objets indispensables pour la culture, d'objets sans lesquels on n'aurait pu recueillir les produits sur lesquels le locateur a aussi un privilége spécial.

4° Le locateur.

67. Parlons maintenant des objets (autres que les ustensiles aratoires) qui garnissent la ferme ou la maison louée.

Exemple. Pierre vend à Paul un meuble de prix dont celui-ci n'acquitte pas la valeur. Paul place ce meuble dans une maison qu'il tient à bail de Jacques. Il arrive que, pour faire réparer ce meuble, qui a souffert une forte dégradation, Paul l'envoie à Nancy à un ouvrier qui y fait les réparations convenables. Ceci fait, Paul envoie chercher le meuble par un voiturier, qui le transporte à son domicile. Aussitôt après le déchargement, Jacques, à qui il est dû des loyers, fait saisir le meuble en question, en vertu de l'art. 819 du Code de procédure civile. Débats entre tous ces créanciers privilégiés.

Le partage du prix devra être fait ainsi qu'il suit :

1° Frais de justice.

2° Le voiturier. Voir les raisons ci-dessus, n° 66.

3° L'ouvrier qui a réparé. Il ne vient qu'après le voiturier : car celui-ci est le dernier saisi ; et d'ailleurs, si l'ouvrier a conservé la chose, ce n'est pas dans l'intérêt du voiturier, puisqu'à l'époque de la réparation, le privilége de ce dernier n'existait pas.

4° Le locateur.

5° Le vendeur. Ce vendeur ne jouit pas des prérogatives exceptionnelles accordées au vendeur d'ustensiles aratoires. S'il ne prouve pas que le locateur avait connaissance que le meuble n'appartenait pas au locataire, il ne pourra faire marcher ses droits qu'après lui ; car le locateur est saisi. *In pari causâ melior est possidentis conditio.*

68. *Priviléges sur la chose mise en gage.*

Reportons-nous à l'exemple que j'ai posé ci-dessus, n° 47.

1° Frais de justice.

2° Voiturier. Sans ses dépenses et ses peines, le créancier n'aurait pas eu de gage.

3°. Le gagiste.

Si des frais pour la conservation de la chose ont été faits, il faut distinguer trois époques : ou ils ont été faits avant le départ, ou ils ont été faits pendant le voyage, ou ils ont été faits après l'arrivée.

Si avant le départ : l'ouvrier non payé est déchu, du moment que la chose est passée entre les mains du gagiste : les meubles n'ont pas de suite en mains tierces. Le privilége ne peut subsister qu'autant que le meuble est entre les mains du débiteur (1).

Si pendant le voyage : même décision. Car la chose, parvenant en définitive dans la possession du gagiste, y devient affranchie du privilége de l'ouvrier.

Mais si les frais de réparation ont été faits depuis le nantissement, par exemple, après la saisie, afin que l'on retirât de la chose une plus grande valeur : ils primeraient le voiturier et le gagiste, comme ayant procuré l'avantage de l'un et de l'autre.

69. *Ordre des priviléges sur la chose vendue.*

1re espèce. — Vente d'ustensiles de labour. Je renvoie au n° 66.

2e espèce. — Vente de semences. Voyez n° 63.

3e espèce. — Ventes de meubles à un locataire. Voyez n° 67.

4e espèce.—Vente d'objets mobiliers faite à un propriétaire non locateur.

Exemple. Primus a vendu à *Secundus* une riche pendule. Ce dernier vient la prendre à Bordeaux, et la charge sur la voiture de *Tertius* pour l'expédier à Nantes, lieu de son domicile. Il part avec

_____

(1) *Infrà*, n° 185. Arg. de l'art. 2102, n° 4.

son voiturier. Mais, à La Rochelle, la pendule éprouve une avarie. *Secundus* est obligé de s'arrêter pour faire faire les réparations. En attendant, il fait des dépenses à l'auberge. Les réparations finies, et la pendule rapportée par l'ouvrier, *Secundus* ne pouvant pas les payer, l'ouvrier fait saisir la pendule. Lutte entre *Primus*, vendeur non payé, *Tertius* voiturier, l'aubergiste et l'ouvrier.

Distribution :

1° Frais de justice.

2° Réparations. Elles ont conservé le gage commun, même à l'égard de l'aubergiste, qui retire avantage de sa plus-value.

3° L'aubergiste. En donnant asile à *Secundus*, il lui a facilité les moyens de faire faire une réparation dont le voiturier et le vendeur profiteront en définitive.

4° Le voiturier. Il n'est pas dessaisi complétement.

5° Le vendeur.

70. *Priviléges sur la chose déposée dans une auberge.*

Voyez l'exemple cité n° 69, 4ᵉ espèce, celui cité n° 63, et celui cité n° 50.

Dans l'exemple cité au n° 67 (4ᵉ espèce), j'ai fait voir que l'aubergiste devait être préféré au voiturier, par la raison que le premier avait avancé des dépenses dont le second avait indirectement profité.

Au contraire, dans l'espèce posée au n° 50, le voiturier doit marcher avant l'aubergiste. Car, en portant des effets dans une auberge où le maître de ces effets avait déjà fait de la dépense, il a fait quelque chose d'utile à l'aubergiste. « *Præbuit causam pignoris.* »

71. *Ordre des priviléges sur la chose voiturée.*

Voyez espèces citées n°ˢ 63, 68, 69 et 70.

72. *Ordre des priviléges sur le cautionnement.*

1° Frais de justice.

2° Créanciers pour prévarication.

3° Prêteur des deniers formant le cautionnement.

Tel est l'ordre donné par Loyseau (1). C'est d'ailleurs ce que décide la loi du 25 nivose an 13 (2). La raison en est que, quoique le prêteur de deniers se soit assuré un gage, et qu'il puisse dire que sans lui les autres créanciers n'auraient pas de recours, cependant il a dû savoir que ce cautionnement était la garantie du public, et qu'il répondait des malversations de l'officier. Il s'est donc soumis aux chances de la responsabilité en exposant ses fonds, en connaissance de cause, pour un pareil objet.

73. Après avoir montré les rapports des priviléges spéciaux entre eux, je dois parler du rang des priviléges généraux mis en contact avec les priviléges spéciaux.

Les auteurs sont très-partagés sur la question de savoir qui doit l'emporter, des priviléges spéciaux ou des priviléges généraux.

Pothier veut que les priviléges spéciaux soient préférables aux priviléges généraux (3). Il ne fait

(1) Offices, liv. 3, ch. 8, n° 92.

(2) Art. 1. Voy. *infrà*, sur l'art. 2102, n° 211.

(3) Procéd. civile, p. 193 et p. 197, éd. Dupin.

d'exception que pour les frais funéraires , qui , dit-il, l'emportent sur tous les autres (1).

Duplessis est du même avis.

Negusantius ne traite pas formellement la question à l'égard du privilége ; il ne s'en explique qu'à l'égard de l'hypothèque, et il dit que l'hypothèque spéciale affecte la chose beaucoup plus que l'hypothèque générale. « Potest poni in genere quod » specialis hypotheca plus afficiat rem quam » generalis, et plùs juris constituatur creditori » per specialem hypothecam quam per genera- » lem (2). »

Donneau, au contraire, estime que l'hypothèque générale affecte la chose non moins que l'hypothèque spéciale. « Non minùs enim generali ac- » tione res singulæ obligantur, quam si de singulis » specialiter convenisset (3). » Fachinée est du même avis (4).

Parmi les auteurs modernes, MM. Malleville (5), Tarrible (6), Grenier (7), Favard (8), sont d'opinion que les priviléges généraux priment les priviléges spéciaux.

Au contraire M. Persil (9) pense que les pri-

_____

(1) Proc. civ., p. 196 et suiv. Orléans, t. 20, n° 116.
(2) *De pignorib. et hyp.*, p. 5, n° 10.
(3) Chap. 12, *De pignor. et hyp.*
(4) *Controv.*, lib. 12, ch. 28, p. 944, 945.
(5) T. 4, p. 250.
(6) Rép., Privilége, p. 11, col. 2.
(7) Hyp., t. 2, p. 9, n° 298.
(8) Répert., v° Privilége.
(9) Quest. sur les hyp., t. 1, p. 59, §. 9.

viléges spéciaux l'emportent, et il s'appuie sur un arrêt de la cour de Paris du 27 novembre 1814 (1); et cette opinion est adoptée par M. Dalloz (2).

M. Pigeau place aussi les priviléges généraux à un rang inférieur, et les fait précéder par le privilége du vendeur, des frais faits pour conservation de la chose, par le privilége du gagiste et du locateur (3).

M. Demante, qui a inséré dans la Thémis deux articles sur l'ordre des priviléges, soutient que la qualité de priviléges généraux ou de priviléges spéciaux ne peut nullement influer sur leur rang, et que c'est uniquement par la faveur de la cause qu'il faut se déterminer. Partant de cette idée, il place les priviléges généraux énumérés aux n°s 2, 3, 4 et 5 de l'art. 2102 du Code civil, après les priviléges spéciaux, dont l'art. 2102 donne la nomenclature (1).

74. A mon avis, l'opinion de MM. Malleville, Tarrible, etc., doit prévaloir.

A ne considérer que la faveur de la cause, les priviléges généraux doivent avoir préférence, puisque la loi les a jugés dignes d'une faveur telle qu'ils affectent la généralité des meubles, et même les immeubles. Ici la prédilection du législateur n'est pas douteuse. Elle s'explique d'ailleurs par des considérations de haute moralité qui valent bien,

(1) Sirey, 16, 2, 205. Dalloz, Hyp., p. 82.
(2) Hyp., p. 79.
(3) Procéd., t. 2, p. 184, 2ᵉ cas.
(4) T. 6, p. 255.

à mon avis, de petits et pénibles argumens empruntés à des textes sans liaison entre eux. Tous
les priviléges généraux énumérés dans l'art. 2101
(les frais de justice exceptés) reposent sur des services rendus à l'homme; tandis que les priviléges
spéciaux sont fondés sur la propriété ou sur la
possession, sur des raisons de crédit particulier et
de spéculation, sur des services rendus à la chose;
or, ne serait-ce pas tomber dans un matérialisme
dégradant que d'attribuer à ces derniers priviléges une préférence sur ceux qui sont destinés à
encourager les devoirs de l'humanité et les soins
dus à la personne? Autant l'homme est au dessus
de la chose, autant les droits énumérés dans l'art.
2101 sont plus éminens que les priviléges de l'art.
2102. C'est ce que le Code civil a senti; car il a
été inspiré par une philosophie spiritualiste qui le
place au plus haut rang parmi les œuvres de la
codification (1).

A cette raison fondamentale, M. Tarrible en a
ajouté d'autres qui me semblent invincibles.

L'art. 2105 dit que, lorsqu'à défaut de mobilier
les priviléges généraux se présentent pour être
payés sur le prix d'un immeuble en concurrence

(1) Je dois dire cependant que la loi hollandaise du 13 mai
1834 donne aux privilèges spéciaux la préférence sur les pri-
léges généraux (art. 1217. V. *Revue étrangère*, par M. Fœlix, t. 1, p. 644). Mais cette disposition ne peut-elle pas s'expliquer par le génie mercantile du peuple hollandais? Comme
c'est le côté moral et humain qui domine en France, je ne crois
pas que cette disposition d'une loi étrangère puisse y être re-
gardée comme raison écrite.

avec les créanciers privilégiés sur cet immeuble, les paiemens se font dans l'ordre suivant : d'abord les priviléges généraux énoncés dans l'article 2101, puis les créanciers privilégiés sur les immeubles. Ainsi l'art. 2105 établit disertement la préférence des priviléges généraux sur les priviléges spéciaux qui affectent les immeubles. Ils marchent donc avant le vendeur de l'immeuble, avant ceux qui ont fourni des deniers pour son acquisition, avant les architectes, entrepreneurs, maçons et autres ouvriers qui ont édifié ou réparé les bâtimens.

Mais si les priviléges généraux sont préférés au privilége spécial du vendeur de l'immeuble, on se demande pourquoi ils seraient vaincus par le privilége spécial du vendeur d'un meuble.

Le propriétaire locateur n'est, sous bien des rapports, qu'un vendeur des fruits naturels de son fonds. Festus nous apprend que chez les anciens Romains on appelait souvent *vente* le contrat de louage ; car le locateur *vend les fruits ou l'usage de sa chose :* « Venditiones olim dicebantur » censorum locationes, quòd velut fructus publi-» corum locorum venibant. » Et Cujas (1) et Pothier (2) enseignent la même chose. Il devra donc laisser la prééminence aux priviléges généraux.

L'architecte et les ouvriers qui ont réparé l'édifice ont certainement fait des frais pour la conservation de la chose. Cependant l'art. 2105 ne les

(1) Sur les Lois 19 et 20, *De act. empt.*
(2) Pothier, Pand., t. 1, p. 534, note *a.*

place qu'après les priviléges généraux. Celui qui a fait des frais pour la conservation d'un meuble ne saurait être de meilleure condition.

La question doit être résolue de la même manière à l'égard du gagiste. A la vérité, il est saisi(1), tandis que les privilégiés généraux ne le sont pas; il jouit même d'un droit de rétention, comme nous le verrons plus bas.

Mais d'abord ce droit de rétention est bon à opposer au débiteur, mais non à des créanciers de bonne foi (comme je le dirai *infrà* (2)), dont la cause est préférable à celle du gagiste.

Quant à la possession, elle n'est un motif déterminant de préférence qu'autant qu'il y a égalité de part et d'autre. *In pari causâ melior est possidentis conditio. In pari causâ!* Or on ne peut pas dire que les choses sont égales. Les priviléges, qui ont paru si favorables qu'on leur a donné le droit de peser sur tous les meubles et sur tous les immeubles, sont d'une condition supérieure aux priviléges spéciaux; tous (les frais de justice exceptés) sont fondés sur des sentimens d'humanité. Ils ont été accordés *intuitu pietatis*, tandis que les priviléges spéciaux sont loin d'avoir une cause aussi équitable.

Le privilége du locateur sur les meubles qui garnissent la maison, tire sa cause d'un droit de gage tacite (3). Cependant les lois romaines ne fai-

---

(1) *Infrà,* n° 169.
(2) Nos 256 et 169.
(3) L. 4, D. *De Quib. caus. pignor. vel hyp.*

saient pas difficulté de préférer au locateur celui qui avait avancé les frais funéraires (1). Telle était aussi l'opinion de presque tous les auteurs anciens, Loyseau, Brodeau, Bacquet, Chopin, Basnage, Pothier (2). Pourquoi en serait-il autrement à l'égard du gagiste, puisque la seule différence qu'il y ait entre lui et le locateur, c'est que le droit de gage du premier dérive d'une convention, tandis que celui du second procède de la loi?

Ce que j'ai dit des frais funéraires s'applique aux frais de dernière maladie. On peut consulter ce que dit Loyseau (3) pour prouver qu'ils doivent primer les loyers, et Pothier est enclin à adopter cette opinion (4). S'ils priment les loyers, ne doivent-ils pas primer aussi la créance du gagiste? Un motif d'humanité n'élève-t-il pas une voix puissante en leur faveur?

Les autres privilèges généraux, étant fondés sur des raisons pareilles d'humanité, devront par identité prendre rang avant le gagiste.

C'est en vain qu'on voudrait argumenter en faveur de ce dernier de l'art. 2073 du Code civil. Ce texte n'en dit pas plus que l'art. 2095. On convient que le gagiste, ayant un privilège, doit être payé avant les autres créanciers; mais cela ne veut pas dire qu'il sera payé avant tous créanciers privilégiés. L'art. 2073 ne parle que des créanciers simples, de même que l'art. 2095.

(1) L. 14, § 1, D. *De relig. et sumpt. funer.*
(2) *Infrà*, n° 76.
(3) Offices, liv. 3, ch. 8, n° 50.
(4) Procéd., civ., p. 194.

Ce que je viens de dire du gagiste milite avec une égale force contre la créance de l'aubergiste, du voiturier et de ceux qui ont privilége sur le cautionnement.

75. MM. Persil et Dalloz se prévalent beaucoup des art. 661 et 662 du Code de procédure civile. « D'après ces deux articles, disent-ils, le locateur, » dans une poursuite en contribution, peut se » faire payer de tous les loyers qui lui sont dus, » même par préférence aux frais de poursuite, » qui sont frais de justice. Ne résulte-t-il pas de là » que le locateur prime les frais funéraires, les » frais de dernière maladie, etc.? Or, ce que ces » articles établissent pour les loyers s'applique aux » autres créances de l'art. 2102, puisque les rai- » sons sont les mêmes, et qu'à l'égard de presque » toutes la préférence est accordée en faveur du » droit de gage qu'a le créancier ou de la possession » qu'il a obtenue. »

J'ai déjà répondu à cet argument par les observations que j'ai présentées *suprà*, n° 65. MM. Persil et Dalloz s'attachent avec une docilité trop servile à la lettre des art. 661 et 662 du Code de procédure civile.

Et comment ne voient-ils pas qu'à force de vouloir trop prouver, ils ne prouvent rien? Quoi! le privilége du locateur serait préférable aux frais funéraires! Mais l'humanité n'est-elle donc rien! Et n'est-il pas même dans l'intérêt du locateur que sa maison soit débarrassée du corps du défunt, afin que sa propriété ne devienne pas un repaire infect et qu'il puisse l'utiliser?

76. Appelée à se prononcer sur cette question, la cour royale de Paris a donné la préférence à l'opinion que je combats. M. Favard Langlade a montré, avec beaucoup de raison, combien sont légères les raisons contenues dans son arrêt qui est du 27 novembre 1814 (1). Je me bornerai à dire qu'il est assez étrange que cette cour assure que « *jamais l'on n'a prétendu que les frais funé-* »*raires* et les gages des domestiques fussent pré- »férés au privilége particulier du propriétaire. » Mais oublie-t-elle la loi 14, § 1, D. De relig., qui est si formelle; l'autorité de Brodeau (2), de Cho- pin (3), de Charondas (4) qui étend sa décision aux frais de dernière maladie, de Loyseau (5), de Basnage (6), de Pothier (7), etc.?

La cour de Rouen a jugé aussi, par arrêt du 17 juin 1826 (8), que le privilége des gens de service est primé par celui du propriétaire et du vendeur, par la raison que le privilége spécial affecte davan- tage la chose; mais cette cour est revenue à l'o- pinion contraire et seule véritable par un arrêt postérieur du 12 mai 1828 (9). C'est aussi dans ce dernier sens que se sont prononcées les cours de Limoges dans un arrêt du 15 juillet 1813, et de

(1) Sirey, 16, 2, 205. Dalloz, Hypoth., p. 82.
(2) Art. 161, Cout. de Paris.
(3) Cout. de Paris, chap. 20, nᵒˢ 273, 275.
(4) Cout. de Paris, art. 172.
(5) Offices, liv. 3, ch. 8, nᵒ 50.
(6) Hyp., *passim*.
(7) Procéd. civ., p. 196 et suiv. Orléans, t. 20, nᵒ 116.
(8) Dalloz, 27, 2, 4.
(9) D. 29, 2, 61.

2.   6

Poitiers dans un arrêt du 30 juillet 1830 '(1). Je
citerai enfin un arrêt de la cour de cassation, du
14 décembre 1824, qui donne au privilége général de la douane la préférence sur le privilége
spécial du vendeur à la grosse (2). Les considérans opposent avec une sorte de soin la généralité
du privilége de la régie à la spécialité du privilége du prêteur, et il semble résulter de ce rapprochement, que c'est à cause de la vertu que lui
donne la généralité que le privilége du trésor a été
préféré à celui du prêteur à la grosse.

77. Du reste, le principe que le privilége général l'emporte sur le privilége spécial a ss exceptions.

Les priviléges généraux du trésor sur les meubles des comptables et sur les meubles des con-
damnés ne passent qu'après les priviléges généraux ou spéciaux énumérés dans les articles 2101
et 2102 du Code civil (3).

De plus, les lois qui ont organisé le privilége
général de la douane ont donné la préférence sur
lui aux loyers de six mois et au vendeur qui revendique les marchandises en nature (4).

Enfin, le privilége du trésor sur les *fruits*, pour
contribution foncière, passe avant tout autre,
même les priviléges généraux les plus favorables,
quoiqu'il ne soit qu'un privilége spécial (5).

(1) Dalloz, Hyp., p. 81; et 1831, 2, 90.
(2) D. 25, 1, 9.
(3) Loi du 5 septembre 1807.
(4) *Suprà*, n°⁵ 34, 38.
(5) Nᵒ 33, 63 et 96.

Mais ces cas particuliers ne portent pas atteinte à une conclusion qui découle des dispositions les plus saillantes du Code civil.

77 bis. J'arrive maintenant au concours des créanciers privilégiés sur les *immeubles*. Je commence par les priviléges généraux : ce sont ceux dont l'art. 2101 du Code civil donne l'énumération. Il faut y ajouter le privilége que l'art. 3 de la loi du 5 septembre 1807 accorde au trésor sur les biens immeubles du condamné, pour recouvrement des frais de poursuite criminelle, correctionnelle et de police.

On colloque d'abord les priviléges consacrés par les art. 2101 et 2105 du Code civil, puis le privilége du fisc ; ainsi le veut l'art. 3 de la loi du 5 septembre 1807.

Quant aux sommes dues pour la défense personnelle du condamné, lesquelles doivent être payées sur le prix des immeubles avant le trésor public, on peut voir ce que j'ai dit ci-dessus, n° 36.

78. Les priviléges spéciaux sur les immeubles sont désignés dans l'art. 2103 du Code civil.

J'y joins le privilége du trésor public sur les biens acquis à titre onéreux par les comptables, postérieurement à leur nomination, sur ceux acquis au même titre et depuis la même époque par leurs femmes (1). Ce privilége me paraît plus spécial que général ; car il ne frappe que sur les immeubles acquis à titre onéreux et non sur les autres ; encore, parmi les immeubles acquis à titre

(1) Loi du 5 septembre 1807.

onéreux, il n'atteint que ceux dont l'acquisition a été faite depuis la nomination des comptables.

Le trésor de la couronne a un privilége semblable sur les immeubles acquis à titre onéreux par ses comptables (1).

78 *bis.* Pour fixer le rang dans lequel doivent se présenter les priviléges spéciaux sur les immeubles, il faut d'abord écarter les créanciers et les légataires qui demandent la séparation des patrimones. L'art. 2103 ne les comprend pas parmi les privilégiés dont il donne l'énumération. Si l'art. 2111 qualifie de privilége le droit de demander la séparation, ce n'est que relativement aux créanciers personnels de l'héritier; car c'est seulement à leur égard qu'il y a privilége. Du reste, entre les créanciers de la succession, on ne peut concevoir la possibilité d'un privilége, puisque c'est dans *leur intérêt commun* que le droit de séparation a été introduit (2).

Le privilége du trésor public ne peut donner lieu à aucune difficulté. Il ne s'exerce, d'après la loi du 5 septembre 1807, qu'après les priviléges genéraux, dont parle l'art. 2101, et les priviléges désignés en l'art. 2103.

Reste à parler de l'ordre à établir entre le vendeur, le fournisseur de deniers pour l'acquisition d'un immeuble, les cohéritiers ou copartageans, les architectes et ouvriers, et les prêteurs de deniers pour payer les ouvriers.

(1) Avis du conseil d'état du 25 février 1808.
(2) M. Tarrible, Privil., p. 13, n° 2. M. Demante, Thémis, t. 6, p. 251, 252.

Mais ces cinq classes de privilégiés se réduisent à trois.

Le bailleur de fonds, pour faire l'achat, est subrogé à tous les droits du vendeur, lorsqu'il a pris les précautions indiquées dans l'art. 2103, n° 2, du Code civil.

De même, celui qui a baillé des fonds pour payer les ouvriers, prend leur place et jouit de tous leurs droits. Mais s'il arrivait que le vendeur et l'ouvrier n'eussent pas été payés intégralement, et qu'il leur fût dû quelque somme, ils auraient la préférence pour ce reliquat sur les subrogés. C'est ce que décide l'art. 1252 du Code civil (1).

Il n'y a donc en définitive de difficulté que pour assigner un rang au vendeur, à l'architecte et au copartageant.

79. Le privilége du vendeur est fondé sur le droit de propriété. Tant que le prix n'est pas payé, l'aliénation n'est pas entière. C'est aussi sur le droit de propriété qu'est fondé le privilége du copartageant; car, lorsqu'un partage se fait, le copartageant n'est censé abandonner sa part indivise dans la communauté, qu'à condition que la jouissance paisible de son lot lui sera assurée, et que les soultes lui seront payées (2).

Le privilége des ouvriers a une autre cause : c'est que leurs avances ou leurs travaux ont tourné au profit de la chose, et par conséquent de ceux qui ont des droits à exercer sur elle.

(1) *Infrà*, n₀ 233 et suiv.
(2) M. Demante, Thémis, t. 6, p. 250. *Infrà*, n₀ 237.

80. Ceci posé, il s'agit maintenant d'examiner si le privilége du vendeur ou du co-partageant doit être primé par celui de l'ouvrier qui, du reste, ne porte que sur la plus-value au moment de l'aliénation.

M. Malleville (1) trouve que la justice doit faire donner la préférence aux ouvriers; cependant il se laisse subjuguer par *l'ordre de numéro* de l'article 2103, et range les ouvriers après le vendeur; mais c'est là une bien faible considération. L'article 2103 a fait une énumération et pas un classement. Il suffit, pour s'en convaincre, de comparer les expressions dont il se sert avec l'art. 2101 du Code civil. M. Pigeau, sans motiver son opinion, fléchit aussi devant la puissance du chiffre, et il fait passer l'architecte après le vendeur (2). J'ai été surpris de trouver cette doctrine chez un auteur accoutumé à respecter les opinions anciennes; et il est certain que, dans la jurisprudence qui a précédé le Code civil, l'architecte n'était pas primé par le vendeur (3); le Code civil aurait-il changé l'état des choses? Cela n'est pas présumable : on ne peut croire qu'il ait voulu que le vendeur s'enrichît aux dépens de l'ouvrier constructeur ou réparateur.

Supposons que l'immeuble vendu vaille 100,000 francs, la mauvaise administration de l'acquéreur réduit sa valeur à 60,000 fr.; cependant de nou-

(1) T. 4, p. 253.
(2) T. 2, p. 267, 268.
(3) L. 6, D. *Qui potior in pig.* Pothier, Procéd. civ., p. 265. Basnage, Hyp., chap. 14. Ferrières, v° Privilége, Dict. de Droit.

velles constructions l'élèvent à 90,000 fr. : voilà une plus-value de 30,000 fr., dont il ne serait pas juste que le vendeur s'emparât au détriment de l'auteur de cette plus-value.

Je suppose encore qu'un immeuble se trouve situé sur les bords d'un fleuve qui menace de l'envahir, ainsi que cela arrive fréquemment sur les bords de la Garonne.

Le détenteur de l'immeuble fait élever des digues et des palissades considérables, qui arrêtent les efforts du courant et préservent l'héritage. Sans ces travaux, l'immeuble eût peu à peu disparu, et en peu d'année il eût servit de lit au fleuve dévastateur. Le vendeur de cet immeuble eût par conséquent perdu son gage ; il eût été sans recours. Je le demande : serait-il juste que ce même vendeur fût payé du prix dont il est créancier, au préjudice des ouvriers qui lui ont conservé la chose, et à qui il est redevable de n'être pas privé de toute garantie ?

80 *bis.* Une autre opinion a été ouverte sur la question que je discute.

M. Grenier se demande quel parti on devra prendre si le prix des immeubles vendus et réparés ne suffit pas pour payer le vendeur et l'ouvrier ? Ce cas peut quelquefois et même souvent se présenter, lorsque l'immeuble a éprouvé dans les mains de l'acquéreur de fortes détériorations, soit par cas fortuit, soit par négligence.

M. Grenier pense que, lorsque le prix est insuffisant pour payer l'ouvrier et le vendeur, le seul moyen légal de concilier leurs intérêts est de faire concourir l'un et l'autre en proportion de ce qui est dû à chacun d'eux (1).

Il s'autorise d'un arrêt du parlement de Rouen, du 16 juin 1682 (2), rapporté par Basnage, et rendu dans l'espèce suivante, que je crois devoir rapporter :

Bertram avait vendu une maison située à Évreux, pour la somme de 1,400 fr.; Hérichon, acquéreur, y avait fait pour 540 f. de réparations. Depuis, cette maison fut vendue pour dettes d'Hérichon. La veuve de ce dernier demande à être colloquée par privilége pour la somme employée aux réparations. C'est ce qui fut jugé en première instance; mais Eudeline et Hervaux, créanciers de Bertram, vendeur de la maison, appelèrent de la sentence. Me Néel, leur avocat, disait « que la question était de savoir qui serait préférable, sur le prix d'une maison vendue par décret, ou du vendeur pour prix non payé, ou du créancier des frais de réparations. La difficulté résultait de ce que cette maison avait été vendue 1,400 fr., que l'on y avait fait pour 540 f. de réparations, et que le prix de la vente judiciaire était de 1,000 f. seulement; de sorte que, si la sentence était confirmée, le vendeur ne serait colloqué que sur la somme de 460 fr., le surplus étant adjugé pour réparations, *qui peut-être n'avaient pas augmenté la valeur du fonds;* que c'était pour cela que les créan-

(1) Tom. 2, p. 259, n° 411.
(2) Mon édition de Basnage donne à cet arrêt la date du 5 juin.

ciers du vendeur, représentant ce même vendeur, avaient *demandé que la maison fût visitée* pour con- naître la qualité des augmentations, le temps où elles avaient été faites, et si elles augmentaient le revenu; qu'il avait été jugé par plusieurs ar- rêts *que l'acquéreur ne peut avoir de privilège pour ses réparations que pour autant que l'héritage en est augmenté de valeur; que si le prix de la vente ne suffit pas pour payer le vendeur* (1) *et le prix des augmentations, il est juste que tous portent leur part de la dette.* En conséquence, les appelans concluaient qu'avant faire droit, il serait dressé procès-verbal des réparations et de leur valeur, pour le tout fait et rapporté être jugé ainsi qu'il appartiendra. »

Voici maintenant ce que répondait M᷊ Ber- theaume pour la veuve Hérichon intimée.

« Il faut distinguer deux sortes de réparations et d'améliorations : celles qui se font pour le plaisir ou la commodité de l'acquéreur, et celles qui se font pour la conservation et durée de la chose. Pour les premières, l'acquéreur ne peut prétendre le remboursement que pour autant qu'elles aug- mentent le prix de la chose; pour les autres, qui sont tellement nécessaires que sans cela la maison aurait été ruinée, le privilége est si fort, qu'il est préférable à toutes autres dettes de quelque nature et qualité qu'elles puissent être. L. 6, D. *Qui potior in pignor...* Or, les réparations dont il s'agit sont

_____

(1) M. Grenier attribue cette proposition à Basnage. Il se trompe. C'est un moyen que mettait en avant M᷊ Néel, avocat des appelans.

de cette qualité. On a donc bien jugé en ordonnant qus l'intimée en serait récompensé. »

« Sur ce, la cour, avant faire droit, ordonne qu'il sera dressé procès-verbal de l'état où était la maison lors de la vente et de celui où elle est à présent, ensemble des réédifications et augmentations, pour le tout fait et rapporté, etc. »

Cet arrêt ne me paraît pas avoir jugé la question dont s'occupe M. Grenier. Le parlement de Rouen a seulement ordonné un avant-faire-droit et préparé les moyens nécessaires pour constater si ces sommes avaient tourné à l'amélioration de la chose, circonstance que l'on déniait dans l'espèce. Il est donc difficile de trouver dans cette décision, même un préjugé, sur une difficulté qui est assez grave pour qu'on ne doive la trancher qu'avec des autorités très-ponctuelles.

Je trouve au contraire que le parlement de Rouen a rendu le 24 avril 1652 un arrêt qui accorde au constructeur la priorité sur le vendeur, dans le cas où le prix de la vente judiciaire de la chose est insuffisant pour payer le vendeur et l'ouvrier (1).

Hélie vend son office de premier huissier et de buvetier au bailliage de Rouen à Petit, moyennant 10,000 francs. Petit, voyant que les buvettes n'étaient louées que 50 francs par an à raison de leur mauvais état, les fait réparer; et, pour cet effet, emprunte de l'argent à Regnault, qui prend les précautions nécessaires pour s'assurer que son argent a servi à la réparation dont il s'agit.

Hélie, n'étant pas payé de 6000 francs restans dû

(1) Basnage, ch. 14.

prix, fait saisir la charge et les buvettes. Le tout ne produit que 7000 francs. Lors de la distribution, Hélie prétendit emporter la somme entière, comme étant créancier de 6000 francs et accessoires.

Regnault, qui avait prêté les fonds pour la réparation, fit valoir que les revenus des buvettes étaient beaucoup augmentés par les bâtimens que l'on avait faits avec ses deniers ; car elles étaient louées 280 francs, au lieu de 50 francs. Il disait donc que cette amélioration avait fait monter l'adjudication à un plus haut prix, qu'il était juste qu'il fût payé à proportion de l'augmentation causée par l'emploi de ses deniers.

Le bailli adjugea à Regnault ses prétentions, et sur l'appel, la sentence fut confirmée.

C'est avec plus de fondement, je l'avoue, que M. Grenier cite un arrêt de la cour de Paris du 13 mai 1815 (1). Dans l'espèce de cet arrêt que je ne veux pas rapporter dans tous ses détails, l'hôtel *Cambis* avait été acheté 150,000 francs. Un architecte pour le compte de l'acquéreur y avait fait des travaux considérables. L'hôtel ne fut vendu sur l'adjudication que pour le prix de 110,000 francs. Le vendeur prétendit être payé par préférence sur l'architecte ; mais son système fut proscrit par le tribunal de première instance.

Sur l'appel, la cour n'embrassa ni le système de préférence du vendeur ni le système de préférence de l'architecte. Voici la décision :

« Attendu que, si le vendeur non payé a un privilége, l'architecte entrepreneur a, pour prix de

_____
(1) Dalloz, Hyp., p. 84. Sirey, 16, 2. 338.

» ses travaux, un privilége sur la plus-value de
» l'immeuble existant à l'époque de l'aliénation et
» résultant des travaux qui ont été faits;

» Que ces deux priviléges, ayant un objet dis-
» tinct, peuvent s'exercer à la fois, mais ne doivent
» jamais se nuire;

» Qu'ainsi, la valeur que l'immeuble aurait en-
» core si les ouvrages n'avaient pas été faits de-
» meure réservée au privilége du vendeur; que le
» surcroît de valeur donné à l'immeuble par les
» nouveaux ouvrages, tel que ce surcroît est estimé
» au moment de l'aliénation, est affecté au privi-
» lége de l'architecte;

» Que, néanmoins, l'appréciation de cette *plus-*
» *value* doit être faite, *non par une estimation*
» *réelle des dépenses même nécessaires*, mais *par*
» *une proportion avec le prix primitif de l'immeuble;*

» Qu'en effet, si, dans l'adjudication d'un im-
» meuble, le prix pour lequel il est adjugé se trouve
» inférieur au prix primitif d'achat augmenté de la
» valeur des ouvrages, il est juste que cette dimi-
» nution soit également applicable à la plus-value
» résultant des nouveaux ouvrages, comme à la
» valeur primitive du fonds vendu, et que le cons-
» tructeur ainsi que le vendeur doivent supporter
» cette diminution de prix dans la proportion des
» valeurs qui leur sont afférentes. »

Cet arrêt me paraît susceptible de critique.
Son plus grand défaut est de présenter des conséquences qui sont en contradiction avec les principes qu'il pose. La cour royale dit d'abord que
les priviléges du vendeur et du constructeur ne-

pèuvent se nuire, parce qu'ils s'exercent sur des objets différens, l'un sur la valeur primitive, l'autre sur la plus-value.

Cette proposition est exacte, et je m'en prévaudrai tout à l'heure pour montrer qu'on ne doit admettre ni le système de MM. Pigeau et Malleville, ni celui de M. Grenier.

Mais, par cela même que ces deux priviléges ne peuvent se nuire, la cour royale devait en conclure que la créance de l'architecte ne' devait recevoir aucune diminution de son contact avec la créance du vendeur. Au lieu de cela, elle veut que si par la revente il y a une diminution dans le prix de la vente originaire, il y ait aussi une diminution proportionnelle en ce qui touche la plus-value!! Cela me paraît manquer de logique.

La plus-value est, à mon sens, indépendante de tous les déchets dont le vendeur peut être passible par suite de la détérioration de sa chose. Cette plus-value doit être estimée par la valeur de l'immeuble au moment de l'adjudication, comparée à ce qu'il valait avant les travaux. Cette base est invariable, et, j'ose dire, la seule sûre.

Ainsi Pierre vend à Titius une maison de campagne valant 100,000 francs. Un incendie brûle une aile de l'édifice, et l'immeuble est réduit à une valeur de 50,000 francs. Cependant des travaux de réparation sont commencés; un entrepreneur fait des améliorations qui portent la valeur de cette maison à 70,000 francs. Si, sur une expropriation forcée, cette maison de campagne, d'abord aliénée pour 100,000 francs, n'est revendue que pour 70,000 francs, faudra-t-il que, suivant le système de la cour de Paris, l'entrepreneur éprouve une diminution sur la créance de 20,000 francs résultant des travaux qui ont amélioré la chose? Parce que le vendeur perd, faut-il que l'entrepreneur perde aussi? Où donc est la solidarité qui les unit?

L'entrepreneur sera toujours fondé à dire :

Au moment où j'ai commencé les travanx, l'immeuble ne valait que 50,000 francs. Mes améliorations lui ont donné une plus-value de 20,000 francs. Cette plus-value m'appartient pour le total. Le vendeur n'y a de droit que quand j'aurai été désintéressé. Si la maison eût été adjugée avant mes impenses, il n'aurait pu espérer qu'un prix de 50,000 francs tout au plus; et peut-être même n'aurait-il pas trouvé d'acheteurs qui eussent voulu se charger d'un édifice à demi ruiné par les flammes, et sollicitant des travaux de réparation très-dispendieux (1).

Voici donc quelle est sur tout ceci l'opinion qui me paraît devoir prévaloir.

_____

(1) Si dans l'espèce que nous venons de poser, le prix de la revente de l'immeuble ne s'était élevé qu'à 60,000 fr., il est évident que le vendeur et l'entrepreneur ne pouvant recevoir en entier l'un les 50,000 fr., montant de la *valeur de l'immeuble au moment où les travaux ont été entrepris*, l'autre le montant de la plus-value existant immédiatement après les réparations, chacun d'eux supportera une réduction proportionnelle, savoir:

le vendeur sur les   50,000 fr.
l'entrepreneur sur les   20,000 fr.

Voir *infrà*, n₀ 244, et l'arrêt de la cour de cassation cité à la dernière note du présent n°.

C'est par une véritable confusion de mots qu'on parle de préférence entre le constructeur ou réparateur et le vendeur ou co-partageant. Il ne peut y avoir de préférence qu'entre créanciers venant en concours sur le même objet ; et ici la possibilité de ce concours n'existe pas, puisque le privilége de l'ouvrier et celui du vendeur ou co-partageant portent sur des objets différens. Chacun se fera donc payer sur les deniers qui lui sont affectés par privilége, sans avoir à craindre la concurrence l'un de l'autre.

Ainsi, toutes les fois qu'un créancier pour frais de réparations se présentera à un ordre en même temps qu'un vendeur ou co-partageant, on déterminera la valeur de l'immeuble à l'époque où les travaux auront été entrepris, et cette valeur sera allouée pour le tout au vendeur ou co-partageant. Tant pis pour eux si l'immeuble s'est détérioré entre les mains du détenteur.

On estimera ensuite la plus-value que les travaux auront procurée à l'immeuble et qui sera arbitrée par la valeur de ce même immeuble au moment de l'adjudication. Et cette plus-value sera attribuée pour le total à l'ouvrier, quelque étendue qu'elle soit, sans que le vendeur ou le cohéritier puissent s'en plaindre.

Ces principes me paraissent être ceux de M. Tarrible (1). Mais je les formule ici d'une manière plus claire (2).

(1) Rép., v₀ Privilége.
(2) Ils ont été consacrés par un arrêt de la cour de cassa-

81. Pour terminer sur le concours des priviléges spéciaux entre eux, je dirai un mot du cas où
le vendeur se trouverait en lutte avec un co-partageant.

Sur ce point, j'emprunterai à M. Demante (2)
les paroles suivantes : « La nature du privilége du
» vendeur et du co-partageant étant identique, la
» question doit se résoudre entre eux comme elle
» se résoudrait entre deux vendeurs successifs;
» la préférence appartient à l'un ou à l'autre, selon
» que le partage a précédé ou suivi la vente. »

82. Il ne me reste plus qu'à parler de l'ordre
dans lequel doivent marcher les priviléges généraux

tion du 22 juin 1837 (Dalloz, 37, 1, 387. Sirey, 37, 776).

Le jugement du tribunal du Havre contre lequel on s'était
en vain pourvu par voie d'appel devant la cour royale de
Rouen, est motivé avec soin. Il établit très-bien que le privilége du vendeur non payé et celui de l'ouvrier créancier de
la plus-value, ont chacun un objet distinct et séparé.

C'est à tort que l'auteur de la note insérée dans le recueil de
Sirey sur l'arrêt de la cour de cassation que je viens d'invoquer, prétend que je présente sur ce point de droit un système
contraire.

Une lecture attentive des n°ˢ 80 et 80 *bis* et 244 de ce premier volume, indépendamment même de la note ajoutée dans
cette dernière édition sur le n° 80 *bis*, prouvera qu'au contraire mon opinion a toujours été parfaitement conforme à
celle qu'a adoptée la cour suprême.

Ce que j'ai critiqué dans l'arrêt de la cour de Paris du 13
mai 1815, comme dans l'opinion de M. Grenier, c'est que l'on
voulût faire concourir le vendeur pour *le prix primitif d'achat*,
au lieu de le faire concourir seulement pour *la valeur de
l'immeuble avant le commencement des réparations.*

(1) Thémis, t. 6, p. 250.

sur les immeubles, lorsqu'ils sont en contact avec les priviléges spéciaux sur ces mêmes immeubles.

Mais ici la question est simple. Le Code civil l'a résolue en faveur des priviléges généraux (1).

Le privilége général du trésor sur les biens du condamné est le seul qui, par une exception remarquable, ne prenne rang qu'après les priviléges généraux énumérés dans l'art. 2103 (2).

ARTICLE 2097.

Les créanciers privilégiés qui sont dans le même rang sont payés par concurrence.

SOMMAIRE.

83. De la loi 32, D. *De reb. auct.*, qui pose le principe de la concurrence.

84. Raison d'icelle.

85. Conciliation de deux passages de Loyseau.

86. La loi romaine n'a été faite que pour des priviléges purement personnels. Comment il se fait qu'on l'a appliquée dans le droit français à des priviléges devenus réels. Remarques à ce sujet. La loi *Privilegia* n'a-t-elle pas été détournée de son véritable sens?

87. Signification du mot *rang*. Exemples.

88. On doit se défier de l'ancienne jurisprudence sur certaines égalités de rang.

89. De deux cessionnaires d'une même créance privilégiée. Ils concourent, quoique la cession de l'un soit antérieure à celle de l'autre.

89 *bis*. Concurrence des frais de justice d'origine diverse. Critique d'un arrêt de la cour de Paris.

(1) Art. 2105.
(2) Art. 3 de la loi du 5 septembre 1807.

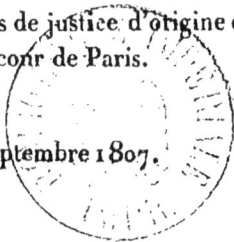

1.

COMMENTAIRE.

83. J'ai cité plus haut (1) la loi *Privilegia* 32 au D. *De rebus auct. jud. possid.* (2), qui pose le principe consacré par l'art. 2097. Je crois devoir rappeler les expressions de cette loi, qui est un des fondemens du système des priviléges. *Privilegia non tempore æstimantur, sed ex causâ ; et si quidem ejusdem fuerint tituli, concurrunt, licet diversitas temporis in his fuerit.*

Telle est aussi la doctrine de nos anciens auteurs : par exemple, de Loyseau dont j'ai déjà rapporté le texte (3). J'ajoute ici la citation suivante, empruntée au même auteur (4) :

« Si donc deux privilégiés ont un privilége égal » ou de même titre, c'est-à-dire un même privilége, » comme ceux qui ont prêté pour l'achat de l'of- » fice, ils concourent ensemble, bien que l'un ait » fait son prêt plus tôt que l'autre; et la raison de » cette concurrence est que, ne pouvant user de » leurs priviléges *contrà æquè privilegiatos, res* » *reducitur ad jus commune*, qui est de concourir » et de venir à contribution l'un avec l'autre en » deptes personnelles. Mais ès hypothécaires, c'est » un droit perpétuel que *qui prior est tempore, » potior est jure.* »

On conçoit, en effet, sur quoi est fondée la né-

(1) N° 22.
(2) Pothier, Pand., t. 3, 186, n° 34.
(3) *Loc. cit.*
(4) Off., liv. 3, ch. 8, n° 88.

cessité de cette concurrence entre créanciers ayant
le même rang ; car si deux titres égaux se rencontrent, ils se choquent et s'empêchent l'un l'autre.
Mutuò se impediunt et confunduntur. C'est ce qui a
fait dire à Covarruvias : « Qui privilegium simile
» habet in re et spec e de quà agitur, non potest
» uti contrà eum qui simile in re habet privile-
» gium. » Même doctrine dans Merlinus (1), dans
Basnage (2) et Domat (3). Balde avait dit avant
eux, dans son langage souvent très-expressif :
« Quandò concurrunt duæ virtutes paris potentiæ,
» tantum juris habet una ad retinendum, quan-
» tum altera ad obtinendum (4).

85. Je sais bien que Loyseau ajoute quelque
chose que certains jurisconsultes (5) ont trouvé
contradictoire avec ce qui précède.

Il dit en effet « *Aux priviléges réels* il n'y a point
» de concurrence comme de ceux qui ont prêté
» pour l'achat d'une maison sous divers contrats,
» portant hypothèque ; le premier en hypothèque
» doit être mis en ordre devant l'autre. »

Mais Loyseau écrivait ceci à une époque où,
comme j'ai dit ci-dessus (6), on tenait encore au
système des Romains, où les priviléges n'étaient
considérés que comme donnant lieu à des pour-

(1) *De pig.*, lib. 3, cap. 2, q. 63.
(2) Part. 1, ch. 16, p. 72, col. 2.
(3) Liv. 3, sect. 5, art. 2.
(4) Sur la loi 38, D. Com. divid.
(5) Voy. la plaidoirie de Me Gréard : dans Basnage, Hyp.,
ch. 14, p. 76, col. 2.
(6) No 23.

suites personnelles sans affectation sur la chose ,
et où il fallait une stipulation d'hypothèque, soit
expresse, soit tacite , pour que le privilége affectât
la chose. Or, on voit que Loyseau ne parle que de
priviléges réels, c'est-à-dire d'*hypothèques privilégiées*, ainsi qu'il prend soin de l'expliquer, n° 21 ;
et puisqu'il s'agissait d'hypothèque , il fallait bien
consulter la date , pour établir la différence
d'après la raison donnée par Cujas et rapportée
ci-dessus (1).

Ainsi, cette décision de Loyseau ne s'applique
pas aux priviléges proprement dits ; elle ne concerne que les hypothèques. Je ne vois donc aucune
contradiction dans la doctrine qu'il émet. Lorsqu'il
s'occupe de l'office , qui n'avait pas de suite par
hypothèque , qui ne pouvait être l'objet que de
simples *priviléges personnels*, il prononce qu'entre
les divers bailleurs de fonds il y a égalité, quelle
que soit l'époque des prêts ; car la faveur de ces
prêts est la même, et, en matière de priviléges
personnels, c'est la faveur de la cause , et non la
date qu'on doit considérer.

Mais, lorsque Loyseau parle des prêts faits par
acte authentique pour l'achat d'un immeuble,
il remarque que l'hypothèque se joint ici au privilége personnel, qu'il y a affectation sur la chose ;
et que le premier prêt doit être préféré au second,
d'après les principes généraux qui veulent que la
préférence entre créanciers hypothécaires se règle
par la date de l'hypothèque.

(1) N° 19.

86. Cependant, comme je l'ai dit plus haut (1), il se fit, après l'époque où écrivait Loyseau, une espèce de révolution dans le système des priviléges. La distinction des priviléges en personnels et réels, que Loyseau avait encore enseignée d'après les principes du droit romain, s'effaça peu à peu. Tous les priviléges devinrent réels; ils eurent, par le seul fait de la loi, une assiette déterminée, et ils arrivèrent au point de faveur de remplacer l'hypothèque privilégiée des Romains, et d'obtenir la préférence sur les hypothèques simples.

Cette transition insensible, née du mélange des principes du droit romain avec les principes du droit français et de l'ignorance des praticiens, amena pour résultat d'appliquer aux priviléges réels le principe de concurrence que la loi *Privilegia* n'appliquait qu'aux priviléges personnels. Et en effet, dès qu'on vit que le privilége primait l'hypothèque, on considéra ces deux droits comme étrangers l'un à l'autre. L'idée d'hypothèque se détacha tout-à-fait de l'idée de privilége, et la règle des temps fut oubliée dans le régime des priviléges, et ne résida plus que dans le régime des hypothèques. C'est de cette confusion des priviléges personnels avec les hypothèques privilégiées qu'il arriva que ce qui, dans le droit romain, ne concernait que les priviléges personnels, fut étendu à tous les priviléges.

Cependant cette jurisprudence eut de la peine à s'établir. Basnage rapporte un *arrêt solennel* du

(1) N° 23.

parlement de Rouen, en date du 28 juin 1668, qui décida, après une discussion approfondie, qu'entre deux prêteurs, également privilégiés, la préférence devait être accordée à celui qui avait le double privilége du temps et de la cause (1).

La même chose fut jugée au parlement de Bretagne, le 3 janvier 1667, par un arrêt, dans l'espèce duquel un sieur de Bellefosse avait pris de l'argent à rente de deux prêteurs pour payer la dot de sa fille.

La question s'étant présentée depuis au parlement de Rouen, il y eut partage à l'audience de la grand'chambre du 28 février 1675, et les parties s'accommodèrent.

Mais postérieurement la concurrence fut adoptée par la jurisprudence des arrêts. Basnage donne un arrêt du parlement de Rouen, du 1ᵉʳ août 1676, qui le juge ainsi. Elle n'a plus été mise en doute parmi les jurisconsultes.

Je ne peux m'empêcher de remarquer cependant que la jurisprudence qui avait précédé n'était pas sans quelque fondement.

En effet, puisque le privilége produit de plein droit en France une affectation sur la chose, on ne conçoit pas facilement pourquoi l'ordre du temps n'est compté pour rien. Par cette affectation, le débiteur s'est dépouillé en quelque sorte

(1) Les deniers avaient été prêtés pour l'achat d'*un office*. Du temps de Basnage, les offices étaient susceptibles d'hypothèque; ce qui était problématique du temps de Loyseau (Offices, liv. 3, ch. 8, nᵒ 28, et liv. 3, ch. 3). Quant à Basnage, sur l'aptitude de l'office à être hypothéqué, voy. chap. 10.

du bien soumis au privilége. Cette espèce d'aliénation est irrévocable, et il n'a pu affecter ce même bien à de nouveaux priviléges que jusqu'à concurrence de ce qui restait libre.

Je conçois bien qu'entre créanciers qui n'ont de droit que sur la personne et nullement sur la chose, l'ordre des temps ne soit compté pour rien dans la fixation des rangs. J'en ai donné la raison (1). Je conçois également que la même chose eût lieu chez les Romains, pour les priviléges attachés aux actions personnelles; car les priviléges n'affectaient pas les biens, et dès-lors le créancier, ne s'étant réservé aucun droit sur les biens, n'avait aucune raison pour s'appuyer sur le privilége des temps, à l'effet de se faire payer avant les autres créanciers.

Mais, lorsqu'il y a affectation sur la chose, ainsi que cela existe dans le système de nos priviléges, celui qui est le premier en date est pour ainsi dire saisi de cette chose avant les créanciers postérieurs, qui ne peuvent prétendre de droits qu'autant qu'il sera renvoyé indemne pour le total. Cela a lieu pour les hypothèques. On ne voit pas de raison pour faire une différence à cet égard entre les priviléges et les hypothèques, d'autant que, comme je l'ai prouvé ci-dessus (2), nos priviléges ont le cortége et le secours d'une espèce d'hypothèque tacite, qui frappe la chose sur laquelle ils sont assis. On voit donc que *logiquement* il est fort

(1) *Suprà*, n° 14.
(2) N° 27.

difficile de trouver dans les priviléges réels l'identité de rang qui conduit à la concurrence.

Quoi qu'il en soit, la loi existe (1). Le Code civil
a cru devoir consacrer la jurisprudence telle qu'il
l'a trouvée établie. Peut-être eût-on mieux fait de
voir sur quels fondemens fragiles elle était fondée;
mais on a plié devant la règle de la loi *Privilegia*,
qui a paru respectable par son antiquité, mais
qui, détournée de son véritable objet, a donné
un libre champ à l'erreur des praticiens.

87. Le Code dit, dans notre article, que les
créanciers privilégiés *qui sont dans le même rang*
sont payés par concurrence.

Que signifie ce mot *rang*?

« On ne peut regarder comme étant dans le
» même rang, dit M. Tarrible (2), ni les divers
» créanciers ayant des priviléges généraux sur les
» immeubles, ni les divers créanciers ayant des
» priviléges spéciaux sur certains meubles, ni les
» divers créanciers ayant priviléges sur les im-
» meubles, puisque la loi assigne nominativement
» des préférences entre les divers priviléges com-
» pris dans chacun de ces trois genres.

» On ne peut pas même faire résulter l'identité
» du rang de l'identité du privilége. L'art. 2103,
» n° 1, en fournit une preuve : lorsqu'il y a eu plu-
» sieurs ventes successives d'un immeuble, et que
» le prix de ces ventes est dû aux vendeurs res-
» pectifs, chacun de ces vendeurs a un privilége

_____

(1) Art. 2103, n° 2, du Code civil ; et *infrà*, n°87.
(2) Répert., v° Privilége, p. 16, col. 2.

» de même nom, de même nature, sur l'immeuble
» vendu; mais le premier est préféré au second,
» le deuxième au troisième, et ainsi de suite (1).

» On ne peut considérer comme étant dans le
» même rang proprement dit, que les créanciers
» qui y *sont nominativement placés par la loi*. Ainsi,
» les boulangers et les bouchers, désignés dans
» l'art 2101, n° 5; les divers prêteurs d'argent
» pour payer le prix d'une acquisition d'im-
» meubles, désignés dans l'art 2103, n° 2; les prê-
» teurs de deniers pour payer ou rembourser
» des ouvrers désignés dans le même article, n° 5;
» sont placés nominativement dans le même rang
» et doivent être payés par concurrence : c'est-à-
» dire, qu'en cas d'insuffisance du prix, chacun
» doit en recevoir une part proportionnelle au
» montant de sa créance. »

Cette explication de M. Tarrible mettra à même
de juger facilement des cas où la concurrence doit
être rejetée ou admise.

Ainsi seront payés par concurrence les médecins,
apothicaires, garde-malades qui auront soigné le
défunt dans sa dernière maladie (2101, n° 3).

Il en sera de même des maîtres de pension, et
marchands en gros pour fournitures de subsistances faites pendant la dernière année (2101, n° 5);
des ouvriers quelconques qui auront été employés,
chacun pour ce qui concerne leur profession, pour
la conservation de la chose mobilière (2103, n° 4);

---

(1) Le même cas se présente, mais dans un ordre inverse,
pour différens prêts successifs à la grosse.

des architectes, entrepreneurs, maçons et autres, employés pour édifier, reconstruire ou réparer des choses immobilières quelconques (2103, n°4).

Je crois aussi que les priviléges du trésor public, pour frais de poursuites criminelles et sur les meubles des comptables, doivent être payés par concurrence (1).

88. En se pénétrant des principes qui déterminent l'identité de rang, on verra aisément que certains priviléges, que dans l'ancienne jurisprudence plusieurs auteurs faisaient concourir les uns avec les autres, ne peuvent plus aujourd'hui marcher sur la même ligne. Ainsi, on n'aura plus à examiner si les chirurgiens, apothicaires et autres, doivent aller d'un pas égal avec celui qui aurait fait les frais funéraires. Cette opinion, enseignée par Pothier (2), ne paraît plus être admissible d'après l'article 2101 du Code civil.

89. Puisque c'est un principe constant que les priviléges placés dans le même rang doivent concourir, on doit conclure qu'il ne faut pas établir de préférence entre deux cessionnaires de parties d'une créance privilégiée, quoique la cession faite à l'un soit antérieure à l'autre. C'est ce que la cour de cassation a décidé par arrêt du 4 août 1817 (3). M. Grenier, qui examine cette question, se décide aussi pour la concurrence; et, en effet, les cessionnaires exerçans les droits des cédans privilégiés en

(1) *Suprà*, n°s 35, 38, 39.

(2) Procéd. civ., p. 196.

(3) Sirey, 17, 1, 373. Dalloz, Hyp., p. 77, note 1. Voyez *Infrà*, n° 366.

leur lieu et place (1), n'ont que des droits égaux et ne peuvent prétendre à aucune préférence l'un sur l'autre (2).

89 *bis*. La même règle sert à décider la question de savoir si l'on doit établir une hiérarchie de préférence entre les créanciers de divers frais de justice qui se présentent dans la même distribution. Par arrêt du 27 mars 1824 (3), la cour royale de Paris a jugé que les frais *de scellés* doivent être colloqués avant les frais *de garde des scellés*, et les frais de garde avant *les frais d'inventaire*. Mais en présence d'une pareille décision, que devient la règle de la concurrence entre priviléges placés dans le même rang ? La cour de cassation a été bien plus fidèle aux principes, lorsque, par arrêt du 8 décembre 1825 (4), elle a décidé que les frais de curatelle à succession vacante, ceux de scellés, d'inventaire, de prisée et de vente faits pour la conservation et la liquidation en argent des meu-

_____

(1) Art. 2112 du Code civil.

(2) Il résulte néanmoins de cet arrêt que le cédant peut par des stipulations expresses établir une préférence entre les portions de la créance transportée.

La cour de Paris a aussi jugé le 17 avril 1834 (Sirey, 34, 2, 305, Dalloz, 35, 2, 175) que la cession faite avec promesse de fournir et faire valoir de partie d'une créance privilégiée, dont le cédant s'est réservé le surplus, établit au profit de ce cessionnaire, le droit d'être payé par préférence à tout cessionnaire ultérieur de la portion de créance que le cédant s'était réservée.

(3) Dalloz, Hyp., p. 80, 81.

(4) D. 1826, 1, 28.

bles d'un individu, devaient être payés par concurrence comme occupant le même rang.

ARTICLE 2098.

Le privilége à raison des droits du trésor
royal, et l'ordre dans lequel il s'exerce, sont
réglés par les lois qui les concernent.

Le trésor royal ne peut cependant obtenir
de privilége au préjudice des droits antérieurement acquis à des tiers.

SOMMAIRE.

90. Privilége du fisc. Il ne nuit pas aux droits acquis à des
tiers avant le Code.
91. Division de la matière.
92. Des priviléges établis *postérieurement au Code civil.*
1º Privilége sur les biens des comptables. Il est général
sur les meubles et spécial sur les immeubles. En ce qui
concerne les immeubles, doit être inscrit dans les deux
mois. *Quid* s'il y a transcription par l'acquéreur?
92 *bis.* L'acquisition faite par le comptable avant sa nomination, mais payée depuis, n'est pas soumise au privilége.
Quid de l'immeuble acquis et payé depuis la nomination,
mais avant l'entrée en fonctions?
93. Privilége du fisc sur le *cautionnement* des comptables.
93 *bis.* Privilége du trésor de la couronne sur les meubles,
immeubles et cautionnement de ses comptables.
94. Privilége du trésor pour recouvrement des frais de justice
en matière répressive. La partie civile n'a pas de privilége.
94 *bis.* Le privilége du fisc pour recouvrement des frais de
justice criminelle est général sur les meubles du condamné. Frais pour la défense. Manière de les régler.

94 *ter*. Privilége du fisc sur les immeubles pour les mêmes frais de justice. Son rang. A quoi il se réduit. A quel jour il remonte. Doit être inscrit dans les deux mois du jugement.

95. Ce privilége frappe sur les biens aliénés depuis le mandat d'arrêt, ou, à défaut, depuis le jugement. *Quid* si l'acquéreur transcrit quinze jours avant *le jugement* de condamnation ? Le trésor, ne pouvant prendre inscription dans la quinzaine de la transcription, puisque le jugement n'est pas rendu, perdra le droit de suite.

95 *bis*. Mais, en prenant inscription dans les deux mois du jugement, le trésor, quoique privé du droit de suite sur l'immeuble, conservera son rang sur le prix, si les choses sont encore entières.

95 *ter*. Le privilége du trésor sur les biens du condamné n'a pas lieu pour le recouvrement des amendes. Lois romaines. Jurisprudence. Argument de l'article 2202 du Code civil.

96. Privilége du trésor pour le recouvrement des contributions directes. Contribution foncière privilégiée sur les fruits de la chose. Contribution pour portes et fenêtres, personnelle et mobilière, privilégiée sur les meubles. *Privilége* pour droit de *timbre et amendes de contravention* audit cas de *timbre*.

97. Priviléges fiscaux *antérieurs au Code* et maintenus par lui. Privilége sur les *revenus* des biens pour droit de mutation par décès. Dissentiment avec M. Dalloz. Mais le privilége sur les *revenus* ne s'étend pas sur le *prix* des immeubles. Le fisc ne peut exercer son droit de privilége sur les revenus de l'immeuble héréditaire passé dans les mains d'un tiers détenteur. Omission de MM. Grenier et Persil.

98. Privilége de la douane. Renvoi.

99. Privilége de la régie des contributions indirectes.

99 *bis*. Élémens de ces priviléges. Renvoi.

COMMENTAIRE.

90. Notre article s'est contenté de jeter le fondement du privilége du fisc. Il a laissé à d'autres lois le soin de l'organiser. Mais il n'a pas voulu que ces lois nouvelles pussent nuire aux priviléges déjà acquis ; car c'eût été lui donner un effet rétroactif. Il a donc consacré l'inviolabilité des droits acquis à des tiers, *au moment* de la promulgation de ces lois.

Du reste, ce serait une erreur de croire que le fisc ne peut avoir de préférence au préjudice de droits acquis *après* la promulgation de ces mêmes lois : car il est de l'essence du privilége de primer des droits plus anciens que lui.

91. Je vais passer en revue les différentes lois qui se sont occupées des priviléges du fisc. Je parlerai d'abord de celles qui ont suivi la promulgation du Code civil, et ont en quelque sorte complété l'article 2098. Je m'occuperai ensuite des priviléges que le Code civil a trouvés existans au profit du trésor, et qu'il n'a pas été dans son but de modifier (1).

92. Une loi du 5 septembre 1807 s'occupe du privilége du trésor sur les biens des comptables. Ce privilége frappe les meubles et les immeubles.

En effet, l'article 2 porte ce qui suit :

« Le privilége du trésor public a lieu sur tous » les biens *meubles* des comptables, *même à l'égard*

---

(1) M. Tarrible s'est occupé de cette matière dans un article du Répertoire, qui sera toujours consulté avec fruit (Répert., v° Priviléges). M. Grenier parle aussi des priviléges du trésor (Hypoth., t. 2, n°ˢ 305, 415 et suiv.).

» *des femmes séparées de biens pour les meubles trou-*
» *vés* dans la maison d'habitation du mari, à
» moins qu'elles ne justifient légalement que les-
» dits meubles leur sont échus de leur chef, ou
» que les deniers employés à l'acquisition leur ap-
» partiennent.

» Ce privilége ne s'exerce néanmoins qu'après
» les priviléges généraux et particuliers énoncés
» aux articles 2101 et 2102 du Code civil. »

Voilà pour le privilége sur les meubles. Il est général.

Quant au privilége sur les immeubles, il ne frappe que sur certains d'entre eux. Ce sont 1° les immeubles acquis *à titre onéreux* par les comptables *postérieurement à leur nomination* (1). La raison de ceci est que l'on suppose que ces immeubles ont été acquis des deniers du trésor (2).

2° Les immeubles acquis *au même titre* et *depuis cette nomination* par leurs femmes, même séparées de biens.

La loi considère ici les femmes des comptables comme personnes interposées. Elle a voulu par cette présomption prévenir les fraudes. Cependant elle n'a pas posé une présomption *juris et de jure.* La femme peut prouver que les immeubles ont été acquis de deniers à elle appartenans. Ils sont alors exempts de privilége, d'après le paragraphe final de l'article (3).

Malgré ces précautions, rien n'est plus facile

(1) Conf. à l'édit du roi de 1669, art. 3.
(2) Pothier, Procéd. civile, p. 266.
(3) Voy. la loi dans Dalloz, Hypoth., 69.

que d'éluder la vigilance de la loi; et l'expérience en offre tous les jours la preuve. Comme il n'y a de personne présumée interposée que la femme, les comptables font ordinairement faire leurs acquisitions par leurs proches parens, par leurs fils ou frères; ils échappent ainsi au privilége du trésor. Toutefois, si l'état parvenait à prouver que ces acquisitions sont simulées, et ont été faites des deniers du trésor; il pourrait étendre jusqu'à elles le privilége qui lui est accordé. Ainsi jugé par arrêt de la cour de Limoges, du 22 juin 1808 (1).

Du reste, ce privilége sur les immeubles ne peut préjudicier 1° aux créanciers privilégiés désignés dans l'article 2103 du Code civil, lorsqu'ils se sont mis en règle;

2° Aux créanciers désignés aux articles 2101, 2104, 2105 du Code civil, dans le cas prévu par le dernier de ces articles;

3° Aux créanciers du précédent propriétaire, qui ont sur le bien acquis des hypothèques légales existantes indépendamment de toute inscription, ou toute autre hypothèque valablement inscrite(2).

Le privilége du trésor sur les immeubles acquis à titre onéreux par le comptable depuis sa nomination est soumis à l'inscription. Cette inscription doit être faite dans les deux mois de l'enregistrement de l'acte translatif de propriété (3). Mais si le comptable revendait tout de suite et avant l'ex-

(1) Dalloz, Hypoth., p. 69, n° 8.
(2) Art. 5.
(3) *Ibid.*

piration des deux mois, et qu'il y eût transcription par l'acquéreur, on se réglerait par ce qui sera dit plus bas (1).

Quant aux biens acquis par le comptable à titre non onéreux et aux biens qu'il possédait avant sa nomination, ils sont frappés d'une hypothèque légale dont je parlerai en son temps (2).

92 *bis*. On demande quel serait le sort d'une acquisition que le comptable aurait faite avant sa nomination, mais qu'il n'aurait payée que depuis.

On demande aussi si le privilége du trésor peserait sur un immeuble qu'il aurait acquis et payé dans l'intervalle de sa nomination et de son entrée en fonctions.

Ce dernier cas ne peut faire l'objet du moindre doute. La loi est si formelle, qu'il n'est pas possible de reculer devant son application (3). Vainement dira-t-on que l'acquisition ne peut être présumée faite des deniers de l'état, puisque l'acheteur n'était pas encore en fonctions. L'inflexibilité du texte ferait repousser cette raison d'équité.

L'autre question est plus sérieuse.

L'on peut dire que, tant que l'immeuble n'est pas payé, il n'est pas encore acquis définitivement par l'acheteur. « Venditæ verò res et traditæ non aliter » *emptori adquiruntur* quàm si is venditori pretium » solverit. » *Inst. de rer. divis.*, § 33. L'on peut

_____

(1) Nos 280, 281, 315, 316 et 95 *bis*. M. Grenier, t. 2, p. 265, n° 416.

(2) Art. 6 de la loi du 5 décembre 1807.

(3) M. Persil, Com., art. 2098, n° 9. Dalloz, Hyp., p. 69.

I.   8

ajouter que, le prix n'étant payé que postérieurement à l'entrée en fonctions du comptable, on se
trouve dominé par la présomption qui a fait établir
l'article 4 de la loi du 5 septembre 1807, savoir;
que l'immeuble a été payé des deniers du trésor.

Quelque puissantes que soient ces raisons, je
crois qu'elles doivent céder devant le texte de
l'article 1583 du Code civil, qui porte que la propriété est *acquise* de droit à l'acquéreur, lors même
qu'il n'a pas encore payé le prix. L'immeuble était
donc *acquis* avant la nomination du comptable.

Quant à la présomption de la loi, on peut répondre qu'elle est combattue par cette autre considération, que l'acheteur, ayant traité avant d'ê-
tre nommé comptable et de savoir par conséquent
qu'il deviendrait détenteur des deniers de l'état,
n'a pas dû compter sur ce moyen pour satisfaire
à l'obligation qu'il contractait; d'où il suit qu'on
doit supposer qu'il avait par devers lui des res-
sources suffisantes pour payer le vendeur aux
termes convenus (1).

93. Le trésor public a un privilége sur le fonds
de cautionnement des comptables (2).

On connaît la règle générale posée par l'article
2102, n° 7. Le cautionnement est le gage spécial
et l'assurance du gouvernement pour les deniers
dont il confie le maniement à ses agens. Je reviendrai sur cette matière aux n°s 208 et suivans.

Mais quelle est l'étendue de ce privilége? Le

(1) Dalloz, Hyp., p. 69, n° 7.
(2) Art. 3, loi du 5 septembre 1807.

cautionnement répond-il, par exemple, des amendes? Cette question sera traitée sous l'art. 2102 (1).

Observons, du reste, que la loi n'entend parler
ici que ceux qui sont comptables envers le trésor.
Mais on ne doit pas l'étendre aux cautionnemens
fournis par les agens de change, huissiers, etc.,
lesquels ne sont pas comptables envers le gouvernement. A la vérité, ils sont soumis à l'obligation de fournir un cautionnement. Mais c'est
pour répondre de leurs prévarications envers les
particuliers. Le gouvernement n'a de privilége sur
leur cautionnement qu'autant qu'il se sert comme
personne privée de leur ministère. On verra au
n° 95 *ter* la citation d'un arrêt de la cour de cassation qui a décidé que le trésor, créancier d'un
agent de change pour amendes prononcées par le
tribunal correctionnel, n'avait pas de privilége
sur son cautionnement.

93 *bis*. Le même privilége que l'on vient de voir
exister en faveur du trésor public sur les meubles
et immeubles des comptables et sur leur cautionnement, a été étendu au trésor de la couronne, par
un avis du conseil d'état du 25 février 1808. « On
» a pensé que les dépenses nécessaires pour la re-
» présentation de la souveraineté sont des dépenses
» publiques, toujours à la charge du trésor public,
» soit directement, soit indirectement; que le trésor
» de la couronne n'est qu'une fraction du trésor
» public...; que si l'article 2098 du Code civil ue
» le porte pas textuellement, c'est qu'à l'époque de

(1) Voy. n° 210.

» sa rédaction, la liste civile n'était pas encore
» formée, etc. » Tels sont les principaux motifs de
l'avis précité.

94. Une autre loi du 5 septembre 1807 organise
le privilége du fisc pour recouvrement des frais de
justice criminelle, correctionnelle et de police (1).

Les droits du trésor pour le recouvrement de
ces frais avaient été fixés par la déclaration du 16
août 1707, qui a subsisté jusqu'à la promulgation
des lois qui suppriment les amendes dites *arbi-
traires*, lesquelles tenaient lieu d'indemnité pour
les frais exposés pour la poursuite des délits (2).

Une loi du 18 germinal an 7 voulut que tout
jugement d'un tribunal répressif, portant condamnation à une peine quelconque, prononçât en
même temps au profit du trésor public le remboursement des frais auxquels la poursuite et la
punition des crimes auraient donné lieu, en réservant néanmoins la *préférence aux indemnités accordées à ceux qui auraient souffert un dommage résultant du délit.*

Mais cette prérogative attribuée à la partie civile ne fut pas de longue durée. La loi du 5 plu-
viose an 13 statue en effet qu'en matière correctionnelle, ceux qui se constitueraient *partie civile*
seraient chargés personnellement des frais de poursuite : qu'en matière criminelle les frais de poursuite seraient avancés par le trésor public ; mais
que ceux qui se constitueraient partie civile se-

---

(1) Dalloz, Hyp., p. 69, note 1.
(2) Répert., v° Frais des procès criminels, p. 307.

raient personnellement tenus de rembourser les frais au trésor public, sauf leur recours contre le condamné.

Ainsi non seulement la préférence résultant de la loi du 18 germinal an 7 fut ôtée à la partie civile, mais même on la rendit responsable envers le fisc (1).

Restait à fixer les droits du trésor lorsqu'il se trouve en concours avec d'autres que la partie civile. C'est ce que fait la loi du 5 septembre 1807.

94 *bis*. D'abord l'art. 2 donne au fisc un *privilége général* sur les meubles du condamné. Mais il ne peut s'exercer qu'après les priviléges désignés aux art. 2101 et 2102 du Code civil. De plus, les sommes dues pour la défense personnelle du condamné doivent être préférées. Je ne reviendrai pas sur ce que j'ai dit ci-dessus (2) de la nature du droit érigé ici en faveur de la défense de l'accusé. Je dirai seulement que, d'après l'art. 2 de la loi du 5 septembre 1807, si l'administration des domaines élève des contestations sur les sommes dues pour la défense, ces contestations doivent être réglées, d'après la nature de l'affaire, par le tribunal qui aura prononcé la condamnation.

94 *ter*. Ce n'est pas seulement sur les meubles

(1) Voyez aussi les articles 157, 159, 160 du Tarif du 16 juin 1811 ; et la lettre du grand-juge, dans Dalloz, Hyp., p. 70, note 2. Toutefois, d'après le nouvel article 368 du Code d'instruction criminelle, dans les affaires soumises au jury, la partie civile qui ne succombe pas ne peut jamais être tenue des frais.

(2) N° 36.

que le trésor a privilége pour le recouvrement des frais de justice criminelle. Si les meubles ne suffisent pas, il peut exercer un recours *subsidiaire* (1) *sur tous les immeubles* du condamné; mais il ne l'exerce qu'après les priviléges et droits suivans :

1° Les priviléges désignés dans l'art. 2191 du Code civil, dans le cas prévu par l'art. 205.

2° Les priviléges désignés dans l'art. 2103 du Code civil.

3° Les hypothèques légales existantes, indépendamment de l'inscription, pourvu toutefois qu'elles soient antérieures au *mandat d'arrêt*, dans le cas où il en aurait été décerné; et sinon, au *jugement* de condamnation.

4° Les autres hypothèques, pourvu que les créances aient été inscrites au bureau des hypothèques avant le privilége du trésor, et qu'elles résultent d'actes qui aient une date certaine antérieure auxdits *mandat d'arrêt* ou *jugement de condamnation*.

5° Les sommes dues pour la défense personnelle du condamné, sauf réglement.

« Ce privilége se réduit donc, dit M. Tarrible (2),
» à faire remonter le droit du fisc au jour du man-
» dat d'arrêt, ou au jour de la condamnation s'il
» n'y a pas eu de mandat d'arrêt; et à primer les
» hypothèques dont la cause, ayant date certaine,
» se trouve postérieure à ces deux époques. »

(1) Persil, art. 2104, n° 1. Dalloz, Hyp., p. 70. Malleville, t. 4, p. 255.

(2) Répert., v° Privilége.

Il est soumis à l'inscription. Il suffit, d'après l'art. 3, qu'il soit inscrit *dans les deux mois à partir du jugement*, pour qu'il remonte au jour du mandat d'arrêt; mais, passé ce délai, le privilége s'évanouirait, et serait réduit à la condition de créance hypothécaire, conformément à l'article 2119 du Code civil.

J'ai dit au commencement de ce numéro que le recours du trésor sur les immeubles du condamné n'est que subsidiaire, c'est-à-dire qu'il ne peut être exercé qu'après l'épuisement des meubles, conformément à l'article 2105 du Code civil (1). Cette proposition a néanmoins été contestée avec force devant la cour de Nancy par M. Poirel, avocat-général, portant la parole comme organe du ministère public dans la cause du préfet des Vosges contre le sieur Michel. Voici le résumé de sa plaidoirie :

En combinant les art. 2104 et 2105, on aperçoit au premier coup d'œil que la règle posée dans l'art. 2105 n'est relative qu'aux priviléges de l'article 2101. L'art. 2105 est limitatif, sinon expressément, du moins par la force implicite qui s'attache à sa relation avec l'art. 2104. Comment en douter d'ailleurs lorsque l'art. 2098 dit que le *privilége* du trésor et l'ordre dans lequel il s'exerce sont réglés par des lois particulières? n'est-ce pas dire aussi formellement que possible que le privilége n'est pas réglé par les articles qui suivent l'art. 2098, et que notamment *l'ordre dans lequel*

____
(1) V. *infrà*, n°⁵ 251, 251 *bis*, et 252.

il s'exerce sur les meubles et immeubles ne l'est pas par l'art. 2105.

Si, lors de la publication du titre des *hypothèques et priviléges*, le privilége du trésor eût été trouvé, par la loi nouvelle, frappant à la fois les meubles et les immeubles, on pourrait peut-être dire qu'il a été dans la pensée des rédacteurs de l'art. 2105 de comprendre dans cette disposition, non seulement les priviléges de l'art. 2101, mais encore celui du trésor. Mais il n'en est pas ainsi. « Sous la » loi de brumaire (disait l'orateur du gouverne- » ment en présentant la loi de 1807) *, le trésor n'a- » vait plus de priviléges sur les meubles ;* son droit sur » les immeubles se réduisait à une simple hypo- » thèque sujette à inscription, et qui n'avait d'ef- » fet qu'à la date de cette inscription. » Donc, le législateur n'a pu embrasser dans sa pensée et assimiler aux priviléges de l'art. 2101 un privilége qui n'avait, lors de la publication du Code civil, aucune existence, aucune organisation, dont on ne pouvait prévoir l'étendue et la portée, et savoir par conséquent si, à l'instar de ceux de l'art. 2101, il s'exercerait à la fois sur les meubles et sur les immeubles.

Maintenant que dit la loi de 1807? Applique-t-elle au privilége du trésor l'art. 2105? Rappelle-t-elle cette disposition? Non, en aucune manière. Il y a plus. En examinant l'ensemble de cette loi toute spéciale, on trouve de nouvelles preuves que le législateur de 1807, en créant le privilége du trésor, n'a pas eu l'intention de lui imprimer le même caractère et de lui donner les mêmes effets que ceux des priviléges de l'art. 2101.

Ainsi, par exemple, ces derniers s'exercent sur les meubles et sur les immeubles avant tous autres, notamment les priviléges spéciaux. Il n'en est pas ainsi du privilége de la loi de 1807, qui ne vient qu'après les priviléges énumérés dans les art. 2101 et 2102, et même après les frais de la défense du condamné. Du reste, dans cette loi de 1807, rien qui renvoie pour le privilége qu'elle établit à la disposition de l'art. 2105, rien qui soumette le privilége à la règle de cet article. Il y a plus ! Le législateur a occasion de rappeler la règle de l'article 2105 (art. 4, n° 1). Eh bien ! il n'en parle que comme d'une règle sur une autre matière et pour d'autres cas : *dans les cas prévus par l'art.* 2105.

Que le Code civil n'ait appelé les priviléges de l'art. 2101 que subsidiairement sur les immeubles, on le conçoit. Les créances auxquelles ils sont attachés ne sont en général que des sommes modiques, dont on trouve presque toujours le paiement sur les meubles, de telle sorte que, pour ces créances, l'inconvénient d'une double action à exercer sur les meubles et sur les immeubles, d'une double procédure de distribution et d'ordre, n'est guère à craindre, d'autant plus que, sur les meubles, elles viennent avant tous autres créanciers.

Il en est autrement des créances privilégiées par la loi de 1807. Les sommes sont ici de plus grande importance. Dans beaucoup de cas, les frais de justice ne sont pas couverts par les meubles. Ne leur donner qu'un recours subsidiaire sur

les immeubles, ce sera presque toujours les astreindre à une double procédure.

Ajoutons une considération plus générale. Quiconque s'est obligé personnellement, est tenu de son
engagement sur ses biens mobiliers et immobiliers;
et ces biens sont le gage commun des créanciers
(art. 2092-2093). Il suit de là que chaque créancier a un droit égal sur les meubles et sur les immeubles, et une action qu'il peut à volonté exercer sur les uns ou sur les autres. On voit en effet
par l'art. 2206 que la discussion préalable du mobilier n'est exigée qu'à l'égard et en faveur du mineur. Qu'en créant ou en déclarant les priviléges,
le législateur ait pu les soumettre à quelques règles exceptionnelles, on le conçoit; mais encore
faut-il qu'il l'ait fait, sinon le droit commun conservera son empire. Or, ici, le législateur n'a pas
dit que le privilége du trésor serait soumis à la
discussion préalable du mobilier.

Une circonstance frappante vient à l'appui de ce
raisonnement. L'art. 2105 a été emprunté à l'article 11 de la loi de brumaire an VII, qui, dans sa
teneur, comprenait toute la matière des art. 2101,
2014 et 2015 du Code. Or, en jetant les yeux sur
cet article, on verra qu'il représente comme s'é-
tendant sur les immeubles quatre priviléges, au
nombre desquels celui du trésor pour l'année
échue et la courante de la contribution foncière, et
qu'ensuite il les déclare assujettis à la discussion
préalable du mobilier, sauf précisément celui du
trésor, qui par là même s'en trouve affranchi.
N'est-ce pas là une raison de comprendre plus faci-

lement que la nécessité de la discussion préalable du mobilier imposée à certains priviléges, ne l'est pas à ceux conférés au trésor par les lois de 1807?

Ainsi raisonnait M. l'avocat général. On voit tout ce que ce système avait de séduisant. Néanmoins, la cour royale le repoussa tout d'une voix par un arrêt inédit du 12 juillet 1834. Je donnerais ici les considérans de cette décision s'ils contenaient une réponse aux raisons du ministère public; mais comme ils se bornent à l'adoption des motifs des premiers juges, qui n'avaient prévu aucune de ces objections, je crois inutile de les retracer.

Pour moi, je persiste dans ma première opinion, non pas par une obstination puérile, car je serai toujours prêt à reconnaître mes erreurs, mais parce qu'il me semble que la vérité se trouve tout entière du côté du système attaqué par M. l'avocat général, et défendu par la cour royale.

Lors de la première rédaction de l'art. 2104, on avait énuméré, parmi les priviléges généraux, le privilége du trésor sur les meubles et immeubles des comptables, ainsi que celui de la régie des domaines relativement aux droits dus pour les ouvertures de succession (1). Néanmoins, l'article 2105 s'appliquant à ces priviléges comme à tous les autres priviléges généraux, décidait, comme il le fait encore aujourd'hui, que l'action sur les immeubles était subordonnée à l'épuisement du mobilier. Si la rédaction de l'art. 2104 eût été maintenue, on aperçoit sans peine que le fisc se-

(1) Fenet, t. 15, p. 330.

rait mal reçu aujourd'hui à vouloir se placer dans une position exceptionnelle. Mais lors de la rédaction définitive de l'art. 2104, on supprima ce qui concernait les priviléges du trésor. Fut-ce pour soustraire ces priviléges à l'influence de l'article 2105? Non sans doute ; c'est parce que le conseil d'état résolut en principe de renvoyer à des lois spéciales l'organisation des priviléges fiscaux, si souvent empreints d'anomalies. Ainsi, on doit bien se pénétrer de cette idée, que les changemens subis par l'art. 2104 sont tout-à-fait étrangers à la volonté de donner au trésor plus de latitude sur les immeubles que n'en ont les priviléges généraux créés en faveur des particuliers. Disons même que la pensée primitive qui avait présidé au projet de l'art. 2104 est un trait de lumière qui reste pour éclairer ce qui s'est fait ultérieurement.

En effet, c'est le même conseil d'état dont on vient de voir le système si nettement exprimé, qui rédigea la loi du 5 septembre 1807. Y a-t-il quelque raison de croire qu'il ait songé à le modifier en formulant la loi nouvelle? Je le pense d'autant moins, que cette loi traite le privilége du fisc avec beaucoup plus de faveur que les priviléges généraux accordés à des particuliers, et qu'il eût dès-lors été bien peu logique de détruire, à son profit, la subordination d'actions à laquelle les priviléges de l'art. 2101 doivent se soumettre. La loi du 5 septembre 1807 me paraît donc se lier à l'art. 2105, de même que, dans l'origine, l'art. 2104, comprenant les priviléges du trésor, était dominé par cet article 2105. Cette loi, faite en exécution d'une

disposition du Code civil (l'art. 2098), doit nécessairement s'interpréter dans les cas qu'elle n'a
pas prévus par ce même Code, qui est la loi des
lois, et qui forme le droit commun.

L'argument qu'on tire des articles 2092 et 2093,
combinés avec l'art. 2206, ne me paraît pas con-
cluant. Ces articles ne disposent que pour les cas
où il n'y a pas de cause de préférence entre les
créanciers. Mais lorsqu'il y a un privilége qui assure à un créancier une condition particulière,
et que le privilége s'étend sur les meubles et sur
les immeubles, le droit commun n'est pas dans
les art. 2092, 2093 et 2206. C'est dans l'art. 2105
qu'il est écrit, article conforme à cette idée si naturelle et si humaine, savoir, que les immeubles
sont plus précieux que les meubles, et qu'on ne
doit les arracher au propriétaire, que lorsque le
créancier, déjà si favorisé par l'attribution d'un
privilége, n'a pu se faire payer sur les meubles
qui lui sont affectés. L'ancienne jurisprudence
avait voulu qu'on tînt compte au débiteur de cette
légitime préférence pour son patrimoine immobilier. C'est pourquoi il était de règle que les priviléges généraux ne devaient s'exercer sur les immeubles qu'à défaut du mobilier (1). L'art. 2105
n'est donc pas une création arbitraire, une innovation du législateur; il est l'expression du droit
commun; d'une jurisprudence que le Code n'a
pas faite, mais qu'il a trouvée toute créée. Voilà
pourquoi le conseil d'état l'appliquait sans distinction dans son plan originaire aux priviléges

(1) Pothier, *Procéd. civile*, p. 265, édit. Dupin.

du fisc. Voilà pourquoi il n'a pas été nécessaire de la rappeler expressément dans la loi de 1807; car elle est la condition immuable de tout privilége général tel qu'on l'a toujours conçu en France.

Je ne suis nullement frappé de l'objection prise dans l'art. 11 de la loi de brumaire an 7. Si cet article n'englobe pas le privilége du trésor avec ceux qui ne doivent s'exercer sur les immeubles que subsidiairement, c'est que, d'après la loi alors en vigueur, le privilége pour contribution foncière (le seul dont la loi de l'an VII fasse mention), ne s'exerçait que sur les immeubles et nullement sur les meubles (1). Ainsi donc il est impossible de trouver, soit dans les précédens, soit dans les motifs du Code civil et de la loi de 1807, une dérogation à une règle aussi ancienne que la jurisprudence française; je ne crois pas d'ailleurs que les priviléges fiscaux soient placés assez haut dans la hiérarchie des priviléges pour qu'on doive leur accorder une faveur exceptionnelle que n'ont pas d'autres priviléges beaucoup plus sacrés par leur cause et beaucoup mieux traités par le législateur.

95. Si des aliénations avaient été faites depuis le mandat d'arrêt et avant le paiement, le privilége du trésor le suivrait infailliblement. Quoiqu'on puisse induire quelque chose de contraire à cette doctrine d'une lettre du ministre de la justice, du 9 août 1803 (2), notre opinion n'en est pas moins

(1) *Infrà*, nᵒ 96.
(2) Dalloz la donne, vᵒ Hypoth., p. 70, note 1; et Sirey, 8, 2, 270.

la seule juridique, puisque le privilége a pour objet de s'attacher à l'immeuble et de suivre ses mutations. C'est aussi l'avis de M. Persil (1).

Mais la thèse changerait si l'acquéreur avait fait transcrire plus de quinze jours avant le jugement de condamnation (2). En effet, le trésor ne pouvant prendre inscription qu'en vertu du jugement de condamnation (3), et ce jugement n'étant pas encore rendu à l'époque à laquelle l'acquéreur fait la transcription, il sera impossible à l'état de remplir les conditions voulues par l'art. 834 du Code de procédure civile. Il laissera donc écouler le délai de quinze jours de la transcription sans s'inscrire, et dès-lors l'immeuble passera à l'acquéreur dégagé du privilége du trésor. Telle est la décision du grand-juge dans la lettre que j'ai citée (4). Elle est tout-à-fait légitime.

95 *bis*. Mais du moins le trésor conserverait-il un droit sur le prix, s'il prenait inscription dans les deux mois à compter du jugement?

L'art. 834 du Code de procédure civile résout cette question affirmativement à l'égard du co-partageant, qui, comme on le verra plus tard (5), n'est forcé de prendre inscription que dans les soixante jours à compter du partage. Si l'immeuble soumis à son privilége est vendu de telle sorte que l'acquéreur fasse transcrire, et si le co-partageant

(1) Com., art. 2098, n° 22. Dalloz, Hyp., p. 70, n° 11.
(2) Art. 834 du Code de procédure civile.
(3) Lettre précitée du grand-juge.
(4) Dalloz, p. 70.
(5) *Infrà*, n° 315.

laisse passer les quinze jours de la transcription sans prendre inscription, ce dernier est sans doute privé du droit de surenchérir. L'immeuble est purgé, et il n'a plus le droit de suite. Mais il conserve toujours un droit sur le prix, pourvu qu'il se fasse inscrire dans les soixante jours (1).

Doit-on appliquer la même décision au trésor, qui a pour s'inscrire deux mois à compter du jugement?

Ce qui fait difficulté, c'est que l'art. 834 du Code de procédure civile, en réservant le droit du co-partageant et du vendeur sur le prix, ne parle pas du trésor. D'où il suit qu'on pourrait appliquer la maxime : *Inclusio unius est exclusio alterius.*

Néanmoins il me semble qu'il y a parité de raison pour appliquer au trésor la réserve expressément faite par l'art. 834 au profit du co-partageant et du vendeur. L'art. 834 et l'art. 835 n'ont eu pour but que de modifier le droit de suite, ou, ce qui est la même chose, le droit de surenchérir. Mais leur intention n'a pas été de changer les principes sur le droit de préférence à l'égard du prix. M. Tarrible, orateur du tribunat, en faisait l'observation, ainsi qu'on le verra plus bas (2).

95 *ter.* Une autre lettre du ministre de la justice, du 19 mars 1808, a décidé que le privilége du trésor ne s'étend pas aux amendes. Ce n'est en effet que pour les frais exposés que le privilége a été créé. Cette règle est consacrée par plusieurs

_____

(1) *Infrà*, nos 316 et 317.
(2) No 317.

lois romaines très-graves (1) qui portent que le fisc n'a pas de privilége pour la répétition des peines, et que son privilége n'a lieu que pour répéter ce qu'il a déboursé (*rem suam*). Aussi voit-on dans l'art. 2202 du Code civil, que les dommages et intérêts des parties doivent être payés avant l'amende. Ce principe a été suivi en France de tout temps. Basnage rapporte un arrêt du parlement de Paris du 2 mars 1667 (2), qui l'a fait triompher contre les exigences du fisc; et un arrêt de la cour de cassation du 7 mai 1816 a décidé que les créanciers d'un agent de change avaient privilége sur son cautionnement, au préjudice du fisc, qui prétendait recouvrer sur ce cautionnement le montant d'amendes auxquelles l'agent de change avait été condamné (3).

96. Le dernier privilége fiscal organisé par des lois spéciales postérieurement à la promulgation du Code civil, est celui du trésor public pour le recouvrement des contributions directes.

La loi du 11 brumaire an 7 (art. 11, n° 2) accordait au fisc un privilége sur les immeubles pour une année échue et l'année courante de la *contribution foncière*. Ce privilége était même dispensé de l'inscription.

On avait proposé de répéter la même disposition dans le Code civil (4). Mais le conseil d'état adopta

(1) L. 17 et 37, D. *De jure fisc.*, L. 1, C. *Pœnis fisc. cred.* Pand. de Pothier, t. 3, p. 566, n° 37. *Infrà*, n° 210.

(2) Hyp., ch. 13, p. 35, col. 1, *in fine*.

(3) Sirey, 17, 1, 55. Dalloz, Hyp., p. 85, note 1.

(4) Conf. du Code civil, t. 7, p. 149.

1.

9

le parti de ne s'occuper que des causes de préférence qui regardent les particuliers, sauf à déclarer que les priviléges, à raison des droits du fisc,
sont réglés par les lois qui les concernent.

La loi du 12 novembre 1808 est venue faire ce
que le Code civil lui avait laissé le soin d'accom-
plir (1).

L'article 1 sépare en deux classes les contributions directes : la première classe comprend la
contribution foncière; la seconde, les contributions
mobilières, des portes et fenêtres, des patentes.

§. Ce même article donne au trésor un privilége
sur les *fruits, récoltes, loyers et revenus* des immeubles
sujets à contribution; et cela pour la contribution
de l'année échue et de l'année courante.

Il suit de là que la contribution foncière n'a
plus de privilége sur l'immeuble, comme le voulait la loi du 11 brumaire an 7, mais que son privilége est restreint aux fruits de cet immeuble.
M. Jaubert, conseiller d'état, énonça très-explici-
tement; dans l'exposé des motifs, « qu'un des
» points fondamentaux de la loi du 12 novem-
» bre 1808 était que le privilége ne s'étendait pas
» sur les immeubles. »

Comme le disait M. de Montesquiou, président
de la commission des finances du corps-législatif,
« les biens que nous possédons n'appartiennent
» pas à l'état; nous ne lui devons qu'une portion
» de leur revenu pour nous assurer la jouissance
» du reste... Ainsi le trésor ne pouvant prétendre

(1) M. Dalloz donne cette loi, v° Hyp., p. 68, col. 1, note 1.

»pour la contribution foncière qu'à une portion
» des fruits de la terre, il ne doit exercer ce pri-
» vilége que sur ces mêmes fruits (1). »

Du reste, le privilége accordé au fisc sur les
fruits et loyers est *absolu*, en ce sens qu'il s'exerce
avant tous autres, même les frais funéraires et de
dernière maladie! On peut appliquer ici ce que
j'ai dit plus haut sur cette préférence. Je la crois
injuste par son exagération (2).

§. Le privilége créé par l'art. 1 de la même loi
du 12 novembre 1808, pour le recouvrement de
l'année échue et de l'année courante des contributions mobilières, des portes et fenêtres, et des
patentes, est plus étendu que celui de la contribution foncière. Il s'exerce sur tous les meubles quelconques appartenans aux redevables, *en quelque*
lieu qu'ils se trouvent. Du reste, il passe avant *tout*
autre, conformément à l'art. 1 (3).

Ce privilége, tout exorbitant qu'il est, a été
étendu aux droits du fisc pour recouvrement des
droits de timbre et des amendes de contravention
y relatives, par l'art. 76 de la loi du 28 avril 1816 (4).

D'après l'art. 4 de la loi du 29 novembre 1808,
lorsque, dans le cas de saisie de meubles et autres
effets mobiliers pour le paiement des contributions
(ce qui s'applique aussi aux droits de timbre), il
s'élève une demande en revendication de tout ou
partie desdits meubles ou effets, elle ne peut être

(1) Répert., vº Privilége, p. 17.
(2) *Supra*, nᵒˢ 33 et 63.
(3) *Ibid.*
(4) Voyez cette loi dans Dalloz, Enregistrement, p. 510.

portée devant les tribunaux ordinaires qu'après avoir été soumise par l'une des parties intéressées à l'autorité administrative, aux termes de la loi du 5 novembre 1790.

97. Il convient de voir maintenant ce qui concerne les priviléges fiscaux existans avant le Code, et qu'il a laissés subsister.

Lors de la discussion du Code civil, le projet avait été d'assigner un privilége sur les meubles et les immeubles des successions, pour droits dus à raison de leur ouverture, à la régie de l'enregistrement. Cette disposition se trouvait inscrite dans la première rédaction de l'art. 2105; mais on la supprima, dans la vue de réunir tous les droits du trésor public sous une disposition générale (1).

Cependant cet objet n'a pas été rempli; de sorte que le fisc n'a, pour le recouvrement des droits de mutation par décès, qu'un privilége sur les revenus des biens à déclarer, tel qu'il était accordé par l'art. 32 de la loi du 22 frimaire an 7, qui n'a reçu aucun changement sur ce point.

Comme le mot privilége n'est pas prononcé par l'art. 32 de la loi du 22 frimaire an 7, on a soutenu que l'action qu'il donne sur les revenus des biens à déclarer ne constitue qu'un simple droit, et pas un privilége sur tous les créanciers (2). Mais ce système n'a pas été admis par la cour de cassation. En effet, l'art. 32 doit être rapproché

_____

(1) M. Tarrible, Répert., v° Privilége, p. 15, col. 1.

(2) M. Dalloz embrasse cette opinion. Voy. Enregistrement, p. 358, n° 29.

de l'art. 15. Cet article 14 établit le droit de la régie sur la valeur des biens *sans distraction des charges*, et par conséquent *sans égard pour ces charges*. Il suit de là que la loi fait de l'action que l'art. 32 accorde sur le revenu des biens à déclarer, en quelques mains qu'ils se trouvent, une action essentiellement privilégiée, et dont la préférence se conserve même indépendamment de toute inscription hypothécaire, ainsi que l'a décidé le grand-juge par une lettre du 3 nivose an 12. L'arrêt qui juge que l'action de la régie est privilégiée, est du 9 vendémiaire an 14. Il est rapporté par M. Merlin (1). La cour de Limoges en a rendu un semblable le 18 juin 1808 (2).

Mais comme en matière de privilége tout doit être de droit strict, je ferai remarquer que la loi ne donne d'action privilégiée à la régie que sur *les revenus*, et que par conséquent cette action ne s'étend pas au *prix de l'amende*.

C'est ce qui explique pourquoi la cour de cassation (3) a décidé, le 6 mai 1816, que la régie ne pouvait exercer *sur le prix d'un immeuble sujet à droit de mutation* aucune action au préjudice des créanciers hypothécaires inscrits avant le décès.

Mais s'il s'agissait d'un recours sur les *revenus*, je pense qu'alors la régie primerait les créanciers

---

(1) Répert., v° Enregistrement (Droit d'), n° 39, et Dalloz, Enregistrement, p. 374. MM. Grenier, Hyp., t. 2, n° 418; Favard, Privilége, s. 2, § 2; Persil, Com., art. 2098, n° 24; et Quest., ch. 1, § 4, sont de l'avis de cet arrêt.

(2) Dalloz, Hyp., p. 71, note 1. Sirey, 9, 2, 157.

(3) Sirey, 16, 1, 424. Dalloz, Hyp., p. 71.

hypothécaires du défunt; et que l'art. 2098, portant que le trésor public ne peut obtenir de privilége au préjudice de droits antérieurement acquis à des tiers, ne s'applique pas au droit de mutation par décès, réglé par une loi qui a précédé
le Code civil, et à laquelle il n'a pas été dérogé.

- §. Il semble résulter des dispositions de l'art. 32
de la loi du 22 frimaire an 7, *qui accorde un droit
de suite sur les revenus de l'immeuble héréditaire,
en quelques mains qu'il ait passé*, que le tiers acquéreur est sujet à l'action de l'administration de
l'enregistrement pour les droits de mutation par
décès dus par les biens.

C'est aussi ce qu'a jugé la cour de cassation par
arrêt du 29 août 1807 (1) et du 3 janvier 1809 (2).

Mais un avis du conseil d'état du 4 septembre
1810, approuvé par le chef du gouvernement le
21 du même mois (3), a décidé que dans tous les
cas quelconques le tiers acquéreur est à l'abri de
toute recherche. Cet avis est fondé sur ce que
l'art. 32 de la loi du 22 frimaire an 7 ne concerne
que les *héritiers donataires ou légataires*, et nullement les tiers acquéreurs; que c'est des premiers
qu'on a entendu parler par les expressions, *en
quelques mains qu'ils passent.*

On peut voir au Bulletin civil de la cour de

(1) Dalloz, Enregist., p. 375, 376.
(2) Idem, p. 376.
(3) Idem, p. 357, note 2.

cassation (1), un arrêt du 8 mars 1811, qui juge conformément à cette décision (2).

98. La régie des douanes a un privilége sur les meubles et effets mobiliers des redevables de droits fiscaux, conformément aux lois des 22 août 1791, tit. 13, art. 22, et 4 germinal an 11, tit. 6, art. 4.

On avait prétendu que ce privilége avait été aboli. Mais j'ai cité ci-dessus (3) les arrêts et les lois qui ont condamné cette opinion.

99. Les contributions indirectes tiennent aussi un privilége sur les meubles des redevables, des dispositions de l'art. 47 de la loi du 1er germinal an 13, qui est ainsi conçu :

« La régie aura privilége *à tous créanciers* sur » les meubles et effets mobiliers des redevables, à » l'exception des frais de justice, de ce qui est dû » pour six mois de loyer seulement, et sauf aussi la » revendication formée par les propriétaires de mar- » chandises en nature qui seront encore sous balle » et sous corde (4). »

Ici je ne puis m'empêcher de parler d'un arrêt de la cour de cassation du 27 février 1833, qui décide (5) que la disposition de la loi précitée par laquelle le privilége du propriétaire se trouve limité à six mois, a été abrogée par l'art. 2102 du

---

(1) Répert., Enregist. (Droit d'), no 40.

(2) M. Grenier, t. 2, n₀ 418; et M. Persil, Quest. sur les priviléges, paraissent avoir ignoré ce changement dans la législation et la jurisprudence.

(3) No 34.

(4) Voy. *suprà* ce que j'ai dit de ce privilége, no 34 *bis*.

(5) D., 33, 1,136.

Code civil, par l'art. 662 du Code de procédure civile et par l'art. 2 de la loi du 5 septembre 1807, qui porte que le privilége du trésor sur les biens *des comptables* ne passe qu'après les priviléges généraux énoncés aux art. 2101 et 2102 (1). Mais si je rappelle cet arrêt, c'est pour le signaler comme une violation flagrante de la loi du 1ᵉʳ germinal an 13 (2). D'abord, il est trop clair que cette loi est toute spéciale, et que les art. 2102 du Code civil et 662 du Code de procédure civile sont des dispositions générales qui se combinent avec elle, loin de l'abroger. Ensuite, n'est-il pas singulier que la Cour suprême modifie un privilége établi sur les meubles d'un *redevable* avec une loi, celle de 1807, qui ne fait qu'organiser le privilége du trésor sur les biens des *comptables* (3)?

99 *bis*. Voilà ce que j'avais à dire sur la matière aride des priviléges dont le trésor public est investi.

Quant à leur ordre et à leur rang, soit entre eux, soit avec les autres priviléges résultant du

(1) *Suprà*, n° 92.

(2) Depuis la dernière édition de notre ouvrage, la cour de cassation est revenue aux vrais principes, par arrêt du 11 mars 1835 (Dalloz, 1835, 1, 197. Sirey, 35, 1, 270, arrêt du 28 août 1837. Dalloz, 1837, 1, 460).

Il est même à ma connaissance personnelle que tous les membres de la section des requêtes sont unanimes aujourd'hui pour reconnaître que l'arrêt du 27 février 1833 leur a été surpris par un malentendu et une fâcheuse erreur. Je profiterai de cet exemple pour rappeler à ceux qui ajoutent une si grande importance à l'autorité des arrêts qu'il ne faut jamais renoncer aux droits de la critique.

(3) V. *suprà*, n° 93, et le sens du mot *comptable*.

Code civil, je m'en suis suffisamment expliqué en commentant l'art. 1096 (1).

ARTICLE 2099.

Les priviléges peuvent être sur les meubles et sur les immeubles.

SOMMAIRE.

---

(1) Voy. nos 33, 34, 34 *bis*, 35, 37, 38, 39, 53, 72, 77.

118. En cas de perte de la chose privilégiée, le privilége existe-t-il sur l'indemnité pécuniaire donnée par les compagnies d'assurances? Renvoi.

118 *bis*. Tout ce qui a été dit sur les mutations et transformations n'a d'intérêt que pour les priviléges spéciaux, et est sans application pour les priviléges généraux.

COMMENTAIRE.

100. On a vu par les détails auxquels je me suis livré dans les numéros précédens, que les priviléges peuvent porter sur les meubles ou sur les immeubles, et que certaines créances ont même privilége sur les meubles et sur les immeubles. C'est ici une différence remarquable entre le privilége et l'hypothèque; car l'hypothèque ne peut s'asseoir que sur les immeubles exclusivement, ainsi que j'aurai occasion de le dire sous l'art. 2118.

101. Mais, si le privilége peut être sur les meubles et les immeubles, il ne faut pas croire que le droit qu'il donne sur les meubles soit aussi étendu que celui qu'il donne sur les immeubles.

Lorsqu'un privilége frappe sur les immeubles, il affecte réellement cet immeuble, et il le suit en quelques mains qu'il passe (1), parce que c'est un caractère propre aux immeubles, qu'ils restent toujours grevés des charges qui leur sont imposées, soit expressément, soit tacitement; sans quoi les aliénations nuiraient au créancier, dont cet immeuble est la garantie.

(1) L. 15. *Debitorem* C. *De pignoribus.*

Mais lorsque le privilége porte sur un meuble, bien qu'il affecte ce meuble, néanmoins il ne donne pas droit de suite contre lui; car cette affectation ne peut avoir d'étendue que celle qui est incompatible avec la nature d'un effet mobilier. Or, un meuble n'a pas une *subsistance permanente et stable*, comme le dit Loyseau (1), pour qu'on y puisse asseoir un droit fixe de poursuite. La seule manière d'y conserver ses droits (autres que ceux de propriétaire), c'est de l'occuper. Aussi est-ce une vieille maxime du droit français, *que les meubles n'ont pas de suite*, c'est-à-dire qu'on ne peut les poursuivre entre les mains d'un créancier postérieur ou d'un tiers acquéreur.

Il suit de là que le privilége ne peut être exercé sur *un meuble* qu'autant que le débiteur l'occupe par la possession (2). S'il l'aliène, le privilége est considéré comme n'existant plus (3).

102. J'ai eu l'occasion de rappeler cette vérité en commentant l'art. 2096 (4); mais il ne faut pas la séparer de cette autre règle que j'ai aussi mentionnée (5), savoir: que la possession d'un meuble peut être conservée par le moyen d'un mandataire à qui on le confie, et que ce n'est pas seulement dans le cas d'une possession matérielle que le privilége existe, mais encore dans le cas où le débi-

---

(1) Offices, liv. 3, ch. 5, n° 23.
(2) Exception, *infrà*, n° 161 et suiv.
(3) Arrêt de Nîmes du 9 juillet 1832 (Dall., 34, 2, 49).
(4) N° 4, *suprà*.
(5) *Suprà*, n°ˢ 44, 49.

teur conserve la possession vulgairement appelée civile (1).

103. Les principes du Code sur la distinction des biens servent à éclaircir les difficultés qui peuvent se présenter, pour savoir si telle ou telle chose peut être qualifiée *meuble* ou *immeuble*, et par conséquent si elle est susceptible d'être affectée à un privilége sur les meubles, ou bien à un privilége sur les immeubles. Nous y renvoyons.

104. Les priviléges généraux sur les meubles comprennent, ainsi que je l'ai dit, tout ce qui est meuble naturellement, ou par la détermination de la loi. Toutes rentes quelconques, *foncières* ou *constituées à prix d'argent*, étant déclarées meubles par l'art. 529 du Code civil, ne peuvent être grevées que du privilége sur les meubles; mais ce privilége ne porte pas sur les meubles considérés comme *immeubles* par destination de la loi.

Il suit de là qu'un privilége général sur les meubles ne peut être exercé sur les choses dont l'énumération suit, lorsque ces choses ont été placées par le propriétaire pour le service et l'exploitation d'un fonds; savoir (2) :

Les animaux attachés à la culture,

Les ustensiles aratoires,

Les semences données aux fermiers et aux colons partiaires,

Les pigeons des colombiers,

(1) V. mon commentaire *de la Prescription* (n° 239) sur cette dénomination.

(2) A l'égard de l'exercice des priviléges spéciaux sur les meubles rendus immeubles par destination, v. n° 113.

Les lapins des garennes,

Les ruches à miel,

Les poissons des étangs,

Les pressoirs, chaudières, alambics, cuves et tonnes,

Les ustensiles nécessaires à l'exploitation des forges, papeteries et autres usines,

Les pailles et engrais.

Car tous ces objets sont réputés immeubles par destination.

Il en est de même de tous les effets mobiliers, que le propriétaire a attachés au fonds à perpétuelle demeure (art. 624 du Code civil).

Ainsi le privilége des frais de justice, des frais funéraires, des gages des serviteurs et autres mentionnés dans l'art. 2101, ne pourront pas s'étendre à tous ces objets.

105. Mais remarquez que rien n'empêche que le locateur n'exerce son privilége (1) spécial sur les *ustensiles aratoires* et autres objets divers qui garnissent sa ferme et appartiennent au bailliste. On ne peut pas dire dans ce cas que les ustensiles aratoires sont *immeubles par destination ;* car ils ont été apportés par *le fermier* et non par *le propriétaire du fonds,* ainsi que le veut l'art. 524 du Code civil.

Il en est de même dans le cas d'un vendeur d'ustensiles aratoires non payés qui réclame contre le fermier, d'après l'art. 2102, n° 1, du Code civil (2).

---

(1) Art. 2102, n° 1 du Code civil ; et 593 du Code de procédure civile.

(2) Art. 593 du Code de procédure civile.

106. On demande si les priviléges généraux sur les meubles frappent sur l'argent comptant, les pierreries, les livres, les médailles, chevaux, équipages, linge de corps, vins, denrées, etc.

La raison de douter vient de ce que l'art. 533 du Code civil porte que, lorsque le mot *meuble* est employé seul dans *les dispositions de la loi,* ou de l'homme, sans autre addition ni désignation, il ne comprend pas les objets que je viens de passer en revue.

Mais la raison de décider est que le privilége étant général comprend *tous les meubles* quelconques (1); et que le mot meuble ne se présente pas isolément, et qu'il s'y trouve l'addition nécessaire pour que l'art. 533 ne soit pas applicable.

106 *bis.* On a été plus loin, et l'on a soutenu que, bien que la loi donnât au vendeur d'effets mobiliers non payés un privilége spécial sur les *meubles,* on ne devait pas l'étendre au vendeur d'un droit *incorporel*, d'une créance par exemple, ou d'un fonds de commerce, parce que le privilége ne peut porter que sur quelque chose de *corporel.*

Nous traiterons cette question en parlant du privilége du vendeur; elle se rattache à l'interprétation des mots *effets mobiliers*, qui se lisent dans l'art. 2102.

107. Les priviléges sur les immeubles frappent sur les meubles que la loi a rendus *immeubles* par destination; ainsi le vendeur d'un immeuble a privilége sur les animaux qui sont attachés au domaine pour l'exploitation du fonds.

(1) M. Pigeau, t. 2, p. 183.

108. Mais peut-on dire que le privilége sur les immeubles peut s'asseoir sur l'usufruit, sur les servitudes ou services fonciers, sur les actions qui tendent à revendiquer un immeuble, toutes choses que l'art. 526 met dans la classe des immeubles, par l'objet auquel elles s'appliquent?

§. A l'égard de l'usufruit, je n'hésite pas à croire qu'il peut être grevé d'un privilége. Ainsi, celui qui a vendu un droit d'usufruit, pourra recourir par privilége sur cet usufruit pour se faire rembourser du prix non payé; car l'usufruit est un droit qui subsiste par lui-même, et l'art. 2204 du Code civil déclare qu'il peut être poursuivi par la voie de l'expropriation forcée (1).

§. Pour les servitudes, il est difficile de concevoir comment elles pourraient faire l'objet d'un privilége. En effet, le privilége ne peut être efficace qu'autant que par le droit de suite il saisit la chose grevée, et se fait colloquer par préférence sur le prix. Mais quel serait le but de la saisie d'une servitude? quelle est la valeur de cette servitude séparée du fonds? Peut-on imaginer raisonnablement qu'une servitude puisse être détachée de l'immeuble dont elle fait l'utilité, et mise à prix par voie d'expropriation, sans ce même immeuble? Il suit donc de là qu'une servitude ne peut être soumise à l'expropriation forcée; et c'est ce qui résulte de l'art. 2104 du Code civil, qui, en énumérant les choses dont on peut poursuivre l'ex-

(1) Je reviens sur cette question avec quelques développemens nouveaux, *infrà*, n° 400.

propriation, garde le silence sur les servitudes (1).

§. S'il s'agissait d'un droit d'usage, de pâturage
et autres semblables, je pense qu'ils ne seraient
pas susceptibles de priviléges; car, quoiqu'ils aient
une valeur réelle, indépendante du fonds sur lequel ils s'exercent, comme ils ne peuvent être
aliénés, ils résistent à la possibilité d'une saisie
immobilière (2).

§. Voyons ce qui regarde les actions tendant à la
revendication d'un immeuble. De ce nombre sont
l'action en rescision pour lésion, l'action en réméré, l'action en nullité d'une vente.

Ces choses ne sont pas susceptibles d'hypothèque, ainsi que je le montrerai sous l'art. 2118. On
doit donc décider aussi qu'elles ne sont pas susceptibles de privilége; car le privilége n'est en
d'autres termes qu'une hypothèque privilégiée.

On verra par l'art. 2113, que toute créance dont
on a laissé perdre le privilége se résout en une
hypothèque. Comment cette conversion pourrait-
elle s'opérer, si l'objet grevé ne pouvait recevoir
d'hypothèque?

Ainsi Pierre, qui s'est réservé un droit de réméré, le vend à Jacques. Celui-ci tombe en faillite
avant d'avoir payé le prix de la vente. Pierre n'aura
sur l'action aucun recours pour son prix; je dirai
même que ce recours n'est nullement nécessaire,

(1) MM. Grenier, t. 1, n° 151, p. 316; Persil, Quest. t. 1,
p. 4. Je traite la question plus à fond, *infrà*, n°° 401 et 402.
(2) *Infrà*, n° 403.

I.

par la raison que Pierre pourra exercer sur l'immeuble le droit de réméré (1).

109. Les immeubles, et particulièrement les
meubles, sont sujets à des transformations qui
peuvent avoir une grande influence sur l'assiette
du privilége. Voyons ce qui concerne les meubles.

En jetant les yeux sur le droit romain, on remarque à ce sujet des principes qui, au premier
coup d'œil, paraissent contradictoires.

La loi 16, § 2, D. *De pignoribus et hypoth.*,
porte : « Si res hypothecæ data, posteà mutata
» fuerit, æquè hypothecaria actio competit. »

D'un autre côté, la loi 18, § 3 D. *De pignorat.
act.*, décide que le vaisseau n'est pas soumis à
l'hypothèque existant sur le bois qui a servi à le
construire (2).

Mais, avec un peu d'attention, il n'est pas difficile de concilier ces deux lois.

La première parle d'une mutation de la chose
qui n'empêche pas cette chose de subsister *dans
son espèce.* Elle donne en effet pour exemple le cas
où un site a été donné à hypothèque, et où l'on
y bâtit une maison. Le maison n'est qu'un accessoire de l'emplacement, conformément aux principes sur le droit d'accession. L'emplacement est
donc resté ce qu'il était auparavant quant à son
espèce. Il n'y a pas eu de véritable transformation.

Au contraire, les arbres qui ont servi de maté-

---

(1) Voy. l'art. 2118. On y trouvera de nouveaux détails applicables aux priviléges.

(2) Pothier, Pand., t. 1, p. 582, n°ˢ 12 et 13.

riaux pour la construction du navire ont éprouvé une mutation qui a produit une nouvelle espèce et qui a atteint l'ancienne.

C'est pourquoi Cujas, afin de concilier ces deux lois, dit qu'il faut distinguer les *genres de mutations*. La mutation qui engendre une nouvelle espèce et éteint celle sur laquelle le gage est assis, fait cesser l'hypothèque : « Mutatio quæ parit novam speciem, et priorem perimit, quæ pignori nexa erat, procul dubio pignus perimit. » Cela a lieu lorsque d'un pin on fait un vaisseau ou un coffre. « Et hæc mutatio fit cùm ex materiâ, ex » cupresso vel pinu, fit navis vel arca. L. *Sed si* » *ex meis*, D. *De acq. rer. dom.* » C'est aussi ce qui arrive lorsque de la laine on fait un vêtement, ou si d'un marbre on fait une statue. Cette mutation détruit la première espèce et en fait une nouvelle. « Idem si ex lanâ pignorata fiat vestimentum, idem » si ex marmore pignorato fiat statua. Hæc muta-» tio perimit priorem speciem, et parit novam. »

Mais si le changement ne fait qu'augmenter la chose, comme si on plante une vigne sur un sol précédemment en friche, si on bâtit une maison sur un emplacement vide, ce changement ne porte aucune atteinte au gage, parce que, ni la chose mise en gage ni sa portion la plus importante ne périssent. Il en est de même du changement qui ne fait que diminuer la chose. « Mutatio verò (con-» tinue Cujas) *quæ rem auget*, ut si loco puro im-» ponatur ædificium, aut vinea; vel *mutatio quæ* » *minuit*, ut si ex domo fiat hortus, vel si domus » ad aream redigatur : hæc, inquam, **mutatio**

» pignus non perimit, quia nec res quæ pignorata
» est, ejusve rei portio maxima perimitur (1). »
Ces distinctions d'un grand maître sont fécondes
en conséquences : on peut les prendre hardiment
pour guide.

Cujas complète ces règles par une observation
que je dois faire connaître. C'est que le premier
changement dont il a parlé, et qui a pour effet de
substituer une espèce à une autre espèce, n'est
réellement considérable et n'éteint le droit de gage
qu'autant que ce changement est définitif et que
la matière ne peut revenir à son espèce primitive.
Mais il en est autrement si la matière peut reprendre son premier état. Ainsi celui qui a un
privilége sur un lingot d'argent qu'il a vendu, a
aussi privilége sur les couverts d'argent qui en ont
été faits; car ces couverts peuvent être facilement
ramenés à la même nature de lingot, et la matière
triomphe de la forme. Voici les termes énergiques
de la loi 78, § 4, D. *De leg.* 3 (2): « Cujus ea ratio
» traditur : quippè, ea quæ talis naturæ sunt, ut
» sæpiùs in sua possint redigi initia, ea materiæ
» potentiâ victa, nunquam vires ejus effugiunt. »

La matière prévaut donc dans ces sortes de
choses, et la forme ne peut l'emporter sur elle.
« In his scilicet rebus (dit Cujas) prævalet ma-
» teria. »

Ce sont ces principes qui ont fait dire à Negu-

_____

(1) Cujas, lib. 29, Pauli ad edict., l. 18, § penult. *De pignorat act.*

(2) Pothier, Pand., t. 2, p. 416, nº 1.

zantius : « Quandò res obligata transit in aliam for-
» mam reducibilem ad primam materiam, non
» extinguitur hypotheca : secùs si non sit reduci-
» bilis (1). »

§. Mettons le dernier trait à cette profonde et
lumineuse doctrine, en transcrivant les expressions qui terminent le commentaire de Cujas sur
la loi 18, § penult., *De pignor. act.* (2).

« Hactenùs tetigi duas tantùm mutationis spe-
» cies, unam *quæ fit ex non subjecto in subjec-*
» *tum, ut si ex arbore fiat navis : fit enim ex non nave*
» *navis;* alteram quæ fit *ex subjecto in subjectum,*
» ut si ex area fiat vinea.

» Et est tertia mutationis species quæ fit *ex*
» *subjecto in non subjectum,* ut si navis dissol-
» vatur tota, quæ omnium summa mutatio est,
» mors nempè, interitusve subjecti, ut cùm ex
» homine fit pulvis, aut cinis ex ligno... Id genus
» pignus et legatum extinguit. »

110. Il résulte de ces distinctions et de ces développemens, que le point important est de distinguer si la chose a cessé d'être ce qu'elle était
pour se transformer en une espèce différente, ou
seulement si cette chose n'a reçu que des améliorations ou des diminutions qui n'ont pas empêché
qu'elle ne conservât son espèce primitive (3).

(1) Neguzantius, *De pignorib. et hyp.*, 1, memb., 2ᵉ partie, n° 26.

(2) *Loc. cit.*, lib. 29. *Pauli* ad edict.

(3) Il y a un cas où le changement d'espèce et de nature ne
nuit pas au privilége ; c'est celui où il s'agit de vente de *semen-*
ces. Le privilége s'étend aux récoltes produites. *Infrà,* n° 166.

111. Mais cela n'est pas toujours facile à discerner, et je vais citer des arrêts qui prouvent que rien n'est plus fréquent que de rencontrer des contrariétés d'opinions sur une matière qui prête beaucoup aux subtilités.

§. Ainsi Basnage prétend (1) qu'il a été souvent décidé que celui qui a vendu des laines conserve un privilége sur les draps qui en ont été faits.

Mais je ne puis concevoir comment ces arrêts ont reçu l'approbation de ce jurisconsulte, qui, bien loin d'ignorer les savantes distinctions de Cujas, s'en autorise assez longuement. Il aurait dû se rappeler, en effet, que Cujas dit positivement que le privilége sur la laine ne passe pas sur le drap qui en est confectionné. « Idem, si ex lanâ » pignoratâ fiat vestimentum. Hæc mutatio peri- » mit priorem speciem, et parit novam. » Ce qui est conforme au §. 25, inst. *De rer. divisione.*

§. Basnage veut aussi, d'après un arrêt du parlement de Rouen du 31 janvier 1663, que le vendeur des cassonades conserve un privilége sur les sucres. Mais je ne crois pas que cette opinion soit juste. Il y a transformation véritable d'une espèce dans une autre, plutôt qu'amélioration des cassonades.

Brodeau sur Louet, I. P., n° 19, enseigne avec raison que le froment, transformé en farine, se convertit en une chose d'une espèce toute différente. Il y a même raison de décider pour les cassonades converties en sucre; d'autant que cette

(1) Hyp., ch. 14.

matière première, une fois livrée à la fabrication, ne peut reprendre son ancienne nature.

§. Par les mêmes raisons, je pense avec M. Grenier (1) que, s'il avait été fait des fauteuils avec des étoffes vendues, le privilége du vendeur ne s'étendrait pas sur ces meubles. Il y a, en effet, substitution définitive d'une espèce à une autre. Les étoffes ne sont qu'un accessoire des effets mobiliers qu'elles ont servi à confectionner. Elles ont été incorporées aux fauteuils pour les orner, mais elles n'en forment pas l'utilité *principale*. Le privilége ne pourrait donc pas avoir lieu sur les *fauteuils* eux-mêmes (2).

Il serait même perdu sur les étoffes ainsi employées. Car ces étoffes, découpées en fragmens, ne pourraient reprendre leur ancienne forme. Ce ne serait jamais que des coupons dont la principale valeur se tirerait de la nouvelle *forme* qu'ils auraient prise; et on ne pourrait pas dire avec la loi romaine (3) précitée, *nunquam vires materiæ effugiunt*. Faisant partie des fauteuils, les étoffes auraient cessé d'exister comme étoffes; il n'y aurait plus que des fauteuils (4), lesquels sont affranchis du privilége.

(1) T. 2, p. 40, n° 316.

(2) L. 19, § 13 et 14, D. *De auro arg. leg.*, prévoit le cas où la pourpre d'une personne aurait été brodée sur l'habit d'une autre. Elle décide que cette pourpre n'est qu'un *accessoire*, qu'une *portion* de l'habit.

(3) L. 78, § 4, *De leg.* 3°.

(4) L. 19, § 13 et 14, D. *De aur. arg. leg.* M. Dueaurroy, *Inst. expliq.*, t. 1, p. 279, n° 368.

Basnage cite cependant(1) un arrêt du parlement de Rouen, du 19 novembre 1669, qui décide que le privilége peut être exercé sur les *fauteuils*. Mais cet arrêt ne vaut pas mieux que les précédens; et ce parlement me paraît avoir eu, sur le sujet qui m'occupe, une jurisprudence directement contraire aux principes.

112. M. Grenier pense (2) que le serrurier qui, avec son fer et ses avances, aurait fait des rampes, balcons et serrures, et les aurait établis dans une maison, ne pourrait avoir de privilége sur ces choses, parce que, par l'effet de l'adhésion, ces objets auraient été incorporés à l'immeuble et auraient changé de *nature*.

Mais cette opinion, que M. Grenier énonce du reste sous la forme du doute, me paraît fausse dans ses résultats. Car, si l'on veut absolument considérer ces choses comme *immeubles*, et prétendre qu'elles ne peuvent donner lieu à un privilége sur les *meubles*, je dirai qu'au moins l'ouvrier a fait à la maison un ouvrage qui, d'après l'article 2103 du Code civil, n° 4, lui donnera sur l'immeuble un privilége jusqu'à concurrence de la plus-value de cet immeuble.

113. La question n'est pas plus embarrassante à l'égard de ceux qui ont un privilége spécial sur un *meuble* qui, par la suite, devient immeuble par destination.

Par exemple, Pierre a vendu à Jacques des

(1) Hyp., ch. 14.
(2) *Loc. cit.*

animaux de labour ou des ustensiles aratoires.
Celui-ci les attache à un fonds dont il est propriétaire. Pourra-t-on dire que, ces animaux et ces
ustensiles étant devenus *immeubles* de *meubles* qu'ils
étaient auparavant, le vendeur ne pourra pas
exercer privilége sur eux, à raison du changement
de *nature* qui s'est opéré?

Un ouvrier vend à Titius une cuve que celui-ci
place dans sa métairie pour l'exploitation de son
fond. Cette cuve devient immeuble d'après l'article 524 du Code civil. Ce changement de nature
fera-t-il perdre à l'ouvrier son privilége?

Dans ces deux cas, comme dans tous les cas
semblables, il faut se décider en faveur du privilége (1).

Tant que le prix n'est pas payé, le vendeur conserve un droit réel sur la chose. Or, on ne peut
admettre que l'acheteur, en imprimant à cette
chose une qualité purement métaphysique, et en
changeant sa destination pour sa propre commodité,
ait pu altérer les droits précis et intimes du vendeur,
et lui soustraire son gage; il n'était en son pouvoir
de donner aux choses vendues qu'une destination
imparfaite et subordonnée aux droits du vendeur.

Il en est sans doute autrement lorsque l'acquéreur a changé l'espèce de la chose, et qu'au moyen
de cette transformation la chose livrée a cessé
d'être ce qu'elle était. On conçoit alors que la
perte du privilége est fondée sur la perte de la
chose elle-même.

(1) Art. 593 du Code de procédure civile.

Mais, dans l'hypothèse qui m'occupe, la chose subsiste dans toutes ses parties, telle qu'elle existait primitivement. Il n'y a qu'un changement dans sa destination. Or ce changement, n'affectant que dans la qualité morale de la chose, est bien différent du changement résultant de la conversion d'une espèce dans une autre, et ne semble pas devoir produire les mêmes effets (1).

(1) V. de nouvelles considérations, *infrà*, n° 196, et surtout dans mon commentaire de *la Vente*, t. 2, additions, p. 632. Néanmoins, la cour de Grenoble a jugé contre le privilége par arrêt du 18 janvier 1833 (D., 32, 2, 85, 86). Mais elle n'a pas fait attention à l'art. 593 du Code de procédure civile. La cour de cassation, plus familière avec les textes, n'a pas manqué d'apercevoir l'argument que fournit cet article, à mes yeux si grave ; elle a reconnu positivement, par arrêt du 22 janvier 1833 (D., 33, 1, 151, 152), que le vendeur a le droit de saisir le meuble immobilisé pour se faire payer par privilége. Ainsi elle a condamné la décision de la cour de Grenoble. Si cependant son arrêt tourne en définitive contre le vendeur, c'est parce qu'il paraît, d'après les motifs de la décision, assez obscurs du reste, que le vendeur n'avait pas fait opérer la séparation du meuble d'avec l'immeuble, et qu'il demandait privilége sur l'immeuble même auquel le meuble avait été attaché. Mon opinion a du reste pour elle un arrêt de la cour de Gand du 24 mai 1833 (D., 34, 2, 143. Sirey, 34, 2, 561, et un arrêt très-positif de la cour de cassation de Bruxelles du 9 mai 1833 (Dalloz, 36, 2, 106. Sirey, 34, 2, 563), auquel il faut joindre un arrêt de la cour de Caen du 1er août 1837 (Sirey, 37, 2, 401).

Je ne dois pas dissimuler cependant à ceux qui veulent examiner ce point de droit sous toutes ses faces que la chambre civile de la cour de cassation a décidé par un arrêt du 9 décembre 1835, entièrement contraire aux principes que nous avons enseignés dans notre commentaire de *la Vente* (*loc. cit.*), que le ven-

134. J'ai peut-être trop tardé à m'occuper d'une objection tirée de l'art. 570 du Code civil, et qui tendrait à renverser tout le système que j'ai développé sur la perte des priviléges par la mutation totale et absolue de la chose en une autre espèce. Mais je n'ai pas voulu interrompre, par une discus-

deur perd le droit de demander la résolution de la vente par l'immobilisation du meuble vendu. L'on sait que, dans notre opinion, la question de l'existence du privilége se résout par les mêmes raisons que la question de conservation du droit de résolution. Ainsi, nous sommes forcés de reconnaître que si un esprit de logique invariable présidait à la jurisprudence des arrêts, la première de ces questions se trouverait nécessairement résolue par la seconde. Mais, avouons-le, rien n'est plus mobile que cet élément du droit ; c'est pourquoi nous espérons que, si la difficulté se présentait dans les termes d'un privilége réclamé, l'article 593 du Code de procédure civile presserait plus immédiatement l'esprit des magistrats et reprendrait son influence légitime, à moins que, pour en repousser l'application, la cour suprême ne trouvât pas des raisons un peu meilleures que celles par lesquelles le recueil de M. Dalloz croit *avoir réfuté notre argumentation*. Du reste, il est assez piquant de faire remarquer que, tandis que la question est jugée dans un sens par notre cour de cassation, elle reçoit en Belgique une solution tout opposée d'un tribunal égal en lumières et en autorités. Je livre cet exemple aux méditations de ceux qui vont chercher dans les arrêts plutôt que dans de laborieuses études un point de fixité pour leurs opinions. Puissent de telles contradictions faire naître dans les esprits un peu de ce scepticisme salutaire par lequel il faut passer quelquefois pour revenir à la science pure, seule capable de sauver.

Il existe dans le même sens que l'arrêt de la cour de cassation qui nous a suggéré ces réflexions, un arrêt de la cour royale de Paris du 6 avril 1836 (Dalloz, 36, 2, 68. Sirey, 36, 2, 347).

sion qui demande quelques détails, l'exposé de principes importans et difficiles à expliquer, à cause des nuances diverses que peuvent prendre les cas particuliers. Je me hâte d'y arriver en ce moment.

L'on sait que les jurisconsultes romains étaient partagés sur la question de savoir si, lorsqu'une mutation d'espèce à lieu, la forme doit l'emporter sur la matière, ou bien la matière sur la forme.

Nerva et Proculus pensaient que lorsque quelqu'un fait en son nom une nouvelle espèce avec la matière d'autrui, cette espèce qu'il a créée lui appartient. Cassius et Sabinus estimaient au contraire que le propriétaire de la matière mise en œuvre devenait propriétaire de la chose nouvellement fabriquée : *Quia sine materiâ nulla species effici potest.*

D'autres jurisconsultes avaient une opinion qui tenait le milieu entre celle des Proculéiens et des Sabiniens. Ils pensaient que, si la matière pouvait reprendre sa première forme, on devait se ranger à l'opinion des Sabiniens ; mais que, si elle ne pouvait la reprendre, l'avis des Proculéiens était préférable (1).

C'est ce parti intermédiaire que Justinien avait adopté dans ses Institutes (2).

Mais le Code civil en a pensé différemment, et a fait prévaloir l'avis des Sabiniens.

« Art. 570. Si un artisan ou une personne quel-

(1) Caïus, *Inst.*, 2, 79. L. 7, § 7, D. *De acq. rer. dominio.* Pothier, Pand., t. 3, p. 107, n° 35. M. Ducaurroy, t. 1, p. 276, n° 365.

(2) *De rer. divis.*

» conque a employé une matière qui ne lui appar-
» tenait pas, à former une chose d'une nouvelle
» espèce, *soit que la matière puisse reprendre ou*
» *non sa première forme*, celui qui en était pro-
» priétaire a le droit de réclamer la chose qui en
» a été formée, en remboursant le prix de la main-
» d'œuvre. »

Le Code ne fait qu'une exception à cette règle,
art. 571 : « Si cependant la main d'œuvre était *tel-*
» *lement importante* qu'elle surpassât de *beaucoup*
» la valeur de la matière employée, l'industrie se-
» rait alors réputée la partie principale, et l'ouvrier
» aurait le droit de retenir la chose travaillée, en
» remboursant le prix de la matière au propriétaire. »

Voici maintenant l'objection qui peut être faite :

Paul, des écrits duquel est tirée la loi 18, § 3,
De pignorat. act. (1), cité ci-dessus, et de laquelle
il résulte que, si le bois hypothéqué est employé à
la construction d'un navire, le gage est perdu, tenait l'avis mitoyen dont j'ai parlé ci-dessus (2).

C'est en le commentant que Cujas a fait la distinction du cas où la matière peut reprendre sa
première forme, du cas où elle ne le peut pas.
Cette distinction, adoptée par la majorité des jurisconsultes romains dans le dernier état de la jurisprudence, et sanctionnée par Justinien, a dû être
respectée par les interprètes des lois romaines, et
servir de guide à leurs décisions.

Mais ne doit-on pas la repousser, aujourd'hui

(1) Lib. 29, *ad Edictum.*

(2) L. 26, D. *De acq. rer. dominio.* Pothier, Pand., t. 3,
p. 107, n° 36.

que le Code civil la réprouve, aujourd'hui que
l'avis des Sabiniens est érigé en loi, aujourd'hui
que le propriétaire de la valeur reste propriétaire
de la chose créée par l'industrie, soit que cette
chose puisse reprendre ou non sa forme première?
Il faut donc dire que, d'après le Code civil, on doit
laisser à l'ancien droit des distinctions qui ne sont
faites que par un ordre de choses aboli, et que
le privilége se conserve malgré les changemens
auxquels est soumise la matière première, sauf
cependant l'exception dont parle l'art. 571 du
Code civil.

115. Cette objection est spécieuse. Mais, avec
un peu d'attention, on voit qu'elle n'a pour elle
qu'une couleur séduisante.

La controverse entre les Proculéiens et les Sabiniens, de même que l'art. 570 du Code civil, ne
roule que sur le cas où il s'élève un conflit entre
deux propriétaires, dont l'un revendique la matière première, l'autre la chose créée par son industrie avec une matière qui ne lui appartient pas.
On ne peut alors se dissimuler que l'espèce nouvelle n'ait fait disparaître la matière première. D'un
autre côté, il faut reconnaître que l'ouvrier a travaillé sur une chose dont il n'est pas propriétaire.
De là la nécessité d'examiner une question d'accession qui consiste à savoir qui, de la matière ou
de la forme, doit avoir la prééminence, afin d'adjuger à quelqu'un la propriété incertaine. On a
vu ce qui, après beaucoup de variations, avait été
adopté par la législation nouvelle.

Mais, lorsqu'il s'agit d'un privilége, comme il

ne peut y avoir de privilége que sur une chose dont on n'est pas propriétai e, cette nécessité d'adjuger la propriété ne se présente plus. Le propriétaire est connu : personne ne peut contester son droit. Maître de la chose, il a pu s'en servir en propriétaire; il a pu en user et en abuser, la transformer ou la détruire.

Il n'y a donc qu'une seule chose à examiner. L'objet grevé a-t-il péri? a-t-il été anéanti? oui ou non.

Or on ne peut contester que la laine employée à faire du drap n'existe plus comme laine; que le bois employé à faire un vaisseau ne soit plus un simple tronc, un simple arbre, comme il était primitivement. Il suit de là que, l'objet grevé étant anéanti, le privilége l'est également; car c'est sur des laines, sur du bois, qu'existait le privilége. Il n'a pu être transféré de plein droit sur des draps et sur un vaisseau

Au reste, c'est ce que les Sabiniens eux-mêmes avaient reconnu. Cette secte, qui voulait que, dans le conflit entre le propriétaire de la matière et l'ouvrier, on jugeât pour le maître de la matière, étaient les premiers à dire que, si la chose hypothéquée étaient convertie en une autre d'une nouvelle espèce, le gage était perdu.

Paul nous apprend ce fait extrêmement remarquable dans la loi 18, § 3, D. *De pignorat. act.* (1): « Si quis caverit ut sylva sibi pignori esset, navem » ex eâ materiâ factam non esse pignoris, *Cas-*

_____

(1) Pand. de Pothier, t. 1, p. 582, n° 12.

» *sius* (1) ait : quia *aliud sit materia, aliud navis.* »

Cassius reconnaissait donc que la perte de l'hypothèque dépendait d'autres principes que la perte de la propriété, et que les conséquences de la *spécification* ne s'appliquaient pas toutes au droit d'hypothèque. Par la même raison on doit croire que le Code civil, qui a adopté la doctrine de Cassius sur un point, n'a pas voulu lui donner sur un autre une extension désavouée par la raison.

116. L'esprit du Code civil se montre à découvert par un autre rapprochement.

L'art. 2102, n° 4, qui est relatif au privilége du vendeur sur les objets non payés, accorde aussi au vendeur le droit de revendiquer ces objets, s'il le trouve convenable.

Mais, entre autres conditions, il veut que cette revendication ne puisse être exercée que si ces effets se trouvent *dans le même état dans lequel la livraison a été faite.*

Il suit de là que, si j'ai vendu les bois de mes forêts, et que ces bois aient été employés à la construction de navires, je ne pourrai revendiquer ces bâtimens dans le cas où je n'aurais pas été payé. Vainement je réclamerai la disposition de l'art. 570 du Code civil, qui porte que le propriétaire de la matière l'est aussi de l'ouvrage fabriqué avec cette matière. On me répondrait : « L'at. 570 n'est » applicable qu'au cas où les navires auraient été

---

(1) Cassius Longinus était l'un des chefs de la secte Sabinienne, qui portait aussi le titre de Cassienne, à cause de lui (Pothier, Pand., t. I, préface, p. xxiij, n° 31).

» construits avec le bois d'autrui, et où il s'agirait
» de décider, *entre l'ouvrier et le propriétaire des*
» *bois*, lequel est propriétaire du vaisseau ; mais,
» dans l'espèce, les bois ne vous appartiennent
» plus, puisque vous les avez vendus. Avant l'ac-
» tion en revendication, l'acquéreur a pu en faire ce
» qui lui paraissait convenable ; tant pis pour vous
» si vous avez réclamé si tard. Au reste, vous ne
» pouvez revendiquer que ce que vous avez livré ;
» or, vous avez livré des bois, mais ils n'existent
» plus : ils ont été transformés en vaisseaux. »

Mais, si je ne peux exercer l'action en revendication parce que les objets vendus auront changé
de nature et d'espèce, il est sensible que je ne
pourrai non plus exercer de privilége ; car il y a
trop d'analogie entre la revendication et le privilége pour que l'un puisse s'appliquer à des choses
dont l'autre serait exclu.

Inutilement dira-t-on que le propriétaire non
payé est censé propriétaire de la chose ; que si,
par exemple, un ouvrier s'emparait des bois vendus et en faisait des meubles, l'acquéreur serait
propriétaire des meubles, sauf à rembourser la
main-d'œuvre ; qu'il serait par conséquent bien
étrange que le vendeur non payé n'eût pas un
droit semblable.

Je réponds que ce n'est pas dans un sens exact
et rigoureux que l'on dit que le vendeur non payé
est propriétaire de la chose vendue (1) : c'est une
manière de parler pour montrer qu'il conserve sur
la chose un droit privilégié. Mais il n'en est pas pro-

_____

(1) V. mon comm. de *la Vente*, t. 1, nᵒˢ 36, 37 et suiv.

I.   11

priétaire, surtout lorsqu'il a suivi la foi de l'acquéreur et qu'il lui a fait la tradition de l'objet vendu.
S'il était propriétaire, il n'aurait pas de privilége;
car nul n'a de privilége à réclamer sur sa chose.

Privé du droit de propriété, il ne pourra pas davantage réclamer de droits privilégiés sur les meubles qui auront été confectionnés par l'acquéreur
avec le bois vendu; car ce bois n'existe plus. Une
chose d'une autre nature a pris sa place; et de même
qu'il n'aurait aucun privilége sur les meubles que
l'acquéreur aurait achetés avec l'argent provenant
de la revente des bois, de même il n'a aucun droit
sur les meubles faits avec le bois; car autre chose
est le bois vendu, autre chose sont les meubles.
Cassius a fort bien dit : *Aliud materia, aliud navis.*
En matière de priviléges, il ne peut y avoir de subrogation de plein droit d'une chose à une autre.
Les priviléges sont de droit étroit : ils ne se com-
muniquent pas, et un privilége spécial ne doit
grever que ce qui lui est spécialement affecté.

117. Il me reste à observer que les priviléges
sur les meubles, même quand ils sont généraux,
ne peuvent s'exercer que dans les limites tracées
par les art. 592 et 593 du Code de procédure
civile. Il y a en effet des meubles qui sont insaisissables; par exemple, le coucher nécessaire des
saisis, ceux de leurs enfans vivant avec eux, les
habits dont les saisis sont vêtus et couverts. Or
le privilége n'a d'efficacité que par l'expropriation
du débiteur (1). Il est paralysé, tant que la chose
est *insaisissable.*

(1) *Infrà,* n 123.

117 *bis*. J'ai parlé jusqu'ici des meubles. Quant aux immeubles, ils sont sujets, comme les meubles, mais plus rarement qu'eux, aux changemens dont j'ai parlé.

Ainsi une maison peut être détruite de fond en comble : il n'en reste plus que les matériaux, qui sont une espèce différente de la maison, et sur lesquels par conséquent ne se continue pas le privilége imprimé sur l'immeuble, à moins qu'ils ne soient employés à la reconstruction de la même maison (1).

Ainsi Pierre a un privilége comme vendeur non payé sur la maison A. Elle est renversée et détruite par un tremblement de terre. Les créanciers de l'acquéreur font vendre le sol et les matériaux. Le vendeur n'aura de droit privilégié que sur le prix du sol. A l'égard du prix des matériaux, il ne sera qu'un créancier chirographaire.

118. Il arrive souvent que l'objet sur lequel le privilége était assis, et qui vient à périr, était *assuré*, comme maison, mobilier, vaisseau, etc. Le privilége se continue-t-il sur l'indemnité payée par les compagnies d'assurance pour réparation du sinistre ?

Cette question sera traitée *infrà*, n° 890.

128 *bis*. Je termine tous ces développemens par une réflexion.

La question de savoir si la transformation d'une espèce en une autre détruit le privilége, n'est intéressante que pour le cas où il s'agit d'un *privilége spécial*.

(1) *Infrà*, t. 2, n° 889. M. Grenier, t. 1, p. 312.

Mais si ce privilége était général, la question serait sans utilité, puisqu'il est de l'essence du privilége général de tout affecter sans exception (1).

SECTION PREMIÈRE.

DES PRIVILÉGES SUR LES MEUBLES.

ARTICLE 2100.

Les priviléges sont ou généraux ou particuliers sur certains meubles.

SOMMAIRE.

119. Cet article n'est pas introductif d'un droit nouveau.
119 *bis*. Renvoi pour la question de préférence entre les priviléges spéciaux et généraux.

COMMENTAIRE.

119. Cette disposition n'est pas introductive d'un droit nouveau. Elle avait lieu dans l'ancienne jurisprudence, qui distinguait les priviléges spéciaux d'avec les priviléges généraux.

119 *bis*. J'ai examiné (2) la question de savoir si les priviléges spéciaux sont primés par les priviléges généraux.

(1) On trouvera peut-être que l'ordre naturel aurait voulu que cette matière fût traitée au titre *De la perte des priviléges*. Mais d'abord le Code ne s'occupe pas de l'extinction des priviléges par la perte de la chose. De plus, notre article appelant spécialement notre attention sur *l'assiette du privilége*, il m'a paru que c'était le moment de s'expliquer sur les transformations dont cette assiette est susceptible.

(2) *Suprà*, n° 73 et suiv.

Dans l'article qui suit, le législateur va s'occuper des priviléges généraux sur les meubles.

§ I.

Des priviléges généraux sur les meubles.

ARTICLE 2101.

Les créances privilégiées sur la généralité des meubles sont celles ci-après exprimées, et *s'exercent dans l'ordre suivant :*

1° Les frais de justice ;

2° Les frais funéraires ;

3° Les frais quelconques de la dernière maladie, concurremment entre ceux à qui ils sont dus ;

4° Les salaires des gens de service pour l'année échue, et ce qui est dû sur l'année courante ;

5° Les fournitures de subsistances faites au débiteur et à sa famille ; savoir : pendant les six derniers mois, par les marchands en détail, tels que les boulangers, bouchers et autres ; et, pendant la dernière année, par les maîtres de pension et marchands en gros.

SOMMAIRE.

120. Incertitudes de l'ancienne jurisprudence sur le rang des priviléges généraux entre eux. Le Code a levé tous les

sultes avoir toute préférence. Singulière allégation de
la cour de Paris.

135. Que comprennent les frais funéraires ? Examen des lois
romaines et de la jurisprudence du châtelet de Paris.

136. Le deuil de la veuve est-il compris dans les frais funéraires ? Résolution négative.

136 *bis*. De celui qni a prêté des fonds pour les frais funéraires.

137. *Frais de dernière maladie.* On n'y comprend pas ceux
d'une maladie précédente. La dernière maladie est celle
dont le défunt est mort. Raison de cela. Exception pour
le cas de faillite.

138. Les frais de dernière maladie ne passent qu'après les
frais funéraires.

139. Mais avant ceux d'alimens. Raisons. Fondement du privilége des frais de dernière maladie.

140. Il s'étend sur les immeubles. Arrêts anciens qui ont consacré ce principe.

141. Tous ceux qui sont créanciers pour frais de dernière maladie concourent.

141 *bis*. Du cas où ces frais ont été payés par un tiers. Renvoi
au n° 136 *bis*.

142. *Salaire des gens de service.* Ce privilége dérive d'un
usage suivi à Paris. Il est très-favorable. Quels ouvriers
peuvent s'en prévaloir.

143. A quelles sommes il s'étend.

144. *Des fournitures de subsistances.* Sur quoi est fondé ce
privilége. Il avait lieu dans l'ancienne jurisprudence.

145. Pour combien de temps a-t-il lieu ?

146. Ce qu'on doit entendre par fournitures de subsistances.
Opinion de M. Grenier rejetée. Différence entre subsistances et alimens.

147. Les professeurs n'ont pas privilége pour les leçons. Il n'y
a que les maîtres de pension, pour fournitures de subsistances.

147 *bis*. Pour prétendre privilége pour fournitures de subsistances, il faut être ou *marchand* ou maître de pension.

COMMENTAIRE.

120. J'ai dit ailleurs que le Code avait fait une chose très-nécessaire en indiquant, non seulement le nombre des priviléges qui frappent sur tous les meubles, mais encore l'ordre dans lequel ils s'exercent; car il y avait de l'incertitude sur cet ordre dans l'ancienne jurisprudence. On peut s'en convaincre en consultant Pothier (1) et Basnage (2).

Cet ordre, émanant de la volonté de la loi et de la qualité des créances, ne peut être changé par des stipulations particulières. Car la qualité d'une créance est indépendante du caprice des volontés privées. Ainsi un débiteur ne pourrait convenir avec un boucher que ce dernier serait payé pour les six derniers mois avant les gens de service. Cette convention serait nulle, à moins que les gens de service ne voulussent y consentir; ce qu'ils seraient maîtres de faire, puisque chacun peut renoncer aux priviléges introduits en sa faveur.

121. Mon principal objet, en commentant l'art. 2101, est de faire connaître avec développement la nature, l'étendue et la cause de chacun des cinq priviléges qui y sont énoncés. Je commence par les frais de justice, à qui la loi donne le premier rang.

122. La définition de ce qu'on doit entendre par *frais de justice* n'est pas difficile à donner. Ce sont ceux qui se font pour la cause commune des créan-

(1) Procéd. civ., p. 193. Orléans, introduct., t. 20, ch. 2, § 9.
(2) Hypoth., ch. 14.

ciers et pour la *conservation* ou *liquidation* du gage dans leur intérêt.

Ainsi tous les frais exposés en justice ne sont pas *frais de justice* dans le sens de notre article. Il n'y a de privilége que pour ceux qui ont profité aux créanciers ayant des droit à exercer sur le gage (1).

De cette définition suit la conséquence que, pour décider si tels ou tels frais de justice peuvent légitimement aspirer à primer certaines créances, il n'y a qu'à se demander s'ils ont été utiles aux porteurs de ces créances. Toute la théorie du privilége des frais de justice est là. Ce privilége n'est pas absolu. Souvent il marche en tête de toutes les créances privilégiées; mais souvent aussi il est primé par d'autres dont il n'a pas fait l'avantage.

Pour approfondir cette matière, nous allons passer en revue les différentes espèces de frais de justice auxquels donnent lieu la conservation, la poursuite et la vente de l'objet grevé d'un droit réel, ainsi que la distribution du prix de cet objet lorsqu'il a été converti en argent.

123. *Des frais de justice et de vente de l'objet grevé.* M. Tarrible remarque avec raison qu'une somme d'argent est en dernière analyse l'objet final d'une créance quelconque. Comme l'objet affecté à cette créance n'est pas ordinairement de l'argent, il s'ensuit qu'il faut vendre le gage pour être payé. Mais cette vente ne peut se faire qu'au moyen de formes dispendieuses. Il est donc clair

(1) L. 8, D. *Depositi vel contrà.*

que les frais exposés pour y parvenir sont faits dans l'intérêt de tous les créanciers, au droit desquels l'objet est affecté, puisqu'ils ont un égal intérêt à la conversion de la chose en argent.

De là, la conséquence que ces frais de saisie et de vente sont toujours *frais de justice* dans le sens de la loi, et jouissent de l'avantage d'être colloqués les premiers. C'est en quoi l'art. 657 du Code de procédure civile est d'accord avec les lois romaines (1).

Les frais se divisent en *ordinaires* et *extraordinaires* (2). Les premiers sont ceux qui ont lieu de droit et dans tous les cas possibles, même lorsque la saisie n'éprouve pas de résistance. Les seconds sont ceux qui sont occasionés par les oppositions du saisi ou par d'autres événemens qui paralysent la marche de la procédure.

En matière de saisie réelle, les frais *ordinaires de saisie* sont payés par l'adjudicataire, *en sus de son prix :* il n'y a donc pas lieu à privilége (3). Mais dans les saisies mobilières, l'adjudicataire n'en est pas chargé. Les frais de saisie doivent donc être payés par premier privilége sur le prix.

Les frais extraordinaires ne sont jamais à la charge de l'adjudicataire, pas plus dans les saisies immobilières que dans les saisies mobilières. Il faut donc que celui qui les a avancés les recouvre par

___

(1) L. 72, D. *Ad leg. falcid.*, L. ult., § 9, C. *De jure delib.*

(2) Art. 715 et 716 du Code de procédure civile.

(3) Art. 715 du Code de procédure civile. M. Delvincourt, t. 3, p. 269, notes.

action. Mais il n'a de privilége que lorsque cela a été ainsi ordonné par le tribunal. Car les frais extraordinaires n'ont pas de privilége *de plano*, comme les frais ordinaires. Le juge seul peut ordonner qu'ils seront payés par privilége, lorsqu'il a pris connaissance de la justice de la réclamation qui y a donné lieu (1). Il ne doit leur accorder cette faveur qu'autant qu'ils auront été faits de bonne foi, dans l'intérêt bien entendu des créanciers et qu'ils seront exempts d'exagération (2). Le plus souvent le créancier poursuivant n'obtient le remboursement par privilége des frais extraordinaires qu'il a avancés, qu'autant qu'il a gagné le procès auquel l'incident a donné lieu (3). Je reviendrai du reste sur cette différence entre les frais ordinaires et les frais extraordinaires (4).

124. *Des frais de scellés et d'inventaire.* Il arrive quelquefois que les frais de scellés et d'inventaire sont faits pour l'avantage de tous les créanciers, dans l'intérêt desquels ils conservent la chose. Mais souvent aussi il peut se faire qu'ils demeurent étrangers à quelques uns des créanciers. Alors ils ne sont pas frais de justice à leur

(1) V. Pigeau, t. 2, p. 154, 267 et 182.

(2) Bretonnier sur Henrys, t. 2, p. 265 et 266.

(3) Un arrêt de la cour de Riom, du 3 août 1826, a jugé que, par cela seul que des dépens ont été déclarés par jugement devoir être employées en frais *extraordinaires*, il en résultait implicitement qu'ils étaient p   giés; que c'est ainsi que la chose était entendue avant le Code de procédure civile, D., 1829, 2, 107.

(4) N° 126.

égard, et ils ne peuvent prétendre à aucun privilége. Supposons que Pierre décède dans une maison qu'il tient à loyer. Le propriétaire fait opérer
une saisie-gagerie. Mais pendant que les choses
sont en cet état, la veuve de Pierre fait apposer
les scellés et procéder à un inventaire pour la conservation de ses droits matrimoniaux. Il est évident que, lors de la vente opérée par suite de la
saisie-gagerie, le locateur pourra prétendre à être
colloqué sur le prix, par préférence au greffier de
la justice de paix pour *apposition de scellés*, et au
notaire pour *frais d'inventaire*. En effet, ni l'apposition des scellés, ni l'inventaire n'ont eu pour objet
la conservation des droits du propriétaire locateur.
Ce dernier n'avait pas besoin de ces mesures conservatoires pour que son gage ne lui échappât pas. Il
avait déjà fait placer les meubles sous la main de la
justice. C'est en ce sens que j'adopte l'opinion de
MM. Pigeau (1), Persil (2) et Delvincourt (3).

Mais si, avant que le locateur ne fît saisir-gager,
un créancier vigilant avait fait apposer les scellés
et fait inventorier les meubles, pour éviter la di-
lapidation du mobilier et le divertissement du gage
commun, ces mesures conservatoires seraient utiles au locateur; elles le mettraient à même, en cas
d'enlèvement frauduleux, de revendiquer les objets
qui manqueraient d'après l'inventaire; elles pro-
duiraient même l'effet comminatoire d'empêcher
que des malveillans ne mettent la main sur les meu-

(1) T. 2, p. 187.
(2) Rég. hyp., t. 1, p. 88, art. 2102.
(3) T. 3, p. 269, notes.

bles placés sous la surveillance de la justice. Ces
considérations deviendraient d'autant plus fortes,
si le locateur ne s'était pas opposé aux scellés et à
l'inventaire, ou s'il était absent lors du décès, de
telle sorte que sans l'inventaire ses droits fussent
gravement compromis. Tout cela dépend, au reste,
des circonstances (1). Mais je crois qu'on ne doit
adopter qu'avec beaucoup de précautions deux arrêts de la cour de Paris (2) et de la cour de Lyon (3),
qui ont donné au locateur la préférence sur le
créancier des frais de scellés et d'inventaire. D'a-
près les espèces de ces arrêts, la solution qu'ils ont
fait prévaloir est fort contestable (4), et l'on pourrait leur opposer plusieurs arrêts du parlement de
Paris, un, entre autres, du 17 février 1784 (5). Je
citerai aussi un arrêt de la cour royale de Paris, du
27 mars 1824 (6), qui a rejeté un propriétaire locateur, après les frais de scellés et d'inventaire. A
la vérité, il y avait des circonstances particulières ;
aussi je ne parle de cette décision que pour montrer combien les espèces influent sur les arrêts en
pareille matière, et modifient le point de droit (7).

125. Frais ordinaires de la *distribution* du prix
entre créanciers.

(1) Dalloz, Hyp., p. 80, n° 11. Grenier, t. 2, p. 18, n° 300.
(2) 25 novembre 1814. Dalloz, Hyp., p. 82.
(3) 14 septembre 1825. D. 26, 2, 38.
(4) Ils sont au moins très-mal motivés. *Suprà*, n° 76.
(5) Denizart, Loyers. Il blâme à tort les arrêts du parlement.
(6) Dalloz, Hyp., p. 80, n° 11.
(7) Minima diversitas facti magnam diversitatem juris ob-
tinet.

J'ai fait connaître ci-dessus (1) la nature de ces frais. On y verra que, comme les autres frais de justice, ils n'ont la prééminence qu'en tant qu'ils ont été utiles aux créanciers, et que, s'il était quelques uns de ceux-ci qui n'eussent pas d'intérêt dans la procédure en distribution, parce que leur droit serait hors de contestation, les frais de distribution ne seraient pas, à leur égard, frais de justice privilégiés.

126. Frais *extraordinaires de poursuite pour distribution.*

L'art. 716 du Code de procédure civile dit que les frais extraordinaires de poursuite seront payés par privilége sur le prix, lorsqu'il en aura été ainsi ordonné par jugement. Cet article, quoique relatif à la procédure sur saisie immobilière, peut par argument s'appliquer aussi aux saisies exécutions (2).

En matière de saisie de meubles, les frais extraordinaires de *poursuite pour distribution* sont ceux qui sont occasionés par des incidens, comme par exemple; 1° les frais faits par le plus ancien des opposans pour comparaître en référé devant le commissaire, sur la demande formée par le propriétaire locateur d'être payé par privilége; 2° la vacation en référé; 3° la vacation du créancier qui a contesté la distribution, si la réclamation est accueillie; 4° les frais faits par l'avoué plus ancien des opposans sur cette réclamation

(1) N° 65.
(2) Pigeau, t. 2, p. 182.

renvoyée à l'audience par le commissaire ; 5° ceux du jugement ; 6° ceux faits sur l'appel, s'il en a été interjeté ; en un mot, tous ceux qui sont faits pour l'intérêt commun par cet avoué chargé de le défendre (1).

Pourquoi cette différence entre les frais ordinaires, à qui le privilége appartient de droit, et les frais extraordinaires, à qui il n'appartient que si le jugement l'ordonne ainsi? M. Pigeau en donne une explication très-satisfaisante (2). Pour les frais ordinaires, le juge commissaire aperçoit facilement par lui-même si les actes qu'on qualifie tels, et pour lesquels on demande privilége, sont ceux que prescrit la loi ; s'ils sont tels, il peut, en connaissance de cause, les passer par privilége ; au lieu que, pour les frais extraordinaires, il n'y a que le tribunal qui puisse, en statuant sur l'incident qui a occasioné ces frais, apprécier la conduite de l'avoué qui les a faits, décider s'il a répondu à la juste confiance des créanciers, ou s'il en a abusé par des actes frustratoires.

127. *Frais de radiation et de poursuite d'ordre.*

L'art. 759 du Code de procédure civile porte que le juge commissaire en faisant la clôture de l'ordre doit liquider les frais de radiation et de poursuite d'ordre, qui seront, dit-il, colloqués par préférence à tous autres créanciers.

Les frais qui concernent la poursuite de l'ordre sont nécessaires dans l'intérêt de tous ceux qui ont

(1) Pigeau, t. 2, p. 182.
(2) *Loc. cit.*

intérêt à la collocation et qui réclament un rang utile. Il est donc juste que ces frais soient prélevés.

Il en est de même des frais de radiation.

La radiation des inscriptions hypothécaires est la conséquence de l'ordre à la suite duquel les créanciers sont payés. Cela se conçoit aisément, L'adjudicataire qui paie les créanciers doit faire radier les inscriptions ; mais il n'est pas juste que les frais de radiation soient à sa charge. Car, en payant le prix, il doit recevoir l'immeuble franc de toute hypothèque. Il doit donc être remboursé et même par privilége. Il est clair que le paiement de ces frais de radiation est une avance profitable à tous les créanciers, par la raison que, si les inscriptions n'étaient pas radiées, on trouverait plus difficilement des acquéreurs. Au surplus, pour la liquidation de ces frais de radiation on procède de la manière suivante. Le commissaire alloue les frais de radiation dans chacun des bordereaux qu'il délivre aux créanciers colloqués ; mais ces derniers ne touchent pas ces sommes ; ils les laissent à l'adjudicataire en faveur duquel la distraction est faite par le bordereau (1).

128. *Frais pour contester une mauvaise collocation.*

On lit dans l'art. 768 du Code de procédure civile : « Les frais de l'avoué qui aura représenté les » créanciers contestans seront colloqués par pré- » férence à toutes autres créances sur ce qui restera » de deniers à distribuer, déduction faite de ceux

_____

(1) Art. 759 du Code de procédure civile. Pigeau, t. 2, p. 276, § 7, n° 1. *Infrà*, n° 745.

» qui auront été employés à acquitter les créances
» antérieures à celles contestées. »

Cet article placé sous la rubrique de l'ordre
offre un exemple frappant du principe qu'il n'y a
de frais de justice privilégiés que ceux qui ont
profité à une classe de créanciers.

Lorsque l'on conteste une collocation, il s'élève
un conflit entre celui dont la collocation est atta-
quée et tous les créanciers postérieurs qui demandent la réformation de cette collocation. Mais les
créanciers antérieurs dans l'ordre à ce placement
restent totalement étrangers au débat, puisque
leur rang ne fait l'objet d'aucune difficulté. De là
suit la conséquence, que ces créanciers ne retirent
aucun avantage des frais de la contestation, et que
ces frais ne peuvent prétendre à aucun privilége à leur égard.

Mais d'un autre côté on aperçoit la justice du
privilége donné au frais de l'avoué des créanciers
contestans. Ces frais ont servi à faire réformer une
collocation mal faite. Il ont profité à tous ceux
qui ont contesté, et qui avaient intérêt à en obtenir une autre (1).

M. Tarrible est d'avis que les frais de contestation sont des frais nécessaires, et que l'avoué doit,
dans tous les cas, être colloqué par préférence, soit
que ses poursuites aient réussi ou non (2). Mais je
ne crois pas qu'on puisse adopter cette opinion,
qui du reste est repoussée par la majorité des au-

(1) Pigeau, t. 2, p. 194.
(2) Répert., saisie immob., p. 313, col. 2, *In princip.*

teurs, et que M. Carré a abandonnée dans ses lois sur la procédure, après l'avoir adoptée dans son analyse raisonnée (1).

M. Berriat Saint-Prix (2) fait remarquer avec raison que le débiteur dont on distribue les deniers ne doit pas supporter les dépens que des créanciers ont occasionés par une prétention mal fondée à une collocation plus avantageuse que celle que leur avait donnée le juge-commissaire. C'est aussi le sentiment de M. Pigeau (3), et il est corroboré par l'art. 766 du Code de procédure civile, portant qu'on ne pourra répéter les dépens quand on succombera.

§. L'art. 769 du Code de procédure civile dispose que l'arrêt qui autorisera l'emploi des frais, prononcera la subrogation au profit du créancier sur lequel les fonds manqueront, ou de la partie saisie.

On conçoit le but de cet article. Lorsque l'avoué a triomphé dans la collocation, le créancier dont le droit a succombé est condamné aux dépens. Mais l'avoué aimera toujours mieux choisir la voie de se faire colloquer par préférence sur le prix pour les frais dont il a fait l'avance. Ces frais diminueront d'autant la masse des fonds qui sont le gage des créanciers qui ont avec raison contesté la collocation mal faite. Dans ce cas la justice veut que, si ces fonds viennent à manquer sur l'un des créanciers, celui-ci soit subrogé aux droits de l'a-

(1) N° 2393.
(2) P. 621, n° 35.
(3) T. 2, p. 194.

voué pour se faire payer le montant des frais du procès par celui qui l'a perdu. Que si tous les créanciers sont payés, le saisi, qui ne doit pas être victime d'incidens capricieusement élevés, sera subrogé aux droits de l'avoué, et se fera payer par le créancier dont la collocation a été réformée, soit sur les fonds que ce créancier retire de l'ordre, soit sur ses autres biens.

§. C'est une question que de savoir si l'huissier jouit du même privilége que l'avoué des contestans, et si comme lui il peut réclamer sur le prix à distribuer le montant de son dû; la cour royale de Colmar s'est prononcée pour la négative par deux arrêts, l'un du 12 fructidor an 8, l'autre du 8 février 1806, par le motif qu'étant simplement mandataire de celui qui l'emploie, il n'est créancier que de celui-ci, et nullement du débiteur saisi. Or il n'y a pas de loi qui donne de privilége à l'huissier qui a exploité pour les contestans. On ne doit donc pas lui en donner par analogie, surtout sur le prix d'une chose appartenant à quelqu'un qui n'est pas son débiteur.

Ces arrêts me paraissent bien rendus.

Je pense toutefois que si cet huissier a été payé par l'avoué des contestans, celui-ci doit compter *parmi ses frais* les sommes qu'il a avancées à cet égard, et s'en faire rembourser par privilége. Cette opinion est celle de M. Carré (1). Elle concilie avec la cour de Colmar la doctrine de M. Berriat Saint-Prix, qui estime que les frais faits par l'huis-

(1) Lois de la procéd., art. 768.

sier dans l'intérêt des contestans sont privilégiés.

129. *Frais de l'administration d'une faillite.*

Ces frais son privilégiés d'après l'art. 558 **du Code de commerce**, qui les considère comme une déduction nécessaire qui produit une diminution d'autant sur l'actif.

Tous les créanciers de la faillite sont intéressés en effet à ce qu'une administration vigilante conserve autant que possible les gages qui répondent de leurs créances. Ces frais d'administration de la faillite sont ceux d'apposition de scellés, d'inventaire, l'indemnité à donner aux agens (1), les déboursés pour procès (2), etc.

Par application du principe général **que** *si parmi les créanciers il s'en trouvait quelques uns qui ne profitassent pas de ces frais, on ne pourrait les les leur opposer*, la cour de Lyon a jugé, **par arrêt du 27 mars 1821**, que le locateur devait l'emporter sur les frais d'*agence et de syndicat* (3). **La cour de cassation a aussi décidé, par arrêt du 20 août 1825 (4), que** le privilége du locateur était supérieur au frais des *actes et procès-verbaux* (5) dressés pour l'organisation de la faillite. Elle s'est fondée en partie sur l'art. 533 du Code de commerce, qui suppose que les créanciers privilégiés sont déjà

(1) Pardessus, t. 4, p. 316.
(2) Idem, p. 344.
(3) Dalloz, Hyp., p. 83, note 1.
(4) Idem, p. 82, 83.
(5) La désignation de ces actes résulte du moins de ce que M. Dalloz fait dire au demandeur en cassation dont le pourvoi fut rejeté.

payés lorsque s'opère la distraction des frais d'administration dont parle l'art. 558.

On pourrait peut-être élever des objections contre ces arrêts. Le locateur, bien que privilégié, ne peut être payé qu'après l'organisation de la faillite; il faut arriver jusqu'aux syndics définitifs pour qu'il rentre dans son dû (1). Dès lors, comment les frais de justice tendant à constituer l'administration de cette faillite, seraient-ils chose étrangère aux créanciers privilégiés? C'est en vue de ceci que M. Pardessus, en s'occupant de la distribution du prix provenant de la vente des meubles du failli et des recouvremens mobiliers, enseigne que l'on doit d'abord prélever les frais occasionés par le recouvrement des deniers à distribuer, les frais de vente, les secours à distribuer au failli, les dépenses d'administration, tels que frais généraux de conseil, plaidoiries, voyages, etc., et que ce n'est qu'ensuite que l'on doit procéder au paiement des créanciers privilégiés dont les droits ont été reconnus à la vérification (2). L'on sait en effet que les créances doivent être vérifiées par les syndics provisoires afin d'être admises au passif de la faillite (3). Il faut que chaque titre soit discuté quant à son origine, quant à sa quotité, afin que la masse n'éprouve pas de surprise. Il semble donc que les créanciers privilégiés doivent supporter

(1) Art. 533 du Code de commerce. Dalloz, Faillite, p. 208, n° 9. Pardessus, t. 4, p. 325.

(2) T. 4, p. 442, 443.

(3) Art. 501 et 513 du Code de comm.

leur part des frais que nécessite l'administration
de la faillitte, puisqu'ils ne peuvent être payés en
général que par le moyen de cette administration.

On objectera peut-être avec un arrêt de la cour
de Paris du 18 juillet 1828 (1), que le propriétaire-
locateur est nanti d'un gage spécial, qu'à ce titre
il sort de la classe des autres créanciers, et qu'étant
hors de la faillite, il est dispensé de la vérification.

Cette raison me paraît difficile à admettre. L'article 502 du Code de commerce est d'une grande
généralité. Au milieu du désastre de la faillite,
lorsqu'on redoute les intelligences frauduleuses du
failli avec quelques créanciers qu'il veut favoriser,
il n'y a pas de créance qui puisse être dispensée
d'une discussion contradictoire avec toutes les parties intéressées.

130. Je ne pousserai pas plus loin l'énumération
des frais de justice. Il me semble inutile d'insister
sur les frais de curateur à succession vacante, de
nomination du curateur à un présumé absent, et
autres que les créanciers sont obligés de faire pour
se procurer des contradicteurs légitimes.

D'après tout ce qui a été dit, l'on voit que l'on
doit bien se garder de considérer comme frais de
justice les dépenses exposées en justice pour faire
condamner un débiteur à remplir des engagemens
encore contestés. Ces sortes de frais s'appellent
dépens, et l'on n'a pas de privilége pour les recouvrer sur la partie qui a succombé (2).

(1) Dalloz, 1829, 2, 34 et 35.
(2) Répert., v° *Frais de justice*.

Les véritables *frais de justice* sont ceux qui ont pour objet la liquidation du gage commun, ou sa conservation, en un mot ceux qui tournent au profit des créanciers.

131. J'ai fait connaître ailleurs la cause du privilége accordé par la loi aux frais de justice (1). Il est fondé sur une nécessité à laquelle il est de l'intérêt de tous les créanciers de satisfaire. Si ces frais n'avaient pas été payés par celui qui en a fait l'avance, les créanciers auraient dû les faire eux-mêmes pour jouir du bénéfice de leurs droits, lesquels ne peuvent se réaliser qu'au moyen de certaines poursuites judiciaires, ou de certaines mesures conservatoires qui entraînent dans des dépens.

Le privilége des frais de justice est *général;* il s'étend sur tous les meubles et subsidiairement sur les immeubles (2).

Mais ceci demande explication.

Le privilége de frais de justice prenant sa source dans la *gestion d'affaires*, au profit des créanciers, doit nécessairement varier en étendue suivant qu'il a conservé ou liquidé une masse de biens plus ou moins considérable. Il n'est pas général dans un *sens absolu*, comme les priviléges dont nous verrons le détail dans les numéros suivans. Il n'est général qu'autant qu'il a protégé la généralité des meubles et des immeubles composant le patrimoine du débiteur. S'il n'a protégé qu'une fraction de ce patrimoine, il ne s'étend qu'à cette fraction

(1) *Suprà*, nos 33 et 59.
(2) Art. 2101 et 2104.

En un mot, le privilége des frais de justice est
doué d'une sorte d'élasticité qui fait que, suivant
les cas, il se restreint ou se développe, se spécia-
lise ou prend un caractère général.

Par exemple, lorsqu'on appose les scellés sur
une succession, et qu'on fait inventaire des biens
qui la composent, les frais de justice pour scellés et
pour inventaire ont un privilége qui s'étend sur
les meubles et les immeubles. En effet, les frais de
scellés ont servi à empêcher le divertissement des
objets mobiliers et des titres de propriété qui assurent la possession des immeubles. Les frais d'inventaire ont constaté les forces de la succession et cer-
tifié l'existence des titres ; ils ont empêché qu'on ne
profitât de la lacune opérée par le décès pour se
livrer à des dilapidations ou à des usurpations.
Ces frais doivent donc s'étendre sur les meubles et
les immeubles. Il en est de même des frais de bénéfice d'inventaire avancés par les officiers de justice (1), et de ceux qui sont relatifs aux faillites (2).
La cour royale de Paris a même jugé, par arrêt du
28 janvier 1812 (3), que l'officier de justice qui
avait *apposé*, *reconnu et levé les scellés*, à la suite
d'une *faillite*, avait préférence sur les immeubles
aux créanciers hypothécaires; et, quoique cette
décision soit motivée faiblement, elle n'en est pas

(1) Arrêt de la cour d'Amiens du 24 avril 1822. Dalloz,
Hyp., p. 32, note 1. Cassat., 11 août 1824. Dalloz, *Loc. cit.*,
p. 29.

(2) Arrêt de Paris du 28 janvier 1812. Dalloz, p. 31 et 32.

(3) *Loc. cit.*, M. Delvincourt, t. 3, p. 169. Dalloz, Hyp.,
p. 25.

moins juridique; car ce serait à tort que les créanciers hypothécaires prétendraient que les frais de scellés sont étrangers à la conservation de leur hypothèque. En conservant les titres de la propriété sur laquelle l'hypothèque est assise, ils ont fait l'affaire de ces créanciers (1).

Mais si les frais de justice n'ont procuré qu'un avantage *spécial*, leur privilége est spécial comme sa cause. Ainsi les frais de vente et de saisie d'un meuble n'ont de privilége que sur ce meuble; les frais de saisie et vente d'un immeuble n'ont de privilége que sur cet immeuble (2). On ne conçoit pas comment le privilége pourrait s'étendre à d'autres meubles ou à d'autres immeubles; car les créanciers, ayant des droits à exercer sur ces der-

(1) Il ne faut pas considérer comme contraire à notre opinion un arrêt de Bordeaux du 20 août 1836 (Sirey, 37, 2, 212).

Cet arrêt s'explique par les circonstances mêmes qui y sont relatées et qui établissent que les frais réclamés par le syndic n'avaient été faits que dans le seul intérêt des créanciers chirographaires.

Mais la cour de Paris, dans un arrêt du 27 avril 1836 (Sirey, 36, 2, 315), dont l'arrêtiste ne fait pas connaître l'espèce, nous semble avoir émis un principe erroné en disant que le privilége auquel peut donner lieu la gestion des syndics ne peut *jamais* s'exercer que sur les valeurs à distribuer à la masse chirographaire.

Il est évident qu'indépendamment du cas que nous venons d'indiquer, on pourrait en citer bien d'autres où le syndic fait l'affaire de tous les créanciers tant hypothécaires que chirographaires.

(2) M. Pigeau, t. 2, p. 267. Delvincourt, *loc. cit.*

niers objets, prouveraient facilement qu'ils ne peuvent être troublés par quelqu'un qui n'a fait aucune avance de frais de justice dans leur intérêt.

§ II.

Des frais funéraires.

132. Les frais funéraires jouissent du second
rang parmi les priviléges généraux. Ils ne sont
précédés que par les frais de justice ; la nécessité
le voulait ainsi. Car, si celui qui a avancé les frais
de sépulture veut être payé sur les meubles du
défunt, il est obligé de faire les frais de justice
pour les faire vendre.

Le privilége des frais funéraires a été accordé
intuitu pietatis, comme dit Loyseau, Off, liv. 3,
chap. 8, n° 5o. Les Romains, peuple religieux pour
les morts, l'avaient consacré par des textes de loi
devenus fameux et toujours cités en cette matière.
« Si colonus vel inquilinus sit is qui mortuus est,
» nec sit undè funeretur, *ex invectis illatis eum*
» *funerandum* Pomponius scribit, et si quid super-
» fluum remanserit, hoc pro debitâ pensione te-
» nere (1). Impensa funeris semper ex hæreditate
» deducitur, quæ etiam omne creditum solet præ-
» cedere, quum bona solvendo non sint (2). »

J'ai dit que le privilége des frais funéraires avait
été accordé *intuitu pietatis*. Les ouvrages des phi-

_____

(1) L. 14, § 1, D. *De relig. et sumpt. funer.* Pand., t, 1,
p. 341, n° 33.

(2) L. 45, D. *De relig.*

losophes et des historiens de l'antiquité sont remplis
des maximes les plus touchantes sur le droit de
sépulture, sur ce dernier hommage rendu à la mémoire d'un citoyen, que Tacite appelait *sortis humanæ commercium*. Les jurisconsultes romains, qui
puisaient dans la philosohie la plupart de leurs
décisions, ont partagé ces sentimens que la nature
a gravés dans le cœur de l'homme (1). En effet,
puisque l'homme l'emporte par la raison sur les
animaux, il serait cruel qu'après sa mort il devînt
leur triste pâture. Aussi Grotius a-t-il dit que les
honneurs funèbres sont moins accordés à la personne qu'à l'humanité. « *Hinc est quòd officium*
» *sepeliendi, non tam homini, id est personæ, quàm*
» *humanitati, id est naturæ humanæ præstari dicitur,*
» *undè publicam hanc humanitatem dixerunt Seneca*
» *et Quintilianus* (2). »

Indépendamment de toutes ces raisons d'humanité, il y a encore une raison de police qui fait
que l'on a cru devoir accorder aux frais de sépulture un privilége éminent. Car la salubrité publique est intéressée à ce que les cadavres ne demeurent sans inhumation. « Hoc edictum justâ
ex causâ propositum est, ut qui funeravit perse-
quatur id quod impendit; *sic enim fieri ne inse-
pulta corpora jacerent* (3). » C'est pour cela que
Balde, Paul de Castro et Salicet (4), et après eux

(1) L. 14, § 7, D. *De relig.* L. *Quidam in suo*, D. *De
condit. inst.*

(2) *De jure pacis et belli*, l. 2, cap. 2, n° 2.

(3) L. 12, § 3, D. *De relig.*

(4) Sur la loi dernière au C. *De neg. gest.*

Decius (1), ont remarqué que « non minùs interest » reipublicæ homines viventes conservari quam » mortuos sepeliri ».

133. Malgré les dispositions précises des lois romaines, qui accordent un privilége aux frais funéraires, et qui disent même qu'ils doivent être déduits de l'hérédité, il s'est cependant rencontré un grand nombre d'auteurs anciens qui ont enseigné que le créancier ayant une hypothèque expresse devait être préféré au créancier des frais funéraires (2), et la supériorité de ce privilége si favorable a eu de la peine à s'établir.

Les auteurs dont j'ai parlé se fondent sur la règle *prior tempore potior jure,* et sur ce que l'hypothèque devait, d'après les principes du droit romain exposés ci-dessus (3), précéder toutes les créances personnelles, les plus favorables, les plus privilégiées. Ils repoussaient l'application de la loi 45 suivant laquelle les frais funéraires doivent tout précéder, en disant que cette loi ne parle que des créances personnelles et non des hypothécaires.

Mais cette opinion, vraiment insoutenable quoiqu'assez généralement adoptée, était combattue par *Rippa* (4), par *Surdus* (5), et notamment par *Fachinée* (6).

(1) Conseil 691, n° 9.
(2) Glose sur la loi 45, D. *De relig.* Neguzantius, *De pign.*, in 2 memb. 5 part., n° 133.
(3) N° 19.
(4) De Peste, T. *De remed. præservativis*, n° 133.
(5) Dec. 112.
(6) Controv., lib. 12, c. 49. Voy. aussi Pothier, Pand., t. 1, p. 573, n° 12.

En effet, la loi 45, en disant que les frais funéraires doivent précéder *omne creditum,* comprenait dans des expressions aussi générales les créances hypothécaires. On ne peut en douter si on rapproche ce passage de celui où il est dit que les frais funéraires doivent être déduits de l'hérédité. Qui dit déduction, dit une chose qu'on ne doit pas compter dans l'actif du défunt. C'est pourquoi on voit par la loi 14, § 1, D. D*e relig.*, ci-dessus citée, que les frais funéraires étaient préférés au droit du locateur, lequel cependant, d'après la jurisprudence romaine, avait une hypothèque tacite sur les meubles conduits dans sa maison.

Il faut convenir néanmoins que cette préférence donnée, par le droit romain, aux frais de sépulture, même sur les créanciers hypothécaires, était une exception dont il n'y a pas d'autre exemple dans le corps du droit. Mais elle n'a rien qui doive étonner. « *Meritò est* (dit Fachinée , *loc. cit.*), *qui* » *opus pium præstitit, præmium quodam modo suæ* » *pietatis agnoscat.* »

134. Les vieux monumens de notre jurisprudence prouvent qu'en France les lois romaines sur la préférence des frais funéraires furent reçues avec plus de docilité. Loyseau, qui écrivait à une époque où l'on suivait encore les principes du droit romain sur les privilèges, assimile les frais de sépulture à une créance accompagnée d'hypothèque privilégiée (1). Plus tard, et lorsque les privilèges acquirent dans notre jurisprudence une

(1) Off., liv. 3, ch. 8, n° 23.

supériorité non contestée sur les hypothèques, celle des frais funéraires, sur tous les autres priviléges, fut moins douteuse que jamais. Elle est enseignée par Basnage (1), par Pothier (2), Delacombe (3), Bourjon (4), et une foule d'autres jurisconsultes rappelés ci-dessus, n° 76.

Néanmoins, Basnage parle d'un arrêt du parlement de Paris, qui adjugea la préférence au locateur, au préjudice d'un marchand qui avait fourni les habits de deuil et frais des obsèques. Mais il est douteux que dans cette espèce il s'agît véritablement de ce qu'on doit appeler frais funéraires. Au reste cette décision est critiquée avec raison par Basnage, en tant qu'elle aurait adjugé la préférence sur les frais funéraires. Mais, quoi qu'il en soit de cet arrêt, on voit par cet historique de notre droit français, si la cour royale de Paris a été bien fondée à dire, dans un arrêt du 27 novembre 1814 (5), *qu'on n'a jamais prétendu que les frais funéraires fussent préférés au privilége spécial du locateur ! ! !*

135. Il faut maintenant expliquer quelles sont les sommes qu'on peut proprement appeler frais funéraires, et qui jouissent du privilége. Car il ne faut pas croire que tout ce qui est dépensé pour l'inhumation soit privilégié.

Les lois romaines offrent à cet égard des documens précieux.

(1) Hyp., ch. 9.
(2) Procéd., civ., p. 193, et Orléans, Int., t. 20, § 9, n° 117.
(3) V° Frais funéraires.
(4) Droit commun, t. 2, p. 687, n° 64.
(5) Dalloz, Hyp., p. 82. *Suprà*, n° 76.

Indépendamment de l'obligation imposée par la loi des Douze-Tables, d'éviter un luxe dispendieux dans les funérailles (1), les jurisconsultes s'étaient appliqués à faire connaître par des décisions spéciales ce qui devait entrer dans les dépenses des funérailles, et donner lieu à l'*action funéraire* dont il est parlé au titre du Dig. *de relig. et impensis funer.*

Par la loi 12, § 6, il est dit que les frais funéraires doivent être arbitrés selon les facultés et la dignité du défunt. « Sumptus funeris arbitrantur » pro facultatibus vel dignitate defuncti. »

La loi 14, § 6, dit que l'action funéraire ne doit être accordée que pour les *impenses*, c'est-à-dire les dépenses nécessaires, et non pas pour les dépenses de luxe appelées *sumptus.*

Cette même loi 14 explique dans plusieurs de ses §§ quelles sont les *impenses* qui doivent être allouées.

Ce sont d'abord les sommes dépensées pour le transport du corps, *in elationem mortui*, et pour disposer le lieu de l'inhumation à recevoir le cadavre. « *Si quid in locum fuerit erogatum* in quem » mortuus inferetur, funeris causâ videri impen- » sum Lebeo scribit, quia necessario locus paratur » in quo corpus conditur (2). »

Ce sont aussi les frais du sarcophage (3).

Et les dépenses faites pour la garde du corps avant sa conduite au lieu de la sépulture (4), et

(1) Cicer., *De legib.*, lib. 2.
(2) L. 14, § 3 et 4. *De relig.*
(3) L. 37, D. Idem.
(4) L. 37 et 14, § 4. Idem.

pour le revêtir de la robe mortuaire que les anciens avaient coutume de mettre sur le défunt (1).

Du reste, tout ce qui est luxe, ornemens et monument n'est pas alloué à titre de frais funéraires (2).

En France, il a toujours été d'usage de ne comprendre dans les frais funéraires proprement dits que ce qui était indispensable pour la sépulture.

Un acte de notoriété du châtelet de Paris du 4 août 1692, fixait ces frais à une somme de 20 livres; mais il n'était pas suivi, d'après Pothier, qui enseigne qu'on s'en rapportait au juge pour arbitrer les frais, eu égard à la qualité du défunt (3).

Pothier cite, dans son traité sur la procédure, un autre acte de notoriété du châtelet, du 24 mai 1694, portant que le privilége des frais funéraires était restreint *par l'usage* au port du corps et à l'ouverture de la fosse; c'est là ce qu'on appelait frais funéraires *du premier ordre ;* que le surplus des frais funéraires, qu'on qualifiait de *second ordre*, ne se payait que par contribution avec les créanciers privilégiés, et par privilége à l'égard des autres créanciers non privilégiés (4).

Je pense que cet usage ne pourrait être suivi aujourd'hui, et qu'il serait difficile de scinder les frais funéraires en deux portions jouissant de priviléges différens. La loi ne leur assigne qu'un privilége unique, qu'un seul et même rang.

(1) L. 14, § 7. Idem.
(2) L. 14, § 5, et 37, § 1. Idem.
(3) Orléans, introd., t. 20, § 9, nº 117.
(4) Procéd. civ., p. 194.

J'ai peine à croire d'ailleurs qu'on n'allouât pas les frais du sarcophage, de garde du cadavre, et du service religieux qui accompagne l'inhumation, pourvu toutefois que ces dépenses fussent modestes et proportionnées à la qualité et à la fortune de la personne. Les lois romaines me paraissent un guide plus sûr et plus raisonnable que les actes de notoriété dont parle Pothier (1).

136. C'est une question que de savoir si les habits de deuil de la veuve et des domestiques doivent compter parmi les frais funéraires.

Il faut convenir qu'il y avait de l'incertitude à cet égard dans la jurisprudence française. Pothier, dans son traité de la communauté, pense, d'après Lebrun, Renusson et autres, que les frais de deuil sont privilégiés comme les frais funéraires dont ils font partie (2). La jurisprudence du parlement de Paris et celle du parlement de Toulouse (3), les considéraient sous le même point de vue. Au contraire, la jurisprudence du parlement de Bordeaux, attestée par plusieurs arrêts, ne les mettait pas dans la classe des frais funéraires (4). Basnage (5) partage ce dernier sentiment. Il me paraît le seul vé-

(1) Les frais occasionés par les prières et le service funèbre dits *la neuvaine* et du *bout de l'an* ne sont pas privilégiés. Arrêt d'Agen du 28 août 1834 (Dalloz, 35, 2, 152. Sirey, 35, 2, 426.

(2) N° 678.

(3) Catellan, Arrêts.

(4) La Peyrère, lettre F, n° 63, et l. P, n° 108. Salviat, Jurisp. du parl. de Bordeaux.

(5) Chap. 9.

I.   13

ritable, autrefois, comme sous le Code civil. On ne doit entendre par frais funéraires, ainsi que le disent les lois romaines rappelées ci-dessus, que ce qui est dépense *propter funus*, que ce qui est *impense* pour la *sépulture*. Telle est l'opinion de M. Merlin (1), et celle de M. Grenier (2). A la vérité, MM. Tarrible (3), Persil (4) et Dalloz (5), émettent un avis opposé. Mais il ne paraît pas devoir être suivi (6).

136 *bis*. On a demandé si celui qui a payé les frais funéraires avec intention de faire un prêt au débiteur direct de ces dépenses, peut réclamer son remboursement par privilége, bien qu'il n'ait pas stipulé de subrogation.

Quoi qu'en dise M. Persil (7), l'affirmative n'est pas douteuse. Le privilége est accordé à la créance et non à la personne, et d'ailleurs l'art. 593 du Code de procédure civile, qui a probablement échappé à la sagacité de cet auteur, fournit un argument décisif en faveur du prêteur, puisqu'il établit une subrogation de droit pour celui qui a prêté des deniers pour acheter des alimens. La subrogation n'est-elle pas aussi de droit pour la cause

---

(1) V° Deuil.

(2) T. 2, n° 301.

(3) Rép., Privilége, p. 21, col. 1.

(4) Quest., p. 23.

(5) Hyp., p. 25, n° 5.

(6) Et cet avis a été consacré par l'arrêt de la cour d'Agen du 18 août 1834 (déjà cité au n° 135), et par arrêt de Caen du 15 juillet 1836 (Sirey, 37, 2, 229).

(7) Art. 2101, § 2, n° 3.

des frais funéraires plus favorable encore (1)?

§ III.

Des frais de dernière maladie.

137. Les frais de dernière maladie sont ceux qui sont dus « aux médecins, pharmaciens, chi-
» rurgiens, gardes, pour leurs soins et fournitures
» pendant la *maladie dont le défunt est mort* (2). »

Ces dernières expressions sont remarquables. Elles montrent quelle est l'étendue de ce privi-
lége. On ne pourrait le faire remonter à des frais dus pour une maladie antérieure, quand même, dit Brodeau (3), copié à cet égard par Basnage (4), *il y aurait des parties arrêtées, ou des cédules ou obligations.* C'est ce qui a été jugé par différens arrêts du parlement de Paris, et notamment par un arrêt du 30 mars 1638. Cette jurisprudence est conforme à l'opinion de *Bacque* (5), de *Maynard* (6), de *Papon* (7), de *Mornac* (8).

Brodeau donne ainsi la raison de cette différence. « C'est qu'à l'égard des maladies guéries, l'apothi-
» caire faisant crédit au débiteur suit sa foi, ren-

(1) M. Delvincourt, t. 3, notes, p. 270, n° 2. Dalloz, Hyp., p. 26.

(2) Pothier, Procéd. civile, p. 194.

(3) Sur Louet, lettre C, sect. 29, n° 4.

(4) Hyp., ch. 9.

(5) Droit de justice, ch. 21, n° 274.

(6) T. 1, liv. 2, ch. 47 et 48.

(7) Arrêts, liv. 16, t. 61.

(8) Sur la loi 45, *De relig. et sumpt. funer.*

» tre dans le droit commun, et renonce tacitement
» à son privilége. Au lieu que, la personne qui a
» reçu l'assistance n'étant plus au monde pour
» avoir soin d'une dette si charitable et si favora-
» ble, la loi y emploie son office et donne un pri-
» vilége (1). »

Je crois qu'on peut ajouter que, la dernière maladie étant la plus grave, et le malade étant aux
prises avec la mort, l'humanité s'oppose à ce qu'on
vienne ajouter à ses angoisses par des réclamations
pécuniaires; mais que, pour indemniser les pharmaciens, médecins et autres, de ce silence pieux,
la loi a trouvé juste de rendre leurs créances privilégiées; qu'au contraire, lorsque la maladie n'est
pas mortelle, et lorsque le moment de la convalescence approche ou est arrivé, rien ne s'oppose à
ce que ceux qui ont donné assistance au malade
exigent avec promptitude ce qui leur est dû.

M. Grenier enseigne qu'il y a un seul cas où
l'on peut exiger les frais de maladie du *vivant du
débiteur;* c'est lorsqu'il est tombé en *faillite* ou en
déconfiture (2).

Supposez que le débiteur soit atteint d'une maladie chronique, sa faillite est déclarée. Il serait
sans doute rigoureux de refuser à ceux qui l'ont
assisté le prix de leurs soins.

Mais je n'admets cette exception à la règle générale qu'autant que la maladie durerait encore
dans toute sa gravité au moment de la faillite. Car

(1) *Loc. cit.*
(2) Hyp., t. 2, p. 20, n° 302.

si le malade eût été guéri à cette époque, ou en convalescence, on devrait imputer aux créanciers pour frais d'assistance, de ne s'être pas fait payer.

138. Le privilége pour frais de dernière maladie a beaucoup d'analogie avec celui des frais funéraires. Car, comme ce dernier, il est fondé sur une raison d'humanité. La loi 4 *C. De petit. hæred.* semble les mettre l'un et l'autre sur la même ligne. «In » restituendâ hæreditate, compensatio ejus habe- » bitur quod te *in mortui infirmitatem*, inque » sumptum funeris, bona ex fide, ex proprio tuo » patrimonio erogare probaveris. »

Cependant les interprètes du droit romain pensaient que les frais funéraires avaient la préférence. *Balde* et *Paul de Castro* disent sur la loi citée, « *Im-* » *pensa facta in infirmum præfertur cuicumque credi-* » *tori, post tamen funeris impensam.* »

Loyseau voulait, au contraire, que les frais de dernière maladie concourussent avec les frais funéraires, dans lesquels il les regarde comme compris (1). Mais Pothier dit que dans l'usage les frais de dernière maladie ne passaient qu'après les frais funéraires (2).

C'est cette dernière opinion que le Code a adoptée avec raison.

139. Les frais de maladie ont toujours joui en France d'un privilége éminent : on trouve dans Louet et dans Brodeau (3) différens arrêts du par-

(1) Offices, liv. 3, ch. 8, n° 23.
(2) Procéd. civile, p. 194.
(3) Lettre C, n° 9.

lement de Paris, dont les plus anciens sont des 19 avril 1580 et 8 février 1596, qui ont reconnu ce privilége, et lui ont même donné la préférence sur les créances pour alimens.

Cette prérogative est facile à expliquer. D'abord les remèdes fournis à un malade font partie des alimens. On connaît la règle : *appellatione alimentorum veniunt medicina* (1).

Ensuite combien est plus favorable celui qui donne à l'homme de quoi recouvrer la santé, et qui le soulage lorsque la maladie l'empêche de se livrer aux travaux nécessaires pour soutenir sa vie! Le créancier qui fournit des alimens à un homme bien portant a un juste espoir d'être payé par le travail de son débiteur. Celui qui fournit des médicamens et prodigue des soins à un homme frappé d'une maladie mortelle s'expose à ne recevoir aucune indemnité. Sa position mérite donc d'autant plus de faveur, qu'il fait des sacrifices plus étendus et plus désintéressés.

Ajoutez que les médecins engagent bien souvent leur santé et leur vie en visitant à toute heure les malades qui les appellent; qu'ils ne peuvent pas plus que les pharmaciens, venir accabler de demandes intéressées un malheureux souffrant d'une maladie cruelle; que la délicatesse et l'humanité les obligent en quelque sorte à faire crédit; tandis qu'aucune raison semblable ne met dans la même nécessité les créanciers pour dépense

_____

(1) L. 45, D. *De usuf. et quemad.* Brodeau sur Louet, l. C, somm. 29.

de bouche. Aussi Ulpien a-t-il dit, dans la loi 1, § 2, *D. De variis et extraord. cognit.* : « *Medicorum* » *causa.....justior est, cùm hi salutis hominum curam* » *agunt* (1). »

140. On a douté, dans l'ancienne jurisprudence, si le privilége des frais de dernière maladie devait s'étendre sur les immeubles. Mais l'affirmative a été décidée par un arrêt du parlement de Paris, du 28 février 1604. Depuis, la question s'étant représentée, elle fut agitée avec solennité, et la chambre des enquêtes, après avoir consulté les autres chambres du parlement, jugea, par un arrêt du 12 mars 1611 (2), que le privilége devait s'étendre sur les immeubles.

141. Tous ceux qui sont créanciers pour frais de dernière maladie concourent entre eux, ainsi que notre article le dit formellement, et cela doit être ainsi, puisque, leur privilége procédant de la même cause, ils ne doivent prétendre qu'à un rang unique (3).

141 *bis.* Appliquez ici ce que nous avons dit *su-prà* (4) du paiement des frais de dernière maladie, qui aurait été fait par un tiers (5). Il y a même raison de décider.

_____

(1) Je ne sais si, pour justifier le privilége des frais de dernière maladie, il est nécessaire de dire (comme Brodeau, *loc. cit.*) *qu'il y a un grand rapport entre les rois et les mé-cins !!!*

(2) Brodeau, *loc. cit.* Basnage, Hyp., chap. 9.

(3) *Suprà*, n₀ 87, et art. 2097.

(4) Nᵒ 136 *bis.*

(5) M. Delvincourt, t. 3, p. 270, note 3.

§ IV.

Des salaires des gens de service.

142. Le privilége des gens de service n'existait pas généralement avant le Code civil. On ne l'accordait qu'à Paris, ainsi que nous l'apprend Pothier dans le passage suivant de son traité sur la procédure civile (1) : « Nous avons oublié de parler d'un » privilége qu'on accorde à Paris aux domestiques » de ville pour une année de leurs gages. (V. l'acte » de notoriété du Châtelet de Paris, du 4 août 1692.) » Ce privilége est très-favorable et paraîtrait devoir » être suivi ailleurs ; cependant je n'ai pas vu ce » privilége employé dans les ordres et distribu- » tions (2). »

Ce vœu de Pothier a été réalisé, d'abord par la loi du 11 brumaire an 7, et ensuite par le Code civil. C'est une amélioration faite à l'ancienne législation, dans laquelle des jurisprudences diverses avaient introduit trop de disparates.

Mais il faut prendre garde que le Code civil a été plus loin que le Châtelet. Sous la jurisprudence de ce tribunal, il n'y avait de privilége que pour les *domestiques de ville*. Mais d'après notre article, le privilége paraît devoir s'étendre à tous domesti-

(1) P. 197.

(2) Arrêt de la cour de Paris du 14 thermidor an 11 (Sirey, 7, 2, 1136), qui montre aussi que sous la coutume de Paris le privilége des gens de service n'était fondé que sur l'usage. Loyseau, Off., l. 3, ch. 8, n° 50, parle de ce privilége comme établi de son temps.

ques quelconques, de ville et de campagne, *pourvu qu'ils soient à l'année.*

Je dis pourvu qu'ils soient à l'année, et cette condition est suffisamment indiquée par les termes employés par notre paragraphe.

Ainsi donc les journaliers, tels que moissonneurs, métiviers et autres gens de travail qui sont payés *à la journée,* et dont les salaires se prescrivent par six mois (2271 du C. civ.), ne pourraient se prévaloir du privilége général dont parle l'article 2101. Ce qui prouve clairement que tel est l'esprit de notre article, c'est qu'on verra par l'article 2102, n° 1, que le législateur a cru devoir donner un privilége spécial sur les récoltes aux journaliers employés à ce travail; d'où il suit qu'il n'a pas été dans son intention de les faire participer au privilége de l'art. 2101. Telle est l'opinion de MM. Grenier (1), Delvincourt (2), Persil (3) et Dalloz (4) : elle a été adoptée par arrêt de la cour de Paris, du 30 juillet 1828 (5). Je dois dire néanmoins qu'elle est en opposition avec le sentiment de M. Tarrible (6), et avec deux arrêts : l'un de la cour de Metz, du 4 mai 1820 (7); l'autre de la

(1) T. 2, n° 303.
(2) T. 3, p. 270, note 1, n° 6.
(3) Comment. sur l'art. 2101.
(4) Hyp., p. 26, n° 9.
(5) D. 1828, 2, 238, et par arrêt de la même cour du 1er août 1834, 3e chambre (Sirey, 34, 2, 619. Dalloz, 25, 2, 35).
(6) Répert., Privilége, sect. 1, § 1.
(7) Dalloz, Hyp., p. 30.

cour de Colmar, du 10 décembre 1822 (1). Dans l'espèce de l'arrêt de la cour de Metz, il s'agissait d'un commis principal engagé *par mois*, et dont on supposait, sans que cela paraisse avoir été contesté, que le salaire se prescrivait par six mois aux termes de l'art. 2271 (2). Il est certain qu'on ne doit pas étendre à une pareille créance le privilége de l'article 2101, n° 4; car il n'est attribué qu'à l'engagement formé à l'année. Les priviléges sont de droit étroit : il y a du péril dans les analogies en pareille matière.

Mais d'un autre côté tous les gens de service *à l'année* doivent avoir privilége. La loi du 11 brumaire an 7 ne parlait que des *domestiques*. Notre article emploie une expression plus large : il se sert des mots gens de *service*, ce qui s'étend à toute espèce de service salarié et résultant d'un contrat de louage annuel. Je ne fais donc pas difficulté d'appliquer notre article, non seulement aux domestiques et gens attachés à la personne, mais encore aux commis, secrétaires, agens, qui, moyennant un traitement *fixe à l'année*, font tourner la totalité de leur travail au profit de celui qui les paie (3).

(1) Idem, note 1, et encore avec deux arrêts, l'un de Paris, 3e chambre, du 19 août 1834 (Sirey, 34, 2, 622. Dalloz, 35, 2, 6); l'autre de Lyon du 25 août 1836 (Sirey, 36, 2, 560. Dalloz, 37, 2, 76).

(2) Mais voyez sur cette prescription particulière mon commentaire de la Prescription, t. 2, n° 958.

(3) A l'appui de ce sens donné au mot *gens de service*, voy. un arrêt de la cour de cassation du 30 décembre 1828, D., 29,

La cour de Rouen avait pensé qu'un individu spécialement attaché à une maison de commerce pour transporter les marchandises à la brouette, et dont le compte se réglait tous les ans, était un serviteur à gages et devait être mis dans la classe des *gens de service* (1). La cour de cassation en a jugé autrement, et, malgré sa répugnance connue à annuler les décisions des cours royales, elle a cassé l'arrêt de Rouen par arrêt du 1o février 1829 (2). Au premier coup d'œil, on a de la peine à comprendre cette sévérité. Ces mots « *gens de service* » ont une grande étendue, et il semble qu'ils comprennent dans leur latitude celui qui se loue pour faire le *service* de tous les transports de la maison à laquelle il est attaché.

Mais, en réfléchissant sur le point de fait, cette décision est inattaquable. Ce brouettier n'était pas un homme à gages; il n'était payé *qu'en proportion des transports qu'il effectuait.* Son salaire n'était pas fixé à une somme déterminée et convenue à forfait pour un temps certain. C'était un ouvrier, ou un *entrepreneur à tant* le transport, mais non pas un homme de service *à gages* dans le sens de la · loi. Il faut donc approuver la décision de la cour de cassation.

La cour de Paris s'y est conformée par un arrêt rapporté dans la Gazette des tribunaux du 18 oc-

1; 90; et note 1; et un arrêt de la cour de Lyon du 1er février 1831 (Dalloz, 32, 2, 192). Voir encore un arrêt de Paris du 15 février 1836 (Sirey, 36, 2, 153. Dalloz, 36, 2, 79).

(1) Arrêt du 27 août 1825 (D. 26, 2, 14).

(2) Dalloz, 1829, 1, 145.

tobre 1834, qui juge que des ouvriers verriers *à tant la pièce* ne sont pas privilégiés. J'ajoute au surplus que cet arrêt vient encore fortifier ce que je disais tout à l'heure des ouvriers qui ne sont pas à l'année; car, malgré les efforts d'un de nos avocats les plus célèbres, M⁰ Teste, il refusa le privilége aux ouvriers verriers à la journée et au mois. Cette jurisprudence ne peut tarder à rallier à elle tous les esprits (1).

143. Le privilége des gens de service ne s'étend qu'à ce qui est dû pour l'année échue, et à ce qui est dû pour l'année courante.

§ V.

Des fournitures de subsistances.

144. Les alimens qui, sous de nombreux rapports, sont considérés par la loi d'un œil si favorable, ne pouvaient manquer de trouver place dans la série des priviléges. C'est pourquoi le § 5 de l'art. 2101 accorde un rang favorisé à ceux qui

(1) La cour royale de Lyon a jugé, par son arrêt du 25 avril 1836, déjà cité, que les ouvriers d'une fabrique jouissent du privilége de l'art. 2101. En ce point, cet arrêt est conforme à notre opinion; mais, selon nous, cette cour est allée trop loin en étendant ce privilége à des ouvriers loués au mois.

La cour royale de Paris, en rejetant avec raison le privilége réclamé par un conducteur de travaux de maçonnerie (Arrêt du 29 mars 1837. Sirey, 37, 2, 225), nous semble avoir à tort, et sans nécessité, proclamé comme principe que les ouvriers ne peuvent *dans aucun cas* être assimilés, pour le privilége, aux gens de service.

ont alimenté, par des fournitures de subsistances, *le débiteur* et *sa famille.*

Ce privilége est fondé sur l'humanité ; il procède de la même cause que le privilége pour frais funéraires, et frais de dernière maladie, etc. ; mais comme il y a des degrés dans les préférences, on ne peut donner aux fournitures de subsistances qu'une place postérieure aux priviléges que je viens d'indiquer. J'ai cherché à en expliquer la raison, n° 139.

Ce privilége pour alimens avait lieu dans l'ancienne jurisprudence ; Brodeau l'enseigne formellement dans ses remarques sur Louet (1). Un arrêt du parlement de Paris, du 29 décembre 1779, rapporté au Répert. de jurisp. (2), a jugé qu'un maître de pension avait un privilége pour se faire payer de ses pensions ainsi que de ses avances. Les principaux motifs qui ont déterminé cet arrêt (dit l'auteur du Répert.) sont *la faveur des alimens* et celle de l'éducation. Il n'était dû dans l'espèce qu'une seule année, des livres, du papier, et d'autres objets fournis aux enfans.

145. Les *marchands* en détail, tels que bouchers, boulangers, traiteurs et autres, n'ont de privilége que pour ce qu'ils ont fourni pendant les six derniers mois. Mais les maîtres de pension et les marchands en gros ont privilége pour ce qui est dû pendant la dernière année. C'est la conséquence des art. 2271 et 2272 du Code civil, combinés avec l'art. 2101.

146. Le privilége ne doit s'étendre qu'à ce qui

(1) Lettre A, som. 17, note B, et lettre C., som. 9.
(2) V° Pension, p. 229.

est nécessaire pour la subsistance *du débiteur* et *de sa famille.* On ne pourrait y faire participer d'autres fournitures qui seraient d'une nature différente, comme fournitures de liqueurs, etc. (1).

On demande, à ce sujet, si un maître de pension qui aurait fourni à un de ses élèves des plumes, encre, papier, pourrait, sous le Code civil, avoir privilége pour ces fournitures, de même que je viens de faire voir qu'il l'avait d'après la jurisprudence du parlement de Paris.

M. Grenier est d'avis que le privilége a lieu : ce qui me paraît contradictoire avec les principes de cet auteur, qui, quelques lignes plus bas, enseigne avec raison que les priviléges, étant des exceptions, doivent être plutôt restreints qu'étendus (2).

Quant à moi, il me paraît impossible de mettre les fournitures de livres, papier, encre, etc., dans la classe des fournitures de subsistances. Qu'on ait jugé en faveur du privilége dans l'ancienne jurisprudence, où sur ce point il n'existait que des usages et pas de lois écrites, c'est ce que je conçois aisément. Mais aujourd'hui le législateur a parlé. Il faut prendre ses expressions dans leur véritable sens et ne pas forcer les textes.

On demande encore si la fourniture de vêtemens indispensables ne doit pas être assimilée aux fournitures de subsistances. La raison de douter est que la loi 6 au D. *De alim. et cibar. legat.* (3)

(1) M. Tarrible; v° Privilége. M. Dalloz, v° Hyp., p. 22, n° 12.

(2) T. 2, p. 21, n° 304.

(3) Pothier, Pand., t. 2, p. 412, n° 2.

décide que les vêtemens sont compris dans les alimens. « *Legatis alimentis, cibaria et vestitus et habitatio debebitur, quia sine his ali corpus non potest.* » Mais cette loi n'est nullement applicable ici. D'abord je crois qu'il existe une grande différence entre les alimens et les subsistances. Les alimens se prennent, dans certains cas, dans un sens large, tel que la loi romaine le définit; au lieu que les subsistances ne peuvent s'entendre que des comestibles et fournitures de bouche, et répondent parfaitement à ce que les Romains appelaient, non pas *alimenta*, mais bien *cibaria*. Ensuite il faut remarquer que, même dans les lois romaines, le mot aliment n'était aussi largement interprêté que dans les dispositions de dernière volonté; au lieu que dans les contrats on le prenait dans son sens strict, et on ne l'étendait ni aux vêtemens ni à l'habitation (1).

147. Les maîtres et professeurs qui n'ont donné que des leçons, mais qui n'ont pas fait de fournitures de subsistances, n'ont pas de privilége pour ces leçons. Quoi qu'en dise l'auteur du Répert., au mot Pension, en rapportant l'arrêt du parlement de Paris du 29 décembre 1779, ce n'est pas à la faveur de l'éducation que le privilége a été accordé; c'est exclusivement à la faveur des alimens (2). Le mot subsistances est trop clair pour ne pas fermer la bouche sur toutes discussions à cet égard.

(1) L. 18, § 12, D. *De transact.* Pothier, Pand., t. 2, p. 412, note E.
(2) M. Dalloz, Hyp., p. 22, n° 17.

147 *bis.* On remarquera que le privilége constitué par notre article, pour fourniture de subsistances, n'a été établi qu'en faveur des marchands **en
gros** et **en détail** et maîtres de pension : ainsi **tout
individu** qui ne se trouverait pas dans l'une de **ces
trois catégories** n'aurait pas de privilége à prétendre, quelque favorable que fût sa créance (1).

§ II.

Des priviléges sur certains meubles.

ARTICLE 2102.

Les créances privilégiés sur certains meubles sont :

1° Les loyers et fermages des immeubles,
sur les fruits de la récolte de l'année et sur le
prix de tout ce qui garnit la maison louée ou
la ferme, et de tout ce qui sert à l'exploitation de la ferme ; savoir, pour tout ce qui est
échu et pour tout ce qui est à échoir, si les
baux sont authentiques, ou si, étant sous signature privée, ils ont une date certaine ; et,
dans ces deux cas, les autres créanciers ont
le droit de relouer la maison ou la ferme pour
le restant du bail, et de faire leur profit des
baux et fermages, à la charge toutefois de

(1) M. Grenier, t. 2, 304. Persil, Comm., art. 2201, § 5,
n° 1. Dalloz, Hyp., p. 22, n° 13.

payer au propriétaire tout ce qui lui serait encore dû ;

Et, à défaut de baux authentiques ou, lorsqu'étant sous signature privée, ils n'ont pas une date certaine, pour une année, à partir de l'expiration de l'année courante ;

Le même privilége a lieu pour les réparations locatives et pour tout ce qui concerne l'exécution d'un bail ;

Néanmoins les sommes dues pour les semences ou pour les frais de la récolte de l'année sont payées sur le prix de la récolte ; et celles dues pour ustensiles sur le prix de ces ustensiles, par préférence au propriétaire dans l'un et l'autre cas ;

Le propriétaire peut saisir les meubles qui garnissent sa maison ou sa ferme, lorsqu'ils ont été déplacés sans son consentement ; et il conserve sur eux son privilége, pourvu qu'il en ait fait la revendication ; savoir, lorsqu'il s'agit du mobilier qui garnissait une ferme, dans le délai de quarante jours, et dans celui de quinze, s'il s'agit de meubles garnissant une maison.

2° La créance sur le gage dont le créancier est saisi.

3° Les frais faits pour la conservation de la chose.

4° Le prix d'effets mobiliers non payés, s'ils sont encore en la possession du débiteur, soit qu'il achète à terme ou sans terme;

Si la vente a été faite sans terme, le vendeur peut même revendiquer ces effets tant qu'ils sont en la possession de l'acheteur, et en empêcher la revente, pourvu que la revendication soit faite dans la huitaine de la livraison, et que les effets se trouvent dans le même état dans lequel cette livraison a été faite;

Le privilége du vendeur ne s'exerce toutefois qu'après celui du propriétaire de la maison ou de la ferme, à moins qu'il ne soit prouvé que le propriétaire avait connaissance que les meubles et autres objets garnissant sa maison ou sa ferme n'appartenaient pas au locataire;

Il n'est rien innové aux lois et usages du commerce sur la revendication.

5° Les fournitures d'un aubergiste sur les effets du voyageur qui ont été transportés dans son auberge.

6° Les frais de voiture et les dépenses accessoires, sur la chose voiturée.

7° Les créances résultant d'abus et de prévarications commis par les fonctionnaires publics dans l'exercice de leurs fonctions, sur le fonds de leur cautionnement et sur les intérêts qui peuvent en être dus.

SOMMAIRE.

148. Liaison. L'art. 2102 ne statue pas sur le rang des priviléges spéciaux.

149. §I. *Du privilége du locateur.* Il était accordé par les lois
romaines, et comprenait non seulement les loyers, mais
encore tout ce qui était dû pour exécution du bail.
Pour loyers d'héritages urbains, le propriétaire avait
droit *in invectis et illatis;* mais, pour loyers d'héritages
ruraux, il n'avait droit que sur les fruits.

150. Droit français ancien. A-t-il effacé la différence entre les
loyers d'héritages ruraux et d'héritages urbains? Diversité d'opinions. Le Code civil l'a fait disparaître.
Étendue du privilége conféré par notre article.

151. *Privilége du locateur sur les meubles.* Signification du
mot *garnie.* Le privilége s'étend aux livres, habits, vêtemens, linge; mais non aux bagues, joyaux, titres de
créances, et en général à tout ce qui n'est pas *apparent*
et à tout ce qui n'est que *momentanément* conduit dans
la maison. Il s'étend aux meubles qui n'appartiennent
pas au locataire, pourvu qu'ils ne soient pas déposés
momentanément. Dissentiment avec un arrêt de la cour
de cassation. Si le locateur est informé que les meubles
n'appartiennent pas au locataire, le privilége n'a pas
lieu.

151 *bis.* Le privilége du propriétaire s'étend sur les meubles du
sous-locataire.

152. Ce privilége appartient au sous-locateur, à l'usufruitier
qui a loué, etc.

153. Signification du mot *maison* dans notre article.

154. Le propriétaire a privilége pour les avances qu'il a faites
à son fermier, même après l'acte de bail, à l'effet de
mettre la ferme en valeur. Dissentiment avec MM. Grenier et Delvincourt.

154 *bis.* Le locateur a privilége, quelle que soit la forme du
bail, même quand il serait verbal.

155. Mais quand le bail a date certaine, le locateur a privilége non seulement pour l'année échue, mais encore pour les années antérieures non payées et pour tout ce qui est à échoir.

156. Quand le bail est| sous seing privé, le locateur n'a privilége que pour ce qui est échu, l'année courante et l'année à partir de l'année courante, quand même il y en aurait d'autres à échoir. Dissentiment avec MM. Tarrible, Grenier et Persil.

157. En cas de tacite reconduction, on doit appliquer les mêmes principes que pour le cas de bail ayant date certaine. Raison de cela. Dissentiment avec un arrêt de Bordeaux.

158. *Privilége du locateur sur les fruits de l'année.* Il est fondé sur le droit de propriété, et dérive *ex jure soli.* Il comprend les fruits *pendans* aussi bien que les fruits de l'année *récoltés.* Les vins sont compris dans le mot *récoltes.*

159. Quoique le privilége sur les fruits soit limité aux fruits de l'année, le locateur peut se venger sur les fruits de l'année précédente, comme objets garnissant la ferme. Différence entre le privilége sur les fruits de l'année et le privilége sur les fruits de l'année précédente.

160. Le privilége sur les fruits profite au sous-fermier et à tous ceux qui sont aux droits du propriétaire. Il a lieu pour tout ce qui est échu et à échoir.

161. Droit de revendication du *locateur.* Importance de cette exception à la règle que les meubles n'ont pas de suite. Nécessité de la limiter pour ne pas nuire au commerce.

162. Le locateur peut revendiquer les meubles vendus par le locataire. Opinion conforme de Dumoulin, et contraire de M. Grenier. Contradiction de ce dernier auteur. *Quid* si la vente a été faite du consentement du locateur? Renvoi.

163. Le consentement peut être tacite.

164. Si le locateur avait un gage suffisant dans les meubles restans, il ne pourrait empêcher le déplacement des au-

tres meubles. Dissentiment avec les cours de Paris et de Poitiers.

165. Le locateur peut revendiquer les fruits de la ferme déplacés. Réponse à une objection de M. Delvincourt.

165 *bis*. Le locateur n'a pas besoin d'exercer le droit de revendication sur les fruits de l'*année* déplacés. Le déplacement ne fait pas perdre le privilége.

165 *ter*. Conseil donné au bailleur dans le cas où il a des craintes sur la solvabilité de son fermier, et où la ferme manque de locaux pour emmagasiner.

166. Renvoi pour le rang du locateur. Le créancier pour semences et frais de récoltes est préférable au locateur. Telle était aussi l'ancienne jurisprudence. Le créancier pour ustensiles aratoires est aussi préférable au bailleur. Sens du mot *ustensiles*.

167. Si le locataire fait transporter ses meubles dans une autre maison nouvellement louée, le précédent locateur peut les y revendiquer, à moins qu'il n'ait connu le déplacement et qu'il ne s'y soit pas opposé.

168. § II. *Du gage*. Fondement du privilége du gagiste. Son ancienneté.

169. Le gagiste doit être saisi, si ce n'est dans le cas où l'on est convenu que la chose serait déposée en mains tierces.

169 *bis*. Dissentiment avec Ferrières et M. Grenier, qui pensent que le gagiste est préférable aux créanciers pour frais funéraires. Réponse à l'argument tiré de ce que le débiteur commun n'a pas la possession de la chose lorsqu'elle est en gage. Outre que le débiteur a la possession civile, il reste *propriétaire*.

170. Nécessité d'un acte public constatant le gage, afin d'éviter les fraudes. Un acte privé, mais ayant date certaine, suffit. Sans cela point de privilége. Mais cette stipulation contractée par l'écriture n'est pas exigée lorsque le gage ressort indirectement des conventions, comme dans le cas de bail, etc. La nécessité de l'écriture a même lieu pour les matières de commerce.

171. Le gage n'a pas lieu sur la chose d'autrui. Mais le ven-

de suite, il devait le stipuler *expressément*. Clauses dont on se servait. Embarras où sont quelquefois les jurisconsultes français pour comprendre ces stipulations, bien éloignées du système de notre législation moderne.

182. Ancienne jurisprudence. Introduction du privilége dans les pays de droit écrit par voie détournée.

183. En pays coutumier, les coutumes établirent le privilége du vendeur sur les meubles, et la jurisprudence l'étendit aux immeubles.

184. Système du Code civil. Il a adopté l'ancienne jurisprudence. Il accorde privilége, quand même la vente aurait été faite avec terme, et quand le vendeur aurait suivi la foi de l'acheteur.

184 *bis*. Pour que le vendeur exerce le privilége, il faut que la chose soit en *possession* de l'acheteur.

185. Elle ne serait plus en *sa possession* dans le sens de notre article s'il l'avait donnée en gage.

185 *bis*. Le privilége se perd si la chose n'existe plus en nature.

186. Le locateur est préféré au vendeur, à moins que le locateur n'ait été informé que les meubles introduits chez lui étaient affectés au vendeur. Conseil donné au vendeur pour la conservation de son droit.

187. Le privilége du vendeur a lieu, même pour vente de meubles *incorporels*. Dissentiment avec M. Persil et avec la cour de Paris.

187 *bis*. De la *revendication* du vendeur. Elle est fondée sur le droit de propriété.

188. Elle avait lieu dans le droit romain quand le vendeur n'avait pas suivi la foi de l'acheteur.

189. Sens de ces mots, *fidem sequi*.

190. Importance de la revendication chez les Romains, qui n'accordaient au vendeur ni privilége ni clause résolutoire tacite.

191. En France, on introduisit la clause résolutoire tacite dans tout contrat.

192. Mais cela n'empêche pas de conserver la revendication.

193. Le Code civil a suivi ces erremens. Réponse à ceux qui pourraient dire que la clause résolutoire tacite et la revendication font double emploi. Différence entre ces deux droits. Le droit de revendication est une exception à l'art. 1583.

194. Des conditions exigées pour pouvoir revendiquer. 1re *condition*, que la vente soit *sans terme*.

195. 2e *condition*, que la chose soit *en la possession* de l'acheteur. Différence à cet égard avec la coutume de Paris.

196. 3e *condition*, que la chose soit dans le même état. Sens de cette disposition.

197. 4e *condition*, que la revendication soit exercée dans la huitaine de la livraison.

198. Si ces conditions manquent, le vendeur pourra se prévaloir de la clause résolutoire.

199. Sens des mots, *vendeur non payé*. Dissentiment avec M. Grenier, qui pense que le vendeur n'est pas privilégié si dans le paiement il a suivi la foi de l'acheteur.

199 *bis*. Un paiement en billets n'est satisfactoire que sauf encaissement. Dissentiment avec différens arrêts.

199 *ter*. Mais un paiement en billets non échus empêcherait la revendication ; car ce serait accorder terme.

200. La revendication en matière de commerce est régie par des lois spéciales. Le privilége n'y a même pas lieu toutes les fois qu'il s'agit d'opérations réciproques de commerce. Raisons de cela.

200 *bis*. Tout ce qui vient d'être dit de *la vente* ne s'applique pas à l'échange.

201. § V. *De l'aubergiste*. Son privilége découle de la coutume de Paris.

202. Il ne s'applique pas aux teneurs de maisons déshonnêtes, de maisons de jeu, et de cabarets où l'on donne à boire *aux gens du lieu*. Il n'a lieu que contre les *voyageurs*.

203. Il s'étend aux dépenses, même excessives, faites dans l'auberge.

204. L'aubergiste peut saisir les objets introduits dans son au-

berge, quand même ils ne seraient pas la propriété du
voyageur, à moins qu'il n'eût su qu'ils n'étaient pas à
lui. Il ne peut saisir les habits qui vêtissent le voyageur. Exemple mémorable d'un manque d'humanité.
Mais il peut saisir les bêtes de trait et de selle introduites chez lui. Sens du mot *effets*. Les effets introduits
depuis l'arrivée du voyageur répondent des dépenses
faites *avant* leur introduction, mais toujours *depuis*
l'arrivée du voyageur.

205. Réfutation de ceux qui pensent que le privilége de l'aubergiste est supérieur aux frais funéraires.

206. Le privilége de l'aubergiste se perd s'il laisse sortir les
effets de son auberge.

207. § VI. Privilége du *voiturier*. Son privilége n'est pas fondé
sur la possession. Réponse à diverses objections.

207 *bis*. La chose actuellement voiturée ne répond pas des frais
d'un voyage précédent.

208. § VII. Privilége sur les *cautionnemens*. Énumération
des fonctionnaires soumis à en fournir.

209. Différence entre les cautionnemens des comptables et
ceux des officiers ministériels.

210. Les cautionnemens de ceux-ci ne répondent pas des
amendes.

211. Privilége du second ordre du bailleur des fonds du cautionnement.

211 *bis*. Renvoi pour les priviléges résultant du droit commercial.

COMMENTAIRE.

148. En commentant cet article, mon plan sera
celui que j'ai suivi en m'occupant de l'article précédent.

Je remarque d'abord que notre article en faisant
l'énumération des priviléges spéciaux, se tait sur
l'ordre qu'ils doivent avoir entre eux, et que par

conséquent la série de numéros qu'il emploie n'est pas une série d'ordre : c'est la conséquence de ce que j'ai dit *suprà* (1).

149. § I. Privilége *du locateur.*

Les lois romaines avaient favorisé le propriétaire d'une maison louée en lui donnant une *hypothèque tacite* sur les choses introduites dans cette maison. Les effets de ce droit étaient les mêmes que ceux qu'engendre en France le privilége du locateur qui affecte les choses comme l'hypothèque.

« Eo jure utimur ut quæ in *prædia urbana* in- » ducta, illata sunt, pignori esse credantur, *quàsi* » *id tacitè convenerit.* In rusticis prædiis contrà » observatur. » L. 4, D. In quib. causis pign. vel hyp. tacit.

Ce nétait pas seulement pour les loyers que le propriétaire avait un droit de gage sur les meubles du locataire ; c'était encore pour les dégradations que ce dernier pouvait avoir commises (2).

Comme on vient de le voir dans la loi 4 citée tout à l'heure, le droit de gage n'avait lieu que pour les loyers des héritages urbains, mais non pas pour les héritages rustiques (3). En ce qui concerne ces derniers, le propriétaire avait une hypothèque tacite sur les fruits de l'héritage donné à bail. « In prædiis rusticis fructus qui ibi nascuntur, » tacitè intelliguntur pignori esse domino fundi

_____

(1) Nos 40 et 56.

(2) L. 2, *In quib. causis.* L. 4, D. *De pactis.*

(3) Voy. aussi les lois 5, C. *In quib. causis;* et 5, D. *De locat. et conduct.*

» locati, etiamsi nominativè id non convenerit (1). »

Cujas nous a donné l'origine de cette différence entre les droits du locateur d'héritages ruraux et du locateur d'héritages urbains. Anciennement, dit-il, les conducteurs d'héritages ruraux avaient coutume de s'obliger par une disposition expresse à engager, pour sûreté des fermages, les fruits provenant de la ferme; mais ils ne promettaient pas d'hypothèque sur les objets mobiliers garnissant les bâtimens d'exploitation, parce que le locateur était suffisamment garanti par son droit sur les fruits de la chose. Mais en ce qui concerne les héritages urbains qui par eux-mêmes ne produisent pas de récoltes, les locataires avaient pour usage d'obliger *expressément* au paiement des loyers les meubles qu'ils apportaient dans la maison qu'ils devaient habiter. Cujas trouve la preuve de cet ouvrage dans la loi *Si servus*, § *Locati*, D. *De furtis*. Par la suite, continue-t-il, on s'accoutuma tellement à ces stipulations, qu'on les sous-entendit de plein droit, lorsqu'elles n'étaient pas exprimées. « *Quod vulgò fieri solet, abit in legem, et* » *habetur pro facto vel pro dicto, etiamsi dictum* » *non sit* (2). Denique paulatim obtinuit, ut locato prædio rustico, *fructus* ob mercedem tacitè » pignorati essent, non *inducta et illata*, nisi id » nominatim convenisset (3); locato autem prædio » urbano, ut inducta et illata ob mercedem pignori

---

(1) L. 7, D. *In quib. causis.*
(2) L. ult., C. *De fidejussor.*
(3) L. 1, D. *De salv. interdicto.* L. 5, C. *In quib. causis.* *Inst. de Act.,* § *Interd.*

» essent, etiamsi nihil nominatim convenisset; id-
» que indistinctè *sive locator scivisset quœ inducta*
» *essent, sive ignorâsset* (1). »

150. La jurisprudence française, qui sut s'appro-
prier tant de précieuses dispositions du droit romain, convertit en privilége l'hypothèque tacite
du propriétaire, et, comme le dit Pothier (2), ce
privilége devint un des plus célèbres parmi les
priviléges spéciaux.

Cependant le droit romain fut modifié en un
point: C'est que dans plusieurs coutumes l'on rejeta la différence entre le locateur d'héritages urbains et le locateur d'héritages ruraux, et que le
privilége fut accordé aux derniers comme aux
premiers *in invectis et illatis* (3).

Mais dans les coutumes muettes, c'était une
question diversement résolue, que de savoir si l'on
devait appliquer la disposition du droit romain,
ou bien celle de la coutume de Paris. Ricard (4),
Ferrières (5), Auzanet (6), pensaient que le privilége ne pouvait pas être étendu aux maisons des
champs. Brodeau (7) était d'une opinion contraire, ainsi que Loisel (8) et Pothier (9).

(1) Cujas, sur la loi 4, D. *De pactis.*

(2) Orléans, t. 20, § 9, p. 681, introd.

(3) Paris, art. 171 et Orléans. Basnage, Hyp., chap. 14.
Pothier, Procéd., 194. Brodeau, art. 161. C. de Paris.

(4) Art. 171, Cout. de Paris.

(5) Idem.

(6) Idem.

(7) Art. 161, anc. Cout. de Paris.

(8) Inst. cout., Louage, n° 7.

(9) Louage, n°ˢ 227 et 228.

Le Code civil a voulu que le privilége du locateur eût lieu non seulement sur ce qui garnit les maisons de ville, mais encore sur ce qui garnit les métairies, maisons de ferme, etc.

De plus, le propriétaire de la ferme a privilége sur les fruits et récoltes qu'elle produit.

Enfin, d'après notre article comme par le droit romain, le privilége a lieu non seulement pour les loyers, mais même pour les dégradations commises par le locataire et pour tout ce qui concerne l'exécution du bail.

Pour éclaircir cette matière, j'examinerai d'abord ce qui concerne le privilége du propriétaire sur les meubles; je parlerai ensuite de ce qui concerne le privilége sur les fruits.

151. Le privilége sur les meubles pour les loyers et fermages comprend tout ce qui a été mis dans la maison ou la ferme pour la *garnir*. C'est ce qui résulte des termes de notre article. Ainsi les animaux qui sont conduits dans la ferme par le bailliste, les marchandises que le négociant dépose dans la boutique qui lui est louée, sont affectés au privilége. Une boutique, en effet, est destinée à être garnie de marchandises; une ferme est destinée à être garnie d'instrumens aratoires, d'ustensiles de labour, de bêtes de somme et de trait. En louant ces choses, le propriétaire a dû penser que cette destination serait remplie, et que cela assurerait le paiement de ses loyers (1).

Mais on ne peut considérer comme meubles gar-

(1) Pothier, idem, 227 et 249; et Pandectes, t. 1, p. 564, note 6, *In quibus causis*, etc.

nissant la maison, les *pierreries*, *bagues*, *obliga-tions*. Ces objets, n'étant pas apparens, ne sont pas frappés par le privilége du propriétaire (1). Il en est de même de l'argent comptant (2), que le bailliste peut enlever quand il le veut, sans que le propriétaire s'en aperçoive; ce dernier n'a jamais pu considérer comme faisant partie de son gage des choses dont l'existence lui a été forcément inconnue.

A l'égard des livres composant une bibliothèque, du linge de corps, des habits et vêtemens, quoi-qu'ils ne soient pas meubles meublans, néanmoins comme ce sont des objets qui garnissent la maison, ils sont soumis au privilége, d'après l'opinion commune des docteurs (3).

On ne doit pas soumettre au privilége les meubles qui sont momentanément déposés dans la maison et qui n'y ont pas été apportés pour la garnir. C'est ce que décide la loi 32, D. *De pignorib. et hypoth.* « Eos duntaxat qui hoc animo à domino » inducti essent, ut ibi perpetuo essent, non tem- » poris causâ accommodarentur, obligatos (4). » Ainsi si un fermier empruntait *momentanément* des instrumens aratoires, et qu'il les déposât dans sa ferme, le propriétaire locateur ne pourrait y prétendre de privilége (5).

(1) Brodeau sur Paris, art. 161, n° 7. Auzanet, id. Grenier, t. 2, n° 310.

(2) Ferrières, Paris, art. 171. Glose, n° 18.

(3) Sur le § *Item servian.*, Inst. *De act.* Ferrières, *loc. cit.*

(4) Pothier, Pand., t. 1, p. 564, n° 7.

(5) Domat, liv. 3, t. 1, sect. 5, n° 16. Grenier, t. 2, p. 32.

Mais si les meubles empruntés ou appartenant à un tiers étaient introduits dans la maison louée pour y rester, le privilége les atteindrait. C'est fort mal à propos que la cour de cassation a avancé le contraire dans les considérans d'un arrêt du 22 juillet 1823 (1), où elle dit que le privilége du propriétaire ne porte que sur ce qui appartient au locataire ou au fermier. Cette proposition est contraire au texte de notre article qui fait peser le privilége *sur tout ce qui garnit* la maison ou la ferme. De plus, elle était inutile pour justifier la solution que la cour de cassation voulait faire prévaloir. L'art. 1813 du Code civil fournit un argument décisif contre l'opinion de la cour de cassation. Car cet article veut que si parmi les animaux qui garnissent la ferme, il en est quelques uns qui soient donnés à cheptel au fermier, le locateur puisse prétendre sur eux un privilége, à moins que le bailleur à cheptel ne lui ait notifié l'état des choses. La cour de cassation avait-elle oublié que, par application de cet article 1813, elle avait décidé, par arrêt du 9 août 1815 (1) que le privilége du locateur affecte les animaux donnés à cheptel, lors même que la signification n'a été faite que *postérieurement* à l'introduction de ces animaux dans le domaine affermé? Décision tout-à-fait juridique; car, aussitôt introduits dans la ferme, les bestiaux sont saisis

---

Tarrible, Rép., vᵒ Privilége, p. 24. Arrêt de la cour de cassat. du 22 juillet 1823. Il est mal motivé, mais juste au fond. Dall., Hyp., p. 38, 39. *Infrà*, nᵒ 173.

(1) Dalloz, Hyp., p. 38, 39.
(2) Id., p. 38. Sirey, 20, 1, 469.

par le privilége du propriétaire, et on ne peut les garantir de cette affectation que par une dénonciation préalable. Un système contraire pourrait donner lieu à beaucoup de fraudes.

Tenons donc pour certain que le privilége grève les objets appartenant à des tiers lorsque ces objets sont destinés à garnir l'appartement ou la ferme. C'est ce qu'a fort bien jugé la cour de Paris par arrêt du 26 mai 1814 (1), en décidant que les meubles pris à loyer par le locateur d'un appartement sont soumis au privilége du propriétaire de la maison, lorsque la signification n'a eu lieu qu'après l'introduction des meubles.

Mais s'il était notoire que les meubles introduits n'appartenaient pas au locataire, alors on pourrait, d'après les circonstances, et sans qu'il y ait eu signification officielle, admettre que le privilége n'a pas eu lieu. C'est ce qu'a jugé la cour de Poitiers par arrêt du 30 juin 1825 (2), dans une espèce où un propriétaire avait fait saisir parmi les meubles de son locataire, maître de pension, ceux d'un de ses élèves. La cour pensa, non sans fondement, qu'il était connu que les pensionnaires avaient des meubles à eux, et que le locateur n'avait pas dû compter sur ces objets pour s'indemniser de son dû.

C'est aussi par des circonstances de fait qu'il faut expliquer un arrêt de la cour de Paris du 2 mars 1829 (3), qui a jugé qu'un propriétaire ne pouvait

(1) Dalloz, Hyp., p. 38, Grenier, t. 2, n° 311. Persil, Com., art. 2102.

(2) Dalloz, 26, 2, 56.

(3) Dalloz, 29, 2, 128.

se payer sur un meuble appartenant à un tiers et introduit dans l'appartement *depuis* l'entrée du locataire. Dans cette espèce, il s'agissait d'un individu qui avait *loué en garni* et qui par conséquent n'avait pas pu espérer de se faire payer sur les meubles de son locataire, puisqu'il n'en avait apporté aucun dans l'appartement, au moment où il y était entré (1).

151 *bis*. Si le locataire a cédé son bail à un autre, le propriétaire a les mêmes droits sur les meubles de celui à qui la rétrocession a été faite. La raison en est que le privilége est fondé sur l'occupation des meubles et non sur le bail. Peu importe donc que le propriétaire n'ait pas contracté avec le sous-locataire. Par cela seul que les meubles occupent la maison, ils sont affectés aux droits du propriétaire (2). C'est ce qui résulte des lois romaines (3), et de l'art. 820 du Code de procédure civile.

Mais il faut remarquer que la mesure des droits du propriétaire se règle sur les obligations contrac-

___

(1) C'est encore avec raison que la cour suprême, par arrêt du 31 décembre 1833 (Sirey, 34, 1, 852. Dalloz, 34, 1, 335), a reconnu que le propriétaire locateur d'une salle de spectacle n'avait pas privilége, pour les loyers, sur le matériel du théâtre appartenant à un tiers, alors que la notoriété publique et même une dénonciation faite à ce propriétaire par un précédent bailleur du mobilier l'avaient suffisamment averti que le matériel n'appartenait pas à son locataire.

(2) Ferrières, art. 171. Paris, glose 1, n° 19. Haberus, 1, 19, t. 2, n° 4; et l. 20, t. 2, n° 9.

(3) L. 11, § 5, D. *De pignorat. act.*

1.   15

tées par le sous-locataire avec celui qui lui a sous-loué. Ainsi, si le sous-locataire n'a passé qu'un bail de 600 fr. avec un locataire qui avait un bail de 1200 fr. avec le propriétaire, ce dernier ne pourra poursuivre le sous-locataire que jusqu'à concurrence de 600 fr. (1).

Bien plus, le sous-locataire pourra opposer les paiemens faits de bonne foi.

Mais il ne sera pas reçu à se prévaloir des paiemens faits par anticipation (2).

152. Je viens de parler des objets grevés de privilége; je vais examiner quelles sont les personnes qui peuvent s'en prévaloir.

Le propriétaire n'est pas le seul qui ait privilége pour ses loyers et fermages.

D'après l'art. 1717, le locataire peut sous-louer lorsque cette faculté ne lui a pas été interdite.

Le principal locataire, quoique n'étant pas propriétaire, pourra néanmoins prétendre privilége sur les meubles de celui qui sous-loue de lui.

On doit dire que l'usufruitier qui aura donné à bail devra jouir du même privilége que s'il était propriétaire. Il en est de même de tous ceux qui sont aux droits du propriétaire; car le privilége n'est pas attaché à la personne du propriétaire; il dérive du gage, etc.; il passe à tous ceux à qui appartiennent les loyers (3).

(1) L. 11, § 5, D. De pign. act.

(2) Art. 1753 du Code civil, et 820 du Code de procédure civile. M. Tarrible, Répert., Privilége, p. 23, p. 26.

(3) Ferrières, art. 171, Cout. de Paris, n° 2. Tarrible, Privilége, p. 22, in fine.

153. Disons maintenant un mot de la nature de l'objet loué.

Notre article se sert de ces expressions « sur tout » ce qui garnit la *maison louée et la ferme.* » Quel en est le sens positif?

Brodeau, sur l'art. 161 de la coutume de Paris, examine fort doctement ce qu'on doit entendre par *maison* louée. Je ne le suivrai pas dans le luxe de science auquel il s'abandonne. Je me bornerai à dire que ce mot doit s'entendre de tout ce qui est donné à loyer, soit pour *l'habitation des hommes,* soit pour *l'habitation des animaux,* soit pour la *conservation des choses,* comme magasins, granges, étables. auberges, boutiques, cours (1), emplacement quelconque.

154. J'ai dit ci-dessus que le privilége a lieu pour tout ce qui se rattache à l'exécution du bail (2). On demande ce qu'il faut décider pour les avances que le propriétaire fait au bailliste afin de le mettre en état de se livrer à l'exploitation.

Quelques auteurs exigent que ces avances soient établies par l'acte de bail, sans quoi le titre ultérieur qui les constaterait devrait être assimilé à un contrat de prêt ordinaire (3).

Mais il ne paraît pas que cette opinion doive être suivie. Pothier enseigne (4) que « *dans l'usage* on » a étendu à cette créance les droits des seigneurs

(1) Pothier, Louage, n°s 227, 228.

(2) *Suprà*, n° 156.

(3) Grenier, t. 2, n° 309. Delvincourt, t. 3, p. 273, notes. Dalloz, Hyp., p. 35, n° 13.

(4) Louage, no 254.

» de métairie, *surtout* lorsque ces avances ont été
» faites en grains ou autres espèces, et qu'on ne
» peut douter qu'elles ont été faites pour *faire valoir*
» *la métairie;* car, le seignenr de la métairie ayant
» été obligé de faire cette avance pour faire valoir
» sa métairie, il y a même raison que pour le bail. »

C'est en ce sens que s'est prononcée la cour
d'Angers par arrêt du 27 août 1821 (1) ; pour fortifier son argumentation, cette cour a considéré
que les avances faites au fermier pour le mettre à
même d'opérer la culture sont de véritables frais
de récolte, puisqu'ils ont été faits en vue de l'exploitation (2).

En général, ces avances sont très-favorables :
elles sont un secours nécessité souvent par des
circonstances *imprévues*, pour faciliter la mise en
valeur de la ferme. Elles se lient au bail et doivent
jouir de ses priviléges.

154 *bis.* Dans quelle forme doit être dressé le
bail auquel on prétend rattacher le privilége?

(1) Dalloz, Hyp., p. 40 et 41.
(2) Nous croyons pouvoir invoquer à l'appui de notre opinion un arrêt de la cour de cassation du 3 janvier 1837 (Sirey,
37, 1, 151) qui rejette le pourvoi formé contre un arrêt de la
cour royale de la Guadeloupe.

La cour parle, il est vrai, dans ses motifs, des *usages et de la
jurisprudence constante des tribunaux des colonies;* mais elle
n'en avait pas moins à juger si l'art. 2102 du Code civil avait
été violé, et, en rejetant le pourvoi contre un arrêt qui décidait en thèse que les avances et fournitures faites pour l'exploitation d'une habitation jouissaient du privilége établi par
cet art. 2102, elle nous semble avoir tout au moins établi un
précédent favorable à notre opinion.

Le propriétaire a privilége, soit qu'il y ait bail par écrit sous signature privée, ou devant notaires, et même lorsque le bail est purement verbal (1).

Mais quant à l'étendue du privilége, il faut faire une distinction entre les baux ayant date certaine et ceux qui ne l'ont pas.

155. Les baux authentiques ou bien les baux sous seing privé, ayant date certaine, donnent privilége non seulement pour l'année *échue*, mais encore pour les années antérieures dont les loyers et fermages n'ont pas été acquittés.

Cela est conforme aux principes du contrat de louage. Le bail est un acte continu, qui, quoiqu'il se compose de plusieurs années, ne doit pas recevoir d'intermission. C'est vainement que l'on dirait que le propriétaire doit s'imputer de ne s'être pas fait payer les années précédentes ; qu'en laissant s'accumuler les loyers, il nuit aux autres créanciers du locataire, et que, même par fraude ou par collusion, il pourrait supposer n'avoir pas été payé, tandis que réellement il l'aurait été. On répondra toujours qu'il est de la nature du contrat de bail de donner droit au propriétaire, non pas seulement pour une année, mais même pour toutes celles qui lui sont dues.

Il y a plus ; c'est que le propriétaire peut se faire payer par privilége de tout ce qui est *à échoir*. C'est un cas singulier où l'on est autorisé à exiger le

(1) Charondas, art. 161, C. de Paris. Ferrières, art. 171, glose 1, n° 14.

paiement d'une dette avant son échéance. Mais cette anticipation est justifiée par la nature du privilége qui affecte tellement la chose pour la sûreté du paiement, que le législateur a mieux aimé anticiper le terme, que de compromettre les intérêts du créancier privilégié (1).

Remarquons toutefois que le bailleur ne peut exiger le paiement par anticipation, que lorsqu'il se présente d'autres créanciers qui menacent d'absorber par leur concours ses garanties ultérieures. Alors il y a en quelque sorte déconfiture. Dans tous les autres cas où les garanties du bailleur ne sont pas menacées, il doit se contenter des termes échus (2).

Lorsque le concours des créanciers fait craindre que les meubles ne soient pas suffisans pour répondre de toutes les obligations du locataire, et que par conséquent le propriétaire peut exiger par préférence les termes à échoir, la loi qui a cherché à concilier autant que possible tous les intérêts, vient au secours des créanciers, en leur permettant de relouer la maison ou la ferme et de faire leur profit des baux ou fermages, sauf à indemniser le propriétaire de tout ce qui pourrait lui être dû.

Les créanciers exercent ici les droits du locataire, ou pour mieux dire, ils se trouvent subrogés à son bail, quand même la faculté de souslouer serait interdite.

(1) M. Tarrible, Priviléges, p. 24, col. 1, n° 5.
(2) Cassat., 8 décembre 1806. Persil, art. 2102, §.1, n° 16. Dalloz, Hyp., p. 42. Grenier, t. 2, n° 309. Tarrible, v° Privilége.

156. Lorsque le bail est sous seing privé, et qu'il n'a pas de date certaine, ou bien lorsqu'il est verbal, les auteurs distinguent les loyers échus avant l'année courante, le loyer de l'année courante, et l'année à partir de l'année courante.

A l'égard des loyers échus avant l'année courante, M. Tarrible (1), M. Grenier (2), M. Persil (3), pensent qu'ils ne sont pas privilégiés. La raison qu'ils en donnent, c'est qu'on a redouté qu'en accordant un privilége pour des loyers échus et non réclamés, on ne donnât ouverture aux collusions que permettent si facilement de pratiquer les conventions verbales et les actes sans date certaine. On pourrait exagérer le prix de la ferme et le nombre d'années arriérées, frustrer les créanciers légitimes, et se faire un instrument de fraude de la trop grande latitude de la loi. Cette doctrine paraît d'autant plus spécieuse qu'elle semble avoir pour elle le texte même de l'art. 2102 qui ne parle que d'une année à partir de l'année courante, et c'est ce qu'a jugé un arrêt de la cour de Bordeaux du 12 juin 1825 (4).

Quant à l'année courante, MM. Tarrible et Grenier pensent que le propriétaire n'a pas non plus privilége. Mais M. Persil (5) est d'avis que l'année courante doit être privilégiée.

(1) V° Privilége, sect. 3, § 2, art. 5.
(2) T. 2, n° 309.
(3) Art. 2102, D. 1, n°s 14 et 15.
(4) Dalloz, 26, 2, 175. Sirey, 26, 2, 179.
(5) *Loc. cit.*, n° 22.

Enfin, en ce qui concerne l'année à partir de l'année courante, tout le monde s'accorde à dire qu'il y a privilége à cet égard.

Quoi qu'il en soit de ces distinctions, dont la raison ne peut être donnée par les auteurs qu'au moyen d'explications plus ou moins contestées, la cour de cassation a interprété notre article d'une manière plus simple et par cela même plus satisfaisante pour l'esprit, qui répugne toujours à ce qui est embarrassé. La cour suprême a pensé, par arrêt du 28 juillet 1824 (1), que le propriétaire a, en vertu d'un bail verbal, un privilége pour les années échues, l'année courante et l'année à partir de l'année courante; elle se fonde sur ce que, si l'article 2102, dans son § 2, limite le privilége du propriétaire à une année à partir de l'année courante, il ne s'ensuit nullement qu'il ait voulu priver le propriétaire de l'exercice de son privilége pour *loyers échus;* que la restriction, commençant à partir de l'année courante, n'a lieu que par opposition aux loyers *à échoir*, qu'on accorde en entier au propriétaire muni d'un titre ayant date certaine; que l'intention de la loi de conférer au propriétaire qui n'a qu'un bail verbal un privilége pour tout ce qui est échu, résulte des art. 661 et 662 du Code de procédure civile et surtout de l'art. 819 du même Code, qui permet au locateur de faire saisir-gager les meubles garnissant la maison pour tous loyers et fermages échus, *soit qu'il y ait bail ou qu'il n'y en ait pas,* et même d'exercer

(1) Dalloz, Hyp., p. 41 et 42. Sirey, 25,1, 85.

la revendication sur les meubles déplacés et d'y faire valoir son privilége.

Cet arrêt, d'autant plus important qu'il porte cassation d'un jugement du tribunal de Meaux, est motivé de manière à réfuter d'avance toutes les objections (1). Un arrêt semblable avait déjà été rendu par la cour de Rouen le 12 juillet 1823 (2).

157. On demande ce qui doit être accordé au cas de tacite reconduction. Cette question ne me paraît pas sans difficulté.

La tacite reconduction est un nouveau bail que les parties commencent sans écrit, et par un accord volontaire, mais non exprimé.

Si ce bail était en tout conforme au premier, si on devait le considérer comme une répétition pure et simple du premier bail écrit, la difficulté serait assez facilement résolue. On devrait se reporter au bail écrit ayant date certaine, et comme, par le seul fait de l'occupation des lieux, continuée par le locataire après le premier bail, il y aurait rénovation de la même convention, on ne pourrait hésiter à accorder au bailleur un privilége pour les loyers échus et pour les loyers à échoir.

Mais ce qui rend la solution difficile, c'est que la tacite reconduction ne renouvelle l'ancien bail que pour certaines clauses, et pas pour toutes. En effet, il est bien vrai que le prix porté par l'ancien bail et les époques de paiement continuent à être

---

(1) Autre arrêt conforme de la cour de cassation du 6 mai 1835 (Dalloz, 35, 1, 318. Sirey, 35, 1, 433).

(2) Dalloz, Hyp., p, 42, note.

les mêmes. Il est vrai aussi que les autres clauses qui sont de la nature du contrat de bail sont répétées dans la reconduction ; mais il n'en est pas ainsi de la durée de cette reconduction, ni des clauses extraordinaires que contenait le premier contrat (1).

Et en effet, on voit, par les lois romaines que, si le locataire a donné une caution par le premier bail, cette caution n'est pas censée continuer dans la reconduction ; car pour cela il faudrait son consentement (2).

On voit aussi que le bail des héritages ruraux n'était présumé renouvelé que pour un an, et que, quant aux maisons, le locataire n'était tenu des loyers que pour le temps qu'il les avait occupées (3).

C'est aussi dans ces idées qu'ont été conçues les dispositions du Code civil.

L'art. 1738 dit : « Si, à l'expiration des baux » écrits, le premier reste, et est laissé en possession, » il s'opère un nouveau bail dont l'effet est réglé » par l'article relatif aux locations faites sans écrit. »

Et à l'art. 1759, où il s'agit des baux de maisons, on voit que le locataire est censé occuper la maison aux mêmes conditions que dans le bail précédent, *mais pour le terme fixé par l'usage des lieux.* Donc la durée du bail n'est plus la même.

(1) Brodeau, 161, n° 20, Paris, Ferrières, art. 171, Paris, n° 35, glose 1. Pothier, Louage. Répert., v° Tacite reconduction.

(2) L. 13, § 11, D. *Locat. cond.* L. 5, C. *De locat.* Pothier, Pand., t. 1, p. 547, n° 3.

(3) L. 13, §. 1, *loc. cond.* Pothier, Pand., t. 1, p. 546, n° 79.

À l'égard des baux ruraux, la reconduction est censée faite pour le temps qui est nécessaire, afin que le preneur recueille tous les fruits de l'héritage affermé (1). Ce qui offre une nouvelle preuve que l'ancien bail est modifié.

Nonobstant toutes ces raisons, j'estime que l'on doit appliquer au cas de reconduction les mêmes principes qu'aux baux authentiques.

Voici mes raisons de décider.

Un des principaux motifs qui, pour les loyers à échoir, a fait restreindre à une année le privilége du locateur qui ne peut représenter qu'un bail privé de date certaine, c'est la facilité que peuvent avoir le propriétaire et le colon de se concerter ensemble pour exagérer le nombre des années à courir.

Ici cette raison disparaît tout-à-fait. Car d'une part, le prix est fixé par le bail authentique qui a précédé, et qui à cet égard continue à faire la loi des parties; de l'autre, la durée du bail est déterminée par l'usage des lieux ou par la nécessité de l'exploitation.

Rien n'est donc laissé à la mauvaise volonté des parties, et la collusion ne paraît pas avoir de prise.

Ainsi Titius a occupé pendant cinq ans, et en vertu d'un bail authentique, une ferme composée de terres labourables divisées en 5 soles. A l'expiration des cinq ans, le bail continue par tacite reconduction. Titius laisse écouler deux ans sans payer. Sur ces entrefaites des créanciers saisissent

(1) Art. 1774, 1776.

tout le mobilier de Titius. Je pense que le propriétaire sera payé, par préférence, des deux années antérieures qui lui sont dues, et des trois années à échoir. Car, y ayant cinq soles ou saisons,
le bail a été censé continué pour autant d'années
que de soles (1).

Telle n'est pas cependant l'opinion qui a prévalu devant la cour de Bordeaux. Par arrêt du
12 janvier 1825 (2), cette cour a décidé qu le
propriétaire à qui il est dû des loyers par suite de
tacite réconduction, n'a pas de privilége pour les
loyers *échus;* qu'il n'en a un que pour une année
à partir de l'année courante. Mais cet arrêt me
paraît mal rendu. Il est d'ailleurs fondé sur le
faux principe que le bail verbal ne donne pas de
privilége pour les loyers *échus* (3).

158. Je vais parler maintenant du privilége sur
les fruits.

Le propriétaire a privilége sur les fruits *de l'année* produits par l'immeuble pour les loyers non
acquittés. Ce privilége n'est pas fondé seulement
sur l'occupation, comme le privilége sur les meubles. Il repose encore sur le droit de propriété,
car les fruits n'appartiennent en quelque sorte au
fermier que *soluto pretio;* et tant que le canon de
l'année n'est pas payé, le locateur est censé propriétaire *jure soli.*

Le privilége s'étend aussi bien sur les *fruits pen-*

(1) Art. 1774 du Code civil.
(2) Dalloz, 26, 2, 175. Sirey, 26, 2, 179.
(3) *Suprà,* n° 156.

dans de l'année que sur les fruits récoltés. On ne serait pas admis à dire que les fruits pendans sont immeubles, d'après l'art. 520 du Code civil. Car la qualification d'immeubles, donnée aux fruits pendans par racine, doit être restreinte en général aux cas de successions et autres semblables, dont elle doit régler les effets. C'est pourquoi ces fruits peuvent être saisis comme objets mobiliers, pourvu que la saisie soit faite dans un temps voisin de la récolte, et en se conformant à l'usage des lieux (1).

Je crois que parmi les fruits de la récolte on doit comprendre les *vins* qui en proviennent. Car, quoique la confection du vin ne puisse avoir lieu que par des procédés industriels, néanmoins, la destination des fruits d'une vigne étant d'être immédiatement convertis en vin, la véritable récolte est moins le raisin que le vin, qui en est le produit. Aussi dit-on, grammaticalement, *la récolte des vins a été abondante.* Car les vins sont une récolte.

159. D'après les termes formels de l'art. 2102, il semble que le propriétaire n'a de privilége que sur les fruits de l'année. Cependant il y a un moyen de recourir sur les fruits encore existans des années précédentes. C'est de les saisir comme objets mobiliers garnissant la ferme. Tous les auteurs son univoques à cet égard.

Il semble, au premier coup d'œil, résulter de

_____

(1) Ferrières, art. 171, Cout. de Paris, n°s 19 et 20. Tarrible, Privilége, p. 20, col. 2. Art. 626 du Code de procédure civile. Lettre du ministre de la justice du 11 prairial an 13. Sirey, 5, 2, 240.

là que le Code civil a fait une chose illusoire en limitant le privilége aux fruits de l'année; puisque, par une voie indirecté, mais non moins sûre, il peut frapper les fruits des années précédentes.

Néanmoins, il y a une différence entre le privilége sur les fruits de l'année et celui qui s'exerce sur les fruits des années précédentes. C'est que le droit du propriétaire se perd sur ceux-ci, lorsqu'ils ont cessé de garnir la ferme, sauf à lui à exercer la revendication dont je parlerai plus bas, et qui est limitée à un temps assez court. Au contraire, quand le propriétaire se venge sur les fruits de l'année, il n'est pas nécessaire qu'ils garnissent la ferme; il suffit qu'ils soient en la possession civile du fermier, quoique hors des bâtimens d'exploitation (1). Je reviendrai plus tard sur cette distinction.

160. Le privilége sur les fruits appartient au sous-fermier, ou à l'usufruitier, ou à tout autre individu, étant aux droits du propriétaire (2).

Le bailleur, muni d'un bail authentique ou sous seing privé ayant date certaine, peut faire saisir les fruits de l'année, non seulement pour les fermages

(1) La cour royale de Lyon a jugé le 24 février 1836 (Dalloz, 37, 2, 45. Sirey, 36, 2, 414), que le bailleur d'un étang ne pouvait exercer son privilége sur le prix des poissons que son fermier avait envoyés à Lyon, et qui y avaient été vendus par un commissionnaire.

Cet arrêt est fondé sur ce principe que le privilége du bailleur n'a lieu que sur les fruits en la possession du fermier et encore en nature.

(2) *Suprà*, n. 152.

courans, mais pour ceux déjà échus et à échoir (1).

A l'égard de celui qui n'a qu'un acte sous seing privé, appliquez ce qui a été dit au n° 156.

Et dans le cas de tacite reconduction, V. n° 157.

161. *De la revendication et du droit de suite*. Malgré la grande règle du droit français « *que les meubles n'ont pas de suite*, » le locateur est tellement favorable aux yeux de la loi, qu'on a cru juste de faire une exception en sa faveur et de lui donner le droit de revendiquer, dans un certain délai, les meubles *déplacés sans son consentement :* ce délai est de quarante jours, quand il s'agit du mobilier qui garnit une ferme, et de quinze jours, quand il s'agit du mobilier garnissant une maison. La revendication est un moyen de conserver le privilége qui s'échappe et de ramener la chose grevée aux conditions de possession nécessaires pour que le droit réel s'y exerce avec fruit. On suit la chose pour l'arracher des mains du tiers qui fait obstacle au privilége, et pour la replacer dans son ancien état. Ce droit est très-précieux; mais pour qu'il ne nuisît pas au commerce des meubles, il devait être restreint à un temps assez limité. Ce temps court à compter du *déplacement* (2).

162. Puisque le locataire ne peut déplacer des meubles sans le consentement du propriétaire, on doit dire qu'il ne peut les vendre, même de

---

(1) Ferrières, art. 171. Paris, glose 1, n° 21 et suiv. *Suprà,* n° 154 *bis* et 155.

(2) Persil, Com. Delvincourt, t. 3, p. 274, notes. Dalloz, Hyp., p. 37.

bonne foi, sans ce consentement; et que, s'il les
vend, le propriétaire est autorisé à les revendiquer
en mains tierces. C'est ce qu'enseignait Dumoulin (1). Ce jurisconsulte pensait que le droit de
suite et de préférence avait lieu en faveur du propriétaire, *etiam contrà emptores bonæ fidei, modo
intrà breve tempus et rebus exstantibus;* doctrine
professée aussi par Joly, qui, sur l'art. 170 de la
Cout. de Paris, disait que le droit de suite était
fondé sur deux raisons : la première, que les meubles sont tellement affectés au paiement des loyers,
que le fermier ne peut les transporter ailleurs *sans
le congé du propriétaire, sous le pouvoir duquel ils
sont;* la seconde, que s'il les transporte à son
insu, il commet en quelque sorte un larcin.

Je sais que ces principes ne sont pas ceux de
tous les auteurs, et notamment de *Bacquet* (2), *de
Brodeau* (3), de *Ferrières* (4), de *Basnage* (5). Ces
auteurs disent que l'opinion de Dumoulin condui-
rait à un résultat fâcheux, en ce qu'un locataire ne
pourrait pas se servir de son bien, et qu'il n'y
aurait personne qui voulût acheter de ses meubles.
Ils estiment donc que le locataire peut vendre ses
meubles avec liberté, pourvu que la vente ne soit
ni frauduleuse ni faite clandestinement, et qu'elle
ait lieu en plein jour et à la vue de chacun.

M. Grenier adopte ce dernier sentiment dans

(1) Art. 125, Bourbonnais.
(2) Droits de justice, ch. 21, n₀ 229.
(3) Art. 161, n₀ 1.
(4) Art, 171, glose 2, nᵒˢ 12 et suiv.
(5) Ch. 14, p. 70.

son traité des hypothèques (1). Pour moi, je ne puis le partager. Le Code me paraît tellement formel, que je conçois difficilement comment il pourrait se plier à l'interprétation que M. Grenier veut lui adapter, en se servant de doctrines puisées dans des auteurs anciens. Il faut y faire attention!! Les jurisconsultes que j'ai cités tout à l'heure écrivaient sous l'empire de la coutume de Paris, dont les termes étaient loin d'être aussi explicites et aussi ponctuels (2) que l'art 2102 du Code civil. Ils ont donc pu s'abandonner à des divergences de doctrines sur un point livré à la discussion. Mais nous qui avons sous les yeux un texte positif, il ne nous est pas permis de nous en écarter. Or le Code parle d'un *déplacement quelconque :* c'est ce que prouve la généralité de ses termes. Peu importe donc que ce déplacement soit le résultat

---

(1) T. 2, p. 31, n° 311. Je dois remarquer ici que M. Grenier est sur ce point en contradiction avec lui-même. Je lis en effet, p. 30, n° 310, *in fine :* « A l'égard des fruits récoltés, » s'ils n'étaient plus en la possession du fermier, le proprié- » taire ne pourrait les revendiquer *entre les mains d'un tiers* » *qui les aurait acquis de bonne foi, à la différence des meu-* » *bles qui garnissaient la maison ou la ferme.*» Donc on peut revendiquer les meubles entre les mains du tiers qui les aurait acquis de bonne foi. C'est ce qui résulte de ce passage. Mais, à la page 31, je lis précisément tout le contraire. « Le locataire » n'est pas interdit de vendre les meubles et d'en disposer : et » *celui qui les aurait achetés de bonne foi ne serait pas obligé* » de les rétablir.» Cette inadvertance est échappée sans doute à l'estimable écrivain ; mais j'ai cru devoir la relever.

(2) Auzanet a fait remarquer le peu de précision des termes de la Coutume.

d'un simple changement ou d'une vente. Le propriétaire ne doit pas en souffrir (1).

Quant à la raison que l'on donne, que ce serait empêcher le locataire de contracter librement, elle n'est pas d'un grand poids. Car l'acquéreur peut avertir le propriétaire locateur; et d'ailleurs, le temps de la revendication est si court, qu'on ne peut être long-temps inquiet et en suspens.

163. J'ai dit que, pour qu'il y eût lieu à revendication, il faudrait que les meubles eussent été déplacés *sans le consentement* du propriétaire locateur.

Mais ce consentement peut être donné expressément ou tacitement, et je crois que la simple connaissance du transport des meubles, sans réclamation de la part du propriétaire, suffirait pour lui interdire le droit de réclamer.

Toutes les fois que les meubles sortent de chez lui, *eo sciente*, ils cessent de lui servir de gage et de nantissement; et, partant, il n'y a ni droit de suite, ni privilége (2).

Ainsi le propriétaire qui, *avec connaissance*, aurait laissé son locataire sortir de chez lui à l'expiration du bail, et qui n'aurait mis aucun obstacle à l'enlèvement des meubles, ne pourrait plus exercer de recours contre ces objets.

Ainsi, encore, un propriétaire qui sait que les

_____

(1) Voy. Cependant, pour le cas où la vente aurait été faite avec l'assentiment tacite ou exprès du propriétaire, *infra*, n⁰ˢ 163 et 165.

(2) Ferrières, art. 171, glose 2, n° 1261.

objets qui garnissent sa maison sont destinés par leur nature à être vendus, comme, par exemple, des marchandises, ne peut les revendiquer lorsqu'elles sont livrées à l'acquéreur. On ne peut pas dire qu'elles aient été déplacées sans le consentement du locateur (1).

164. On demande si le locataire ou le fermier peuvent enlever quelques uns des objets qui garnissent la maison ou la ferme, lorsque ce qui reste est *plus que suffisant* pour assurer le paiement des loyers *échus* et *à échoir?* un arrêt de la cour de Paris, du 2 octobre 1806, a jugé que ce déplacement ne pouvait avoir lieu, par la raison que *tous* les meubles sont affectés au privilége (2).

C'est aussi le sentiment adopté par la cour de Poitiers, dans un arrêt du 28 janvier 1819 (3).

Mais cette opinion est trop sévère. Elle est en opposition avec un arrêt de la cour de Bourges, confirmé par arrêt de la Cour de cassation, du 8 décembre 1806 (4). Elle exagère la loi qui, se contentant de veiller à l'intérêt du propriétaire, sans vouloir gêner le locataire, ne demande à celui-ci que de garantir les lieux de meubles *suffisans* (5).

165. Les auteurs ne sont pas d'accord sur la

_____

(1) Delvincourt, t. 3. p. 274, notes, n° 8. *Infrà,* n°ˢ 165 et et 165 *ter.*

(2) Sirey, 7, 2, 30. Dalloz, Hyp., p. 43, note.

(3) Dalloz, id.

(4) Idem, p. 42, col. 2.

(5) Art. 1752 du Code civil. Voy. Persil, Com., art. 2102, § 1, n° 4. Favard, Rép., Saisie-Gagerie. Dalloz, Hyp., p. 37.

question de savoir si l'on peut revendiquer les *fruits* de la ferme.

MM. Persil (1) et Tarrible (2) pensent que le privilége sur les fruits cesse tout-à-fait si le fermier ne les a plus en sa possession, ou vient à les vendre ; qu'on rentre alors dans la règle que *les meubles n'ont pas de suite.* Ils se fondent sur le texte des art. 2102 Code civ., et 819 Code de proc. civ. qui, en accordant le droit exorbitant de revendication, ne parlent que des *meubles* qui garnissent la maison ou la ferme, et ne mentionnent pas les *fruits.*

M. Favard est d'une opinion contraire (3). Voici le résumé de son argumentation :

L'art. 2102 donne au propriétaire le droit de revendiquer *les meubles* qui garnissent la ferme. Or, d'après l'art. 520 du Code civ., les fruits détachés du sol sont meubles, et ils garnissent les bâtimens ruraux. L'art. 533 n'est pas applicable ici. Car, si on voulait le prendre à la lettre, il s'ensuivrait qu'on ne pourrait saisir ni les instrumens aratoires ni les bestiaux qui font la principale garantie du propriétaire. Tel n'est pas le sens de l'art. 2102, dans le dernier § du n° 1 ; il emploie le mot *mobilier* comme synonyme de *meubles.* Or, d'après l'art. 533 du Cod. civ., le mot *mobilier* embrasse toute espèce de meubles, et par conséquent les fruits. De plus, il est certain que ces fruits *garnissent* la ferme (4). Par destination naturelle, ils sont

(1) *Loc. cit.*, n₀ 5.
(2) Rép., Privilége, sect. 3, § 2, n° 7
(3) Rép., Saisie-Gagerie, n° 2.
(4) *Suprà*, n° 159.

ce qui garnit les greniers, fenils, celliers, etc. La revendication peut donc s'exercer sur eux de même que sur les meubles meublans (1).

Cette dernière opinion paraît devoir prévaloir. Car si les partisans de l'opinion de MM. Persil et Tarrible s'appuient sur la signification du mot *meubles* employé dans les art. 2102 et 819, ceux qui admettent l'opinion de M. Favard peuvent tirer un égal avantage du mot *mobilier* dont se sert l'art. 2102 dans la partie finale n° 1, et qui tranche la question en leur faveur.

On ne conçoit pas aisément d'ailleurs pourquoi le propriétaire aurait le droit de revendication pour les meubles, et pourquoi ce droit lui serait retiré pour les fruits. Il a le même intérêt à ce que les fruits ne soient pas déplacés à son préjudice. Ils sont souvent sa seule garantie.

M. Delvincourt a cependant donné une raison spécieuse à l'appui du sentiment de MM. Persil et Tarrible (2). « Les fruits étant destinés, dit-il, à » être vendus par le fermier, il faut bien qu'il y ait » sûreté pour l'acquéreur. En conséquence, le loca- » teur n'aurait pas droit de les revendiquer contre » lui. » Je suis aussi de cet avis, et je pense que le droit de revendication ne pourrait pas s'exercer *en cas de vente*. Mais pour quel motif? Ce n'est pas parce que les art. 2102 et 819 s'opposent en général à la revendication des *fruits* de la chose affermée; c'est parce que, s'agissant de choses dont la

(1) M. Dalloz adopte cette opinion, Hyp., p. 37 et 38, n° 26.
(2) T. 3, p. 274, notes, n° 8.

destination est d'être livrées au commerce, le locateur ne peut pas dire qu'elles ont été déplacées
sans son consentement(1). Il est au contraire censé
y avoir acquiescé d'avance; car il a su que son
fermier ne pourrait payer le canon qu'en vendant
les fruits de l'immeuble (2).

L'objection de M. Delvincourt porte donc à faux.
Elle est sans application pour tous les autres cas
où le placement a eu lieu sans qu'il y ait eu vente,
et sans qu'on puisse supposer un acquiescement
tacite du propriétaire.

165 *bis*. Au surplus, puisqu'il s'agit ici de déplacement, je rappellerai une distinction que j'ai
faite ci-dessus entre les *fruits de l'année* et les
fruits des années précédentes (3). Le privilége sur
ceux-ci est subordonné à la condition qu'ils gar-
niront la ferme, tandis que le privilége sur les
fruits de l'année ne dépend pas de cette condition.
Si donc les fruits des années précédentes étaient
transportés hors de la ferme, le propriétaire ne
pourrait conserver son privilége qu'en exerçant la
revendication. Mais quant aux fruits de l'année,
peu importe qu'ils soient déplacés. Tant que le fermier n'en a pas perdu la possession, la revendication est inutile.

Par exemple, Basnage se demande si, lorsqu'un
fermier loue une grange hors de la ferme pour
emmagasiner les récoltes, le maître de la ferme

(1) *Suprà*, n° 163.
(2) *Suprà*, idem.
(3) *Suprà*, 159.

peut suivre les fruits dans cette grange, et y exercer son privilége (1).

Je réponds en faisant une distinction.

Ou il s'agit des fruits des années précédentes ;
ou il s'agit des fruits de la récolte de l'année.

S'il s'agit des fruits des années précédentes, qui
ont été déplacés et transportés hors de la ferme,
comme le privilége n'a lieu sur ces objets qu'en
tant qu'ils garnissent les lieux, il s'ensuit que le
propriétaire devra s'empresser d'en faire la revendication dans les quarante jours, sans quoi son
privilége s'évanouira.

Mais s'il s'agit des fruits de l'année, comme la
même condition n'est pas prescrite, et que l'en-
grangement dans les bâtimens loués hors de la
ferme n'ôte pas au fermier la possession des récoltes, le privilége pourra s'exercer sans difficulté ; il
ne sera pas même nécessaire d'exercer une action
en revendication. Car cette action est un remède
introduit pour empêcher le privilége de s'éteindre;
et ici le privilége n'est pas même compromis. C'est
à quoi ne paraît pas avoir fait assez d'attention un
arrêt de la cour de Poitiers, du 30 décembre
1823 (2). Dans l'espèce de cette décision, les fruits
de l'année avaient été transportés dans une grange
voisine, attendu que la ferme ne contenait pas de
bâtimens. La cour pensa que le propriétaire avait
perdu son droit de suite et que le déplacement était
censé avoir eu lieu de son consentement. C'était

(1) Cap. 9, Hyp.
(2) Dalloz, Hyp., p. 59.

mal envisager les choses. Il ne s'agissait pas de
l'exercice du droit de suite, puisque la chose n'é-
tait pas sortie de la possession du fermier, et que
son déplacement matériel n'était d'aucune importance.

Toutefois et quant au fonds, cet arrêt n'a fait
aucun grief au propriétaire, et voici pourquoi. Le
propriétaire de la ferme se trouvait en concours
avec le propriétaire de la grange, qui, réclamant des
loyers qui lui était dus, avait fait saisir les objets
garnissant cette grange. Or ce dernier n'était pas
obligé de savoir que les fruits qu'on emmagasinait
chez lui étaient grevés du privilége du propriétaire
de la ferme, non payé de ses fermages. Aucune
notification ne lui avait été faite. Il avait donc dû
considérer les récoltes transportées chez lui
comme son gage, et la préférence lui appartenait
sur le propriétaire de la ferme (1), avec d'autant
plus de raison qu'ayant prêté ses greniers pour
conserver la récolte, il avait fait chose utile à tous
ceux qui avaient des droits à exercer sur elle. C'est
en définitive ce qu'a jugé la cour de Poitiers. Mais
les motifs qui l'ont amenée à ce résultat me paraissent mauvais (2), et, tout en arrivant au but, elle
s'est égarée en route.

165 *ter*. Quoi qu'il en soit, les propriétaires de

(1) Basnage, ch. 9. Grenier, Hyp., t. 2, n₀ 312. Delvincourt, t. 3, p. 271, notes.

(2) Toutefois, l'arrêt serait bien motivé si l'année était expirée; car ce ne seraient plus alors des *fruits de l'année*. *Infrà*,
n° 165 *ter*, *in fine*. Mais il m'a semblé que dans l'espèce il s'a-
gissait des *fruits de l'année*.

ferme qui ont des craintes sur la solvabilité de leurs fermiers, devront être fort attentifs à l'exercice de leur privilége et de leurs droits de revendication. Pour cela il faut qu'ils se pénètrent bien des modifications que peuvent éprouver les prérogatives que la loi leur accorde.

Il arrive souvent dans les fermes peu considérables, et lorsque les terres sont très-divisées, que les immeubles donnés à bail manquent de locaux suffisans pour conserver les récoltes. Le fermier est alors obligé de louer des bâtimens pour les emmagasiner. Nous en avons vu un exemple au n° précédent, et déjà Basnage avait prévu la possibilité de ce cas (1).

Le propriétaire de la ferme devra d'abord veiller à la conservation de son droit en ce qui concerne le locateur des greniers; il devra exiger de son fermier qu'il acquitte exactement les loyers dus à celui qui fournit des logemens aux récoltes. Une signification faite à ce dernier dans le but de le prévenir que les choses déposées chez lui sont déjà affectées d'un privilége au profit du propriétaire, ne serait probablement pas suffisante (2); le locateur des granges ou magasins pouvant toujours aspirer à la préférence comme *conservateur* des récoltes qui, sans l'abri qu'il leur a donné, auraient péri sur la place (3).

(1) Hyp., ch. 9. M. Grenier, *loc. cit.*

(2) *Suprà*, n° 150. M. Dalloz pense que la signification suffirait. Hyp., p. 34.

(3) M. Delvincourt, t. 3, p. 271, notes. Art. 191 du Code de commerce, n°s 4 et 8.

Le propriétaire qui voudra conserver son privilége intact, devra donc, s'il a des craintes, s'empresser de faire saisir-gager les fruits, alors qu'ils seront sur ses terres. Il évitera par-là le concours du locateur qui aurait conservé la chose.

Ce n'est pas tout.

Supposons que le fermier soit en règle avec celui qui a loué les granges et magasins dont manque la ferme. Sans doute, tant que l'année ne sera pas écoulée, le propriétaire des terres données à bail pourra aller y chercher les fruits (1) et se payer sur eux par privilége. Car les fruits de l'année ne doivent pas nécessairement *garnir* la ferme pour servir de gage au propriéraire.

Mais si l'année s'écoule sans que celui-ci ait donné cours à son action, les fruits rentreront dans la classe des meubles ordinaires; d'où il suit que, ne garnissant pas la ferme, ils seront dégagés du privilége, et le propriétaire n'aura de droits que comme créancier cédulaire. Il ne pourra saisir les fruits qu'à la condition d'y venir par contribution.

Vainement parlerait-il de revendication.

Elle n'a lieu que dans le délai de quarante jours à compter du déplacement; et si l'année est expirée, il y aura plus de quarante jours.

_____

(1) Non pas par *saisie-gagerie;* car on ne peut saisir-gager que ce qui est dans la ferme ou sur place (art. 819 du Code de procédure civile). Et ici il s'agit de choses sur lesquelles le locateur n'a pas de gage tacite, puisque les fruits sont hors de la ferme. Son droit privilégié dérive *ex jure soli (suprà,* 158). Mais, à défaut de saisie-gagerie, il pourra faire une saisie mobilière dans les formes ordinaires.

De plus, la revendication n'a lieu que lorsque les choses ont été déplacées *sans le consentement du propriétaire*. Or, ici il y a eu consentement tacite. Le propriétaire savait que sa ferme n'avait pas de bâtimens; il savait qu'on ne pouvait conserver les fruits qu'en les déplaçant; ne les ayant pas saisis tout de suite, il a donc acquiescé à ce qu'ils fussent conservés pour une époque ultérieure, et par conséquent déplacés. La revendication est donc impossible.

166. J'ai parlé ailleurs des rapports du locateur avec les autres privilégiés. Je ne reviendrai pas sur cette matière. Mais comme notre article s'occupe spécialement de la concurrence du propriétaire avec le fournisseur ou réparateur d'ustensiles, le vendeur de semences, et le créancier des frais de récoltes, je m'y arrêterai un moment.

Notre article veut que ce qui est dû pour les semences et pour les frais de récolte de l'*année* soit payé sur la récolte par préférence au propriétaire de la ferme.

Cela est conforme à l'ancienne jurisprudence.

Ricard (1) cite un arrêt du parlement de Paris, du 8 mars 1608, qui décide que celui qui a livré des semences est préférable au propriétaire sur le blé en provenant. Il y a pour le cas de vente des semences, une raison d'équité si forte qu'on ne s'arrête pas à la question de savoir si, la chose vendue ayant perdu son espèce primitive pour se convertir en une nouvelle, le privilége est éteint (2).

(1) Sur Paris, art. 171.
(2) Basnage, Hyp., ch. 14, p. 69.

Pothier dit cependant (1) que le privilége de celui qui a fourni les semences ne marche qu'après les *seigneurs des métairies*. Mais il est probable que ce n'était là qu'un usage particulier au ressort de la coutume d'Orléans.

Quant aux journaliers employés pour les récoltes, et aux valets de labour, ils avaient également privilége dans l'ancienne jurisprudence pour leurs journées et leurs salaires, et ils étaient préférés au propriétaire (2).

Dans quelques juridictions, les bourreliers, maréchaux, charrons, prétendaient des droits sur la récolte pour les fournitures qu'ils avaient faites au laboureur : mais la dernière jurisprudence proscrivit avec raison leurs prétentions (3). Le privilége fut restreint aux gens de labour. Il y a aujourd'hui mêmes motifs de décider.

§. Les sommes dues pour ustensiles sont aussi privilégiées par préférence au propriétaire, sur les ustensiles garnissant la ferme.

Je pense qu'il s'agit uniquement ici des ustensiles aratoires et servant à l'exploitation ; en un mot, de ce que les Romains appelaient *instrumentum fundi*.

Ce qui me fait croire que le législateur n'a voulu parler que de ce genre d'ustensiles, et point des ustensiles de ménage, c'est d'abord qu'il s'en explique

___

(1) Orléans, introd., t. 20, nº 120.

(2) Pothier, Procéd., civ., p. 196, et sur Orléans, introd., t. 20, nº 119. Basnage, Hyp., ch. 14.

(3) Pothier et Basnage, *loc. cit.*

dans le même § que celui où il parle du privilége des semences et des récoltes, comme pour englober dans une seule idée tout ce qui procure la récolte des fruits.

Ensuite on ne voit pas comment les ustensiles de ménage auraient mérité une faveur plus particulière que tous les autres meubles garnissant la maison ou la ferme. Au contraire, il est facile de concevoir ce qui a pu porter le législateur à favoriser le créancier de sommes dues pour les ustensiles d'exploitation. Car ces ustensiles procurent au propriétaire la récolte des fruits sur laquelle il a un privilége. Il est donc tout simple que celui qui a vendu une charrue au fermier soit préféré sur cette charrue au créancier des fermages, quand même ce dernier aurait ignoré la vente. Mais lorsqu'il s'agit de ventes ou fournitures d'ustensiles de ménage, dont le propriétaire locateur ne reçoit aucun avantage indirect, et qui ne sont autre chose qu'un gage garnissant la maison ou la ferme, on doit, ce me semble, rentrer dans le droit commun.

Ceci posé, je reviens à la définition du mot ustensiles. La loi 8, au *D. De inst. vel inst. legato*, la donne d'une manière précise, « *In instrumento* » *fundi ea qua fructus quærendi, cogendi, conser-* » *vandi gratiâ parata sunt, sabinus evidenter enu-* » *merat.* » Par les détails dans lesquels entre ensuite la loi, on voit que l'on doit comprendre dans la définition du mot *ustensile*, les charrues, bêches, sarcloirs, les faux, les tonneaux, les charrettes, et *si qua similia dici possunt* (1).

(1) Pothier, Pand., t. 2, p. 395, n° 8. V. un arrêt de la

167. Puisque je parle de quelques préférences accordées par loi sur le locateur, je dois dire un mot d'une question que les auteurs anciens n'ont pas manqué d'indiquer.

C'est de savoir si, lorsque le locataire quitte une maison qu'il occupait à loyer et transporte ses meubles chez un autre locateur, ce dernier locateur doit être préféré au précédent pour le paiement de ce qui est dû.

Bacquet dit que le second propriétaire doit être préféré au premier, parce qu'il a pareil privilége et que, de plus, il a la possession.

Ferrières veut que si le premier locateur fait saisir les meubles dans un délai assez court pour n'être pas considéré comme ayant renoncé au privilége, il vienne au sou la livre avec le second (1).

Je pense que si les meubles sont sortis de chez le précédent propriétaire *eo sciente*, il n'a pas de privilége (2); mais que s'ils ont été enlevés à son insu, le droit de revendication qu'il a la faculté d'exercer sur eux pendant quinzaine, lui donne préférence sur le second locateur qui voudrait réclamer les loyers. C'est l'opinion de Basnage (3) et de tous les auteurs (4).

cour de Bordeaux du 2 août 1831 (D., 32, 2, 200). Il est rendu dans une espèce où il s'agissait de la préférence sur le prix de barriques dues au fournisseur.

(1) Ferrières, Paris, art. 171, glose 2, n° 13.

(2) M. Delvincourt, t. 3, p. 273 et 276, notes.

(3) Hyp., chap. 9.

(4) Delvincourt, t. 3, p. 273, notes, n° 6. Persil, Com., art. 2102, § 1, n° 7. Dalloz, Hyp., p. 38, n°ᵉ 27 et 28.

On opposerait en vain ce que j'ai dit ci-dessus n° 165 *bis*. Mais il y avait dans l'espèce dont je m'occupais alors une circonstance particulière. Celui qui avait loué ses granges était, eu égard au maître de la ferme, un véritable conservateur de la chose. Il avait sauvé les récoltes en les emmagasinant. Ici, on ne peut en dire autant du second locateur, il n'a pas sauvé les meubles et fait chose avantageuse au précédent locateur. Car ces objets pouvaient rester là où ils étaient avant leur déplacement.

§ II.

Du gage.

168. Un second privilége est celui du créancier sur le gage dont il est saisi et qui lui a été donné en nantissement.

Ce privilége est fondé sur ce que le contrat et la possession donnent au créancier un droit *réel* et *spécial* sur la chose mise en gage, de telle sorte qu'il n'est obligé de s'en dessaisir que lorsqu'il est entièrement payé. C'est précisément pour assurer une préférence à un créancier sur d'autres qui ont contracté avec le débiteur, qu'a été mis en usage le contrat du nantissement (1). Cette préférence du créancier-gagiste est souvent rappelée dans les lois romaines, et particulièrement dans les lois 5, § 8 et 17, *D. de Trib. act.* (2) et dans les vieux monumens de notre jurisprudence. Loisel en fait men-

(1) *Suprà*, 5 et 6.
(2) Pothier, Pand., t. 1, p. 410, n° 9.

tion dans ses institutes-coutumières (1), et enseigne que, par une ordonnance de Philippe-Auguste,
la contribution n'avait pas lieu à l'égard du gage
dont le créancier est saisi. Enfin, outre ce qu'en
dit notre article, le Code civil porte, art. 2073 :
» Le gage confère au créancier le droit de se faire
» payer sur la chose qui en est l'objet, par privilége
» et préférence aux autres créanciers (2). »

169. Pour que le privilége sur le gage subsiste,
il faut que le créancier en soit saisi. Il n'y a pas de
gage sans tradition réelle de la chose (3). Cependant le gage a lieu aussi lorsque la chose a été remise à un tiers convenu entre les parties (4).

169 *bis*. Ferrières (5) et M. Grenier (6) se fondent
sur cette possession réelle du gagiste et sur le droit
de rétention qu'elle lui attribue pour soutenir
qu'il doit être préféré à tous créanciers privilégiés
quelconques, même aux créanciers pour *frais de
justice* et *frais funéraires*.

Cette opinion se fortifie de cette considération,
que les créanciers privilégiés ne peuvent se venger
sur les choses de leur débiteur qu'autant qu'elles
sont en sa possession : or la chose donnée en gage
n'est plus dans la possession du débiteur ; elle est
passée dans la possession d'un tiers. Ceux qui veu-

(1) Des Paiemens, art. 13.
(2) Voy. aussi art. 2082 du Code civil.
(3) Inst., § 4, *quib. modis. re cont.* § 7, *de act.* L. 238,
§ *Pign.* 2, D. *De verb. signif.* Art. 2076 du Code civil.
(4) Art, 2076 du Code civil.
(5) Paris, art. 181, n° 1.
(6) Hyp., t. 2, n° 298.

lent la saisir entre ses mains sont donc des créanciers purs et simples qui font valoir les droits de
leur débiteur. Or celui-ci n'aurait pu réclamer la
chose qu'en payant au gagiste ce qui lui est dû.
La même obligation pèse donc sur ceux qui se
mettent à sa place.

M. Tarrible ne partage pas cette manière de
voir (1). Il soutient que la vraie possession du meuble réside sur la tête du débiteur, et qu'elle n'est
pour le créancier qu'*un dépôt;* que rien n'empêche
donc les créanciers privilégiés de suivre la chose
dans les mains du gagiste, et d'y réclamer leur privilége, si la cause en est préférable à celle du gagiste.

Je crois que cette opinion doit prévaloir.

A la vérité, le gagiste possède la chose (2). Mais
sa possession, quelque précieuse qu'elle soit, ne
peut le conduire à la prescription. Le maître de la
chose au contraire prescrit pendant le temps que
son créancier la détient (3). C'est à son profit que
s'écoule le temps destiné à amener la prescription.
C'est ce qui fait dire au jurisconsulte Julien : « *Qui*
» *pignoris causâ fundum creditori tradit, intelli-*
» *gitur possidere* (4). » Il possède donc, puisqu'il
prescrit. Il a la possession appelée civile (5). Sous
un autre rapport, on est encore moins fondé à dire

_____

(1) Répert., Privilége, p. 11 et 12.
(2) L. 35, § 1, D. *De pign. act.* L. 3, § 15, D. *Ad exhib.*
(3) L. 33, § 4, D. *Du usucap. et usurpat.* Pothier, Pand.,
t. 3, p. 145, n° 56.
(4) L. 36, D. *De acq. vel omitt. possessione.*
(5) Dissertation de M. Lerminier sur la possession, intitulée:
De possessione analytica savignianeæ doctrinæ expositio, p. 19

I.   17

que la tradition du gage soustrait la chose aux
priviléges généraux dont il a été parlé ci-dessus.
Car cette tradition n'est pas une aliénation : elle ne
rompt pas les liens qui unissaient la chose à son
maître. Celui-ci en a toujours la propriété, elle est
dans son patrimoine, et puisqu'elle est encore à
lui, les priviléges généraux doivent la frapper. Car
ils pèsent sur la *généralité* des meubles du débiteur
sans exception. Resterait à savoir si la cause des
priviléges généraux est plus favorable que celle du
privilége du gagiste. Mais j'ai démontré ci-dessus
l'affirmative (1). Quant au droit de rétention dont
on veut se prévaloir, il n'est qu'une exception fondée sur la mauvaise foi du débiteur (2), et l'on
sent qu'il n'est pas de grand poids à l'égard des
créanciers qui ont contracté loyalement.

170. Comme un débiteur pourrait mettre tous
ses meubles, ou au moins ses meubles les plus
précieux, entre les mains de personnes affidées,
qui déclareraient les avoir en gage pour leur
dû, tandis que ce ne serait qu'une fraude employée pour tromper de légitimes créanciers, l'art.
2074 du Code civil exige qu'il y ait un acte public,
ou sous seing privé, mais dûment enrégistré, contenant la déclaration de la somme due, ainsi que
l'espèce et la nature des choses remises en gage,
ou un état annexé de leurs qualités, poids et mesure (3).

(1) *Suprà*, n. 74.
(2) *Infrà*, n. 256.
(3) Brodeau, art. 282. Paris, n. 7. Ferrières, art.180.Paris,
n. 3. Arrêt de cassation du 4 mars 1811.

Sans cette garantie donnée aux tiers intéressés, le privilége n'a pas lieu. Il n'y a d'exception à cette règle qu'en ce qui concerne les matières qui n'excèdent pas 150 fr. (1).

Je dois, du reste, faire ici une observation qui m'a paru importante. C'est que les formalités prescrites par l'art. 2074 ne sont indispensables qu'autant qu'il s'agit d'un contrat de gage ou de nantissement contracté d'une manière principale.

Mais si le gage n'est qu'une conséquence nécessaire et accessoire d'un autre contrat qui le renferme implicitement, on ne pourrait alors exiger une application stricte et rigoureuse de l'art. 2074.

J'en donne pour exemple le bail à loyer. Le droit de gage que le locateur a sur les meubles déposés dans sa maison, ne résulte pas de clauses principales du contrat : il est sous-entendu dans tout bail à loyer. Aussi a-t-on vu dans le n° 156 ci-dessus que le propriétaire peut faire saisir les meubles déposés en gage chez lui, même en vertu d'un bail verbal.

On pourrait dire avec la même exactitude que l'art. 2074 ne serait pas applicable à un artisan qui serait saisi de la chose par lui confectionnée ou améliorée, du commissionnaire nanti des objets qu'il est chargé de vendre, etc.

§. Au surplus, quand même le contrat de gage serait contracté d'une manière principale, s'il avait lieu pour *matières de commerce*, ce serait une question de savoir si l'art. 2074 du Code civil lui

_____

(1) Art. 2074 du Code civil.

serait applicable. L'affirmative a été décidée par un arrêt de la cour de cassation du 3 juillet 1820 (1).

171. C'est un principe qu'on ne peut donner en gage la chose d'autrui sans son consentement. *Pignus non constituitur in re alienâ.* Car on ne peut donner à autrui plus de droits qu'on n'en a soi-même.

Suit-il de là que celui à qui appartient la chose peut la revendiquer sur le gagiste? Il est certain que si le meuble avait été volé, le maître pourrait le poursuivre en mains tierces pendant trois ans, quand même le détenteur serait de bonne foi : ici la propriété est plus forte que la possession (art. 2279). Mais si celui qui a donné la chose en gage n'était pas coupable de soustraction frauduleuse, le droit du véritable propriétaire devrait échouer contre celui du possesseur, qui a reçu la chose en gage d'un individu qu'il avait juste sujet de croire investi du droit de propriété. C'est ce que je démontre dans mon commentaire du titre *de la Prescription,* n° 1060.

A plus forte raison, le vendeur non payé ne pourrait-il pas revendiquer la chose sur le gagiste qui en est saisi? A la vérité on doit dire que la chose n'est, en quelque sorte, censée appartenir pleinement à l'acquéreur que lorsqu'il a payé (*nisi soluto pretio*). Mais il n'en résulte pas pour cela que le vendeur puisse inquiéter les tiers saisis de bonne foi par l'acheteur, car il ne peut exercer

(1) Dalloz, Nantissement, p. 398. Voy. *infrà,* différens arrêts cités, n° 178, et l'art. 95 du Code civil.

son privilége que lorsque la chose est dans la possession de ce dernier.

Aussi voit-on que le parlement de Paris par un
arrêt du 10 mars 1607 a décidé que celui qui avait
vendu une tapisserie à crédit, ne la pouvait revendiquer entre les mains d'un particulier à qui elle
avait été donnée à gage, qu'en lui payant la somme
par lui prêtée (1).

J'aurai occasion de revenir sur ce point en parlant du privilége du vendeur (2).

172. L'art. 2079 dit que le gage n'est dans la
main du créancier qu'un *dépôt* assurant son privilége.

En s'appuyant sur cet article, on pourrait élever la difficulté suivante, et demander si le *dépositaire* est privilégié pour ce qui peut lui être dû
sur la chose déposée entre ses mains.

Par exemple, Pierre dépose un écrin de 10,000
francs chez Jacques. Jacques se trouve créancier
de Pierre pour une somme moindre ou plus forte.
Si, les biens du déposant sont saisis, et que Jacques
fasse procéder à la vente par adjudication de l'é-
crin, on demande s'il sera privilégié sur le prix,
et si on devra l'assimiler au gagiste.

Je crois que le dépositaire n'aura aucun privilége à réclamer. La raison en est que la chose ne
lui a été remise ni directement ni indirectement
à titre de gage, qu'il s'en est chargé comme dépositaire pour remplir un office d'ami. *Res ei tradita*

(1) Brodeau, art. 182, n° 5.
(2) *Infrà*, n° 185.

non fuit in pignus, sed deposita, dit Gudin (1); c'est aussi le sentiment de Ferrière (2).

Mais si les sommes dont le dépositaire est créancier procédaient de frais faits par lui pour la conservation du dépôt, alors il serait privilégié comme conservateur de la chose (3), et pourrait même retenir le dépôt jusqu'à parfait paiement (4).

173. Mais prenons le cas inverse.

Le déposant aura-t-il privilége sur la chose qu'il a déposée, et dont les tiers viennent effectuer la saisie en les mains du dépositaire ?

On ne peut pas dire qu'il s'agisse ici d'un privilége. Le propriétaire reprend sa chose, en vertu d'un droit de propriété qu'il n'a jamais abdiqué; il s'en empare malgré les saisissans, parce que ceux-ci ne peuvent saisir que les biens de leur débiteur (art. 608 Code de procédure civile) et qu'ils ne doivent pas être payés sur les choses qui ne lui appartiennent pas. En un mot, c'est une restitution et pas un privilége. « Æquissimum est eis pecu- » nias suas *restitui*, neque enim depositione desie- » runt esse domini », dit Cujas.

Ce que je dis est pour le cas où la chose déposée est trouvée en nature chez le dépositaire.

Mais si la nature n'est plus en nature, le déposant devient un simple créancier personnel, et il ne peut prétendre à aucun privilége (5); car aussi-

(1) Sur l'art. 182, Cout. de Paris.
(2) Paris, art. 182, n° 12 et 13.
(3) Art. 2102, n° 3 du Code civil.
(4) Art. 1548 du Code civil.
(5) Art. 182 de la Coutume de Paris, et 581 du Code de

tôt que la chose n'existe plus en nature, elle donne lieu à une créance, « *abit in creditum,* » et comme aucune loi ne donne prérogative à cette créance, elle ne doit pas en réclamer (1). Mais que devrait-on décider dans le cas où la chose déposée serait entre les mains d'un locataire dont on saisit les meubles?

Ce qui fait difficulté, c'est que le privilége du locateur s'étend non seulement sur ce qui est la propriété du locataire, mais encore sur tout *ce qui garnit* les appartemens loués; d'où il suit que le locateur peut se payer sur des objets qui n'appartiennent pas au locataire (2).

Pour résoudre cette difficulté, il faudra se décider par les distinctions que nous avons faites ci-dessus (3). Ainsi, si les objets donnés en dépôt ne sont pas apparens, ou s'ils ne sont placés dans la maison louée que temporairement (circonstance qui sera la plus ordinaire), le privilége du locateur n'englobera pas la chose déposée (4). Mais si cette

___

commerce. Brodeau, sur cet article, n° 5. Ferrières, idem. L. 5, § 18, D. *De trib. act.* Pothier, Pand., t. 1, p. 410, n° 9.

(1) Les lois romaines faisaient exception à cette règle pour ce qui concerne les dépôts faits chez les banquiers. Comme les personnes qui traitaient avec eux suivaient la foi publique, on donnait à ceux qui leur avaient confié des fonds un privilége général, lorsque les fonds déposés ne se trouvaient pas en nature. L. 7, § 2, l. 8. *Depos. vel contrà.* En France, cette disposition n'était pas suivie. Voy. les auteurs cités à la note précédente.

(2) *Suprà,* 151 et 151 *bis.*

(3) *Loc. cit.*

(4) *Suprà,* n° 151.

chose est apparente, si elle garnit la maison louée
sans que rien indique qu'elle n'est là qu'acciden-
tellement et pour un temps très-court, le privilége du locateur devra avoir lieu. Je donne pour
exemple l'espèce suivante : Pierre, qui habite
Paris, a laissé à Nancy, chez un de ses amis, une
pendule, un lit et une psyché, pour qu'il les lui
conserve jusqu'à son retour, dont l'époque est indéterminée. Si cet ami se sert de ces meubles pour
garnir son appartement, le locateur aura dû compter sur eux comme sur un gage, et ce sera tant pis
pour Pierre s'il n'a pas prévenu ce dernier qu'ils
sont sa propriété. C'est avec ces limitations que je
pense qu'on doit entendre l'opinion de MM. Persil (1), Delvincourt (2) et Dalloz (3).

Ceci sert à apprécier la légalité d'un arrêt de
la cour de cassation, du 21 mars 1826 (4), qui a
décidé que le locateur ne pouvait pas étendre son
privilége aux marchandises qui se trouvent à titre
de dépôt ou de consignation dans les magasins d'un
commissionnaire. Cette solution me paraît juste.
Des marchandises consignées chez un commision-
naire n'y entrent pas pour *garnir* les lieux et les
meubler; elles n'y sont pas introduites pour y de-
meurer, *ut ibi perpetuò essent* (5).

Le contraire a cependant été décidé par arrêt de

(1) Sur l'art. 2102, n° 3.
(2) T. 3, p. 272.
(3) Hyp., p. 34, n° 11.
(4) Dalloz, 1826, 1, 218.
(5) L. 32, D. *Pign. et Hyp. Suprà*, n° 151.

la cour de Paris, du 5 mais 1828 (1). Mais il paraît que dans cette espèce il y avait concert entre le locataire et les tiers pour frustrer le propriétaire. Cet arrêt s'explique donc par des circonstances particulières (2).

§ III.

Frais pour la conservation de la chose.

174. Le motif du privilége des frais pour la conservation de la chose est expliqué d'une manière énergique et vraie par les lois romaines (3) : « *hujus* » *enim pecunia salvam fecit totius pignoris causam.* » Il n'y avait rien de si obscur dans le droit de Justinien que ce qui concerne le privilége de celui qui a conservé la chose. On peut consulter à cet égard le président Favre (4) et Vinnius (5). Cependant l'opinion des meilleurs auteurs était en définitive, d'après la combinaison des différens textes, que le privilége de celui qui faisait des frais pour la conservation d'une chose était purement personnel, sans hypothèque tacite, c'est-à-dire qu'il ne donnait de préférence que sur les créanciers personnels ; mais il ne prévalait pas sur les créanciers hypothécaires (6). C'est cette idée que Perezius

(1) Dalloz, 1828, 2, 113.
(2) V. *infrà*, no 178, plusieurs arrêts qui traitent d'une question relative au privilége du gagiste.
(3) L. 6, D. *Qui potior.* Pothier, Pand., t. 1, p. 573, n° 26.
(4) Conject., lib. 8, cap. 11 et 12.
(5) *Quæst. select.*, lib. 2, c. 4.
(6) *Suprà*, n° 18.

avait résumée en ces termes : « Si mutuans pro
» conservatione pignoris non expressè de hypothecâ
» pactus fuerit, tantùm habebit inter *personales*
» creditores privilegium, non *verà tacitam* hypo-
» thecam (1). »

Pour que le conservateur de la chose eût une
préférence sur les créanciers hypothécaires, il fallait qu'il l'eût expressément stipulée (2). « Vulgò
» creditum est, dit le président Favre (3), eum qui
» pecuniâ suâ, vel præbuit, vel salvam fecit aliis
» creditoribus causam pignoris, hos ipso habere
» privilegium tacitæ hypothecæ, isque inveteratus
» pragmaticorum nostrorum error est, quam et
» plerique judices inferiores passim sequi solent.
» Ego contrà semper putavi non habere istos pri-
» vilegium tantæ hypothecæ, *sed tantùm jus præ-*
» *lationis si expressam habeant hypothecam.* »

On ne faisait d'exception à cette règle qu'en faveur de celui qui avait prêté son argent pour réparer un édifice. Dans ce cas, le prêteur avait privilége et hypothèque tacite. Mais c'était en vertu
d'un sénatus-consulte fait sous Marc-Aurèle pour
ce cas particulier. On ne devait pas l'étendre hors
de son espèce (4).

Si donc l'on voit quelquefois, dans les lois romaines, les frais de conservation l'emporter sur les

---

(1) Code, lib. 8, tit. 18, n° 19.

(2) Par le droit romain, les meubles étaient susceptibles
d'hypothèque. *Infrà,* n° 394.

(3) Code, liv. 8, t. 8, déf. X.

(4) Cujas, lib. 10, Respons. pap. sur la loi 10. *In Quib.*
causis. Vinnius, *Quæst. sel.,* lib. 2, c. 4. Favre, *loc. suprà cit.*

créances hypothécaires, c'est, d'après les meilleurs auteurs, par la raison que le créancier de ces frais avait stipulé expressément un droit de suite sur la chose conservée par ses soins ou par son argent. Telle est la doctrine de Cujas. Noodt, Vinnius, Doneau (1), Bachovius (2), Pothier (3), etc., lesquels réfutent avec raison le système contraire enseigné par *Accurse*, et embrassé par d'autres jurisconsultes de la vieille école, tels que Neguzantius (4) et Covarruvias (5).

C'est donc dans ce sens qu'il faut entendre la loi dont voici le texte :

« Interdùm posterior potior est priore; ut putà
» si in rem istam conservandam impensum est quod
» sequens credidit, velut si navis fuit obligata, et ad
» armandam eam vel reficiendam ego credidero (6).
» Hujus enim pecunia salvam fecit totius pignoris
» causam (7). »

Il faut sous-entendre que l'argent a été prêté à condition que le navire sera hypothéqué au prêteur. Car, comme le remarque Vinnius, aucune loi n'attribue, dans ce cas, d'hypothèque tacite. Les lois 5 et 6, qui viennent d'être citées, ne donnent pas ce droit davantage. Leur objet est de parler de créances qui, quoique postérieures en date, sont

---

(1) *De pignorib.*, cap. 5.
(2) *De pignorib.*, lib. 4, cap. 14.
(3) Pand., t. 1, p. 563, n° 2.
(4) P. 2, memb., 1, n° 162, c. 16.
(5) Lib. 1, cap. 7, n° 3.
(6) L. 5, D. *Qui potior in pignor.*
(7) L. 6, D. *Qui potior in pignor.*

cependant les premières en rang. Parmi ces créances, elles comptent les frais de conservation de la
chose; mais il est indispensable d'admettre préalablement que le conservateur avait eu la précaution
de stipuler une hypothèque en sa faveur; car aucune loi ne le fait pour lui. Si la loi 6 dit que son argent a conservé le gage pour tous les créanciers,
ce n'est pas pour dire qu'il a une hypothèque tacite, c'est seulement pour expliquer comment
l'hypothèque expresse qu'il a stipulée, marche
avant des créances hypothécaires antérieures à la
senne.

Ce qui prouve, du reste, la justesse de cette interprétation, c'est que les lois 26 et 34, Dig., *De reb.
auct. jud.*, n'accordent pour de pareilles créances,
non accompagnées de stipulation expresse d'hypothèque, qu'un privilége purement personnel (1).

174 *bis*. Comme dans notre législation le privilége affecte la chose, la stipulation exigée par les
lois romaines est inutile; d'ailleurs, chez nous, les
meubles n'ont pas de suite par hypothèque. Les
priviléges sur les meubles n'ont donc pas à redouter la rivalité de créanciers hypothécaires.

175. Ces mots, pour la conservation de la chose,
ont une grande latitude.

Ils embrassent tout ce qui a été fait pour réparer
la chose, pour la préserver d'accidens, pour la
sauver d'un péril présent, pour empêcher un détriment.

C'est ainsi qu'un ouvrier qui travaille pour ra-

_____

(1) Pothier, *loc. cit.*, note *a*, et aussi t. 3, p. 186, n° 33.

CHAP. II. DES PRIVILÉGES. (ART. 2102.) 169

douber un vaisseau en mauvais état, procure sa conservation et jouit d'un privilége (1).

C'est ainsi que les victuailles fournies à un bâtiment pour continuer sa navigation ont procuré sa conservation, « *quia sine his navis salva pervenire non poterat,* » dit la loi 6, D. qui potior (2).

C'est ainsi que les frais de garde sont privilégiés; car ils conservent la chose au pouvoir des saisissans, et empêchent que leurs poursuites ne soient rendues inutiles par un enlèvement subreptice (3).

176. On a même été plus loin, et l'on a décidé que l'ouvrier qui améliore une chose a privilége comme celui qui la conserve. Il existe à cet égard deux arrêts : l'un de la cour de Colmar, du 7 mars 1812 (4); et l'autre de la cour de Rouen, du 18 juin 1825 (5). Cette dernière cour dit en termes exprès, « que le créancier ayant un privilége pour » la conservation de la chose, l'a *à plus forte rai-* » *son* par l'augmentation de valeur donnée à cette » chose. » Tel est aussi l'avis de M. Grenier (6).

M. Delvincourt (7) et M. Persil (8) font une distinction. Si celui qui a amélioré détient la chose, il peut la retenir jusqu'à ce qu'on lui fasse compte de la plus-

(1) L. 5, D. *Qui potior.* Art. 190 du Code de commerce , n° 8.

(2) Même article du Code de commerce.

(3) Art. 190, n° 3, du Code de commerce.

(4) Sirey, 12, 2, 300. Dalloz, Hyp., p. 46.

(5) Dalloz, 25, 2, 256. Sirey, 26, 2, 127, 128.

(6) T. 2, p. 36, n₀ 314.

(7) T. 3, p. 274, note 13.

(8) Com., art. 2102, § 3. Dalloz, Hyp., p. 43.

value. S'il ne la détient plus, il n'a pas de privilége.

A cette opinion on peut ajouter celle plus imposante encore de Pothier. Il cite un réglement du mois d'août 1667, d'après lequel les teinturiers avaient sur les marchandises qu'ils avaient teintes un privilége pour les teintures des deux dernières années (1), et dans un autre de ses ouvrages, il semble expliquer par le passage suivant le sens dans lequel on doit prendre ce réglement. « A l'é-»gard des ouvriers qui ont *travaillé* et *façonné* »quelque chose, je pense que leur privilége ne » dure que tant que cette chose demeure en leur » possession, et qu'ils n'ont que la rétention de la » chose, mais que lorsqu'ils l'ont délivrée, ils n'ont »plus de privilége (2). »

Je pense que cette dernière opinion doit prévaloir par les raisons suivantes.

L'ouvrier qui a amélioré la chose et augmenté sa valeur n'a pas de privilége proprement dit à réclamer. Notre article n'accorde de privilége qu'à celui qui l'a *conservée.* Les priviléges sont de droit étroit et ne doivent pas s'étendre par analogie. Celui qui a amélioré la chose ne peut prétendre qu'à un droit de *rétention* jusqu'à ce qu'il soit payé de son dû. Or, ce droit de rétention suppose qu'il a conservé la chose par devers lui, et qu'il n'y a pas dessaisissement.

Je dis qu'il peut prétendre à un *droit de rétention.* C'est ce qui résulte et de la nature des choses

_____

(1) Orléans, introd., t. 20, art. 125.
(2) Procéd. civile, p. 197, éd. Dupin.

et des textes de la loi : de la nature des choses ; car il serait contraire à la bonne foi que le propriétaire qui veut reprendre sa chose n'indemnisât pas l'ouvrier des dépenses qui lui ont donné une valeur plus considérable : du texte positif des lois; en voici la preuve. L'art. 570 du Code civil s'explique en ces termes : « Si un artisan ou une personne quel-
» conque a employé une matière qui ne lui apparte-
» nait pas à former une chose d'une nouvelle es-
» pèce, soit que la matière puisse ou non reprendre
» sa première forme, celui qui en était le pro-
» priétaire a droit de réclamer la chose qui en
» a été formée *en remboursant le prix de la main*
» *d'œuvre.* »

L'art. 579 du Code de commerce dit : « En cas
» de revendication de la chose vendue, le reven-
» diquant sera tenu de rendre l'actif du failli in-
» demne de toute avance faite pour fret, commis-
» sion, assurance, *ou autres frais*, et de payer les
» sommes dues pour mêmes causes, si elles n'ont
» pas été acquittées. »

L'obligation de rembourser les améliorations se trouve aussi consacrée par l'art. 1573 du C. civ., et par plusieurs autres textes non moins précis (1).

Dans tous les cas prévus par ces articles, le législateur suppose que celui qui a amélioré la chose est en possession; c'est là la condition qui lui sert de point de départ. Le propriétaire veut-il retirer sa chose; il faut qu'au préalable, il paie les frais

(1) V. aussi art. 93, 94 du Code de commerce, et *infrà*, n₀ 264, le passage de Voët, que je cite.

d'amélioration, sans cela le détenteur en retiendra la possession (1).

Mais si l'ouvrier a laissé échapper la possession de la chose, il perd le droit de rétention qui faisait sa sûreté (2). Il ne lui reste plus qu'une simple action personnelle. Vainement réclamerait-il un privilége, il n'y a pas de loi qui lui en accorde. On devra donc rejeter le sentiment de M. Grenier, et les arrêts de Colmar et de Rouen que j'ai rappelés. C'est ce qu'a jugé un arrêt de la cour de cassation du 17 mars 1829 (3). Il est au reste nécessaire de consulter, sur l'*étendue* du droit de rétention, les arrêts que je cite plus bas (4) et ce que je dis du droit de rétention pris en lui-même, n° 255 et suiv.

177. Mais ce que je viens de dire de celui qui a seulement *amélioré* la chose, il faut bien se garder de l'étendre à celui qui l'a *conservée*. Il n'y a en effet aucune parité. Le conservateur de la chose n'a pas un simple droit de rétention. Il a un *privilége* formel, et aucune loi ne fait dépendre ce privilége d'une condition de possession, de nantissement, entre ses mains.

On pourrait cependant argumenter du passage de Pothier, que j'ai cité au numéro précédent, pour soutenir que l'ouvrier qui a *conservé* la chose par son travail, ne retient son privilége que tant qu'il la possède.

(1) *Infrà*, n° 264, le passage de Voët. et 257 *bis*.
(2) *Infrà*, n₀ 258.
(3) Dalloz, 1829, 1, 184.
(4) N° 178, notes.

Mais outre que ce serait peut-être forcer la pensée de cet auteur, je crois pouvoir dire que cette restriction apportée au privilége du conservateur de la chose serait tout-à-fait arbitraire et injuste.

D'abord pour que la question de possession et de saisine méritât quelque considération, il faudrait que le droit de l'ouvrier fût fondé sur le droit de *gage*. Alors la possession réelle serait absolument nécessaire; car il est de principe que tout gagiste qui se dessaisit renonce à son gage. Mais ce n'est pas du nantissement que dérive le privilége de l'ouvrier. S'il est privilégié, c'est qu'il a fait l'avantage commun, en conservant le gage par ses soins, son travail et ses dépenses.

Si donc il est prouvé que ce n'est pas du nantissement que dérive le privilége de l'ouvrier *conservateur*, je suis fondé à dire qu'il importe peu que cet ouvrier soit nanti ou non. Il est dans la classe de tous les créanciers ordinaires qui peuvent recourir sur les meubles du débiteur *tant qu'ils sont en la possession de ce débiteur.*

Autre raison. La loi ne dit pas qu'elle donne privilége à l'ouvrier, à l'artisan; elle n'indique personne en particulier. Elle dit que celui qui a conservé la chose sera privilégié sur elle. Eh bien! il y a des cas où le conservateur n'est pas un ouvrier, où la chose qu'il conserve ne lui est pas livrée. Par exemple, si le meuble est un cheval, celui qui a fourni des remèdes, fait des pansemens à ce cheval, en sera le conservateur. Dira-t-on qu'il ne pourra prétendre de privilége que s'il est saisi? ce serait dérisoire. Dès lors, pour quelle raison exige-

I.   18

rait-on cette circonstance de possession de l'ouvrier qui a réparé? Serait-ce parce que la chose a pu lui être livrée, et qu'en s'en dessaisissant il serait censé avoir renoncé à son privilége? Mais comme ce n'est pas de la possession que dépend le privilége, l'ouvrier, en renonçant à la possession, ne peut être présumé avoir renoncé au privilége. Nul n'est censé facilement abdiquer ses droits.

C'est ce que prouve l'art. 190 n° 3 du Code de commerce. En donnant un privilége aux frais d'*entretien* du bâtiment, des agrès et apparaux, qui sont des frais de conservation, cet article exige-t-il que le créancier soit en possession de la chose conservée?

Enfin, notre article place sous notre main un argument extrêmement fort en faveur de la doctrine que je soutiens. On sait, et j'ai montré ci-dessus, que l'ouvrier qui a réparé des ustensiles servant à l'exploitation de la ferme a préférence sur le propriétaire locateur. Dans l'hypothèse de cet article, l'ouvrier qui a conservé la chose par ses travaux est dessaisi, puisque les ustensiles garnissent la ferme. Cependant la loi lui assure non seulement un privilége, mais même une préférence sur le locateur, créancier si favorable, et ayant l'avantage du nantissement.

178. Au surplus, cette question ne me paraît avoir été jugée par aucun arrêt. Car il faut bien se garder de confondre avec notre difficulté, celle qui a été décidée par différens arrêts, de Colmar, du 7 mars 1802, de Rouen, des 18 juin 1825, 9 juin 1826, 1 mars 1827, 25 février 1829, d'An-

gers, du 6 juillet 1826, de Paris, du 3 mars 1827, et de cassation, du 17 mars 1829.

La question qui se présentait à Colmar (1) était de savoir si l'ouvrier qui avait successivement remis au propriétaire plusieurs objets confectionnés par lui, sans se faire payer, mais qui avait reçu de nouvelles matières pour être travaillées, pouvait faire considérer comme un gage ces nouvelles marchandises, et s'il pouvait se payer sur elles de ce qui lui était dû.

Telle était aussi la question précise dans l'espèce jugée à Rouen le 18 juin 1825 (2).

On remarquera d'abord qu'il s'agissait d'un ouvrier qui avait *amélioré* la chose, et non d'un ouvrier qui l'avait *conservée*.

De plus, cet ouvrier ne réclamait pas de privilége sur la chose travaillée par lui et remise à son propriétaire. Il voulait qu'à la faveur du *droit de gage*, le privilége sur les anciennes marchandises passât sur les nouvelles ; il voulait faire décider que ces nouvelles marchandises lui avaient été données non seulement pour les améliorer, mais encore pour servir de gage à l'ancienne créance. On rentrait donc dans les principes relatifs au privilége du gagiste (3), et non pas dans ceux qui régissent le privilége du conservateur de la chose.

La cour de Colmar et la cour de Rouen pensèrent que les nouvelles marchandises devaient ser-

(1) Dalloz, Hyp., p. 46.
(2) D. 25, 2, 256.
(3) *Suprà*, nᵒ 168.

vir de gage pour ce qui était dû sur les premières.
S'agissant de matière de commerce, elles décidèrent
qu'il n'était pas nécessaire que le contrat de gage
fût constaté dans les formes prescrites par l'art.
2074 du Code civil. J'ai parlé de ce point n° 170.

Mais la difficulté s'étant reproduite, elle fut jugée
d'une manière différente par les arrêts que j'ai cités ci-dessus (1), et qui me paraissent tout-a-fait
juridiques. Car, en général, et à moins de stipulations ou d'usages contraires, l'ouvrier à qui l'on
confie des marchandises n'est présumé les recevoir
que pour les préparer, et point du tout comme
nantissement d'une créance *préexistante*, résultant
de travaux faits sur d'autres marchandises dont *il
s'est dessaisi.*

Mais, je le répète, ces arrêts ne jugent pas du
tout la question de savoir ce qui aurait dû être
décidé si ces ouvriers, au lieu d'améliorer la chose,
l'avaient *conservée*, et s'ils eussent suivi leur privilége sur les matières remises à leur débiteur et
encore existantes dans les mains de ce dernier (2).

(1) Rouen, 9 juin 1826, D. 27, 2, 5; 1er mars 1827, D. 27,
2, 82; 25 février 1829, D. 30, 2, 157, 158. Angers, 6 juillet
1826, D. 27, 2, 40, 41. Paris, 24 avril 1827, D. 27, 2, 180;
31 mai 1827, D. 28, 2, 157. Cassation, 17 mars 1829, D. 29,
1, 184.

(2) Des avances de fonds faites pour aider au recouvrement
d'une créance peuvent être considérées comme frais faits pour
la conservation de la chose dans le sens de l'art. 2103, n° 3,
du Code civil, et dès-lors comme devant jouir du privilége
établi par cet article. Arrêt de la cour de cassation du 13
mai 1835 (Sirey, 35, 1, 707. Dalloz, 35, 1, 237).

179. Quant au rang qu'occupe celui qui a *conservé* la chose, j'en ai parlé ci-dessus (1).

§ IV.

Du vendeur non payé.

180. Le vendeur non payé a deux droits à exercer, d'après notre article, pour s'indemniser de ce qui lui est dû pour le prix de la vente.

Le premier droit est un privilége.

Le second est la revendication.

Je vais d'abord parler du privilége.

181. Pour pénétrer jusqu'au fond de cette matière ardue, il me paraît nécessaire de remonter aux sources du droit romain, et de notre ancienne jurisprudence.

D'abord, par le droit romain, il est certain que le vendeur n'avait pas d'hypothèque tacite sur la chose mobilière ou immobilière qu'il avait vendue (2) ; il n'y avait que le fisc qui eût cette faveur (3).

Le vendeur n'avait pas non plus de privilége inter *chirographarios*. Il est vrai qu'avant la délivrance, il avait le droit de retenir la chose, *pignoris loco* (4), jusqu'à ce qu'il fût payé. Mais lorsqu'il s'en était dessaisi à titre non précaire et sans condi-

(1) Nᵒ 59, 48, 62 et suiv.

(2) L. 1, § 4, D. *De minorib.* Pothier, Pand., t. 2, p. 161, nᵒ 6.

(3) Idem.

(4) L. 22, D. *De hæred. vel act. vendit.* L. 13, § Offeri, D. *De act. emp.* L. 31, § idem, D. *ædil. edicto.*

tion, il n'avait ni privilége ni droit de suite. *Res ibat in creditum*, et il ne pouvait exercer qu'une simple action personnelle pour paiement du prix (1).

Le président Favre a exposé cette doctrine avec précision. « Venditor, quamdiù pretium solutum » non est, retinere rem venditam nec dùm traditam, » quasi jure pignoris, potest, etiamsi de pignore » nihil convenerit; sed post traditionem factam, » tametsi pretium solutum non sit, nec avocare » possessionem potest, nec in eam ipsam rem » exercere quasi servianam, non magis quàm in » cæteras res emptoris, cum ex hâc causâ *tacitum » pignus nullum contrahatur.* Cui consequens erit, » ut in eâ quoque re quæ vendita est, potior causa sit » anteriorum creditorum hypothecarorium quàm » venditoris, qui non nisi *personalem* ad pretium » actionem habet, quique imputare sibi debet, » cur, cùm rem traderet, secutus fidem emptoris » fuerit, nec expressâ pignoris conventione sibi » melius caverit (1). »

Néanmoins Loyseau, dans son Traité des Offices, dit qu'il n'y a nul doute que le vendeur n'eût par le droit romain un *privilége* personnel, suivant la loi 34. *Quod quis, D. de reb. auct.* et les *Novelles*, 53, 97, 136 (2).

Mais il faut regarder cette opinion comme

(1) L. 5, § 18, D. *De trib. act. Inst. de rev. divis.*, § *Res vendita.* L. 12, C. *De rei vend.* L. 12, C. *De compt. empt.* L. 6, C. *De act.* D'Olive, liv. 4, ch. 10. Brodeau sur Paris, art. 177.

(2) Code, lib. 3, t. 7. Déf. 6; et note 2.

(3) Off., liv. 3, ch. 8, nos 15, 16, 46, 67.

inexacte, quoique adoptée par M. Grenier (1).

La loi *Quod quis*, dont s'autorise Loyseau, est conçue en ces termes.«Quod quis navis fabricandæ, vel emendæ, vel armandæ, vel instruendæ causâ, » vel quoquo modo crediderit, vel ob *navem ven-* » *ditam* petat, habet privilegium post fiscum. »

D'abord, il n'est pas sûr que ces mots *ob navem venditam*, s'appliquent au vendeur du navire, Bartole, sur la loi *Quod quis*, reprend la glose d'avoir dit que dans l'espèce de cette loi il s'agit du cas où le vendeur demande à être payé de son prix sur le vaisseau par lui vendu et saisi par les créanciers de l'acheteur ; car, dit-il, la vente faite *habitâ fide de pretio* ne donne jamais de privilége (2). Il soutient que la loi *Quod quis* n'a en vue que des prêts, avances faites *ob navem venditam*. Telle est aussi l'opinion du président *Favre* (3), qui en donne pour raison qu'il est de l'intérêt public de favoriser ceux qui livrent leurs fonds au commerce de la navigation, tandis que le même motif n'existe pas à l'égard du vendeur, qui se retire au contraire de ce commerce utile.

Voudrait-on cependant partager le sentiment opposé à celui de Bartole et de Favre ; on objectera alors au système de Loyseau que la loi *Quod quis* n'a été introduite que *favore navigationis* (4), et

(1) T. 2, n° 383.
(2) L. Procurator, § 18, D. *De trib. act.*
(3) Code, lib. 8, t. 8. Déf. 10, n° 2, et Conject., lib. 8, cap. 11 et 12.
(4) Pothier, Pand., t. 3, p. 186, n° 33. D'Olive, liv. 4, ch. X, note *c*.

qu'elle ne faisait qu'un cas particulier. Car à Rome, on avait créé beaucoup d'exceptions en faveur de la navigation, *propter navigandi necessitudinem*, comme dit le jurisconsulte Ulpien (1), et en effet on voit par les fragmens de cet auteur célèbre que la construction d'un navire était pour un Latin une cause d'obtention des droits de cité romaine. Or, sous un gouvernement qui voyait la navigation d'un œil si favorable, il n'est pas étonnant que, pour encourager la construction et la livraison au commerce des bâtimens de mer, on ait traité le vendeur d'un navire plus favorablement que les autres vendeurs.

Quant aux Novelles et particulièrement à la Novelle 97, le privilége dont il y est parlé ne s'applique pas au vendeur de la milice, mais à celui qui a prêté de l'argent pour l'acheter, ce qui est fort différent. Car, comme Bartole le fait remarquer sur la loi *Quod quis* (2), il ne faut pas s'étonner si quelquefois celui qui prête de l'argent pour acheter a privilége, tandis que celui qui a vendu n'en a pas. Car celui qui prête son argent sans intérêt, agit dans un pur esprit d'obligeance, au lieu que le vendeur qui suit la foi de l'acheteur pour le prix, n'agit pas *ex merâ liberalitate*, *sed propter lucrum quod habet ex venditione*. D'ailleurs (et cette raison me paraît meilleure que celle de Bartole), dans un empire tout militaire, comme l'empire romain, il était bon de favoriser l'entrée dans la

(1) L. 1, *De act. exercit.* Pothier, Pand., t. 3, p. 399, n° 1.
(2) L. 34, D. *De rebus auct. jud. possid.*

milice et d'encourager les prêts de fonds pour parvenir à ce but.

Si au contraire on jette les yeux sur la loi 5, § 18, *De trib. actione*, on voit que le vendeur n'y est considéré que comme un simple créancier sans prérogatives, s'il a suivi la foi de l'acheteur.

« Sed si dedi mercem meam vendendam, et exstat,
» videamus ne iniquum sit *in tributum* me vocari;
» et si quidem in creditum ei abii, tributio locum
» habebit; enimvero si non abii, quia res vendita
» non aliàs desineret esse mea (quamvis vendidero)
» nisi ære soluto; vel fidejussore dato, vel aliàs sa-
» tisfactio, dicendum erit vendicare me posse (1). »

C'est en vain que Loyseau prétend que cette loi n'est qu'un cas particulier *in tributoriâ actione*. Il ne suffit pas de le dire, il faut le prouver; aussi l'opinion de Loyseau n'a-t-elle pas trouvé de sectateurs nombreux.

Disons donc que, par le droit romain, le vendeur n'avait pas de privilége lorsqu'il avait livré la chose sans réserve et à titre non précaire, et qu'il n'était qu'un simple créancier ordinaire. S'il voulait se réserver un droit de suite, il devait le faire par une stipulation expresse.

C'est ce qu'on avait coutume de faire dans les pays régis par le droit écrit, et notamment en Italie, où le vendeur se réservait le *domaine* jusqu'au paiement du prix (2). Cette clause de *réserve du do-*

(1) Pothier, Pand., t. 1, p. 410, n° 9.
(2) J'en ai vu un exemple, lorsque j'étais avocat-général à la cour de Corse, dans une affaire très-importante entre le marquis Spinola et le sieur Frediani. Une consultation donnée

maine, fort usitée dans les ventes d'immeubles, n'avait pas pour objet d'empêcher que le domaine de la chose vendue fût transféré à l'acquéreur avec la possession. Elle ne donnait au vendeur qu'une espèce d'hypothèque pour être préféré à tous les créanciers même antérieurs, ce qui répond au privilége tel qu'il existe dans notre législation (1).

182. Ce principe, que le droit romain dénie tout privilége au vendeur qui a suivi la foi de l'acheteur, était suivi exactement au parlement de Bourgogne, comme l'enseigne Bouvot (2).

Mais, au parlement de Toulouse, on s'en était relâché, et l'on *sous-entendait*, dans toutes les ventes d'*immeubles*, la clause du précaire. D'Olive, dans les œuvres de qui je trouve la preuve de cette déviation, en donne le motif, en disant que ce parlement, suivant l'équité naturelle qui ne souffre pas que le vendeur demeure privé et de la chose et du prix, estima qu'il était digne de sa prudence de pourvoir à la sûreté des vendeurs des choses immobilières, en suppléant la clause du précaire, qui ordinairement était réservée dans les actes de vente (3).

Quant aux *meubles,* quoiqu'ils ne soient pas

par des avocats de Paris, pour l'explication de cette clause, n'en avait aucunement saisi la portée.

(1) Grazianus, *Discept. forens.*, t. 3, disc., 523, n°ᵒˢ 19 et 20. Mantica, *De Tacitiis et Ambiguis*, lib. 4, t. 24. Zanchi, *De prælatione creditor. exercit.* 1, § 1, Merlin, Rép., v° Prescript., p. 526, col. 1.

(2) 1ʳᵉ partie, livre 5, v° *Vente de vin saisi.*

(3) L. 4, ch. 10.

d'une si grande importance que les immeubles, néanmoins, le parlement de Toulouse se décida pour le privilége du vendeur par arrêt du 22 septembre 1628, rendu après partage (1). Telle était aussi la jurisprudence suivie dans le Lyonnais, régi par le droit écrit (2).

183. En ce qui concerne les pays coutumiers, la coutume de Paris, par son art. 177, accordait au vendeur de choses mobilières un privilége sur le prix, soit qu'il eût suivi ou non la foi de l'acheteur, soit qu'il eût accordé terme ou non. Et. quoique cette disposition fût contraire au droit romain, néanmoins, la cause du vendeur parut si favorable que la jurisprudence l'étendit aux coutumes muettes (3).

Quant aux choses immobilières, comme la coutume n'en parlait pas, le parlement de Paris s'en tint d'abord à la rigueur des lois romaines; et décida que celui qui vendait sa terre *sine præsenti pecuniâ*, ne devait être considéré que comme créancier personnel non privilégié (4). Mais la jurisprudence changea plus tard, et prit une direction conforme à celle du parlement de Toulouse. Basnage cite deux arrêts, l'un du 1er juillet 1650, l'autre du 15 du même mois, qui assurent au vendeur d'immeubles un privilége.

(1) D'Olive, *loc. cit.*

(2) Ferrières, sur Paris, art. 177, n° 11.

(3) Brodeau, sur cet article 177. Ferrières, *loc. cit.*, Loyseau, Off., liv. 3, ch. 8, n°s 15 et 16. Louet, let. P, som. 19.

(4) Brodeau sur Louet, lettre H, ch. 21. D'Olive, liv. 4, ch. 10.

184. Le Code s'est conformé à une jurisprudence si générale et si équitable. Il accorde privilége au vendeur, soit qu'il ait vendu à terme ou sans terme.

On a cru devoir ajouter ces expressions, *soit qu'il y ait terme ou non*, par imitation de l'art. 177 de la coutume de Paris, qui avait dû marquer d'une manière explicite qu'elle voulait déroger au droit romain. En effet, par le droit romain, quand il y avait terme, le vendeur était censé avoir voulu suivre la foi de l'acheteur, et il ne pouvait exercer qu'une action personnelle en paiement du prix, de même que lorsqu'il avait livré la chose à titre non précaire. « Sed nonne, dit la glose (1), hoc ipso videor habere fidem quòd rem trado ? Respondeo sic, nisi fortè dicebas te habere pecuniam ad manus, cùm tamen non habeas, et sic tradidi. » Item, quid *si dedi diem solutioni?* Respondeo. » Videor sequi fidem emptoris. »

Mais s'il n'avait pas accordé de terme, s'il n'avait livré la chose qu'à titre précaire, à titre de bail, par exemple, si en un mot il n'avait pas suivi la foi de l'acheteur, alors il pouvait garder la chose *jure pignoris*, ou la reprendre comme lui appartenant encore (2).

Dans notre jurisprudence française, au contraire, le vendeur a un privilége, *quand même il aurait suivi la foi de l'acheteur.* C'est le sens des expressions du Code civil : « *soit qu'il y ait terme ou non* (3). »

(1) Sur la loi 19, D. *De cont. empt.*
(2) L. 19, D. *De cont. empt.*
(3) *Quid* en cas de faillite? Voir *infrà*, n° 200.

184 *bis*. Pour que le privilége d'un vendeur de meubles puisse être exercé, il faut que ce meuble soit encore *en la possession* de l'acheteur (1).

Ainsi, si l'acheteur avait revendu et livré la chose achetée, le vendeur ne pourrait plus y avoir de privilége. Les meubles n'ont pas de *suite* en France.

Mais si l'acheteur, quoiqu'ayant vendu, n'avait pas livré (2), ou bien si, sans avoir vendu la chose, il ne s'en était dessaisi que pour la remettre à un procureur, alors le vendeur conserverait son privilége (3).

185. Peut-on en dire autant du cas où l'acheteur a donné la chose en gage?

Si l'on se reporte à ce que j'ai dit au n° 169 *bis*, on sera peut-être tenté de se décider pour l'affirmative. Néanmoins, la négative me paraît seule admissible.

Le gagiste n'est pas un procureur. Il possède pour lui-même; et, dans tout ce qui n'est pas relatif à la prescription, il possède réellement et utilement (4). On peut même dire que sa possession a quelque chose de plus intime que la possession abstraite du débiteur qui lui a livré la chose. L'acheteur, en donnant en gage la chose achetée par lui, s'est privé du droit de s'en servir; il ne peut la reprendre à sa volonté. Il est forcé de souffrir un

(1) Loyseau, liv. 3, ch. 8, n° 16. Ferrières, art. 177, n° 4.

(2) Delvincourt, t. 3, p. 275, notes. Grenier, t. 2, n° 316. Dalloz, Hyp., p. 44, n° 8.

(3) *Suprà*, n°ˢ 49 et 102.

(4) Lois romaines citées ci-dessus, n° 169, et Pothier, Pand., t. 3, p. 145.

droit plus puissant que le sien. A la vérité, l'acheteur est toujours censé posséder à l'*effet de prescrire*. Mais c'est plutôt par continuation de son ancienne possession que par le résultat de faits actuels. La possession du gagiste doit donc prévaloir sur la sienne.

Ceci ne contredit pas ce que j'ai enseigné ci-dessus n° 169 *bis*. Dans le cas que j'examinais alors, le privilége général dont je cherchais à apprécier l'étendue ne dépendait pas de la possession du débiteur comme il en dépend ici. Il suffisait que la chose continuât à appartenir à ce débiteur. Mais, dans notre espèce actuelle, la propriété ne suffit pas : il faut encore la *possession*, et il est clair qu'une possession suffisante manque à l'acheteur qui a mis en gage le meuble qu'il a acquis (1).

185 *bis*. J'ai dit ailleurs que le vendeur perd son privilége lorsque la chose n'existe plus en nature(2). C'est l'opinion générale (3).

186. D'après notre article, le privilége du vendeur ne s'exerce qu'après celui du propriétaire de la maison ou de la ferme, à moins qu'il ne soit prouvé que le propriétaire avait connaissance que les meubles garnissant la maison ou la ferme n'appartenaient pas au locataire.

---

(1) Ferrières, sur Paris, art. 177, n° 5. Brodeau, idem, n° 7. Il cite un arrêt du parlement de Paris du 10 mars 1587, qui l'a ainsi jugé. *Suprà*, n₀ 171.

(2) N° 109 et suiv. *suprà*, et n° 196 *infrà.*

(3) Bourjon, t. 2, p. 690, n₀ 85. Grenier, tom. 2, n° 316. Dalloz, Hyp., p. 44, n₀ 9.

Cette question de préférence était diversement résolue dans l'ancienne jurisprudence (1).

On vient de voir en faveur de qui le Code civil fait pencher la balance.

C'est au vendeur qui réclame la préférence à prouver que le locateur à eu connaissance que les objets introduits n'appartenaient pas au locataire (2). On conçoit que cette preuve n'est pas facile à apporter. Voilà pourquoi M. Tarrible conseille au vendeur jaloux d'assurer son privilége, de notifier par acte au propriétaire de la maison ou de la ferme, la vente qu'il fera au fermier ou au locataire (3).

187. On demande si le privilége s'étend jusqu'au vendeur des meubles incorporels.

Cette question partage les esprits, quoiqu'à mon sens elle ne soit pas susceptible de grandes difficultés. M. Persil (4) pense que le vendeur de droits incorporels ne peut prétendre à aucun privilége, et la cour royale de Paris l'a ainsi jugé, par arrêt du 18 mars 1825 (5). Mais cette opinion ne paraît pas admissible. Notre article donne privilége au vendeur d'*effets mobiliers*. Or l'art. 535 du C. civ., combiné avec l'art. 529, place les meubles incorporels, tels que *créances*, *offices*, etc., dans la classe des effets mobiliers. La vente de ces sortes

(1) Ferrières, art. 177, n₀ 7. Bacquet, Droits de justice, ch. 21, n° 284. Pothier, Procéd. civ., p. 197.

(2) Voir *suprà*, n° 151.

(3) Répert., v° Privilége, p. 25, n₀ 6, col. 2.

(4) Comm., art. 2102, § 4, n₀ 4.

(5) Dalloz, 26, 2, 222.

de meubles est accompagnée de privilége. On ne peut échapper à cette conséquence. Elle a été, au surplus, proclamée par de nombreux arrêts (1), à l'autorité desquels on peut joindre celles de MM. Delvincourt (2), Favart (3) et Dalloz (4), et surtout celle de la chambre des députés, dont le vote est développé dans un rapport de M. Sapey sur la pétition d'un sieur Lex (5).

De la Revendication.

187 *bis.* La revendication est le second droit que la loi donne au vendeur qui n'a pas été payé du prix.

Par la revendicacion, le vendeur peut reprendre la chose qu'il a vendue, *tant qu'elle est en la possession de l'acheteur* (6). Le résultat de cette action est de faire réintégrer le vendeur dans la propriété

(1) Cassat., 28 novembre 1827. Il s'agissait d'une cession de créance (Dalloz, 1828, 1, 36). Lyon, 9 février 1830. Vente d'un office (D. 30, 2, 144), Cassat., 16 février 1831. Vente d'un office (D. 31, 1, 54). Paris, 11 décembre 1834 (Sirey, 35, 2, 111. Dalloz, 35, 2, 74). Paris, 12 mai 1835 (Sirey, 35, 2, 289. Dalloz, 35, 108). Paris, 8 juin 1836 (Sirey, 36, 2, 297. Dalloz, 36, 2, 124). Cassation, 13 mai 1835 (Sirey, 35, 1, 707. Dalloz, 35, 1, 237).

(2) T. 3, p. 275, notes.

(3) V° Priviléges, sect. 1, § 2.

(4) Hyp., p. 44.

(5) *Moniteur* du 10 septembre 1830. Dalloz, 30, 3, 14 et 15. Cet important rapport contient un résumé clair et précis de tout le droit qui régit les offices.

(6) Art. 2102, n° 4.

d'une chose qui, quoique sortie de ses mains, n'a pu cesser de lui appartenir totalement, puisqu'il n'en a pas reçu la valeur.

Mais l'exercice de la revendication en matière de vente d'objets mobiliers est soumis à quatre conditions : 1° la première, que la vente soit faite sans terme; 2° la seconde que la chose vendue soit en la possession de l'acheteur; 3° la troisième qu'elle existe en nature; 4° la quatrième que la revendication soit exercée dans le bref délai de la huitaine de la livraison.

Je m'arrêterai sur chacune de ces quatre conditions pour développer les principes de droit qui s'y rattachent. Mais avant tout, comme mon plan est de toujours lier mes explications au droit romain et à l'ancienne jurisprudence, j'examine si par les lois romaines le vendeur pouvait exercer la revendication. Puis je parlerai de ce qui avait lieu aux termes du droit coutumier.

188. Par le droit romain, comme par le droit français, la vente était parfaite par le consentement sur la chose et le prix. Mais comme l'acheteur pouvait tarder à s'acquitter du prix, afin que le vendeur ne perdît pas la chose et le prix, on l'autorisa à garder la chose par devers lui *quasi jure pignoris* (1).

Il y a plus; c'est que si le vendeur livrait la chose

(1) L. 13, § 8, D. *De act. empt.* L. 22, D. *De hæred. vend.* Pand. de Pothier, t. 1, p. 516, n° 5. *Suprà*, n° 181. Cujas, sur la loi 2, § *sine pretio*, D. *De cont. empt.*, dit : « Ne venditor et re suâ et pretio careat, consulitur illi hâc » lege 19, D. *De cont. empt.* »

I. 19

à l'acheteur, mais *sans vouloir suivre sa foi pour le paiement du prix*, il pouvait la revendiquer; cette décision est écrite dans la loi 19 *D. de cont. empt.*, et dans le § 41 des *Inst.* au tit. *De divisione rer. et qual.*, conformes à la loi 6ᵉ des Douze-Tables. « Quod vendidi, non aliter fit accipientis » quàm si, aut pretium nobis solutum sit, aut satis, » eo nomine factum, vel etiam fidem habuerimus » emptori, sine ullâ satisfactione. » Ce sont les termes de la loi 19 *de cont. empt.*

« Vendita verò res et *tradita*, non aliter emptori » adquiruntur, quàm si is pretium venditori sol- » verit, vel alio modo ei satisfecerit, veluti expro- » missore aut pignore dato; quod cavetur quidem » etiam leg. 12 Tab; tamen rectè dicitur, et jure » gentium, id est jure naturali, id effici. Sed si is » qui vendidit, *fidem emptoris secutus est*, dicen- » dum est statim rem emptoris fieri. » *Inst. de rer. div.*, § 41.

J'ai cru devoir rappeler ces textes : ils expliquent très-bien la cause principale et le motif de la re-vendication, qui, comme on le sait, n'est autre chose que la sanction du droit de propriété.

De cette précaution prise par la loi en faveur du vendeur, il suivait que toutes les fois que la chose vendue se trouvait entre les mains de l'acheteur sans que le vendeur eût suivi sa foi, le vendeur était censé conserver la propriété tant qu'il n'était pas payé, et pouvait revendiquer la chose comme sienne (1).

189. Mais qu'appelait-on suivre la foi de l'ache-

(1) Cujas, sur la loi 2, § *sine pretio*, D. *contract. empt.*

teur? c'était s'en rapporter à lui pour le paiement, et annoncer l'intention de n'être pas payé sur-le-champ.

Ainsi, si le vendeur accordait un terme à l'acquéreur, il suivait évidemment sa foi; alors il ne pouvait plus revendiquer la chose, il devait s'imputer d'avoir été trop confiant, et de n'avoir pas profité des sûretés que lui donnait la loi (1).

Quid, lorsque le vendeur avait fait tradition de la chose? Dans ce cas toute la difficulté consistait à savoir si la tradition avait été accompagnée ou non de la circonstance que le vendeur avait voulu suivre la foi de l'acheteur, ce qui dépendait de nuances variables suivant les espèces (2). Car, tantôt nous voyons que la chose livrée par le vendeur peut être revendiquée par lui, tantôt nous voyons qu'elle ne le peut pas.

C'est ainsi que dans le § des Inst. cité tout à l'heure, on suppose que, d'après les faits, le vendeur avait livré la chose, sans vouloir suivre la foi de l'acheteur, ce qui peut arriver quelquefois, comme par exemple si l'acheteur assure que l'argent est prêt et compté dans sa main, quoiqu'il n'en soit rien, et que le vendeur lui livre la chose sur cette assurance trompeuse (3).

C'est aussi dans le même sens qu'il est question de la tradition dans la loi 50 *D. de act. empt. et vendit.* (4).

(1) Glose sur la loi 19, D. *De cont. empt. Suprà*, n° 184.
(2) M. Ducaurroy, *Instit. expliq.*, t. 1, 397.
(3) Glose sur la loi 19, D. *De cont. empt. Suprà*, n° 184.
(4) Pothier, Pand., t. 1, p. 517, n° 6, et note *b*.

Au contraire dans la loi *incivile* 12, C. *de rei vindicat.*, on suppose que la tradition a été faite sans réserve ni arrière-pensée, et avec le dessein de suivre la foi de l'acheteur (1).

En général, il faut convenir que la tradition *pure et simple*, faite avec la certitude qu'on ne sera pas payé sur-le-champ, emporte avec elle la présomption que le vendeur a voulu suivre la foi de l'acheteur, et lui accorder délai. C'est l'opinion de la plupart des auteurs (2).

Pothier veut cependant que l'idée de crédit ne se présume pas, et que ce soit à l'acquéreur à prouver que le vendeur savait qu'il ne serait pas payé sur-le-champ (3). Cela est juste en principe. Mais dans la pratique, et sauf certaines circonstances (4), il est ordinairement évident que celui qui livre sa chose, sans exiger paiement tout de suite, consent à faire crédit à l'acheteur.

Je n'ai pas besoin de répéter qu'il en serait autrement si le vendeur avait été trompé, ou s'il n'avait remis sa chose qu'à titre précaire (5).

---

(1) Pothier, Pand., t. 3, p. 102, n° 13. Cujas, Récit. solennelles sur la loi 2, § *sine pretio*, D. *De cont. empt.*

(2) Glose, *loc. cit.* Favre, Code, liv. 3, t. 7, déf. 6. Grazianus, *Discept. forens.*, t. 3, cap. 523, n°ˢ 19 et 20.

(3) Vente, n₀ 325.

(4) M. Ducaurroy dit très-bien : « Cette volonté ne se présume pas, et la preuve, *à moins qu'elle ne résulte des circonstances*, doit être fournie par l'acheteur. » Tit. 1, n° 398.

(5) L. 3, C. *De pactis inter empt.* L. 16, D. *De periculo commodo*, etc. L. 20, § dernier, D. *loc. conducti.* Cujas, lib. 34, *Pauli ad edict.*

190. J'ai dit (1) que c'était pour que le vendeur ne perdît pas la chose et le prix, que l'on avait établi le principe que, tant que la chose n'était pas payée, le vendeur restait propriétaire.

L'équité naturelle exigeait en effet cette précaution. Car il faut savoir que, dans les principes du droit romain, la vente ne pouvait être résolue pour défaut d'exécution des conventions de la part des parties, et que la condition résolutoire n'y était pas sous-entendue, comme dans nos contrats. Ainsi, quoique l'acheteur fût en demeure de payer le prix, le vendeur ne pouvait pas pour cela demander la résolution : il ne pouvait exiger que le paiement du prix par l'action personnelle. « Si vineas distraxisti, nec pretium numeratum est, » actio tibi pretii, non eorum quæ dedisti *repe-* » *titio competit.* » Ainsi s'exprime la loi 8, C. *de cont. empt.;* la même idée est reproduite dans la loi 14. C. *de rescind. vendit.* (2).

Pour faire résoudre la vente pour défaut de paiement du prix, il fallait qu'il y eût une convention expresse qu'on appelait *lex commissoria* (3)

On sent que cette impossibilité de faire résoudre la vente, jointe à ce que le vendeur n'avait pas de privilége sur le prix, pouvait compromettre de la manière la plus grave ses intérêts, lorsque l'ac-

(1) *Suprà*, n° 188.

(2) Pothier, Vente, n° 476. Cujas, sur les lois 4 et 5 du C. *De oblig. et act.* Doneau, Comment., t. 8, p. 755. *Infrà,* n° 222, je relève une erreur de M. Grenier.

(3) L. 8, C. *De cont. empt.* M. Ducaurroy, t. 3, p. 140, n° 1043. V. mon comm. de *la Vente*, t. 2, n° 624.

quéreur était devenu insolvable, et qu'il avait
hypothéqué à d'autres la chose vendue.

On remédia donc en partie à cet inconvénient,
en faisant résider sur la tête du vendeur la propriété de la chose vendue, tant que le prix n'était
pas payé par l'acheteur dont la foi n'avait pas été
suivie. Dans ce cas, le vendeur pouvait reprendre
sa chose par l'action *rei vindicatione* qui appartenait au propriétaire, et il n'avait pas besoin de
faire résoudre la vente.

191. Tels étaient les principes du droit romain
sur la revendication.

Pendant long-temps ces principes ont été ceux
du droit français. La revendication de la chose
vendue ne pouvait y avoir lieu que suivant les
conditions qui viennent d'être rappelées (1).

Mais ensuite il s'opéra un changement important. Après avoir obéi à la règle du droit romain,
que la condition résolutoire n'était pas sous-entendu dans le contrat de vente pour défaut d'exécution des obligations des parties, on finit par se
démettre, dans les tribunaux, de la rigueur de
ces principes, et l'on admit le vendeur à demander
la résolution du contrat de vente pour cause de
défaut de paiement du prix, quoiqu'il n'y eût
pas de pacte commissoire (2).

____

(1) Art. 194, vieille cout. de Páris. Art. 176 de la nouvelle.
Art. 458, Orléans.

(2) Despeisses, t. 1, section finale, n° 19. Pothier, Vente,
n° 476. V. mon comm. de *la Vente*, t. 2, n° 621, et p. 631,
aux additions.

Au moyen de ce changement, soit qu'il y eût
terme accordé, soit qu'il n'y en eût pas, soit que
le vendeur eût ou non suivi la foi de l'acheteur,
le vendeur non payé pouvait toujours reprendre
la chose, en faisant résilier la vente pour inexécution de la convention de la part de l'acheteur.

192. Malgré cette innovation, qui, élargissant
le droit du vendeur, semblait rendre par conséquent inutile le droit de revendication, les réformateurs des coutumes n'en continuèrent pas
moins à conserver ce droit, et à exiger, comme
par le passé, que les choses mobilières ne fussent
revendiquées qu'à la condition *sine quâ non* que
la vente aurait été faite *sans jour ni terme.*

193. C'est aussi ce qu'a voulu le Code civil, et,
au premier coup d'œil, on est tenté de dire que
le droit de revendication qu'il confère au vendeur
fait double emploi avec le droit de faire résoudre
la vente en cas de non-paiement du prix, droit de
résolution qui, quoi qu'en dise M. Delvincourt (1),
appartient au vendeur de meubles qui a livré sa
chose, comme au vendeur d'immeubles (2); on
se demande à quoi peut servir au vendeur la revendication, si limitée dans son exercice, tandis
que dans tous les cas il peut reprendre sa chose
par voie de résolution de contrat; on s'étonne que
l'on ait conservé les principes du droit romain en
matière de revendication de l'objet vendu, lorsque

(1) T. 3, p. 157, n. 5.
(2) M. Pardessus, t. 2, p. 313, n° 289. Arrêt de la cour de
Paris du 18 août 1829. Dalloz, 29, 2, 281. Voy. mon comm.
de la Vente, t. 2, n° 645.

ces principes ont été bouleversés et sont devenus
sans objet par l'introduction toute moderne de la
clause résolutoire tacite dans les contrats bilaté-
raux; enfin on est frappé du contraste qui paraît
exister entre notre article, qui semble supposer
que la propriété (1) réside encore sur la tête du
vendeur non payé, et l'art. 1583 qui déclare que,
quoique le prix ne soit pas soldé, la propriété est
acquise de droit à l'acheteur.

Ces objections sont graves, mais elles ne sont
pas sans réplique, et l'on finit avec un peu de
réflexion par absoudre le législateur.

Il y a plusieurs différences importantes entre
le droit de revendication et le droit de résolution.
Le premier suppose que la propriété n'a pas été
aliénée; le second suppose que la vente en a opéré
la transmission (2).

Quand on exerce le droit de revendication, on
n'a pas besoin d'obtenir, avant tout, que le contrat soit détruit et les choses replacées dans leur
ancien état. L'action en revendication suppose de
plein droit qu'il n'y a pas eu de vente valable, et
que l'aliénation n'a pas été consommée. Au contraire, celui qui agit en résolution de contrat
admet que ce contrat a reçu sa perfection; il doit
en poursuivre l'anéantissement pour des causes
survenues *ex post facto*, et il est exposé à voir le juge

_____

(1) La revendication suppose la propriété. *Suprà*, n° 188.
(2) Il ne faudrait pas argumenter de ce qu'en droit romain
le pacte commissoire produisait *revendication*. Il y a entre le
pacte commissoire et l'action résolutoire des différences graves
que je signale *infrà*, n° 224.

accorder un délai, pour le paiement, au débiteur (1). L'action en revendication est réelle (2). L'action en résolution est personnelle *in rem scripta* (3). L'action en revendication est prompte et décisive; le poursuivant peut saisir la chose avec éclat, et nuire par conséquent au crédit du débiteur; celui qui demande la résolution ne peut pas procéder d'une façon aussi expéditive; avant d'agir par des voies d'exécution, il faut qu'il ait obtenu la résolution en justice (4). Il suit de là que ce serait une erreur de confondre ces deux actions l'une avec l'autre; que l'action en revendication est beaucoup plus grave que l'action en résolution; que le Code a donc pu mettre ces deux moyens à la disposition du vendeur, sans opérer un double emploi; enfin, que plus la revendication contient en elle de sévérité, plus il était nécessaire de la renfermer dans des limites étroites.

Quant à l'antagonisme qu'on relève, entre notre article et l'art. 1583, il se résout en une simple exception introduite à la règle générale, en faveur d'un cas particulier. Toutes les fois qu'il n'y a pas lieu à revendication, le principe de l'art. 1583 conserve toute sa force, et notre article est loin de le renverser. En droit, rien n'est plus fréquent que de voir des exceptions arriver pour déroger par quelque côté au principe général.

(1) Art. 1184 du Code civil.
(2) Rei vindicatio est actio in rem, etc. Huberus, sur le Dig., p. 766, n° 2.
(3) V. mon comm. de *la Vente*, t. 2, n° 624.
(4) Art. 1184 du Code civil.

Ceci posé, passons à l'examen des conditions requises pour l'exercice de la revendication.

194. La première condition que la loi exige pour autoriser l'exercice de la revendication, c'est que la vente soit faite *sans terme*.

Dans les observations qui précèdent, j'ai fait suffisamment connaître le motif de cette disposition. Je n'y reviens plus.

Si la vente est faite avec terme, alors le vendeur, ayant suivi la foi de l'acquéreur, ne peut exercer la revendication. Il faut que la vente soit faite *fide græcâ*, c'est-à-dire, à deniers comptans. Car les Grecs ne faisaient point de crédit, et on n'avait rien chez eux que l'argent à la main (1).

195. La seconde condition est que la chose vendue soit encore en la possession de l'acheteur.

Si l'acheteur avait fait passer à un tiers la possession de l'objet vendu, le vendeur serait privé du droit de revendication (2).

Il n'en était pas ainsi sous l'empire de la coutume de Paris, d'où cependant est tirée la disposition du Code civil qui m'occupe en ce moment.

D'après l'art. 176 de cette coutume, le vendeur, sans jour ni terme, pouvait poursuivre sa chose *en quelque lieu qu'elle fût transportée*.

Ainsi, si l'acheteur avait revendu la chose à un tiers, le vendeur originaire pouvait revendiquer cette chose entre les mains de ce tiers (pourvu que

_____

(1) Plaute, *Asinaria.* Platon, lib. xi, *De legib.* D'Olive, liv. 4, ch. x, add.

(2) M. Pardessus, t. 2, p. 313, n° 289.

ce fût dans un bref délai, sans quoi on aurait supposé qu'il avait tacitement accordé un terme) (1).

Le Code civil a pensé que cet état de choses pouvait avoir de graves inconvéniens, nuire au commerce, et tromper la bonne foi des tiers acheteurs. Il exige par conséquent que la revendication ne puisse avoir lieu qu'autant que la chose est en la possession de l'acheteur, et qu'elle n'est pas passée en mains tierces. Ainsi, si la chose était revendue mais non livrée, le vendeur primitif pourrait revendiquer (2).

196. La troisième condition est que la chose existe dans les mains de l'acheteur, *dans le même état.*

Ainsi, dit M. Tarrible, si le vin avait été mis en bouteilles, si les comestibles avaient été entamés, il ne serait pas possible d'exercer la revendication (3).

De même dans l'usage du Châtelet, attesté par Ferrières (4), la revendication ne pouvait plus avoir lieu lorsque les ballots avaient été défaits, et que les marchandises qu'ils contenaient en avaient été tirées pour être exposées en vente. Cela est fondé sur la grande difficulté de constater l'identité des objets.

(1) Ferrières, sur l'art. 176, n₀ 13. Chopin, idem, n₀ 8. L. *si quis,* D. *De cont. empt.*

(2) Delvincourt, t. 3, p. 275, n° 2.

(3) Répert., v° Privilége, p. 27, col. 1.

(4) Art. 176, n° 21. Ce qui est confirmé par l'art. 580 du Code de commerce.

Brodeau (1), Mornac (2) et Ferrières (3) rapportent l'espèce suivante :

Un fondeur de cloches avait vendu des cloches aux habitans d'une paroisse. Ceux-ci les avaient fait monter et mettre dans le clocher. Le vendeur, n'en pouvant être payé, pouvuivit les acheteurs, et demanda qu'il lui fût permis de faire ôter les cloches du clocher. On soutenait qu'il y était non recevable, parce que les cloches ayant été bénites, elles n'étaient plus dans le commerce, qu'il en avait perdu la propriété, et partant que le droit de revendication ne lui appartenait plus (4).

Néanmoins, par arrêt du parlement de Paris, du 27 février 1603, il fut ordonné que, faute par les habitans de payer dans un certain temps, les cloches seraient enlevées.

On peut voir, au surplus, n° 109 et suiv., ce que j'ai dit des mutations qui peuvent survenir dans la nature d'une chose (5).

197. La quatrième condition à laquelle la loi soumet le vendeur, c'est qu'il exerce la revendication dans la *huitaine de la livraison*.

Cette condition est fondée sur le même principe qui a fait exiger que, pour qu'il y eût lieu à la revendication, la vente fût faite *sans jour ni terme*.

(1) Art. 177, Cout. de Paris.
(2) Sur la loi *Procuratoris*, § *Planè*, D. *De trib. actione*.
(3) Art. 176, n° 24.
(4) *Inst. de rer. divis.*, § *Res sacræ*, l. 21, C. *De sacros. eccles.* L. 6, D. *De acq. rer. dominio*.
(5) V. aussi mon comm, de *la Vente*, t. 2, p. 632, combiné avec ce que j'ai dit *suprà*, n° 113.

On suppose que, s'il s'écoulait plus de huit jours sans réclamation, le vendeur aurait suivi la foi de l'acquéreur, et que, dès-lors, ce dernier serait devenu propriétaire.

Dans l'ancienne jurissrupence, le délai pour l'exercice de la revendication n'était pas fixé, en sorte que l'on disputait beaucoup pour savoir quel laps de temps devait s'écouler, afin de juger si le vendeur avait voulu accorder tacitement un délai de grâce, et suivre la foi de l'acheteur.

Mornac voulait que la revendication fût exercée *confestim* (1).

Ferrières trouvait que huit jours, ou *environ*, étaient un délai suffisant pour faire dire que le vendeur avait voulu donner tacitement jour et terme (2).

Le Code civil a fixé un terme qui lève tous les doutes, mais qui aussi ne peut être dépassé sans que le vendeur soit privé tout-à-fait de l'exercice de la revendication. Ce terme est la huitaine de la livraison à l'acheteur.

198. Mais, si le délai pour revendiquer était expiré, je crois, sans hésiter, que le vendeur pourrait recourir au moyen moins direct, mais plus large, de l'action en résolution de contrat (3).

Il en est de même dans tous les autres cas où l'action en revendication ne trouve pas sa place. on peut y suppléer par la voie de la résolution, qui

---

(1) Sur la loi *Procuratoris*, § *Planè*, D. *De trib. act.*
(2) Art. 176, Cout. de Paris, n° 19.
(3) *Suprà,* n° 193.

est la règle générale dans tous les contrats bilaté-
raux.

Ainsi, une triple garantie est offerte au vendeur
non payé, savoir : le privilége et la revendication
dont parle notre article; et l'action en résolution
autorisée par les art. 1656 et 1184, du Cod. civ. (1).

199. Après avoir parcouru avec des détails suffisans ce qui concerne le privilége et la revendication, il me reste à dire un mot sur ce qu'on doit
entendre par *vendeur non payé*.

Pour cela, il faut distinguer le cas où il s'agit du
privilége, du cas où il s'agit de la revendication.

La loi ayant accordé un privilége au vendeur
quand même *il aurait suivi la foi de l'acheteur*,
on ne doit pas appliquer ici le principe des lois
romaines, qui voulait que le vendeur fût privé d'un
recours sur la chose vendue, et fût livré aux chances d'une simple action personnelle, lorsqu'il avait
reçu une caution ou toute autre garantie (2). Il
importe peu que l'acquéreur dont la foi a été suivie
soit devenu *propriétaire* véritable de la chose. Cela
ne nuit pas au privilége, dont la nature a ceci de
remarquable, qu'il ne peut s'exercer que sur la
chose dont on n'est pas propriétaire. En fait, un

(1) Le vendeur qui a succombé sur la demande en revendication d'objets mobiliers, est-il ensuite recevable à former une
demande en résolution de la vente des mêmes objets? Non,
suivant la cour de cassation, arrêt du 19 avril 1836 (Sirey, 37,
1, 42).

M. De Villeneuve, dans une dissertation qui suit cet arrêt, le
combat par des raisons qui ne sont pas sans gravité.

(2) *Inst. de rer. divis.*, § 41.

vendeur qui a fait *cautionner* son paiement n'est pas *payé* pour cela. Or, s'il n'est pas payé, il doit avoir privilége.

M. Grenier dit cependant avec Basnage qu'on doit appliquer ici les lois romaines (1). Mais comment cela pourrait-il se faire? N'y a-t-il pas, en matière de privilége, une différence radicale entre le droit romain et le droit français? Ne sait-on pas, d'abord, que celui-ci donne au vendeur un privilége que l'autre lui refusait? N'est-il pas certain, d'autre part, que le privilége a lieu dans nos lois, quand même il y aurait terme, ou quand même le vendeur aurait suivi la foi de l'acheteur (2); tandis que, d'après les lois romaines, le vendeur qui avait suivi la foi de l'acheteur et accordé délai, n'avait de ressource que dans l'action personnelle en paiement du prix? On ne peut donc emprunter au droit romain des décisions fondées sur de trompeuses analogies.

M. Grenier se prévaut d'un arrêt de la cour de Paris du 24 décembre 1816 (3). Mais, quelles que soient certaines expressions qu'on pourrait critiquer dans les considérans, les faits qui ont donné lieu à cette décision sont tels que M. Grenier ne peut en tirer aucun avantage. Fusi, joaillier italien, avait acheté de Perret, joaillier à Paris, un saphir d'Orient pour le prix de 170,000 fr. Fusi avait donné en paiement : 1° des bijoux et brillans pour

(1) Basnage, ch. 14. M. Grenier, t. 2, n° 317.
(2) *Suprà*, n° 184.
(3) Dalloz, Hyp., p. 47. Sirey, t. 17, 2, 270.

la somme de 98,455 fr. ; 2° un billet à ordre de
71,545 fr. payable à présentation et reçu par
Perret *pour solde*. Fusi étant tombé en déconfiture,
les créanciers saisissent le saphir. Dans l'ordre qui
s'ouvre après la vente aux enchères, Perret demande à être payé par privilége en sa qualité de
vendeur. Les créanciers lui opposent qu'en rece-
vant pour solde un bon souscrit par Fusi, il avait
opéré novation; que son titre n'était plus dans sa
qualité de vendeur, mais dans un simple billet qui
le laissait dans la classe des créanciers chirographaires. C'est le système que la cour adopta. «Con-
» sidérant que la vente du saphir a été consommée
» par sa remise ès mains de Fusi et par le *paie-
» ment* ou *échange* opéré par la remise à Perret de
» diamans, de perles et d'un bon accepté par lui
» pour solde. »

Ces expressions prouvent clairement que la cour
a pensé qu'il y avait novation dans l'espèce, et par
conséquent extinction du privilége d'après l'article 1278 du Code civil. Mais ce n'est pas là appliquer la disposition du § 41 des Inst. au titre *De
rer. divis.*, ainsi que le prétend M. Grenier (1).

199 *bis*. Au surplus, cette décision de la cour
de Paris ne peut se soutenir. Il est faux que dans
l'espèce il y eût novation, et que le vendeur eût été
payé dans le sens de la loi (2).

(1) *Loc. cit.*
(2) Plusieurs auteurs partagent cependant l'opinion de la
cour de Paris. Domat, liv. 3, t. 1, sect. 5, no 4. Persil, Comment., art. 2103, § 1, n° 6. Grenier, t. 2, n° 385. M. Dalloz,
Hyp., p. 48, n° 4.

Quoiqu'il y ait des arrêts assez nombreux qui ont décidé que la dation de billets opère une libération et conduit à fin le contrat de vente (1), on ne doit pas les suivre, et il faut se ranger à l'opinion beaucoup plus juridique (2) qui veut que le paiement en billets soit toujours subordonné à la condition de *l'encaissement*. C'est ce qu'ont décidé plusieurs arrêts (3), parmi lesquels je citerai un arrêt de la cour de Nancy du 4 janvier 1827, rendu après une discussion approfondie, et sur mes conclusions conformes (4). Il est clair que le créancier qui reçoit un pareil paiement n'entend donner quittance qu'à la charge que les billets seront payés à l'échéance. La novation ne se suppose pas; et,

(1) Cassat., 2 janvier 1807 (Sirey, 7, 1, 61. Dalloz, Obligat., p. 602). Colmar, 4 janvier 1806 (Dalloz, *loc. cit.*, p.603). Paris, 7 décembre 1814 (Dalloz, *loc. cit.*, p. 603). Douai, 5 août 1818 (Dalloz, *loc. cit.*, p. 603).

(2) M. Pardessus, t. 2, p. 158. M. Merlin, Répert., *Novation*.

(3) Cassat., 19 août 1811 (Dalloz, Oblig., p. 603). Rouen, 2 avril 1811 (Dalloz, Obligat., p. 603). Cassat., 6 nov. 1823 (Dalloz, Oblig., p. 603). Rouen, 4 janvier 1825 (D. 25, 2, 133). Cassat., 25 janvier 1826 (D. 26, 1, 341). Poitiers, 5 février 1835 (Dalloz, 35, 2, 92). Limoges, 4 février 1835 (Sirey, 35, 2, 221. Dalloz, 37, 2, 155). Bordeaux, 8 janvier 1835 (Journal des arrêts de cette cour, année 1835, p. 26). Orléans, 18 novembre 1836 (Sirey, 37, 2, 144). Cassat., 3 mai 1837 (Sirey, 37, 1, 718. Dalloz, 37, 314).

Quelques uns de ces arrêts ne tranchent pas la question en thèse générale, mais ils concourent, tous, à établir une jurisprudence certaine en faveur de l'opinion que nous avons émise.

(4) D. 27, 2, 44.

I.   20

pour y arriver, il ne faut pas surtout fausser la pensée des parties contractantes.

199 *ter*. Voyons maintenant ce qu'on doit entendre par vendeur *non payé* lorsqu'il s'agit de l'exercice de la revendication.

On se rappellera que la revendication ne peut avoir lieu si le vendeur a accordé terme. Il suit de de là que s'il reçoit en paiement des billets dont le terme n'est pas échu, il ne pourra pas revendiquer : car la réception de ces effets empêcherait que la vente fût pure et simple; elle en ferait une vente avec terme de paiement. On ne pourrait opposer à cette doctrine un arrêt de la cour de Rouen du 4 janvier 1825 (1) qui autorisa un vendeur à exercer la revendication, quoiqu'il eût reçu son paiement en billets non échus. Dans cet arrêt, il s'agissait non pas de la revendication organisée par notre article, mais de celle qui est accordée par l'art. 576 du Code de commerce. Or, dans ce dernier cas, l'exercice de la revendication peut avoir lieu quoiqu'il y ait terme de paiement accordé.

Si celui qui se prévaut de notre article pour revendiquer la chose vendue avait reçu des billets échus, comme il n'aurait pas accordé de terme, je pense qu'en cas de non-paiement de ces billets il n'y aurait pas d'obstacle à son action.

200. Notre article annonce qu'il n'apporte aucune modification aux lois et usages du commerce sur la revendication. Mon but n'est pas de m'oc-

_____

(1) D. 25, 2, 133.

cuper de cet objet, qui se rattache au développement de la loi commerciale. Je me borne à dire que
le vendeur en matière de commerce n'a point de
privilége sur le prix, qu'il peut seulement exercer
la *revendication* dans les cas prévus par l'art. 576
du Code de commerce. Cette exception au droit
commun a été positivement annoncée par M. Tarrible, orateur du tribunat. « S'il en était autrement,
» dit-il, le but qu'on se propose en restreignant
» la revendication serait manqué, puisque le ven-
» deur auquel on refuserait la restitution de sa
» marchandise en obtiendrait l'équivalent dans le
» recouvrement exclusif du prix. » Lorsqu'un marchand vend à un autre des objets destinés à entrer dans son commerce, il sait que ces objets
seront mis en circulation, et il n'est pas possible
qu'il vende avec espérance d'exercer un privilége,
puisque le privilége ne peut avoir lieu qu'à la
condition que la chose vendue est dans la *possession*
de l'acheteur. Il sait aussi que, le crédit faisant la
base du commerce, les marchandises qui vont entrer dans les magasins de son acheteur appelle-
ront la confiance; que le public y verra une garantie, et apportera ses fonds, dans la pensée qu'un
actif suffisant reposant sur ces marchandises et
sur tout ce qui garnit les magasins, répondra des
sommes prêtées. La cause du vendeur est donc ef-
facée ici par celle du public, et la vente de ces
marchandises est par elle-même exclusive de l'idée
de privilége (1). Si cependant l'acheteur avait

(1) M. Tarrible, Répert., Privilége, p. 27. Grenier, t. 2,

acheté des objets qui ne devaient pas entrer dans
son commerce, tels que meubles meublans, ins-

n° 318. Pardessus, t. 4, p. 362, 498. Boulay-Paty, t. 2,
p. 20. Dalloz, Faillite, p. 240. Arrêt d'Aix du 19 novembre
1834 (Sirey, 35, 2, 154). Arrêt de Douai du 25 avril 1836
(Sirey, 36, 2, 409). Arrêt de Caen (Sirey, 37, 2, 401). *Contrà*, M. Persil, sur l'art. 2102, § 4.

On ne devrait pas considérer comme se rattachant à l'opinion
isolée de ce dernier auteur un arrêt de la cour de cassation (section des requêtes) du 2 janvier 1838, qui décide que le vendeur d'un fonds de boulangerie a privilége sur le prix de ce
fonds. M⁰ Nicod, avocat-général, qui portait la parole dans
l'affaire, et dont les conclusions sont le meilleur commentaire
de l'arrêt, disait : « Il est certain qu'en matière de commerce,
le droit de revendication exclut le privilége ; c'est ce qui résulte de l'art. 2102 du Code civil. Ainsi, toutes les fois
que la loi commerciale ouvre au vendeur le droit de revendication, elle lui refuse, par cela même, le privilége ; mais dans
le cas où le droit de revendication n'existe pas pour le vendeur,
on peut raisonnablement conclure, des termes de l'art. 2102
précité, que le privilége, organisé par la loi commune, reste
dans son intégrité. Or, dans l'espèce, de quoi s'agit-il? d'un
droit incorporel qui, par sa nature, résiste à l'application de
l'art. 576 du Code de commerce. La cour royale de Paris ne paraît donc avoir violé aucune loi en décidant par l'arrêt attaqué
(*Voyez* dans Dalloz, 34, 2, 87, et 35, 2, 80) que le vendeur
était privilégié.»

Ces considérations déterminèrent la section des requêtes à
rejeter le pourvoi, et j'avoue que je me rangeai à cette opinion, parce que je n'aperçus dans l'ensemble des textes invo-
qués dans ce cas particulier aucune violation de la loi. Néanmoins je crois que la non-existence du privilége rentre mieux
sinon dans les termes, du moins dans l'esprit du Code de commerce. Aussi le tribunal de commerce de la Seine est-il dans
l'usage de refuser le privilége en pareil cas, et en recherchant
dans la jurisprudence de la cour royale de Paris, il ne serait

trumens aratoires, glaces, bois de chauffage do-
mestique, le vendeur serait dans le droit commun,
et pourrait demander privilége (1). La raison en est

pas difficile de trouver des arrêts qui combattent celui que la
section des requêtes s'est trouvée dans la nécessité de maintenir. (*Voyez* par exemple un arrêt de la deuxième chambre du
26 novembre 1833, dans Sirey, 33, 2, 594.) Il est donc permis de penser que la jurisprudence n'est pas encore définitivement fixée par l'arrêt de la cour de cassation dont nous
avons parlé, et peut-être que si une solution contraire lui
était soumise, elle se trouverait pressée par des considérations
non moins graves en faveur d'un nouveau rejet.

Voici du reste, dans son entier, l'arrêt du 2 janvier 1838 ;
il n'a encore été publié dans aucun recueil périodique :

« Attendu que les articles 576 et suivans du Code de com-
» merce sont, dans leur lettre, ainsi que dans leur esprit, ap-
» plicables seulement aux marchandises qui ont une existence
» corporelle et peuvent se transporter matériellement ; que,
» dès-lors, ces articles ne sauraient régir les objets incorpo-
» rels ;

» Attendu qu'un fonds de commerce est, par sa nature, un
» objet mobilier incorporel ; que l'article 2102 du Code civil
» accorde au vendeur un privilége pour les effets mobiliers
» dont il n'a pas reçu le prix ; que ces expressions *effets mo-*
» *biliers* comprennent, dans leur généralité, les effets mobi-
» liers corporels et incorporels, sans distinction ; que, dès-
» lors, l'arrêt attaqué a pu, comme il l'a fait, décider que le
» fonds de commerce de boulangerie, vendu par les sieur et
» dame Yvon au sieur Chevalier, devait donner lieu, au pro-
» fit des vendeurs, contre les syndics de la faillite de l'acqué-
» reur, le privilége résultant de l'article 2102 du Code civil ;
» rejette.»

(1) Pardessus et Dalloz, *loc. cit.*

La jurisprudence paraît maintenant irrévocablement fixée
sur ce point de droit. Les arrêts cités plus bas à la note 5, le

que ces choses ne sont pas destinées à être jetées dans le mouvement commercial, qu'elles ne garnissent pas les magasins, et qu'elles n'offrent pas par conséquent de garanties à ceux qui, évaluant le crédit du négociant d'après la valeur de son fonds de commerce, consentent à lui prêter de l'argent en vue de l'importance de ce fonds. Tels sont les principes. Mais l'application en est souvent difficile, parce qu'elle dépend de l'appréciation d'actes de *commerce réciproque*, dont la qualification n'est pas sans embarras (1).

C'est ainsi, par exemple, qu'on n'est pas d'accord sur la question de savoir si le mécanicien qui a vendu une machine à un fabricant peut, en cas de faillite, exercer privilége sur le prix (2). Mon avis est qu'il n'y a pas lieu au privilége. Outre qu'une pareille opération est un acte de commerce réciproque, ainsi que l'enseigne M. Pardessus (3), il faut reconnaître que la machine, qui garnit les ateliers de l'acheteur, fait partie de *son fonds de commerce*, et a pu déterminer par conséquent la confiance de ses créanciers. Je pense donc qu'on ne doit pas s'arrêter aux arrêts que je cite dans la

consacrent, et, sous ce rapport, nous les invoquons ici à l'appui de notre opinion. Mais, comme on le verra, nous n'adoptons pas l'application qu'ils ont faite du principe aux espèces sur lesquelles ils ont statué.

(1) Voyez au surplus les arrêts cités dans Dalloz, *loc. cit.* Un arrêt de Nancy du 28 décembre 1829. Dalloz, 30, 2, 158.

(2) Arrêt de Rouen du 13 janvier 1824. Dalloz, Faillite, 248. Arrêt de cassat. du 23 décembre 1329, D. 30, 1, 79.

(3) T. 1, no 51.

note 2 et qui ont adopté un sentiment contraire (1).
L'art. 191, n° 8, du Code de commerce, me fortifie
dans cette opinion; car il prouve que le vendeur
du navire perd son privilége lorsque le bâtiment
est entré dans le mouvement commercial par un
premier voyage. L'analogie n'a-t-elle pas ici quelque chose de frappant?

Du reste, je n'ai pas besoin de dire que la vente
qu'un simple particulier ferait à un commerçant
d'objets que celui-ci aurait achetés pour revendre,
serait privilégiée; la qualité de l'acheteur ne peut
rejaillir sur le vendeur et enlever à ce dernier le
bénéfice du droit commun (2).

200 *bis.* Tout ce qui a été dit sur le privilége du
vendeur est-il applicable au cas d'échange? Brodeau enseigne l'affirmative, et il se fonde sur un
arrêt du parlement de Paris du 8 mars 1606. Mais
je ne crois pas que cette opinion puisse être suivie;
car les priviléges ne doivent pas être étendus par
analogie. La question a été jugée contre l'échangiste en matière d'immeubles par arrêt de Turin
du 10 juillet 1813 (3). Il y a parité de raison lorsqu'il s'agit de meubles.

---

(1) Cependant ce sentiment a encore été consacré par divers arrêts: Gand, 24 mai 1833 (Dalloz, 34, 2, 143. Sirey,
34, 2, 561). Caen 1837 (Sirey, 37, 2, 401).

(2) Dijon, 6 février 1819 (Dalloz, Faillite, p. 245). Liége,
16 décembre 1820 (Dalloz, Faillite, p. 245).

(3) Sirey, 14, 2, 23. Dalloz, Hyp., p. 58. Voyez *infrà*
n° 215. Arrêt de Paris du 20 janvier 1834 (Sirey, 34, 2, 273).

§ V.

Privilége de l'aubergiste.

201. L'aubergiste est privilégié pour ses fournitures sur les effets du voyageur qui ont été transportés dans son auberge. L'art. 175 de la coutume
de Paris donnait un privilége semblable. « Dépens
» d'hôtelage livrés par hôtes à pélerins ou à leurs
» chevaux sont privilégiés, et viennent à préférer
» devant tout autre sur les biens et chevaux hôte-
» lés, et les peut retenir jusqu'à paiement; et si
» aucun autre créancier les voulait enlever, l'hô-
» telier a juste sujet de s'y opposer. » Ce privilége
est très-favorable puisqu'il est fondé sur la cause
des alimens, et sur ce que les aubergistes, étant
obligés par état de recevoir tous les voyageurs qui
se présentent, sans les connaître, seraient exposés
sans cette assurance à perdre le montant de leurs
fournitures. Joignez à cela la circonstance que l'aubergiste est censé avoir les effets du voyageur en
gage, et que de plus il en est responsable.

202. Notre article ne s'applique qu'à ceux qui
font un négoce honnête de recevoir les voyageurs
pour les héberger. Mais il ne protégerait pas ceux
qui tiennent de mauvais lieux, et donnent à jouer
à des jeux défendus. C'est la remarque de Dumoulin (1), *item fallit in eo qui præberet ludis vetitis.*
Je pense aussi qu'on ne doit pas l'étendre aux *cabaretiers* et *taverniers* qui donnent à boire et à

(1) Sur l'art. 175 Cout. de Paris.

manger aux habitans du lieu. Notre article ne fait peser le privilége que sur les *voyageurs.* D'ailleurs les cabaretiers et taverniers sont en général peu favorables (1), car on peut souvent les accuser de prêter la main au désœuvrement et à la ruine des gens du peuple.

203. Dumoulin fait une autre remarque (2) qui n'a pas eu l'assentiment de tous les auteurs. Il prétend que le privilége de l'aubergiste cesse pour les dépenses excessives qui sont faites chez lui, parce qu'elles sont contraires aux bonnes mœurs. Mais c'est pousser la rigueur trop loin. On a fort bien remarqué que l'aubergiste n'est pas le surveillant de ceux qui prennent l'hospitalité chez lui, qu'il ne lui appartient pas de régler leurs dépenses, et qu'il est obligé par la nature de son état de faire les fournitures qu'on lui demande.

204. C'est sur les effets transportés dans l'auberge que le privilége existe; il ne peut s'étendre à autre chose.

Ici on a agité quelques difficultés qu'il convient de résoudre.

La première est de savoir si le privilége ne frappe que sur les effets appartenant au voyageur, ou bien s'il s'étend aussi à ceux qui, quoique n'appartenant pas au voyageur, sont cependant transportés par lui dans l'auberge.

Je crois la solution facile. L'aubergiste n'est pas obligé de s'informer si les objets déposés chez lui

(1) Répert., Prescription, p. 552.
(2) Sur le même article.

appartiennent ou non au voyageur. Il suffit qu'ils soient introduits dans son hôtel pour qu'il les considère avec raison comme son gage. Cela me paraît être aussi conforme à l'esprit de la loi qu'à son texte. Car notre article ne dit pas que le privilége aura lieu sur les effets *appartenant* au voyageur, mais bien sur les effets transportés dans l'auberge. Telle est l'opinion de Ferrières (1), de M. Persil (2), de M. Favard (3) et de M. Dalloz (4).

Je trouve cependant des principes contraires énoncés dans un arrêt de la cour de Colmar, du 26 avril 1816. On lit dans les considérans de cet arrêt que l'art. 2102, n° 5, n'assure de privilége à l'aubergiste que sur les effets *qui sont la propriété du voyageur* (5). Mais cette doctrine ne me paraît pas sontenable, et M. Persil l'a parfaitement réfutée (6).

Il me semble, toutefois, que si l'aubergiste savait que les effets transportés chez lui n'appartiennent pas au voyageur, son privilége cesserait d'avoir lieu. Je raisonne par argument du n° 4 de l'art. 2102, qui veut que le vendeur d'objets non payés et garnissant une maison louée, soit préféré au locateur, lorsque celui-ci sait que ces objets n'appartiennent pas au locataire. Or, c'est en quoi je trouve que l'arrêt de la cour de Colmar précité peut se soutenir, malgré l'erreur évidente des motifs ; car,

(1) Paris, art. 175, n° 7.
(2) Quest. sur le Privil., t. 1, ch. 3.
(3) Priviléges, sect. 1, § 2, n° 13.
(4) Hyp., p. 45, n° 20.
(5) Dalloz, Hyp., p. 48. Sirey, 17, 2, 365.
(6) *Loc. cit.*

dans l'espèce, il paraît que l'aubergiste n'ignorait pas que la voiture par lui saisie n'était pas la propriété du voyageur, attendu qu'il avait été lui-même la chercher chez le carrossier qui l'avait louée. La cour de Bruxelles a rendu un arrêt dans le même sens, le 12 juillet 1806 (1).

La seconde difficulté consiste à savoir si l'aubergiste peut saisir les habits du voyageur.

Mais il faut dire avec certitude que l'aubergiste ne doit pas s'emparer des hardes dont le voyageur est vêtu ; ce serait un manque d'humanité qui rendrait l'aubergiste répréhensible, et qui au surplus n'est pas autorisé par la loi, puisqu'en parlant des effets transportés dans l'auberge, elle fait assez clairement entendre que le privilége de l'aubergiste ne s'étend pas aux habits qui couvrent le voyageur, et qui lui sont nécessaires pour le défendre des inclémences de l'air.

C'est ce qui a été jugé par un arrêt du parlement de Paris, du 18 mars 1595, dans un cas où un aubergiste avait retenu, pour dépenses d'hôtellerie, les habits d'un passant, qui le lendemain fut trouvé mort de froid (2).

La troisième difficulté consiste à savoir si par le mot *effets*, dont se sert notre article, on doit entendre les chevaux, bœufs, etc., qui seraient introduits dans l'auberge.

On a vu que cette question était résolue pour

(1) Sirey, 6, 2, 289. Dalloz, Hyp., p. 47.
(2) Chopin, sur Paris, liv. 3, t. 3, n₀ 11. Mornac, sur la loi 14, D. *præscript. verbis*. Ferrières, art. 175, Paris.

l'affirmative par le texte formel de la coutume de Paris. Je ne crois pas qu'elle soit susceptible de plus de doute sous le Code civil.

Enfin, l'on demande si, lorsque les effets sont apportés au voyageur dans l'auberge où il est reçu, ces effets répondent des dépenses faites antérieurement ou seulement des dépenses faites postérieurement à leur entrée.

Quoiqu'il semble résulter de l'arrêt de la cour de Colmar, cité tout à l'heure, que ces effets sont affectés seulement aux dépenses qui ont suivi leur introduction dans l'auberge, je n'en pense pas moins que l'aubergiste peut prétendre son privilége sur eux pour tout ce qui lui est dû à raison d'un séjour non interrompu, de même que le propriétaire a privilége sur tout ce qui garnit la maison, quelle que soit l'époque de l'introduction des meubles.

205. Brodeau, sur l'art. 175 de la cout. de Paris, n° 1, soutient que le privilége de l'aubergiste est préférable *aux frais funéraires et de dernière maladie* dus par la succession du voyageur mort dans son auberge.

C'est aussi le sentiment de Bartole, de Balde et Paul de Castro (1); de Garsias, en son traité *De expensis et meliorat.* (2); et de Ferrières (3). Mais cette doctrine, combattue par d'autres auteurs, par Bourjon, par exemple (4), a trouvé sa

(1) Sur la loi *in restituendâ*, C. *De petit. hœred.*
(2) Cap. 8, n° 26.
(3) Art. 175, n° 2.
(4) T. 2, p. 691, n° 87.

réfutation ci-dessus (1). Du reste, j'ai parlé ailleurs (2) du rang des priviléges spéciaux sur la chose transportée dans une auberge.

206. L'aubergiste perd son privilége s'il laisse sortir les effets de l'hôtellerie ; car le privilége ne dure que sur les effets transportés dans l'auberge, *hôtelés*, comme disait la coutume de Paris. Fondé en grande partie sur l'occupation des effets *hôtelés*, il se perd avec elle. C'est ce qu'a jugé la cour de Rouen par arrêt du 16 messidor an 8 (3), et avec raison ; car on sent qu'une fois les effets sortis de l'auberge, il serait difficile de constater leur identité et de prouver qu'ils ont été introduits dans l'hôtel. Il suit de là que l'aubergiste ne peut se payer sur les objets déposés dans son auberge, des dépenses faites à un précédent voyage. En laissant sortir les effets que le voyageur avait déposés chez lui lors de son premier passage, il est censé avoir renoncé à son privilége (4).

§ VI.

Du voiturier.

207. Les frais de voiture et les dépenses accessoires sont privilégiés sur la chose voiturée. «Mer- » ces vectæ dorso jumentorum, certo convento-

(1) Nos 73 et suiv.
(2) No 70.
(3) Sirey, 7, 2, 1135. Dalloz, Hyp., p. 48, note.
(4) Delvincourt, p. 276, notes, n° 7. Grenier, t. 2, n° 319; Dalloz, Hyp., p. 45.

» que pretio, pro vecturâ tacitè pignorata sunt, et
» vecturæ causa potentior est, *quoniam sine eâ*
» *merces salvæ pervenire non poterant.* » Telles sont
les expressions de Cujas (1).

Quelques auteurs ont pensé que le voiturier ex-
poserait son privilége, s'il se dessaisissait de la chose
voiturée (2). Ils se fondent sur ce que le privilége
du voiturier est basé sur un droit de gage.

· J'ai cité ci-dessus (3) un arrêt de la cour de Paris, du 2 août 1819, qui, adoptant une opinion
contraire, décide que le privilége du voiturier n'est
limité par aucun terme, et que, lorsqu'il a livré la
chose, il n'en a pas moins privilége, bien que le
propriétaire soit tombé en faillite, et qu'il y ait
eu atermoiement.

M. Pardessus ne va pas tout-à-fait si loin (4).
Tout en décidant que la remise de la chose n'éteint
pas le privilége, il veut que le voiturier agisse dans
le bref délai, que l'usage peut seul déterminer, selon
la nature des choses transportées. « On ne peut, en
» effet, dit M. Pardessus, exiger qu'il réclame à
» l'instant son paiement et le frapper de déchéance
» pour cette omission. Les convenances lui com-
» mandent quelques égards, les circonstances exi-
» gent quelques délais, et *la nécessité des vérifioa-*
» *tions* ne permet pas qu'on le paie à l'instant. »

Toute la difficulté gît dans l'idée qu'on doit se

(1) Récit solennel sur la loi *licet.* C. *qui potior.*
(2) Delvincourt, tom. 3, p. 212, notes, n° 3. Persil, article 2102, § 6, n°ˢ 1 et 2. Dalloz, Hyp., p. 45, n° 21.
(3) N° 43.
(4) T. 4, p. 363.

faire de la cause du privilége du voiturier. Est-il bien vrai que ce privilége prenne exclusivement sa source dans le nantissement? Je ne le crois pas. Cujas ne le croyait pas davantage, puisqu'il l'attribue au service que le voiturier a rendu, en amenant les marchandises *saines et sauves* dans un lieu où elles ont un plus grand prix (1). « Quoniam sine eâ mer- » ces salvæ pervenire non poterant. » Il suit de là que, le privilége du voiturier n'étant pas fondé sur le gage, il importe peu qu'il soit ou non nanti. Il suffit qu'il soit constant qu'il n'a pas été payé, et que la chose sur laquelle il réclame privilége soit la même que celle qu'il a voiturée. Et je remarque qu'en cas de dessaisissement du voiturier, on ne tombe plus dans d'aussi grands embarras que lorsque l'aubergiste s'est dessaisi ; car la lettre de voiture est là pour constater le nombre et la qualité des effets.

On suppose que le capitaine de navire, qui, sous beaucoup de rapports, est assimilé au voiturier, ne peut réclamer son privilége que dans la quinzaine de la livraison (2). Mais que prouve cette disposition, sinon que la livraison n'anéantit pas le privilége de celui qui effectue le transport? Or, à l'égard du voiturier, la loi n'a pas été si précise qu'à l'égard du capitaine : elle ne fixe pas de délai. Pourquoi se montrer plus rigoureux qu'elle ?

Cependant, si les objets voiturés n'étaient plus

(1) Pothier, Charte-partie, n° 89, dit à peu près la même chose du capitaine.

(2) Art. 307 du Code de commerce. Pothier, Charte-partie, n° 89.

dans le même état (1), ou que l'identité ne fût pas certaine, le privilége ne pourrait être réclamé.

Il y a plus, c'est que, si le consignataire était un négociant, et si le voiturier eût laissé emmagasiner la marchandise transportée, sans réclamer dans un délai assez court, le privilége serait compromis; car, en matière de commerce, il faut se montrer plus sévère sur la durée et l'extension des priviléges. Quand la marchandise est déballée et exposée dans les magasins, elle devient la garantie du public, comme je l'ai dit ci-dessus (2). La renonciation au privilége s'induit par conséquent avec facilité d'un silence qui dépasse de justes bornes.

207 *bis.* Le privilége du voiturier s'étend-il à toutes les sommes qui peuvent lui être dues pour transports précédens?

Par arrêt du 28 juillet 1819 (3), la cour de cassation a confirmé un arrêt de la cour de Bourges, qui s'était prononcé pour l'affirmative. Mais cette décision ne peut servir de guide; car, pour arriver à un rejet (4), la cour suprême me paraît avoir arrangé les faits de manière à faire dire à la cour de Bourges le contraire de ce qu'elle avait décidé. Elle a donc laissé le point de droit intact.

Quoi qu'il en soit, il faut dire que les frais de voiture dont parle notre article, sont uniquement

(1) *Suprà*, n°ˢ 109 et suiv.

(2) N° 200.

(3) Dalloz, Commissionnaire, p. 803.

(4) Le penchant exagéré de la cour de cassation pour les rejets frappe depuis long-temps l'attention des jurisconsultes.

ceux de la voiture qui a amené la chose. Étendre à cette chose la créance due pour voyages précédens, serait transporter le privilége d'un objet sur un autre, et méconnaître la *spécialité* du privilége du voiturier.

§ VII.

Privilége pour créances résultant d'abus et préva-
rications.

208. Il y a, en France, beaucoup de fonctionnaires publics qui sont soumis à fournir des cautionnemens.

Tels sont les comptables et ceux qui sont chargés du maniement des deniers publics, et des communautés et hospices ; ce qui s'observait à Rome (comme on le voit par les rubriques du Code, *De periculo eorum qui pro magistratibus intervenerunt, et de periculo nominatorum*) et en France avant la révolution, ainsi que l'enseigne Loyseau en son Traité des Offices (1).

Tels sont aussi les notaires, agens de change, huissiers, etc.

La loi du 27 ventose an 8 oblige les greffiers, avoués et huissiers à fournir un cautionnement en numéraire.

La loi du 27 ventose an 9 contient la même disposition à l'égard des commissaires-priseurs à Paris.

La loi du 28 ventose an 9 soumet à la même

(1) Liv. 1, ch. 4, n° 52. *Suprà*, n° 93.

obligation les agens de change et courtiers de commerce.

Enfin la loi du 25 ventose an 9, en prescrivant aux notaires l'obligation de fournir un cautionnement, dit, art. 23, « Que ce *cautionnement sera* » *spécialement affecté à la garantie des condamna-* » *tions prononcées contre les notaires, par suite de* » *l'exercice de leurs fonctions.* »

Cette disposition est étendue, par la loi du 25 nivose an 13 (1), aux cautionnemens fournis par les agens de change, les courtiers de commerce, les avoués, les greffiers, les huissiers et les commissaires-priseurs.

Ces cautionnemens (dit l'art. 1) sont, comme ceux des notaires, affectés par *premier privilége* à la garantie des condamnations qui pourraient être prononcées contre eux, par suite de leurs fonctions (2); par *second privilége*, au remboursement des fonds qui leur auraient été prêtés pour tout ou partie de leur cautionnement; et subsidiairement au paiement, dans l'ordre ordinaire, des créances particulières qui seraient exigibles sur eux.

Ces dispositions sont communes aux cautionnemens des receveurs généraux et particuliers, et de tous les autres comptables et préposés des administrations.

209. Mais il y a une grande distinction à faire

(1) Dalloz, v° Cautionnement, p. 421, rapporte le texte de ces lois.

(2) Mais non pour faits étrangers à leurs fonctions. Voy. un arrêt de la cour de Paris du 14 mai 1832 (D. 32, 2, 113).

entre les cautionnemens des comptables, et ceux des autres officiers publics énumérés ci-dessus.

Les cautionnemens fournis par les comptables le sont dans l'intérêt du gouvernement, qui ne donne le maniement de ses fonds que sous cette garantie.

Au contraire, les cautionnemens des greffiers, notaires, avoués, etc., ne sont déposés que pour répondre des faits de ces officiers envers les particuliers qui sont obligés, *ex necessitate officii*, de recourir à leur ministère, et de suivre la foi publique (1).

Le gouvernement n'a de privilége sur ces cautionnement qu'autant qu'il se sert, comme partie privée, du ministère des officiers publics qui les ont déposés (2).

Sous tout autre rapport, ces cautionnemens n'ont pas été établis en sa faveur, et il est sensible qu'il n'y a aucun intérêt.

210. Les cautionnemens des notaires, agens de change, répondent-ils seulement pour les condamnations civiles résultant d'abus, prévarications ou faits de charge, ou bien doivent-ils aussi répondre pour les amendes qui, dans certains cas, sont prononcées contre ces officiers au profit du fisc?

Il est certain, d'après le droit romain, que le cautionnement n'est pas tenu des amendes. «Fide-'jussores magistratuum non debent conveniri *in*

(1) Loyseau, Off., liv. 3, ch. 8, n.° 56.
(2) *Suprà*, n.º' 93 et 95 *ter*.

» *pœnam vel mulctam*, quam non spoponderunt (1).

Le cautionnement doit seulement rendre indemne celui qui a été lésé. Telle est son seul et unique but (2). C'est la décision des lois 17 et 37, D. *De jure fisci*, et de la loi 1. D. *Pœnis fiscalibus creditores præferri* (3). Ce principe a toujours été suivi en France, ainsi que l'attestent Loyseau et Basnage. Ce dernier rapporte un arrêt du parlement de Paris du 2 mars 1667, qui l'a aussi décidé.

Telle doit être aussi la jurisprudence sous le Code civil, et c'est dans ces idées qu'a été rendu l'arrêt de la cour de cassation du 7 mai 1816, rapporté ci-dessus (4).

211. Ceux qui ont prêté les fonds de cautionnement sont privilégiés, d'après l'art. 1 de la loi du 25 nivose an 13, rapporté tout à l'heure. Mais, d'après ce même article, ils ne passent qu'après la créance pour abus et prévarications; ce qui est conforme au sentiment de Loyseau (5). Du reste, les justifications à faire pour prouver le prêt de deniers, et par conséquent le privilége, sont réglées par la loi du 25 nivose an 13, et par les dé-

(1) L. 6, D. *De fidejussor.* L. 1, C. *De his qui pro magist.*

(2) Perezius, C. *De periculo eorum*, n° 2, t. 2, p. 476. Loyseau, Off., liv. 1, ch. 4, n° 65. Basnage, ch. 13, p. 35. Cujas, sur la loi 68, D. *De fidej.* Pothier, Pand., t. 3, p. 366, n° 37.

(3) Liv. x, t. 7.

(4) N° 95 *ter.* Arrêt conforme de Paris du 21 janvier 1837 (Dalloz, 37, 2, 175. Sirey, 37, 2, 221.)

(5) Offic., liv. 3, ch. 8, n 92. *Suprà*, n° 72.

crets des 28 août 1808 et 22 décembre 1812 (1).

211 *bis*. Tels sont les priviléges spéciaux organisés par notre article.

Quant aux priviléges spéciaux qui dérivent de la loi commerciale, ils rentrent dans l'interprétation du Code de commerce, dont nous n'avons pas à nous occuper.

SECTION II.

DU PRIVILÉGE SUR LES IMMEUBLES.

ARTICLE 2103.

Les créanciers privilégiés sur les immeubles sont :

1° Le vendeur sur l'immeuble vendu pour le paiement du prix.

S'il y a plusieurs ventes successives dont le prix soit dû en tout ou en partie, le premier vendeur est préféré au second, le deuxième au troisième, et ainsi de suite.

2° Ceux qui ont fourni des deniers pour l'acquisition d'un immeuble, pourvu qu'il soit authentiquement constaté, par l'acte d'em-

(1) Dalloz, Cautionnement, p. 422, note. Delvincourt, t. 3, p. 277, notes.

Le titulaire d'un cautionnement déposé au trésor ne peut conférer ultérieurement, et tant qu'il est pourvu de son office, un droit de privilége ou de propriété sur ce cautionnement au profit de tiers qui n'ont pas fourni les fonds. Paris, 4 mars 1834 (Sirey, 34, 2, 209. Dalloz, 34, 2, 115); Paris, 11 juillet 1836 (Sirey, 36, 2, 395. Dalloz, 36, 2, 139).

prunt, que la somme était destinée à cet emploi, et, par la quittance du vendeur, que ce paiement a été fait des deniers empruntés.

3° Les cohéritiers, sur les immeubles de la succession, pour la garantie des partages faits entre eux, et des soulte et retour de lots.

4° Les architectes, entrepreneurs, maçons et autres ouvriers employés pour édifier, reconstruire ou réparer des bâtimens, canaux ou autres ouvrages quelconques, pourvu néanmoins que, par un expert nommé d'office par le tribunal de première instance dans le ressort duquel les bâtimens sont situés, il ait été dressé préalablement un procès-verbal, à l'effet de constater l'état des lieux relativement aux ouvrages que le propriétaire déclarera avoir dessein de faire, et que les ouvrages aient été, dans les six mois au plus de leur perfection, reçus par un expert également nommé d'office.

Mais le montant du privilége ne peut excéder les valeurs constatées par le second procès-verbal, et il se réduit à la plus-value existant à l'époque de l'aliénation de l'immeuble, et résultant des travaux qui y ont été faits.

5° Ceux qui ont prêté les deniers pour payer ou pour rembourser les ouvriers, jouissent du même privilége, pourvu que cet emploi soit authentiquement constaté par l'acte d'emprunt et par la quittance des ouvriers, ainsi qu'il a été dit ci-dessus pour ceux qui ont prêté les deniers pour l'acquisition d'un immeuble.

SOMMAIRE.

Raison de cela. Arrêt de la cour de cassation. Dissentiment avec M. Merlin.

226. Rang du vendeur. Renvoi. Rang de plusieurs vendeurs entre eux.

227. § II. *Prêteurs de deniers pour l'acquisition d'un immeuble.* Il n'avait pas de droit réel sur la chose par le droit romain. Il fallait stipuler l'hypothèque. Avait-il privilége personnel ?

228. Suffisait-il que l'argent reçût son emploi ? Fallait-il dans l'acte la mention que l'argent était prêté pour acheter? Opinions diverses à cet égard.

229. Principes du droit français et modifications au droit romain.

230. État des choses sous le Code civil. Conditions auxquelles est soumis le prêt.

231. L'acte de prêt doit être authentique.

232. Du temps qui doit s'écouler entre le prêt et l'emploi.

233. Du rang du prêteur de fonds. Son privilége ne peut nuire au vendeur, dont il n'est que le subrogé.

234. Difficulté élevée par Renusson sur le rang entre le prêteur et les créanciers du vendeur à qui le prix a été délégué. Distinction sur l'opinion de Renusson.

235. Du concours entre plusieurs prêteurs successifs.

335 *bis*. Du cas où le prêteur de fonds a prêté pour acheter un immeuble saisi.

236. *Du privilége des cohéritiers et des copartageans.* Son origine. Son nom dans l'ancienne jurisprudence. La loi de l'an 7 n'en parlait pas. Amélioration sous ce rapport résultant du Code civil.

237. Raison de ce privilége. Son objet est de maintenir l'égalité. Il s'étend à tous les immeubles de la succession.

238. Quelles personnes jouissent de ce privilége. Le communiste y a-t-il droit comme le cohéritier? Vice de rédaction de notre article.

239. Créances privilégiées par suite de partage. 1° Soultes. 2° Retour pour cause d'éviction. 3° Prix de licitation.

4° Restitution de jouissances. 5° Dette qu'un cohéritier paie à la décharge des autres. Dissentiment avec M. Grenier.

COMMENTAIRE.

212. Après avoir parlé sous l'article précédent de ce qui touche aux priviléges spéciaux sur les meubles, l'art. 2103 me conduit à traiter des priviléges spéciaux sur les immeubles. Je procéderai par l'ordre de numéros donné par le Code civil, quoique cet ordre ne soit pas celui du rang de chacun des priviléges institués par la loi. (1)

Du privilége du vendeur.

213. Les développemens dans lesquels je suis entré aux n°ˢ 181 et suivans, me permettent d'être court sur quelques principes qui sont relatifs au privilége du vendeur.

Ainsi, l'on a retenu que d'après le droit romain le vendeur n'avait pas de privilége. Je ne réfuterai donc pas ici M. Grenier, qui adopte sur parole (1) l'opinion de Loyseau, que le vendeur était privilégié, opinion détruite par des lois formelles, et contraire à la doctrine de la grande majorité des auteurs.

Je ne dirai pas non plus comment dans les pays français soumis au droit écrit, on s'était écarté de ce principe fondamental. J'ai exposé tout cela au n° 182, et j'ai parlé au n° 183 de la législation des pays coutumiers.

J'examinerai seulement ici ce qui se rattache aux points suivans : 1° Quelles personnes sont privilégiées pour prix de vente? 2° Sur quelles sommes s'étend le privilége? 3° Le droit de demander la résolution subsiste-t-il dans notre système hypothécaire?

Quant à ce qui concerne les moyens de conserver le privilége, il en sera parlé avec étendue sous l'article 2108 ci-après.

214. Le vendeur, dit notre article, a privilége sur le prix. Ce n'est donc pas sur le vendeur proprement dit que peuvent rouler les difficultés que

_____

(1) Hypoth., t. 2, n° 383, p. 218.

j'ai à examiner relativement aux personnes qui jouissent de ce privilége.

Mais on demande d'abord si l'acquéreur à pacte de rachat, qui n'a pas été remboursé de tout ou partie du prix par le vendeur rentré en possession de sa chose, a privilége pour ce qui lui est dû.

La raison de douter est que l'acquéreur à pacte de rachat peut être assimilé à un vendeur; que, puisque le vendeur rachète sa chose, d'après le nom même que porte le contrat, l'acquéreur cesse d'être tel, et est transformé en un vendeur, ainsi que l'ont enseigné plusieurs docteurs cités par Zoannetus en son traité *De empt. vend. sub pacto de retro*, n° 111.

Mais la raison de décider est qu'il est faux que le réméré soit une vente nouvelle; c'est une simple résolution de la vente consommée, *distractus potiùs quàm novus contractus* (1). Il n'est donc pas possible de soutenir que l'acquéreur à pacte de réméré jouit d'un privilége. Il n'a que le droit de rétention que lui donne l'art. 1673 du Code civil. S'il n'use pas de ce droit de rétention, et s'il remet la chose au vendeur, sans exiger le paiement des répétition auxquelles il a droit, il doit s'imputer de s'être dépouillé des garanties que la loi lui assurait. Il ne lui reste plus que l'action personnelle. Cette doctrine est aussi celle de M. Tarrible (2) et de M. Grenier (3).

(1) Pothier, Vente, n° 412. Voy. mom comm. *de la Vente,* t. 2, n° 693.

(2) Privilége, sect. 4, § 5, n° 5.

(3) T. 2, n° 390.

215. On a agité la question de savoir si l'échangiste, qui a tant de rapport avec le vendeur, jouit du même privilége que ce dernier. J'ai établi la négative ci-dessus (1).

Tous les auteurs ne partagent cependant pas cette opinion. Elle est combattue par M. Dalloz (2), mais à tort suivant moi. Cependant, si le contrat stipulait un retour en argent, je pense que l'échangiste jouirait du privilége pour le montant de ce retour, qui est un véritable prix (3). Rien ne s'oppose à ce que la vente se trouve mêlée avec l'échange, et alors elle doit produire son effet, et jouir de tous ses priviléges.

216. M. Grenier demande si le donateur a un privilége sur les biens donnés pour l'exécution des clauses et conditions imposées par l'acte même de donation.

Cette question n'est pas même proposable, tant il est clair qu'il n'y a aucune assimilation à faire entre le vendeur et le donateur. Ce dernier a une action en résolution, que l'art. 954 lui assure pour le cas d'inexécution des clauses de la donation, et qui lui donne un droit de suite contre les tiers. Il doit s'en tenir à ce droit, qui certes est bien aussi avantageux qu'un privilége sur le prix.

217. Le cessionnaire du vendeur jouit du même privilége que le vendeur lui-même. Je renvoie, à cet égard, à ce qui sera dit sur l'art. 2112. J'y par-

_____

(1) N°. 200 bis.
(2) Hyp., p. 49, n₀ 9.
(3) Grenier, t. 2, n₀ 387. Delvincourt, t. 3, p. 280, note 5. Voy. aussi mon comment. de la Vente, t. 1, n° 10.

lerai aussi de celui à qui une délégation sur le prix a été faite de la part du vendeur.

218. Voyons maintenant quelles sommes **sont** privilégiées.

D'abord, nul doute sur le prix principal **non** payé; mais remarquons bien que c'est le prix **tel** qu'il est stipulé dans le contrat. Car les conventions particulières du vendeur et de l'acquéreur, résultant de contre-lettres, n'auraient pas d'effet à l'égard des tiers (1).

Mais qu'entend-on par vendeur non payé? C'est ce que j'ai suffisamment expliqué *suprà* n° 199.

219. Le privilége s'étend-il aux intérêts du prix?

L'affirmative ne peut souffrir de difficultés sérieuses, et personne, je crois, ne s'est avisé de soutenir que les intérêts du prix ne sont pas privilégiés. Car, bien que l'art. 2103 ne parle pas des intérêts, et qu'il ne se serve que du mot prix, néanmoins, les intérêts étant un accessoire du prix, et représentant les fruits de l'immeuble dont l'acquéreur a la jouissance, ils doivent participer **au** même privilége que le principal.

Mais le point où commence la difficulté est de savoir combien d'années d'intérêt sont privilégiées.

(1) La cour de Bordeaux, par arrêt du 23 avril 1836 (Dall., 36, 2, 146. Sirey, 36, 2, 476), a accordé privilége pour un supplément de prix porté par une sentence arbitrale rendue après compromis sur une demande en nullité du jugement d'adjudication qui avait transféré la propriété à l'acquéreur.

Cette décision, que les circonstances de la cause justifiaient, ne porte aucune atteinte au principe que nous venons de poser.

C'est sur cette question que s'élèvent des divergences d'opinions graves et sérieuses.

Dans l'ancienne jurisprudence, on pensait généralement que tous les intérêts non prescrits sont privilégiés comme le prix principal. Despeisses (1)
dit « Pour le prix de la vente, le vendeur est préféré
» sur les deniers provenant de la chose vendue, à
» tous les créanciers de l'acheteur, bien qu'anté-
» térieurs au contrat de vente ; et pour le cas de
» déconfiture des biens de l'acheteur, le vendeur a
» droit de faire disparaître de la saisie générale les
» possessions vendues, pour en faire ordonner la
» vente séparément, et, sur les deniers qui en pro-
» viendront, être payé *du principal et de tous les*
» *intérêts.* » D'Olive (2) s'exprime dans le même
sens. « La même raison donne sujet à la troisième
» exception concernant le prix des choses vendues,
» *dont les intérêts sont dus* au vendeur avec tel
» avantage qu'en la déconfiture des biens de l'ac-
» quéreur, il a le droit de faire distraire de la saisie
» générale les possessions vendues, pour en faire
» ordonner la vente séparément, et, sur les deniers
» qui en proviendront, être payé du *principal et*
» *intérêts* par préférence à tous les autres créan-
» ciers. C'est un effet de la *clause du précaire* (3)
» que nos arrêts suppléent en tous les contrats de
» vente des choses immeubles par le mouvement
» de l'équité naturelle, reçue dans le droit, qui

(1) T. 1, tit. Achats et Ventes.
(2) Quest., not., liv. 4, ch. 21.
(3) *Suprà,* n° 182.

» ne souffre pas que le vendeur se trouve privé de
» la chose et du prix, tout ensemble. »

Laroche-Flavin (1), Catelan (2), Lamoignon (3),
D'Héricourt (4), Serres (5), Rousseau-Lacombe (6),
enseignent la même doctrine, qui était l'opinion
commune.

Il faut seulement observer qu'il y avait dans la
jurisprudence des divers parlemens, quelques
différences sur le rang que l'on donnait aux intérêts. Au parlement de Paris, par exemple, on col-
loquait tous les intérêts au même rang que le capital. Il en était de même au parlement de Bordeaux (7). Mais, au parlement de Toulouse, les
intérêts n'étaient colloqués qu'après tous les capitaux (8).

Du reste, on voit que, malgré cette différence,
qui ne touche pas même à l'essence des choses,
tous convenaient que les intérêts faisaient partie
du prix, et avaient un privilége pour tous les arrérages échus.

La loi du 11 brumaire an 7 opéra une révolution dans le régime hypothécaire, en créant un
système de publicité tout nouveau. On sait que
cette loi introduisit des formes particulières pour

(1) Liv. 6, t. 54, art. 1.
(2) Liv. 6, ch. 5.
(3) T. Vente.
(4) Vente, ch. 11, sect. 2, no 39.
(5) Liv. 2, t. 1, n° 40.
(6) V° Vente, sect. 4.
(7) D'Olive, Quest., liv. 3, ch. 25, addit. en note.
(8) Idem.

la conservation du privilége du vendeur, en exigeant la transcription de la vente, et l'inscription d'office.

L'art. 17, relatif au mode d'inscription des hypothèques et priviléges, voulait que l'inscription fît connaître la date du titre, le montant des capitaux et accessoires. L'art. 19 portait: « Le créancier » inscrit pour un capital produisant des intérêts a » droit de venir pour deux années d'ouvrages au » même rang d'hypothèque que pour son capital. »

De la combinaison de ces dispositions, quelques personnes concluaient que le vendeur n'avait droit de venir au rang du capital que pour deux années d'arrérages seulement, et qu'on ne pouvait plus voir comme autrefois la masse des créances s'augmenter d'intérêts accumulés pendant une longue suite d'années; on disait que la loi avait voulu que l'on pût connaître la véritable position de chaque propriétaire, ce qui eût été impossible si le vendeur eût laissé les années d'intérêts s'agglomérer à l'insu des tiers; qu'il fallait donc que lorsque le vendeur avait laissé arrérager plus de deux années d'intérêts, il requît une inscription ; que même alors il ne devait prendre rang qu'à dater de l'accomplissement de cette formalité.

Le Code civil vint remplacer le Code hypothécaire de l'an 7, par un système différent sous plusieurs rapports, mais basé sur le grand principe de la publicité. Il est même à remarquer qu'il répéta dans les art. 2108, 2148 n° 4, 2151, les dispositions des articles 17 et 19 de la loi du 11 brumaire an 7.

En effet, d'après le Code civil comme d'après la loi de brumaire, le vendeur, pour conserver son privilége, doit faire transcrire, et le conservateur doit prendre inscription d'office; le vendeur peut aussi, au lieu de faire transcrire, prendre lui-même inscription (1).

D'après le Code civil comme d'après la loi de brumaire, l'inscription doit contenir le montant des capitaux et accessoires (2).

Enfin, d'après le Code civil, il est dit que le créancier inscrit pour un capital produisant intérêt n'a droit d'être colloqué que pour deux années d'arrérages seulement et pour l'année courante, au même rang d'hypothèque que pour son capital; et cette disposition est conforme à celle de la loi de brumaire, si ce n'est que cette dernière ne donnait collocation que pour deux années, au lieu que le Code civil y joint l'année courante (3).

Il y a donc conformité à peu près parfaite, sur ce point, entre les deux régimes, et de là il est arrivé que l'interprétation donnée par quelques personnes à la loi de brumaire s'est reproduite sous le Code civil; la cour de Nîmes a même rendu, le 12 décembre 1811, un arrêt qui décide que le vendeur n'a droit qu'à deux années d'arrérages, outre l'annuité courante (4).

Mais cette interprétation, basée sur une mauvaise intelligence de la loi, n'a pas eu un long cré-

(1) V. *infrà*, sous l'art. 2108, n° 285.
(2) Art. 2148, n° 4.
(3) Art. 2151.
(4) Dalloz, Hyp., p. 55, note 1. Sirey, 13, 2, 376.

I. 22

dit; on en a senti les vices, et la cour de cassation
l'a repoussée d'une manière solennelle, comme
je vais le dire à l'instant.

En effet, le vendeur est privilégié pour le prix ;
et par le mot prix, on ne peut nier que la loi
n'entende le principal et les intérêts. C'est en ce
sens que cette expression était prise par les jurisconsultes anciens, et rien ne prouve que le Code
ait voulu la restreindre au capital seulement ; au
contraire, l'art. 1632 dit que l'acheteur doit l'intérêt du prix jusqu'au paiement du capital, si la
chose vendue produit des fruits et autres revenus,
et sans qu'il soit besoin de stipulation à cet égard.
En effet, les intérêts, dans ce cas, représentent les
fruits, c'est-à-dire l'utilité de la chose vendue.

Il suit de là que l'accessoire doit suivre la condition du principal, que par conséquent les intérêts doivent accompagner le prix dans le rang de
préférence qu'il occupe. Voilà la règle : il faut s'y
conformer, à moins que la loi n'y ait expressément
dérogé.

Qu'a fait le Code civil? en ce qui concerne les
créances hypothécaires produisant intérêt et soumises à inscription, son langage est précis et
clair : il confirme la règle en partie, il la modifie
en partie.

Il la confirme en partie, puisqu'il donne à deux
ans d'intérêts et à l'année courante le même rang
que le principal. Il ne dispose certainement ainsi
que parce que les intérêts sont un accessoire qui
suit le sort du principal.

Mais il la modifie en partie, en ce qu'il la limite

à deux ans d'intérêts et à la courante, et que pour le surplus, il place les intérêts à un autre rang. Telle est la disposition de l'art. 2151 du Code civil ; telle était aussi celle de l'art 19 de la loi du 11 brumaire an 7 (1).

Or, cette restriction aux principes généraux ne doit pas s'étendre hors de son cas textuel. C'est ainsi que l'on s'accorde à dire que l'art. 2151, ne parlant que des hypothèques sujettes à inscription, reste étranger aux hypothèques des mineurs (2).

Toute la question est donc de savoir si l'art 2151, de même que l'art. 19 de la loi du 11 brumaire an 7, parle du privilége du vendeur, et prétend le limiter.

Eh bien ! la seule lecture de ces deux textes de lois prouve qu'ils ne sont applicables qu'aux hypothèques, et non aux priviléges.

S'ils restreignent les intérêts à deux années seulement, ou à deux années et à l'année courante, c'est seulement pour les créances hypothécaires, puisqu'ils disent que les intérêts sur lesquels ils statuent, *auront même rang d'hypothèques que les capitaux*. Or, le capital réclamé par le vendeur n'a pas un simple rang par hypothèque, mais un rang par privilége. Il est colloqué à la date du contrat

(1) Je ne puis admettre l'opinion de M. Delvincourt, qui prétend que l'art. 2151 fait exception aux *principes généraux,* non en tant qu'il limite le rang des intérêts à deux ans, mais en tant qu'il place ces deux ans sur la même ligne que le capital. T. 3, p. 340, notes. Il suivrait donc de là que les intérêts ne seraient pas accessoires du principal!!

(2) *Infrà*, n° 701.

de vente, et non au jour de la transcription ou de l'inscription. Les intérêts dans ce cas ne sont donc l'objet d'aucune exception : ils doivent rester dans les règles du droit commun, et il faut en revenir aux principes de l'ancienne jurisprudence, à laquelle le Code n'a rien changé expressément.

On parle beaucoup, dans le système contraire, de la publicité et de l'intérêt des tiers à connaître les intérêts dus ; mais ce n'est là qu'une illusion (1). En effet, la publicité du privilége n'a pas été introduite en faveur des créanciers hypothécaires de l'acquéreur. Car le privilége peut n'être inscrit qu'au dernier moment (2) ; et alors, quoiqu'il ne soit connu que postérieurement à l'inscription de toutes les créances hypothécaires, néanmoins il les prime sans difficulté. Les créanciers hypothécaires ne peuvent donc se plaindre qu'on alloue au vendeur tous les intérêts échus ; ils ne peuvent dire que, s'ils avaient su que la créance capitale fût augmentée d'intérêts aussi considérables, ils n'auraient pas traité avec l'acquéreur. C'est là une chose que la loi n'oblige pas à leur faire connaître, puisqu'elle maintient l'utilité du privilége, pourvu que le privilége soit inscrit au dernier moment.

Pourquoi donc faut-il que le privilége soit rendu public ? c'est pour purger la propriété et assurer le repos des tiers acquéreurs, mais nullement pour éclairer les créanciers hypothécaires de celui qui a acheté.

(1) *Infrà*, n° 267.
(2) Art. 834 du Code de procédure civile.

Au surplus, d'après l'art. 1654 du Code civil, le vendeur non payé des intérêts pourrait demander la résolution de la vente. Ne serait-il pas contradictoire qu'il ne fût pas privilégié sur le prix pour ces mêmes intérêts?

Ce sont ces raisons puissantes qui ont déterminé la cour de cassation à annuler un arrêt de la cour de Rennes du 2 avril 1814, qui avait décidé que le vendeur n'était privilégié que pour deux années d'intérêt. Cet arrêt de la cour suprême, en date du 8 mars 1816, fut précédé d'un réquisitoire de M. Mourre, procureur-général, où les principes furent développés avec une grande force de logique. Néanmoins, l'affaire ayant été renvoyée à la cour royale d'Angers, cette cour crut devoir adopter la doctrine de la cour de Rennes. Mais un nouvel arrêt de la cour de cassation, rendu le 1er mai 1819, sous la présidence du garde des sceaux et sections réunies, cassa la décision de la cour d'Angers; et la cour de Paris, saisie du renvoi, mit fin à cette longue lutte en se rangeant à l'opinion de la cour de cassation (1).

Cette jurisprudence me paraît seule conforme au texte de la loi et même à son esprit, qui, il faut le dire, est resté indifférent sur les droits des créanciers de l'acquéreur, et les place à l'égard du vendeur dans un système d'où la publicité est, pour ainsi dire, exclue. Je sais toutes les critiques qu'on peut adresser à un pareil système. Mais elles ne peuvent être dirigées que contre le législa-

(1) Sirey, t. 16, 1, 171, 17, 1, 199. Dalloz, Hyp., 56, 57.

teur : la jurisprudence est exempte de reproches ; car son rôle est d'appliquer les lois, lors même qu'elles sont imparfaites, et non de les refaire.

Au surplus, les considérans des deux arrêts de la cour de cassation sont la meilleure réponse aux doutes de M. Grenier (1) et à l'opinion contraire de M. Persil (2) et de M. Delvincourt (3). L'on peut considérer ce point de jurisprudence comme définitivement fixé (4).

220. Le même privilége qui est accordé au vendeur pour le principal et les intérêts, s'étend-il également aux frais de contrat de vente et à ceux de transcription que le vendeur aurait pu avancer ?

M. Grenier enseigne l'affirmative (5), parce que, dit-il, ce sont des accessoires du prix. Mais cette opinion paraît inadmissible à M. Dalloz (6), qui pense que c'est donner une extension arbitraire au mot *prix* (7).

On ne peut nier que, lorsque le vendeur a fait l'avance des loyaux-coûts, l'acheteur ne soit tenu

(1) T. 1, n° 103.

(2) Art. 2151, n° 8.

(3) T. 3, p. 359, notes, n° 10.

(4) Dalloz, Hyp., p. 49. Favard, Inscript., Hyp., sect. 7, n° 12. Arrêt de Bourges du 23 mai 1829 (Dalloz, 30, 2, 32). Arrêt de la cour de cassation du 8 juillet 1834 (Sirey, 34, 1, 504. Dalloz, 34, 1, 309). Arrêt de Bordeaux du 23 avril 1836 (Dalloz, 36, 2, 146. Sirey, 36, 2, 476).

(5) T. 2, n° 384.

(6) Hyp., p. 49, n° 8.

(7) Et c'est ce qu'a jugé la cour de Caen par arrêt du 7 juin 1837 (Sirey, 37, 2, 409. Dalloz, 37, 2, 144).

de les lui rendre *ex vendito* (1). D'un autre côté,
on appelle *prix* tout ce que l'acheteur débourse
pour obtenir la jouissance de la chose. « *Pretium*
» *rei*, disent Godefroy et Socin (2), *sunt propter rem*
» *habendam et adquirendam impensa.* » Les loyaux
coûts font donc partie du prix, et ce n'est pas là
forcer le sens des mots.

Dira-t-on que rien n'obligeait le vendeur à faire
ce déboursé; que c'est là une sorte de prêt béné-
vole qu'il a fait à l'acquéreur, seul chargé des
loyaux-coûts; que d'ailleurs, en ce qui concerne
le vendeur, le prix n'est que ce qui doit entrer
directement dans ses mains en indemnité de ce
qu'il livre, et non ce qui doit passer entre les
mains du fisc?

On répond à cela que le vendeur a intérêt à
avoir un titre qui assure sa créance, et qui le mette
à même d'obtenir le paiement du prix; que la
transcription est également dans son intérêt, puisqu'elle est un moyen de rendre son privilége public (3); que l'accomplissement de ces formalités
est donc un devoir que l'acquéreur contracte envers lui, et que ce dernier doit en payer les frais
à la décharge du vendeur; que s'il manque à cette
obligation, le vendeur, forcé de faire l'avance des
loyaux-coûts, en devient créancier direct envers
l'acquéreur; qu'enfin l'acquittement de ces frais,

(1) L. 16, C. *De act. empt. et vendit.* Pothier, Pand., t. 1,
n°ˢ 91 et 97, p. 531, 532.

(2) Godefroy, sur la loi 40, § 1, D. *De cond. et demonst.*,
note *n.* V. mon comm. *de la Vente*, t. 2, n° 596.

(3) *Infrà*, n° 267.

laissé au compte de l'acheteur, et leur importance présumée, ont été pris en considération pour la fixation du principal; que, sous tous ces rapports, le mot *prix* se trouve renfermé dans sa valeur exacte, et qu'il n'y a rien que de juste dans le privilége accordé au vendeur pour le remboursement de pareils accessoires.

221. Mais il faut décider avec M. Grenier (1) que le vendeur ne peut avoir de privilége pour les dommages et intérêts résultant de l'inexécution du contrat de vente. Ces dommages et intérêts sont hors du prix et de l'exécution de l'obligation principale. Ils donnent lieu seulement à une action personnelle non privilégiée (2).

222. Je viens au droit de demander la résolution qui appartient au vendeur.

J'ai retracé plus haut les principes sur ce point (3). Je me borne à remarquer ici que M. Grenier est tombé dans l'erreur lorsqu'il a dit que « *de tout temps* il a été de principe que la condition résolutoire est toujours sous-entendue dans les contrats synallagmatiques, en cas d'inexécution des conventions (4). » Chez les Romains la condition résolutoire n'était jamais sous-entendue dans les contrats nommés, tels que la vente, etc. C'est seulement par le droit français que le pacte commissoire a été sous-entendu dans les conventions,

(1) T. 2, n₀ 384.
(2) Delvincourt, t. 3, p. 280, note 5.
(3) Nᵒˢ 190, 191.
(4) T. 2, n° 379.

et encore n'est-ce qu'assez tard que cette innovation a été introduite (1).

On s'est demandé, sous le Code civil, si l'art.
1654, qui permet au vendeur de demander la résolution de la vente si l'acheteur ne paie pas le prix,
n'avait pas été modifié par le système hypothécaire, dont la base est la publicité, et qui a voulu
que le privilége fût rendu notoire par la transcription ou l'inscription. Il semblait à quelques jurisconsultes que c'était une chose en quelque sorte
contradictoire, que d'assujettir d'une part le privilége à des conditions de publicité, et de l'autre,
de laisser l'action résolutoire au vendeur, qui aurait négligé de s'y soumettre.

Mais ces doutes ont été levés par deux arrêts de
la cour de cassation, des 2 décembre 1811 et 3
décembre 1817 (2), qui ont maintenu le vendeur
dans le droit d'user de la faculté de demander la
résolution de la vente, quand il n'est pas payé. En
effet, le privilége sur le prix ne doit pas être con-
fondu avec le droit de demander la résolution, qui
tend à obtenir la chose même, et qui n'est pas
assujetti à l'inscription pour être conservé. Il n'est
donc pas possible d'éluder l'application de l'art.
1654 du Code civil. C'est aussi ce qu'ont reconnu
les cours royales par de nombreux arrêts (3).

_____

(1) Despeisses, t. 1, sect. fin., n° 19. Pothier, Vente, n₀ 476.
Voy. mon comm. *de la Vente*; t. 2, n₀ 621.

(2) Dalloz, vo Vente, p. 896 et 899.

(3) Caen, 18 juin 1813 (Denev., 15, 2, 41). Rouen, 4 juillet 1815 (Denev., 16, 2, 90). Paris, 11 mars 1816 (Denev.,

223. On ne peut se dissimuler cependant que cette jurisprudence, quoique basée sur la saine interprétation de la loi, ne donne lieu à beaucoup d'inconvéniens. Le plus notable est que lorsque la chose vient à passer de main en main, si le premier acquéreur n'a pas payé le prix au vendeur, celui-ci peut revendiquer l'immeuble entre les mains du dernier acquéreur, quand même toutes les formalités nécessaires pour purger auraient été remplies (1) : ce qui est certainement bizarre sous un système hypothécaire dont l'une des principales promesses est de purger les immeubles, mis en circulation, des créances privilégiées ou hypothécaires par lesquelles on pourrait troubler les droits des tiers acquéreurs. Mais ce qui n'est pas moins singulier, c'est que l'adjudication sur saisie immobilière ne peut elle-même mettre l'adjudicataire à l'abri des effets de la clause résolutoire (2) ; en sorte que la procédure en expropriation aura été faite à grands frais, l'ordre aura été terminé, tous les créanciers se croiront satisfaits, et cependant le vendeur pourra troubler cette sécurité (3), et rendre tant de peines et de dépenses infruc-

17, 2, 9 ; et Sirey, 17, 1, 109). Limoges, 19 janvier 1824 (Sirey, 26, 2, 183). Cass., 30 avril 1827 (Dall., 27, 1, 223).

(1) Cassation, 26 mars 1828 (D. 28, 1, 195). Voy. l'arrêt de Limoges cité d'autre part. Montpellier, 29 mai 1827 (D. 1828, 2, 209).

(2) Art. 731 du Code de procédure civile. M. Pigeau, t. 2, p. 149, n° 5, et p. 252, n° 3. Arrêt de la cour de cassation du 30 juillet 1834 (Sirey, 35, 1, 311).

(3) V. Préface.

tueuses, en se montrant tout à coup armé du droit de revendication.

Ces inconvéniens ont été signalés par plusieurs auteurs, et particulièrement par M. Jourdan (1). Il y aurait urgence à ce que le législateur fît cesser un état de choses si inquiétant pour les tiers, et qui apporte tant d'entraves dans les ventes d'immeubles.

224. J'ai dit tout à l'heure (2) que le vendeur qui n'avait pris aucune précaution pour conserver son privilége, pouvait toujours exercer le droit de résolution; que même, après avoir gardé le silence pendant tout le cours de la procédure en expropriation, il avait la faculté de demander contre l'adjudicataire la résolution du contrat.

Mais il se présente ici une question importante. Lorsque le vendeur a demandé à être colloqué par privilége sur le prix de l'immeuble vendu ou adjugé, peut-il, s'il n'obtient pas ce qu'il désire, rétracter cette demande, et exercer l'action en résolution?

La cour de cassation a décidé cette question contre le vendeur, par un arrêt du 16 juillet 1818 (3).

(1) Thémis, t. 5 et 6. Voy. aussi M. Grenier, t. 2, n° 382, et t. 1, Disc. prélim., n° 8, § 6.

(2) N° 223.

(3) Denev., 18, 1, 598. Un arrêt du 30 juillet 1834 (Sirey, 35, 1, 311) semble indiquer que la cour de cassation persiste dans cette jurisprudence.

Dans l'espèce la question ne se présentait pas, il est vrai, nettement à la décision de la cour; mais on remarquera dans l'arrêt le motif suivant :

« Attendu qu'il a été reconnu en fait par l'arrêt attaqué

« Attendu, a-t-elle dit, que le sieur de Rachaix,
» au lieu d'intenter l'action en résiliation, était in-
» tervenu dans l'instance de saisie immobilière,
» sans demander la distraction, s'étant pourvu
» dans l'ordre pour être colloqué sur le prix de l'ad-
» judication, et ayant ainsi approuvé la vente,
» s'est rendu non recevable dans sa demande en
» résolution de la vente par lui faite. »

Cette décision a été critiquée avec force par
M. Merlin, qui la trouve aussi contraire aux lois
romaines, qu'à l'équité et aux articles 1184,
1654, 1655, 1864 du Code civil (1).

Deux points de vue différens doivent présider à
l'examen de cette difficulté.

224 *bis.* En général, tant que les choses se
passent entre le vendeur et l'acquéreur, je crois
qu'on ne peut opposer au vendeur les démarches
qu'il a faites pour obtenir le paiement du prix, et
prétendre qu'il a renoncé à l'exercice de la clause
résolutoire. Pour faire tomber l'acquéreur dans
l'espèce de peine qui résulte pour lui de la résolution du contrat, n'est-il pas naturel que le vendeur poursuive d'abord le paiement du prix?
L'ordre logique n'est-il pas que le prix, objet principal de la vente, soit réclamé en premier lieu,

» qu'Icard non seulement n'avait pris aucune part à cet ordre;
» mais qu'il ne lui avait pas même été signifié légalement ;
    » D'où il semble résulter que la cour suprême aurait re-
» gardé l'intervention d'Icard comme élevant une fin de non
» recevoir contre la demande en résolution.
    (1) Quest. de droit, v° Option, § 1. V. les Brocards d'Azon,
p. 538.

sauf, en cas d'impossibilité de le recouvrer, à attaquer l'acquéreur par d'autres moyens? Ce serait
abuser de l'intention du vendeur, que de soutenir qu'il a renoncé à la clause résolutoire : s'il y a
renoncé, ce n'est qu'à la condition *sine quâ non*,
qu'il sera payé.

Les lois romaines qui sont mises en avant (1)
ne sont pas applicables, comme je vais le montrer.

La loi 7 D. de lege commissor., qui est le type
des autres, est ainsi conçue : « Post diem, legi
» commissoriæ præstitutum, si venditor pretium
» petat, legi commissoriæ renuntiatum videtur,
» *nec variare*, et *ad hanc redire potest.* »

On voit qu'elle ne s'occupe que du cas où la
vente est accompagnée du *pacte commissoire*. Or,
l'effet du *pacte commissoire* était fort différent de
la clause résolutoire du droit français. Le pacte
commissoire rendait la chose *inempta*, par défaut
de paiement du prix, à l'époque convenue. Il opérait de *plein droit* (2), et le vendeur pouvait la
reprendre, en vertu de l'action de revendication,
comme lui appartenant. Dans cet état de choses,
demander le prix, c'était reconnaître l'existence
de la vente, c'était agir en vertu de l'action *ex
empto*, qui ne peut découler que d'un acte de
vente existant; c'était par conséquent renoncer
au *pacte commissoire* qui suppose la vente détruite. On ne peut vouloir tout à la fois qu'un
contrat soit ou ne soit pas. Quand on agit comme

_____

(1) L. 7, D. *De lege commis or.*, L. 4, C. *De pactis inter
empt. et venditor.* Pothier, Pand., t. 1. p. 500, n° 7.

(2) Pothier, Vente, n° 462.

si la vente subsistait toujours, on purge le pacte qui permettait de la considérer comme anéantie. On lui redonne l'existence, qu'elle avait perdue par le seul fait de l'omission du paiement. La conséquence que les lois romaines tirent de l'action en paiement du prix est donc tout-à-fait rationnelle.

Mais les choses sont bien différentes dans notre clause résolutoire tacite. Elle n'est qu'un pacte commissoire *imparfait* (1). Elle ne permet pas de considérer la vente comme résolue de *plein droit ;* elle autorise seulement la résolution (2). En attendant, la vente subsiste toujours. Aucune incompatibilité ne se fait donc remarquer entre l'action en paiement du prix et l'action en résolution de la vente. Demander le prix, ce n'est pas, comme dans le cas prévu par les lois romaines, renoncer à la non-existence de la vente. Cette non-existence n'est pas encore arrivée ; car, pour qu'elle arrive, il faut que le vendeur la demande en justice, et l'obtienne des tribunaux. Et si le vendeur la réclame, après avoir vainement demandé le prix, ce n'est pas de sa part se mettre en contradiction avec lui-même ; ce n'est pas vouloir qu'une chose soit détruite, quand on avait voulu qu'elle subsistât ; c'est partir d'un point fixe, l'existence de la vente, et en demander soit l'exécution, soit l'annulation. C'est échelonner les moyens, suivant l'exigence des cas (3).

(1) Argument de ce que disent Voët, lib. 18, t. 3, n° 2, et Zanchi, *De prælatione creditor.*, exercit., 5, n° 10.

(2) Art. 1184 et 1655 du Code civil.

(3) Merlin est de cet avis. V° Résolution, Répert., t. 15.

225. Mais la décision est-elle la même lorsque le vendeur se trouve en contact avec des tiers, lorsque, par exemple, sachant qu'un ordre va être ouvert, il y intervient pour réclamer une collocation privilégiée?

On a vu ci-dessus l'opinion de la cour de cassation, et la critique de M. Merlin. Un arrêt de la cour de Montpellier, du 1er juillet 1828 (1), a paru à quelques personnes s'être rangé à l'opinion de ce jurisconsulte : je ne suis pas sûr cependant que telle soit sa portée; car le recueil de M. Dalloz expose les faits de manière à laisser du doute à cet égard (2).

Quoi qu'il en soit, il me semble que le système de la cour de cassation doit l'emporter (3).

Le vendeur qui se présente à un ordre, pour être payé de ce qui lui est dû sur les deniers à distribuer, fait un acte positif par lequel il ratifie la revente faite par son acquéreur (4). Il acquiesce à cette transmission de la propriété entre les mains d'un tiers; il s'interdit par conséquent le droit de venir ensuite faire résoudre ce qui a été

(1) D. 29, 2, 58.

(2) Le vendeur avait inutilement produit dans un ordre précédent; mais, autant que je puis en juger par le rapprochement des faits, l'immeuble qu'il voulait reprendre par le moyen de la résolution n'était pas celui dont le prix avait été distribué. Pris en ce sens, cet arrêt ne serait pas une confirmation de l'opinion de M. Merlin.

(3) Un arrêt de la cour de Paris, du 26 juin 1826, l'a approuvé indirectement, D. 27, 2, 9 et 10.

(4) Arrêt de Riom, 28 février 1824, D. 27, 1, 222.

consommé sous ses yeux, avec son concours et sa participation. La bonne foi s'oppose à ce que le tiers acquéreur, qui a mis les deniers en distribution, soit inquiété par celui-là même qui a ratifié cet acte par sa présence, et par sa volonté d'en profiter.

M. Merlin oppose plusieurs lois romaines, d'où il résulte que lorsque de deux actions que l'on croyait avoir, on a choisi par erreur celle qui était insoutenable, et que l'on n'avait réellement pas (1), rien n'empêche que l'on ne retourne à celle qui est valable. Il croit pouvoir s'en prévaloir contre la cour de cassation, parce que dans l'espèce qu'elle a jugée, le vendeur n'était intervenu dans l'ordre que dans la croyance que son inscription était valable, tandis qu'elle était nulle pour défaut de forme.

Je reconnais qu'en thèse ordinaire, l'erreur sur le choix d'une action n'empêche pas de recourir à celle qui est de nature à produire effet : « *Qui* » *ineptâ utitur*, dit Godefroy (2), *aptâ, ut subsi-* » *diariâ, uti posse.* » Mais il me semble que ceci n'est pas applicable, lorsque des tiers ont été mis en jeu, lorsque l'erreur de celui qui agissait avec un titre coloré a fait consommer avec eux des actes de bonne foi. Ces actes doivent être maintenus; car la réparation de l'erreur aurait des suites plus

(1) On peut voir un plus grand nombre encore de ces lois cités dans les Brocards d'Azon, p. 538. Cet auteur en note jusqu'à quatorze.

(2) Sur la loi 11, § 7, D. *De inst. actione*, note *y*, et sur la loi 1, C. *De furtis*.

fâcheuses que l'erreur elle-même, et l'on arrive-
rait à ce résultat injuste de préférer celui qui s'est
trompé par sa faute, à ceux qui ont été trompés
par lui (1).

226. J'ai parlé ailleurs du rang que le vendeur
peut réclamer (2) contre les autres créanciers privilégiés sur les immeubles. Je me borne à faire remarquer ici que lorsqu'il y a plusieurs vendeurs
successifs du même objet, ils ne viennent pas entre
eux par contribution, mais que le premier vendeur est préféré au second, le second au troisième,
et ainsi de suite (3).

La raison en est simple. Chaque vendeur a reçu
l'immeuble grevé, au profit de son prédécesseur,
de la condition résolutoire pour défaut de paiement du prix. Or, si le premier vendeur peut opérer la revendication sur le second, et lui enlever
la chose vendue; par identité de raison, il doit lui
être préféré sur le prix, qui n'est que la représen-
tation de l'immeuble.

§ II.

227. *Privilége de ceux qui ont fourni des deniers*
pour l'acquisition d'un immeuble.

Par le droit romain, celui qui avait fourni des

(1) Toutefois, l'opinion de M° Merlin a été adoptée par la
cour de Bordeaux. le 29 mai 1835 (Sirey, 36, 2, 57. Dalloz,
36, 2, 34), et par la cour de Paris, le 12 août 1835 (Sirey,
36, 2, 272.

(2) *Suprà*, n° 78 *bis* et suiv.

(3) Disp. de notre art.

deniers pour l'acquisition d'un immeuble, n'avait
aucun droit réel sur cet immeuble, à moins qu'il
ne se fût expressément réservé un droit d'hypothèque.

. « Licèt, iisdem pignoribus multis creditoribus,
» diversis temporibus, datis, priores habeantur po-
» tiores, tamen *eum cujus pecuniâ prædium com-*
» *paratum probatur, quod ei pignori esse specia-*
» *liter obligatum,* STATIM CONVENIM, omnibus ante-
» ferri juris auctoritate declaratur. » L. 7. C. qui
potior (1).

M. Grenier me paraît avoir mal saisi le sens de
cette loi (2). « De la loi *Licèt,* dit-il, il se tirait la
» conséquence qu'il n'y avait pas un *privilége tacite*
» en faveur de celui qui aurait fourni des deniers
» pour acheter cet immeuble, par cela seul qu'il y
» en eût eu une simple reconnaissance de la part
» de l'acquéreur. Il était indispensable qu'il fût dit
» que la somme avait été employée à l'acquisi-
» tion. » Si je ne m'abuse, ce n'est pas là ce que
veut cette loi. Elle ne fait pas seulement dépendre
le privilége de la preuve que la somme a été employée à l'acquisition ; elle le fait dépendre avant
tout de la stipulation expresse *que l'immeuble*
acheté sera affecté par hypothèque au prêteur.

Le motif pour lequel celui qui prêtait pour acheter n'avait aucun droit réel sur la chose, était cette
maxime vulgaire : « *Quod ex meâ pecuniâ compa-*
ratum est, meum non est. » Il fallait une convention
d'hypothèque pour assurer un droit réel.

(1) Pothier, Pand., t. 1, p. 573, n° 27.
(2) T. 2, n° 392.

Il n'y avait que l'immeuble acheté des deniers du pupille, qui fût affecté *tacitement* à la sûreté du prêt. Une constitution spéciale et exceptionnelle de Sévère et Antonin (1) avait été nécessaire, pour introduire cette dérogation au droit commun.

L'hypothèque conventionnelle du prêteur de deniers était privilégiée, c'est-à-dire qu'elle assurait un rang supérieur aux hypothèques, même antérieures. La raison en était que le prêteur ayant, en quelque sorte, procuré un gage aux créanciers, devait leur être préféré (2) ; « quia scilicet non ali-» ter erat contracturus, nec proindè cæteris ante-» rioribus creditoribus pignoribus causam præbitu-» rus (3). » Ainsi que le dit Louet, la chose entrait dans les biens du débiteur *cum causâ privilegii* (4).

C'était une question que de savoir si le prêteur de deniers avait, en l'absence de toute convention, un privilége *personnel, inter chirographarios.*

Barthole décidait l'affirmative, mais à la condition qu'il fût constaté que l'argent avait été prêté pour l'achat de la chose. « Quandoquè quis mutuat » *ad rem emendam,* non expresso quod illa res sit » ei obligata, et tunc habet privilegium *in perso-* » *nali, non in hypothecariâ...* Quandoquè quis mu-

---

(1) L. 3, D. *De reb. eor. qui sub tutelâ.* Loyseau, Offices, liv. 3, ch. 8, n° 29. Vinnius, Quæst. Select., lib., 2, cap. 4. Favre, Code, lib. 8, t. 8, déf.10. Pothier, Pand., t.1, p. 573, note D, et t. 2, p. 162, n° 12.

(2) Favre, *loc. cit.*

(3) Expressions de Favre, *loc. cit.* Elles font allusion aux créanciers antérieurs ayant hypothèque *générale.*

(4) Lettre H, som. 21.

» tuat pecuniam suam simpliciter, *non exprimendo*
» *ad rem emendam*, tamen ex eâ res emitur, **et**
» tunc non habet privilegium *neque in personali,*
» *neque in hypothecariâ*, ut suprà de Trib. act. 1.
» procurat. § planè (1). »

Cette opinion est aussi celle de Loyseau (2) et de
Perezius (3). Cependant j'aurais de la peine à l'a-
dopter, car aucune loi ne parle de ce privilége. La
loi *procurat.* § *planè*, D. de Trib. act., paraît au
contraire l'exclure formellement. « Licèt merces
» quæ extant, ex unius creditoris pecuniâ sint com-
» paratæ, dicendum erit omnes in tributum veni-
» re (4). » A la vérité, la loi *quod quis,* citée ci-
dessus, n° 181, et la loi 26 D. *De reb. auct.*, por-
taient que celui qui avait prêté de l'argent pour
l'achat d'un vaisseau avait un privilége personnel.
Mais des auteurs très-graves remarquaient que
c'était une exception introduite *favore navigatio-*
nis (5).

228. Mais revenons à l'hypothèque privilégiée
du bailleur de fonds. C'était une grande difficulté
de savoir si, pour s'en prévaloir, il était nécessaire
que l'acte contînt, outre la stipulation d'hypothèque, la mention que l'argent était prêté pour opérer
l'achat, ou s'il suffisait que par le résultat il fût
prouvé que l'argent y avait été réellement em-

(1) Sur la loi *interdùm qui potior*, D.
(2) Off., liv. 3, ch. 8, n° 31.
(3) Cod., lib. 8, t. 18, n° 19.
(4) Pothier, Pand., t. 1, p. 410, n° 9.
(5) Favre, Cod., lib. 8, t. 8, déf. 10, note 2. Conjectur.,
lib. 8, cap. 11 et 12.

ployé. Notre vieux commentateur *Faber* soutenait (1) que la clause de *destination* n'était pas nécessaire, et qu'il suffisait de l'*événement*. Cette opinion, adoptée par plusieurs jurisconsultes, ne paraît pas contraire au texte précis de la loi *licèt*.

Mais je préfère l'opinion de Loyseau, qui ne veut pas que la loi *licèt* soit prise isolément, et qui la combine avec la novelle 97, chap. 4, où il est dit : « *si* EXPRESSIM SCRIPTUM SIT *in instrumento, credi-* » *tum fuisse aurum occasione militiæ* (2). »

On conçoit d'ailleurs facilement la raison de cette exigence. Il ne fallait pas qu'un prêt hypothécaire fait purement et simplement, et sans vouloir que les fonds fussent employés à un achat, acquît un privilége *ex post facto*, par des circonstances non prévues et étrangères à la volonté du prêteur.

Ainsi, la destination devait être expressément convenue.

D'un autre côté, j'ai montré ci-dessus (3) par le texte de la loi *licèt* qu'il fallait rapporter la preuve de l'emploi. « *Cujus pecuniâ prædium comparatum* » *probatur* (4). »

Tels étaient les principes du droit romain sur cette matière qui présentait de grandes difficultés

(1) Sur la loi *licèt*.

(2) Offic., liv. 3, ch. 8, n° 29 et suiv.

(3) N° 227.

(4) V. aussi la loi dernière, C. *De pignorib*. Loyseau, Off.; liv. 3, chap. 5, n° 11, 12, 13, 14, 15, a parfaitement expliqué cette matière, en réfutant toutes les objections et en conciliant tous les textes qui paraissent contraires.

d'interprétation, mais que les efforts des commentateurs étaient parvenus à éclaircir et à systémati-
ser. Je m'y suis arrêté trop long-temps, peut-être,
au gré de quelques lecteurs, et cependant je n'ai
fait que toucher les sommités, et faire ressortir les
résultats.

229. En passant dans notre ancien droit français, le droit du bailleur de fonds subit d'importantes modifications (1).

On sait que nos contrats authentiques emportaient avec eux une hypothèque sans stipulation.
Il ne fut donc plus nécessaire que celui qui prêtait
son argent à un acheteur par acte devant notaires
stipulât une hypothèque.

D'un autre côté on maintint avec sévérité l'u-
sage de la condition prescrite par la novelle 97,
chap. 4, savoir, qu'il résultât d'une clause expresse
de l'acte que le prêt était fait pour acheter (2).

On alla même plus loin afin d'éviter les fraudes,
et l'on exigea qu'indépendamment de la mention
contenue dans le contrat de prêt sur la destination, l'emploi de l'argent prêté fût prouvé par l'acte
d'achat, dans lequel il fallut insérer la clause *que
le paiement du prix de l'immeuble avait été fait avec
l'argent prêté*, chose que le droit romain n'exigeait
pas, car il se contentait d'une preuve quelconque

---

(1) M. Dalloz dit que la loi *licèt* prescrivait les mêmes formalités que l'art. 2103, n° 2, du Code civil. (V. Hyp., p. 51,
n° 15). On se convaincra aisément par ce qui suit que cette
assertion manque d'exactitude.

(2) Louet, lettre H, som. 21.

de l'emploi (1). Cette jurisprudence se maintint jusqu'aux derniers temps; on peut en suivre les progrès ultérieurs dans Basnage (2).

A ces conditions, le prêteur de fonds avait un *privilége* de plein droit, qui répondait à l'*hypothèque privilégiée*, qui chez les Romains ne résultait que d'une convention formelle.

230. C'est sous les mêmes conditions que le Code civil accorde un privilége à celui qui a prêté de l'argent pour l'acquisition d'un immeuble (3).

Il faut d'abord qu'il soit *authentiquement* constaté, par l'acte d'emprunt, que la somme était destinée à cet emploi.

Il faut ensuite que la quittance donnée à l'acquéreur de l'immeuble par le vendeur, porte que le paiement a été fait des deniers empruntés.

La disposition du Code qui impose ces conditions au prêteur jaloux de s'assurer un privilége, revient à celle qui est renfermée dans l'art. 1250, n° 2.

« Lorsque le débiteur, dit ce dernier article, em-
» prunte une somme à l'effet de payer sa dette, et
» de subroger le prêteur dans les droits du créan-
» cier, il faut, pour que cette subrogation soit va-
» lable, que l'acte d'emprunt et la quittance soient
» passés devant notaires; que dans l'acte d'emprunt
» il soit déclaré que la somme a été empruntée pour
» faire le paiement, et que dans la quittance il soit
» déclaré que le paiement a été fait des deniers four-
» nis par le nouveau créancier. Cette subrogation

(1) Idem, Loyseau, Offices, liv. 3, chap. 8, n° 44.
(2) Hyp., chap. 14.
(3) *Infrà*, n° 354.

» s'opère sans le concours du nouveau créancier. »
Celui qui emprunte pour acheter subroge, en
effet, *de plein droit*, le prêteur au privilége du
vendeur, et le cas dont parle notre article n'est
qu'une espèce particulière de l'art. 1250, n° 2.

1231. Le mot *authentiquement* dont se sert notre
article doit être remarqué. En le rapprochant de
l'art. 1250, n° 2, on voit clairement qu'il est nécessaire que le prêt soit fait *par acte public*. Sans cela,
on ne pourrait en tirer une cause de privilége. La
raison en est que, les actes sous seing privé se
pliant avec une grande facilité aux fraudes que la
mauvaise foi veut pratiquer, la loi a dû s'en défier
avec soin. Ainsi, par exemple, il serait possible
qu'un prêt ayant été fait purement et simplement,
l'emprunteur achetât un immeuble avec l'argent
prêté; et que le bailleur de fonds colludant avec
son débiteur, profitât de cette circonstance imprévue, et se fît faire, après coup, un acte de prêt sous
seing privé pour établir que l'argent avait été originairement confié pour acheter. Cette fraude,
très-facile avec le moyen des actes sous seing privé,
nuirait gravement aux droits des tiers ; et la loi
s'est armée de précaution pour la prévenir.

1232. On n'était pas d'accord dans l'ancienne jurisprudence sur le temps qui devait s'écouler entre le prêt et l'emploi. La loi 24, § 3, *D. De reb.
auct. jud.*, exigeait que le temps fût assez court
pour qu'on ne pût supposer que l'acquéreur effectuait le paiement avec d'autres deniers. « *Quod*
» *quidem potest benignè dici, si modo, non post*
» *aliquod intervallum, id factum sit.* »

Renusson voulait que l'emploi fût fait le même jour que le prêt (1).

Bacquet (2) donnait jusqu'au lendemain, et son opinion avait été confirmée par un arrêt du parlement de Toulouse, du 2 mai 1778, rapporté par Catellan (3).

D'autres auteurs, dont les opinions sont rapportées dans le Répertoire de jurisprudence (4), accordaient un plus long délai : les uns parlaient de trois jours, les autres de dix.

Le Code ne s'exprimant pas à cet égard, il est impossible d'adopter une règle fixe ; tout doit dépendre des circonstances ; le juge examinera si, d'après les faits, il y a lieu de décider que l'argent n'a pas reçu l'emploi convenu, et si l'achat a été fait avec d'autres fonds. La loi s'en rapporte à sa conscience, qui ne peut recevoir de lumières que des élémens de la cause (5).

233. J'ai dit quelque chose, au n° 78 *bis*, du rang de celui qui a prêté des fonds pour effectuer un achat.

J'ajoute ici, quoique j'en aie déjà fait l'observation, que, le bailleur de fonds étant un simple subrogé aux droits du vendeur, cette subrogation ne doit point nuire à ce vendeur, et si celui-ci n'a pas été payé de tout ce qui lui était dû pour prix de

_____

(1) Chap. 11, n° 12.

(2) Droits de justice, ch. 2, n° 241.

(3) Liv. 5, ch. 29.

(4) V. Subrogation de personnes, p. 37, col. 2.

(5) Grenier, t. 2, n° 393. Répert., v° Subrogation, p. 38, col. 1, *in princip.* Toullier, t. 7.

vente, il pourra recouvrer la portion encore due, par préférence sur le prêteur. *Creditor non videtur cessisse contrà se*, dit Dumoulin (1).

Jacques prête à Titius une somme de 50,000 fr. pour acheter la terre de *Rioville*. Titius se rend acquéreur de cette propriété, pour 150,000 francs, et il ne paie au vendeur que 50,000 francs. Il est clair que le vendeur sera privilégié sur l'immeuble pour les 100,000 fr. restant dus, et qu'il devra en être payé par préférence au bailleur de fonds, lequel ne viendra ensuite pour son prêt que par subrogation aux droits du vendeur, et jusqu'à concurrence de ce dont ses fonds auront contribué à le désintéresser (2).

234. Il s'est présenté, au parlement de Paris, un autre cas où le rang du bailleur de fonds a donné lieu à difficulté. Barillon avait vendu ses terres de Bellair et Soupploire au sieur de Vignoles pour 87,000 fr., payables à ses créanciers qu'il avait dénommés par le contrat. L'acquéreur paya aux plus anciens créanciers indiqués 57,000 francs qu'il avait empruntés, et *fit subroger les prêteurs* aux droits et actions des créanciers payés. Le sieur de Vignoles devait encore 27,000 fr. lorsque les terres de Bellair et de Soupploire furent vendues sur lui par expropriation forcée. Le sieur Barillon s'opposa pour les 27,000 fr. restant dus à ces créanciers, et prétendit préférence sur sur les prêteurs subrogé par le fait des créanciers payés.

(1) *De contract. usur.*, quest. 89. Socin, Conseil 206.
(2) Renusson, Subrogation, chap. 15.

Le lieut. général d'Angers débouta le sieur Barillon de sa demande ; sous prétexte que ceux qui avaient prêté des fonds au sieur de Vignoles avaient été subrogés aux créanciers de Barillon ; et qu'ils devaient avoir même hypothèque et même privilége. Il y eut appel, et, par l'arrêt du 7 septembre 1761, la sentence fut infirmée. On jugea, dit Renusson (1), que ceux qui avaient prêté leurs deniers à l'acquéreur, et qui avaient été subrogés aux plus anciens créanciers du vendeur, ne devaient être payés qu'après que tous les créanciers du vendeur auraient été acquittés, par la raison, ajoute cet auteur, que la subrogation consentie par les plus anciens créanciers du vendeur qui avaient reçu leur paiement, ne devait ni nuire ni préjudicier au vendeur et à ses autres créanciers. Cet arrêt est très-juste, dit Renusson, et la justice en est palpable et évidente.

J'avoue que je ne suis nullement frappé de cette évidence de justice, et je trouve qu'il y a fort à dire contre cet arrêt du parlement de Paris et contre la doctrine de Renusson (2), quoiqu'elle soit adoptée par M. Grenier.

Je distingue d'abord si les créanciers que le bailleur de fonds a désintéressés avec ses deniers, sont hypothécaires ou cédulaires.

S'ils sont créanciers hypothécaires, et si leur hypothèque précède celle des créanciers non payés, alors, la subrogation mettant le bailleur de fonds

(1) Idem, chap. 15, n° 11.
(2) T, 2, n° 394.

dans tous les droits hypothécaires des créanciers
désintéressés qui se retirent, ceux qui sont postérieurs en hypothèque ne peuvent s'opposer à cette
substitution, et ils n'y ont même aucun intérêt.
Car peu importe pour eux que le premier rang soit
occupé par ces créanciers eux-mêmes, ou par le
bailleur de fonds, qui, au moyen de la subrogation, n'est que leur représentant.

« Mais, dit Renusson, cette subrogation ne peut
» nuire ni au vendeur ni aux autres créanciers.
» Les créanciers du vendeur représentent tous en-
» semble le vendeur, et comme le vendeur qui re-
» çoit partie du prix et qui consent subrogation,
» n'est pas censé subroger contre lui-même, de
» même, le créancier délégué qui reçoit son paie-
» ment, ne peut subroger qu'après que le prix de
» la chose vendue aura été payé effectivement et
» entièrement (1). » Je réponds par les observations suivantes. D'abord, remarquons que les prêteurs sont subrogés, dans notre espèce, non au
vendeur lui-même, mais à ses créanciers hypothécaires, c'est-à-dire à des créanciers qui ont
un droit plus éminent que lui. Ainsi il ne peut
pas se plaindre, et dire que la subrogation tourne
contre lui. Car ce n'est pas lui qui donne la subrogation. La maxime *nemo videtur cessisse contrà
se,* ne lui est pas applicable. Qui a donné la subrogation? Ce sont les créanciers du vendeur,
préférables en hypothèque. Or la subrogation

(1) *Loc. cit.*, n° 15.

lui est-elle nuisible? on ne peut pas le soutenir.
Donc on doit mettre de côté ce principe : *nemo
videtur cessisse contrà se.*

J'admets le principe que tous les créanciers délégués représentent le vendeur. Mais il n'en est pas
moins vrai qu'ils ne doivent venir que suivant leur
rang d'hypothèque (1). Donc les plus anciens seront payés avant les derniers. Donc les subrogés à
ces plus anciens devront être préférés aux plus
nouveaux. Les plus nouveaux créanciers diront-ils
que le vendeur avait un droit de préférence et d'exclusion pour le reliquat du prix, et qu'ils peuvent
exercer ce droit de leur débiteur (2)? Je soutiens
que ce n'est là qu'une vaine objection. Qu'ils représentent le vendeur tant qu'ils voudront. Mais les
prêteurs subrogés représentent les créanciers de
ce vendeur; ils sont donc investis de droits contre
lesquels ceux du vendeur ne peuvent que venir se
briser. Ainsi, soit qu'ils agissent de leur chef, soit
qu'ils veuillent représenter le vendeur, les créanciers non payés ne peuvent réclamer davantage
contre les subrogés. Aussi Renusson rapporte-t-il
plusieurs arrêts du parlement de Paris, dont un du
10 avril 1677, qui ont jugé contre son opinion.

Si les créanciers antérieurs sont cédulaires,
comme, malgré la date des contrats, ils sont tous
égaux, et qu'ils ne peuvent venir que par contribution entre eux, il est clair que, s'il y a perte, ils
doivent tous perdre proportionnellement. Alors

(1) *Infrà,* n° 347.
(2) *Suprà,* n° 233. *Infrà,* n° 378.

le bailleur de fonds ne pourra pas représenter les créanciers désintéressés pour le total de ce qu'il leur a payé, mais seulement pour la part que ceux-ci auraient eue dans la distribution. S'il prétendait collocation pour le total, les créanciers postérieurs objecteraient avec raison que la subrogation dont il se pare ne peut léser leurs droits; que ceux qu'il représente ne pouvant recevoir le total de leurs créances, mais seulement une part proportionnelle, il ne peut toucher plus qu'eux, et ce serait tant pis pour le bailleur de fonds qui aurait aventuré son argent, en souffrant qu'on fît des paiemens isolés, et en négligeant de demander et d'exiger une distribution.

Le bailleur de fonds objecterait vainement, je crois, que, les créanciers antérieurs ayant reçu leur dû avant qu'un ordre ait été provoqué, ils ont été bien payés; que, puisqu'on ne pourrait recourir contre eux pour les faire rapporter, et qu'ils sont en position de ne pouvoir pas perdre, celui qui les représente ne doit pas perdre davantage. Les créanciers non payés répondraient victorieusement : peu importe ce qui s'est passé entre vous et vos créanciers. Puisque vous les représentez, c'est comme s'ils venaient eux-mêmes à la distribution. Or, s'ils se présentaient, ils devraient supporter, dans l'espèce, une perte proportionnelle; donc, vous devez par conséquent la supporter pour eux.

§. Je viens à une autre hypothèse. Titius prête des fonds pour payer Caïus vendeur de l'immeuble cornélien. Caïus le subroge en tous ses droits.

Mais ce même Caïus demeure encore créancier pour prix de vente de 20,000 fr. On sait qu'à cet égard il a préférence exclusive.

Évidemment les créanciers de Caïus, qui auront été délégués pour recevoir ces 20,000 fr., l'emporteront sur le prêteur de fonds ; car ils représentent le vendeur dans son droit de préférence. On voit qu'il y a une différence totale entre ce cas et le précédent.

235. Lorsque plusieurs personnes ont successivement prêté des deniers pour l'acquisition d'un immeuble, elles doivent toutes venir par concurrence. C'est ce qu'établit Renusson (1), dont l'opinion doit être suivie.

Je reviendrai plus tard sur ce point (2).

235 *bis.* L'art. 692 du Code de procédure civile prononce la nullité de la vente des immeubles saisis, qui serait faite, par le débiteur, après que la saisie lui aurait été dénoncée. Mais l'art. 693 porte que néanmoins l'aliénation ainsi faite aura son exécution, si avant l'adjudication l'acquéreur consigne somme suffisante pour acquitter en principal, intérêts et frais, les créances inscrites, et signifie l'acte de consignation aux créanciers inscrits. Le même article ajoute : « *Si les deniers ainsi déposés ont été* » *empruntés, les prêteurs n'auront d'hypothèque que* « *postérieurement aux créanciers inscrits, lors de l'a-* » *liénation.* »

Cette décision est en harmonie avec ce principe

_____

(1) Chap. 16.
(2) *Infrà,* n° 379.

que le subrogé ne peut avoir plus de droits que
le cédant. Le saisi était tenu à payer tous les créanciers inscrits : le prêteur qui est subrogé à ses
droits ne peut être de meilleure condition : il doit
supporter la préférence de tous les créanciers
inscrits.

§ III.

Privilége des cohéritiers et co-partageans.

236. « Il est certain, dit Lebrun, que la soulte
» de partage est privilégiée sur le lot qui doit la
» soulte (2). »

Ce privilége est quelquefois appelé du nom
d'hypothèque tacite ou légale dans l'ancienne jurisprudence (2), parce que l'on confondait presque
toujours le privilége avec l'hypothèque lorsqu'elle
était privilégiée ; et l'on ne peut nier que l'hypothèque pour soulte de partage ne fût privilégiée,
d'après ce que dit le même Lebrun (3).

Le Code civil a emprunté ce privilége à l'ancien
droit, et, comme le dit M. Grenier, il contient
une amélioration à la loi de brumaire an 7; car,
sous le régime hypothécaire organisé par cette loi,
les soultes de partage n'étaient point classées parmi
les créances privilégiées ou ayant hypothèque
tacite.

237. Le privilége pour soulte s'étend à *tous les*

(1) Success., liv. 4, chap. 1, n° 34.
(2) Basnage, Hyp., ch. 6, p. 14, col. 1. Répert., v° Hy-
pothèq., p. 798. Lebrun, *loc. cit.*, et n° 74.
(3) *Loc. cit.*, et n° 60.

immeubles de la succession (1). Il est facile d'en donner la raison. Dans les partages, *tous les lots* sont garans les uns des autres. Un héritier ne peut jamais avoir de droit certain dans les effets qui sont tombés dans son lot, que son cohéritier ne soit rempli à proportion (2). C'est ce qui a été établi comme conséquence naturelle du principe d'égalité, qui doit régner entre héritiers. Or, si la soulte n'avait pas un privilége sur tous les immeubles de la succession, cette égalité, âme du partage, serait le plus souvent brisée (3). Il serait possible, par exemple, que l'immeuble chargé de la soulte eût perdu de sa valeur, et fût insuffisant pour l'acquitter. Le créancier pour soulte doit donc avoir un recours privilégié sur les autres lots.

238. Le communiste qui a procédé à un partage a le même privilége que le cohéritier. A la vérité notre article n'en parle pas; mais cette omission est réparée par l'art. 2109, corroboré de l'art. 1496 du Code civil (4).

239. Il importe maintenant de bien se fixer sur les créances produites par le partage, et revêtues d'un privilége.

---

(1) Tarrible, Répert., Privilége, sect. 4, § 3. Dalloz, Hyp., p. 52, n° 25. Riom, 14 février 1828, D. 28, 2, 222. Art. 885 et 2109 du Code civil.

(2) *Suprà*, n° 79.

(3) Lebrun, ch. 1, liv. 4, n°s 34, 36, 66, 67, 81. Répert., Hyp., p. 798. Grenier, t. 2, n° 397.

(4) Grenier, t. 2, n° 407. Hyp. et Donation, t. 1, p. 656 et 672. Persil, art. 2103, § 3, n° 2. Dalloz, Hypoth., p. 52, n° 26.

I. 24

1° Nul doute quant à la soulte. Notre article en fait mention expresse. On appelle soulte, la somme qu'un héritier est obligé de payer à son cohéritier, lorsque son lot excède la portion afférente et qu'un retour est nécessaire pour rétablir l'équilibre.

On sait qu'avant le partage, chaque cohéritier a un droit indivis (1), *in totâ et in quâlibet parte,* droit réel et affectant étroitement la chose. Or, les cohéritiers sont censés n'avoir abandonné ce droit, assis sur tous les immeubles héréditaires, qu'autant que le partage établirait une égalité parfaite ; et comme la soulte n'est stipulée ou due que pour maintenir ce juste équilibre, on conçoit qu'elle doit être privilégiée sur tous les biens, auxquelss il a été renoncé par le partage.

2° Il arrive quelquefois que l'égalité dans le partage de succession s'établit entre les lots, sans qu'il y ait lieu à stipuler une soulte. Mais il peut arriver aussi qu'un des cohéritiers soit évincé de son lot ou de partie de son lot : alors l'égalité est rompue, et il faut nécessairement la rétablir par un retour que les cohéritiers sont obligés, **comme** *garans* (2) de l'éviction, de payer au cohéritier

(1) M. Mourre (Sirey, 17, 1, 199) dit, dans un réquisitoire, que le co-partageant n'est pas censé conserver un droit de copropriété jusqu'au paiement de la soulte. Il s'appuie sur l'article 883 du Code civil. Mais cet article n'est applicable qu'autant que le partage est accompli par le paiement de tous les retours qui assurent l'égalité.

(2) Texte de notre article. L. 14, C. *Familiæ erciscº.* Lebrun, liv. 4, ch. 1, n° 60.

évincé. Le paiement de ce retour est assuré par le privilége dont parle notre article.

3° Lorsqu'un immeuble de la succession n'est pas susceptible de partage, on en fait la licitation. Les cohéritiers ont, pour le prix, un privilége sur l'immeuble adjugé (1).

4° Quelquefois un héritier se met en possession de tous les biens héréditaires ; il en recueille tous les fruits, et lors du partage, il promet à ses cohéritiers de leur payer une somme d'argent, pour les indemniser de cette jouissance. On demande si les créanciers de cette indemité ont privilége sur le lot de leur cohéritier débiteur, et s'ils priment les hypothèques que cet héritier a constituées avant le partage sur les biens composant son lot.

Les opinions sont partagées à cet égard.

M. Grenier dit en propres termes : « Aucune loi, » aucune disposition du Code civil n'attribue ni » *hypothèque* ni *privilége* aux héritiers sur la por-» tion de l'un d'eux, pour la restitution de ces jouis-» sances (2). »

Cette opinion a été adoptée par un arrêt de la cour de Grenoble du 21 juillet 1826 (3).

D'un autre côté, un arrêt de la cour de Toulouse du 2 mai 1825 (4), et un arrêt de la cour de Riom du 4 février 1828 (5), se sont prononcés en faveur

(1) Art. 2109, *infrà*, n° 291.
(2) T. 1, 336, n° 159.
(3) Dalloz, 27, 2, 67 et 120.
(4) D. 25, 2, 196. Telle est la jurisprudence de cette cour. D. 24, 2, 81, 82.
(5) D. 28, 2, 222.

des cohéritiers créanciers de la valeur des fruits.

Cette seconde opinion doit prévaloir, à mon avis.

L'indemnité pour fruits est une dette de l'héritier qui les a absorbés au préjudice de ses cohéritiers (1). Comme telle, il doit en faire rapport à la masse (2), et dès-lors cette masse s'en trouve augmentée. C'est là la maxime proclamée par les interprètes du droit romain, « *fructus augent hære-* » *ditatem* (3). »

Il suit de là que ce qui est dû pour jouissance, entre dans le partage, comme élément nécessaire, et qu'il cesserait d'y avoir égalité si les cohéritiers, qui en sont créanciers, en étaient frustrés. Dès-lors n'est-il pas clair que notre article vient leur prêter l'appui du privilége, qu'il constitue pour *soulte*, *retour de lots* et pour la *garantie des partages?*

L'héritier débiteur des fruits est encore plus étroitement lié que s'il était garant de la restitution. Les biens de son lot sont donc affectés par *privilége* à cette restitution, et les hypothèques dont il les a grevés envers ses créanciers personnels doivent passer après la créance des cohéritiers, qui est une créance sur la succession, sur la *masse des biens héréditaires* soumis au partage.

Les créanciers n'ont pas à se plaindre ; ils devaient savoir qu'avant le partage leur débiteur n'avait pas l'entière disposition des biens qu'il leur

_____

(1) Art. 856 du Code civil.

(2) Art. 829 du Code civil.

(3) L. 20, § 3, D. *De hæred. petit.* L. 178, § 1, *De verb. signif.* L. 9, C. *Familiæ erciscund.* L. 2, C. *De petit. hæred.*

a hypothéqués; ils devaient savoir qu'il n'était pas en son pouvoir de préjudicier, par son fait, au droit de ses cohéritiers, droit qui remonte à l'époque de l'ouverture de la succession (1). Ils n'ont pu acquérir que des droits subordonnés à la condition, à laquelle était soumis celui qui leur a concédé hypothèque (2). Telle est l'opinion qui me semble résulter des dispositions de notre article. Mais je n'ai pas besoin de dire que le privilége doit être conservé par les moyens dont il sera parlé en commentant l'article 2109.

5° Quelquefois un héritier est obligé, par le fait, de payer une dette qui, dans le partage, a été mise dans le lot de son cohéritier. Alors il lui est dû une récompense, et il n'y a pas de doute que cette récompense, qui doit seule rétablir l'égalité, ne soit privilégiée (3).

C'est par suite du même principe que Pothier est d'avis que, lorsque le mari a payé, après le partage de la communauté, des dettes qui faisaient partie du lot de la femme ou de ses héritiers, il a privilége (ou hypothèque privilégiée, comme on disait alors) sur les conquêts échus à la femme par ce partage. En effet, la femme ne peut prendre part aux biens de la communauté, qu'à la charge de payer les dettes (4).

Quelque juste que soit cette décision, M. Grenier veut cependant qu'on la rejette. Ses motifs

(1) Art. 856 du Code civil.
(2) Art. 2125 du Code civil, et art. 2109 idem.
(3) Basnage, chap. 6, p. 14, col. 1, *in fine*.
(4) Communauté, n° 762.

sont qu'en fait de partage, il n'y a de privilége que pour deux objets : le premier, pour la garantie des lots en cas d'éviction ; le second, pour les soultes et retour de lots. Au premier cas, ajoute M. Grenier, le privilége tient à l'exercice d'un droit de propriété ; au second, il se place sur la ligne d'un privilége pour prix de vente. Ces motifs ne se présentent pas pour le cas dont il s'agit. Le mari ne fait qu'exercer une action en répétition de ce qu'il a payé pour autrui. Lebrun restreint le privilége aux seuls cas de garantie et de retour de lot (1).

Je crois qu'on peut répondre victorieusement à cette argumentation. Et d'abord quels sont les motifs qui ont fait établir ce privilége ? Je l'ai dit ci-dessus (2). C'est la nécessité de maintenir l'égalité. Or, lorsque le mari se *trouve forcé* de payer une obligation qui était dans le lot de sa femme, l'égalité serait renversée, si son action en indemnité n'était pas privilégiée. La portion de la femme a dû être d'autant plus opulente que la charge était plus considérable, et il serait injuste que le mari la payât pour elle, lui qui n'a abandonné ses droits sur la portion indivise des biens échus à la femme, que sous la condition tacite qu'elle acquitterait la dette. C'est donc réellement comme propriétaire, que le mari agit ici, par privilége, sur les conquêts de la communauté. Quant à Lebrun, que M. Grenier oppose, il ne dit pas un mot de la question,

_____

(1) Hyp., t. 2, n° 399. M. Dalloz appuie, contre M. Persil, l'opinion de M. Grenier, Hyp., p. 52, n° 28.

(2) N°⁺ 237 et 239.

et son silence ne doit certes pas être invoqué comme une autorité. Au contraire, Basnage et Pothier, dont j'ai cité l'opinion, traitent spécialement la difficulté.

La raison donnée par M. Grenier, que le mari ne fait, dans l'espèce, qu'exercer une action en répétition pour ce qu'il aurait payé pour autrui, serait bonne si le mari avait payé depuis le partage volontairement et pour rendre un office d'affection. Alors il serait comme un simple créancier qui a payé la dette d'un autre. Mais on doit supposer, au cas particulier, que le mari a été contraint par quelque action solidaire ou autre, de payer ce qui était devenu, par le partage, une charge du lot de la femme.

240. On demande si le cohéritier ou co-partageant a privilége pour tous les intérêts qui peuvent lui être dus, et si ces intérêts prennent rang avec la soulte? Quelques personnes qui voudraient juger la question par l'analogie qui existe entre le vendeur et le co-partageant, pourraient opiner pour l'affirmative. Mais cette analogie est souvent fautive, et, comme l'a dit Dumoulin (1), si le partage tient en quelque point de la vente et de l'échange, il fait néanmoins une espèce de contrat distinct et séparé, *propriam et distinctam habens naturam* (2). Or, il est certain qu'à la différence de la vente, la soulte de partage ne produit pas d'intérêts de droit. Les intérêts qu'elle engendre ne

(1) Art. 89, Cout. de Paris.
(2) V. aussi Lebrun, Success., liv. 4, ch. 1, n° 34, p. 538.

peuvent être que conventionnels, comme, par exemple, si on donne délai pour payer, avec stipulation d'intérêts. Eh bien! qu'arrive-t-il en ce cas? Quand on présente au conservateur la créance de soulte, avec stipulation d'intérêts jusqu'au paiement, on fait inscrire le capital et tous les intérêts jusqu'au paiement; car les intérêts font partie de la soulte, et jouissent du même privilége. Mais si à l'échéance le débiteur ne paie pas, le créancier n'a que le droit d'exécuter, ou de former une demande judiciaire pour faire courir de nouveaux intérêts. Ces nouveaux intérêts ne pourront être inscrits que lorsqu'il y aura jugement, et le jugement, n'entraînant qu'une hypothèque générale et pas de privilége, ne donnera rang au créancier que du jour de l'inscription (1).

240 *bis.* J'ai parlé ci-dessus du rang du privilége de co-partageant (2). Quant aux formalités d'inscription nécessaires pour la conservation, je m'en occuperai sous l'article 2109.

§ IV.

Du privilége des architectes, ouvriers, etc.

241. Par un S. C. (3), fait sous Marc-Aurèle, il fut décidé que lorsqu'une maison était détruite, celui avec l'argent duquel elle était reconstruite, ou qui aurait payé l'entrepreneur de ses deniers, aurait une hypothèque tacite sur elle (4).

(1) M. Mourre, req. à la cour de cassat. Sirey, 17, 1, 200.
(2) Nos 79, 80, 81.
(3) J'ai parlé de ce sénatus-consulte n° 174.
(4) L. 1, D. *In quib. causis pignus tacitè.*

Par deux autres lois, on voit que dans le même cas, le créancier avait un privilége personnel *inter chirographarios* (1).

Suivant Cujas, celui qui aurait fait reconstruire la maison, sans l'attache du maître, n'en aurait pas moins eu une hypothèque tacite privilégiée. «Puto » etiam eodem S. C. datam hypothecam tacitam ei » qui, cessante domino, domum alienam restituit » vel restauravit, quoniam et huic invenio ex ora- » tione D. Marci dari privilegium exactionis inter » chirographarios (2). »

Mais, s'agissait-il d'argent prêté ou payé aux ou- vriers pour faire de simples réparations; Cujas ne voulait pas que les créanciers eussent privilége. « Et dicam non dari tacitam hypothecam ei qui » credidit ad domum reficiendam, non restituen- » dam; sed hoc tantum ei dari, ut si de pignore » vel hypothecâ convenierit nominatìm, in eâ præ- » feratur etiam antiquioribus hypothecariis vel chi- » rographariis... Fecimus igitur differentiam inter » restituere domum et reficere, l. 68 et 61, *De leg.* » 1°. Plus sanè multò *restituere* quàm *reficere*, et » perperàm Bartolus hoc loco restitutionem inter- » pretatur refectionem (3). »

Ce privilége, accordé pour reconstruction d'une maison détruite, était fondé sur la nécessité de faire disparaître les ruines qui donnaient à la ville un aspect hideux, « *ne urbs ruinis deformetur!* » et il

(1) L. 1, C. *De cessione bonor.* L. 26, D. *De rebus auct.* Pothier, Pand., t. 1, p. 563, n° 2; t. 3, p. 186, n° 33.
(2) Respons. Papiniani, lib. 10, sur la loi 1, *In quib. causis.*
(3) *Loc. cit.*

est évident que ce motif ne militait pas avec la même force en faveur de simples réparations (1).

Néanmoins, la jurisprudence française, presque toujours dirigée par un sentiment d'équité plus large que le droit romain, préféra par ce motif l'opinion de Bartole, quoique moins conforme aux textes que celle de Cujas. Brodeau rapporte un arrêt du 12 avril 1557 qui accorde un privilége à celui dont les deniers avaient servi à réparer (2), et cela paraît toujours avoir été jugé depuis, sans difficulté.

242. Il est notable que l'hypothèque tacite privilégiée n'avait lieu chez les Romains que pour la reconstruction d'un édifice détruit. On ne l'étendait pas aux autres ouvrages de construction, pas même à la *construction* des vaisseaux; quoique cependant la législation de Rome encourageât d'une manière particulière le commerce maritime (3). La construction d'un navire ne donnait lieu qu'à un simple privilége personnel (4).

Ces inégalités du droit romain, ces bigarrures difficiles à expliquer, disparurent dans la jurisprudence française, qui généralisa le principe posé par le S. C. de Marc-Aurèle. Basnage dit positivement que les ouvriers travaillant à la construction d'un vaisseau, ont *hypothèque tacite* (5); et le Code n'a fait que se conformer à ce qui existait avant lui, en

(1) Vinnius, Quæst. select., lib. 2, cap. 4.
(2) Sur Louet, lettre H, som. 21, n° 3.
(3) Vinnius, Quæst. selectæ, lib. 2, cap. 4, *Suprà*, n° 174.
(4) L. 26 et 34, *De privilegiis creditor.* Pothier, Pand., t. 2, p. 186, n° 33.
(5) Chap. 14, p. 63.

accordant privilége (ce qui, dans l'état de choses actuel, équivaut à l'hypothèque privilégiée des Romains), pour tous travaux d'art quelconques.

On voit donc que si nous avons puisé dans les lois romaines le principe du privilége dont il s'agit ici, nous l'avons organisé sur des bases beaucoup plus étendues. Du reste, les textes latins ci-dessus cités ne parlent que du prêteur de deniers, ou de celui qui a payé l'ouvrier; mais à combien plus forte raison ne sont-ils pas applicables aux ouvriers eux-mêmes qui réclament leur dû! Le Code a donc, avec juste raison, commencé par établir le privilége à l'égard des ouvriers. Ce n'est que dans le n° 5 qu'il parle de ceux qui ont prêté des deniers pour rembourser les ouvriers.

242 *bis.* Notre article ne donne privilége que pour les travaux d'art qui ont *édifié* des ouvrages, qui les ont *réparés* ou *reconstruits.* Ce qui s'applique à la confection de canaux, à la construction de bâtimens, etc.

Mais serait-ce étendre la portée de notre article que de le faire profiter aux auteurs de grands travaux d'agriculture, tels que défrichemens, plantations de vignes ou de bois?

M. Tarrible opine pour l'affirmative (1) ; et l'on ne peut nier que cette solution ne soit conforme au texte précis de l'art. 2103. Aussi a-t-il fallu que la loi du 16 septembre 1807 (2) intervînt pour ac-

(1) Répert., Privilége, sect. 4, § 4. Dalloz, Hyp., p. 52, n° 29.
(2) Tit. 5, art. 23.

corder privilége pour les travaux de *dessèchement.*

La loi du 20 avril 1810 accorde privilége aux travaux pour recherches de mines (1).

243. Le privilége des ouvriers n'a pas lieu indéfiniment, *sed in quantum res pretiosior facta est.* Telle était la règle dans l'ancienne jurisprudence (2). Cependant, on faisait une distinction, ainsi qu'on le voit dans Pothier (3) : « Observez » une différence entre celui qui a conservé l'héri- » tage de telle manière qu'il serait totalement péri » sans le travail qu'il y a fait ; tel est celui qui » aurait fait faire une digue, sans laquelle la rivière » aurait emporté tout l'héritage qui en était voisin; » et celui qui a seulement rendu l'héritage meil- » leur, soit en y construisant des bâtimens , soit » en réparant ceux qui y étaient. Le premier a un » privilége sur le total de l'héritage, ayant conservé » le total au créancier , ayant fait *ut res esset in* » *bonis debitoris;* mais l'autre ne doit avoir de pri- » vilége que sur la plus-value de l'héritage, car il » n'a pas fait *ut res esset in bonis debitoris,* mais » seulement *ut res esset melior.* C'est pourquoi il

_____

(1) Dalloz, Hyp., p. 53, note 1.

(2) *Suprà,* n° 80 *bis.* Brodeau sur Louet , let. H, tom. 21, n° 5. Basnage, Hyp., ch. 14. Mornac, sur les lois 5 et 6 , *qui potior.* L'art. 12 de la loi de brumaire an 7, porte : « Il y a » aussi privilége en faveur des ouvriers et de leurs cessionnaires, » mais seulement jusqu'à concurrence de la plus-value exis- » tante au moment de l'aliénation d'un immeuble, quand cette » plus-value a pour origine les constructions, réparations et » *autres impenses* que les ouvriers y auraient faites, etc.»

(3) Procéd. civile, part. 4, chap. 2, p. 265. Voyez aussi *suprà,* n° 80 *bis.*

» faut faire une ventilation du prix de l'adjudication,
» lui donner privilége seulement sur ce qu'on es-
» timera que l'héritage aura été plus vendu qu'il
» ne l'aurait été sans la dépense qu'il y a faite de
» ses deniers, et distribuer le surplus, sans avoir
» égard à son privilége (1). »

Mais cette distinction est-elle admissible depuis le Code civil? ou bien notre article embrasse-t-il dans sa généralité tous les travaux quelconques, même les plus nécessaires, et réduit-il toujours le privilége à la plus-value? M. Grenier adopte l'affirmative (2). Cette opinion semble se fortifier de l'art. 2175 du Cod. civ. (3).

Au contraire, un arrêt de la cour de cassation du 11 novembre 1824 a décidé la question dans le même sens que Pothier (4), et M. Persil et M. Dalloz estiment que la doctrine de ce jurisconsulte doit prévaloir sous le Code civil.

Je serais enclin à adopter ce dernier parti, si le texte de notre article n'y faisait pas obstacle. Il parle en effet des *réparations* sans distinguer si elles sont des réparations de conservation ou de simple amélioration, si elles sont *nécessaires* ou simplement *utiles*, et il les soumet toutes à cette disposition générale que le *privilége se réduit à la*

___

(1) Il paraît que ce passage de Pothier a échappé à M. Grenier; sans cela il l'aurait cité de préférence à celui qu'il a puisé dans l'introduction au tit. 20, n° 38 de la Coutume d'Orléans (Hyp., t. 2, n° 411).

(2) T. 2, n° 411.

(3) V. n° 838, *infrà.*

(4) Dalloz, Hyp., p. 60 et p. 53, n° 34.

plus-value. Si l'on insiste, avec la cour de cassation, pour dire que l'art. 2103 n'est pas applicable
aux travaux *nécessaires* et qu'il ne concerne que
les travaux d'amélioration *volontaire*, je demande-
rai quel sera, en l'absence de l'art. 2103, celui sur
lequel on se fondera pour réclamer le privilége
dont on parle en faveur des travaux nécessaires.
Comment ne voit-on pas que l'art. 2103 étant le
seul sur la matière, il faut l'accepter avec sa limi-
tation ou renoncer à tout privilége? Notre interprétation se fortifie du rapprochement de notre
article avec l'art. 12 de la loi de brumaire an 7.

244. Cette plus-value est, d'après notre article,
celle qui existe à l'époque de l'aliénation de l'immeuble faite par l'acquéreur propriétaire de cet
immeuble. Elle se fait, comme le dit Pothier, au
moyen d'une ventilation du prix porté dans le
contrat de vente ou dans l'adjudication. On com-
pare la valeur au moment de la vente ou de l'adjudication avec la valeur qu'avait l'immeuble au
moment où les travaux ont été faits (1).

Dans tous les cas, et quels que soient les déboursés, le privilége ne peut excéder les valeurs
constatées par le procès-verbal de réception des
travaux dont je vais parler tout à l'heure. Il résulte
de cette restriction du privilége *à la plus-value*,
que le droit des ouvriers est souvent mal assuré,
comme dit Basnage (2), et qu'ils sont exposés à
voir une partie de leur dû tomber dans la classe des

(1) *Suprà*, n° 174.
(2) Chap. 14.

créances chirographaires (1). Il arrive presque toujours que la dépense de réparation est plus forte que
l'amélioration ou la plus-value qui en résulte (2).

245. Pour prévenir les fraudes, il était nécessaires, dans l'intérêt des tiers, de prendre des précautions pour que la valeur des travaux fût invariablement déterminée. Aussi le privilége des ouvriers est-il subordonné aux conditions suivantes :

D'abord, un expert nommé d'*office* (3) par le
tribunal de première instance, dans le ressort
duquel les bâtimens sont situés, doit dresser
préalablement un procès-verbal constatant l'état
des lieux, relativement aux ouvrages que le propriétaire déclarera avoir dessein de faire (4).

(1) D'Héricourt, Vente des immeubles, chap. 11, sect. 1,
no 7.

(2) *Infrà*, n° 837. Loys., Déguerp., liv. 6, ch. 9, n° 15.

(3) Pourquoi d'office? Afin de prévenir les fraudes dont
pourraient être les victimes les créanciers qui ne sont pas appelés à la confection des procès-verbaux (M. Delvincourt,
t. 3, p. 286, n° 7, notes).

(4) Un arrêt de la cour de Bordeaux du 2 mai 1826, D. 26,
2, 226, a décidé que l'on pouvait tenir compte d'un procès-
verbal d'état des lieux dressé *depuis* le commencement des travaux.

Mais il ne faut suivre un tel errement qu'autant que les
lieux n'auraient pas encore été changés par les travaux commencés, et que la description de leur état ne souffrirait pas de
difficulté ; sinon les estimations de l'expert manqueraient de
base fixe.

Dans l'espèce de l'arrêt jugé par la cour de Bordeaux, l'ex-
pe r avait procédé suivant les renseignemens que les parties
elles-mêmes avaient été d'accord pour lui donner. On sent
toute la faveur de ces cas, et je ne saurais par conséquent m'as-

Lorsque les ouvrages sont déterminés, un expert nommé *d'office* (1) de la même manière doit en faire la réception *dans les six mois au plus de leur perfection*, et en dresser un procès-verbal.

Sans l'accomplissement de ces formalités, qui rarement du reste sont mises en usage, du moins dans les provinces, les ouvriers sont réduits à la condition de créanciers chirographaires (2).

246. Que doit-on décider à l'égard des intérêts qui peuvent être dus aux ouvriers?

Ces intérêts ne sont pas dus de plein droit. Ils ne peuvent être dus qu'en vertu d'un jugement; et alors ils ont une hypothèque judiciaire, et ne prennent rang que du jour de l'inscription. Quant aux intérêts qui seraient stipulés dans la convention, ils ne peuvent jamais avoir de privilége. Car

socier à la critique que M. A. D. a faite de cette décision dans le journal de M. Dalloz (34, 2, 167).

C'est parce qu'une circonstance aussi décisive ne se rencontrait pas que la cour de Paris a eu raison d'appliquer à la lettre l'art. 2103 par arrêt du 6 mars 1834 (D. 34, 2, 167). Elle a pensé que l'état des lieux doit rigoureusement précéder tous les travaux. Néanmoins, par une équitable interprétation, il lui a semblé que le constructeur est privilégié pour les travaux faits postérieurement à la constatation juridique des lieux. Ce tempérament sera approuvé par tous les jurisconsultes.

(1) Voyez la note 3, ci-contre.

(2) L'obligation de remplir ces formalités s'applique au cas où il s'agit de constructions entièrement neuves sur un terrain nu comme au cas de reconstruction ou réparations d'anciens bâtimens. Arrêt de Bordeaux du 26 mars 1834 (Sirey, 34, 2, 373. Dalloz, 34, 2, 186). Arrêt de Paris du 6 mars 1834 (Sirey, 34, 2, 308. Dalloz, 34, 2, 166).

la loi ne donne de privilége que pour la valeur des travaux pris en eux-mêmes, sans qu'ils puissent excéder la plus-value, et pour ce qui est *impense* (1).

246 *bis.* Le privilége du constructeur ne peut pas dépasser la *plus-value*, venons-nous de dire.

Mais il pourrait arriver que ce qui lui est dû ne fût pas d'une valeur égale à cette plus-value. Il ne pourrait alors se payer sur elle que jusqu'à concurrence de son dû; car il serait injuste qu'il l'absorbât tout entière, s'il n'était pas créancier d'une somme égale. L'indication de la *plus-value* figure dans notre article comme un *maximum* qu'il ne faut jamais dépasser. Mais ce n'est pas une quotité fixe, invariablement due au constructeur. Je reviens sur ceci, n° 837.

247. Je renvoie au n° 80 pour ce qui concerne le rang des ouvriers pour travaux d'art, et pour l'examen des difficultés qui peuvent se rattacher à cette matière. Quant à l'inscription du privilége, voyez art. 2110.

§ V.

Du privilége des prêteurs de deniers pour réparations.

248. Comme on l'a vu aux n° 231 et suiv., ceux qui ont prêté des deniers pour payer et rembourser les ouvriers, jouissent du même privilége.

Mais afin d'éviter les surprises à l'égard des

(1) Sens de ce mot, n° 837.

I. 25

tiers, la destination doit être constatée par acte public, et l'emploi doit être justifié par la quittance des ouvriers, ainsi qu'on l'a vu pour l'acquisition d'un immeuble (1).

C'est aussi ce qui était requis dans l'ancienne jurisprudence, comme l'atteste Mornac (2) : « Ut » commonstret insumptas reverà fuisse suas pecu- » nias in constructum ædificium, numerare debet » nummos architecto, operariis, latomis, tecto- » ribus, fabrisque, apochasque à singulis accipere. » Cautio ista tuta est adeò, et vulgata lutetianis » tabellionibus, ut ferè in stylum transierit, ubi » instrumenta hujus modi conscribenda sunt (3). »

SECTION III.

DES PRIVILÉGES QUI S'ÉTENDENT SUR LES MEUBLES ET SUR LES IMMEUBLES.

ARTICLE 2104.

Les priviléges qui s'étendrent sur les meubles et les immeubles sont ceux énoncés en l'art. 2101.

SOMMAIRE.

249. Énumération des priviléges sur les meubles et sur les immeubles dont parle le Code civil.
250. Autres réglés par des lois spéciales.

----

(1) Nᵒˢ 227 et suiv.
(2) Sur les lois 5 et 6, *qui potior.*
(3) Grenier, t. 2, nᵒ 409. *Infrà,* nᵒ 356.

251. Pour agir sur les immeubles, il faut qu'il n'y ait pas de mobilier.

251 *bis.* Du cas où le privilégié a négligé d'agir sur les meubles et les a laissé absorber par d'autres créanciers.

COMMENTAIRE.

249. Les priviléges qui s'étendent sur les meubles et les immeubles, sont :

1° Les frais de justice ;

2° Les frais funéraires ;

3° Les frais de dernière maladie ;

4° Les salaires des gens de service;

5° Les fournitures de subsistances.

Ces créances sont tellement favorables, que la loi a cru devoir en assurer le recouvrement en leur affectant la généralité des meubles et des immeubles.

250. Il est encore des priviléges qui s'étendent sur les meubles et les immeubles. Ils appartiennent au trésor, et sont réglés par des lois particulières. J'en ai parlé ci-dessus (1).

251. Les priviléges dont il vient d'être question ne peuvent avoir d'action sur les immeubles qu'autant que le mobilier est épuisé. C'est ce que l'on verra par le texte de l'article suivant (2).

Il est censé n'y avoir plus de mobilier, lorsqu'il ne reste plus au débiteur que les meubles que la loi déclare insaisissables. On peut consulter l'article 392 du Code de procédure civile.

(1) Nos 92, 93 *bis,* 94 *ter.*
(2) Arrêt de Bruxelles du 21 août 1810. Dalloz, Hyp., p. 32.

Si toutefois les créanciers se présentaient pour être payés sur les immeubles, sans avoir discuté le mobilier, on pourrait les colloquer *éventuellement* pour le montant de leurs créances, à charge par eux de mettre fin à leur action sur les meubles dans un délai déterminé, et sauf la réduction de la collocation à ce qui serait dû (1). Par cette mesure, tous les intérêts se trouvent protégés, et l'on empêche que, sous prétexte de la discussion préalable d'un mobilier souvent insuffisant, le créancier ne laisse échapper l'occasion de se faire payer sur l'ordre qui est ouvert.

251 *bis*. Lorsqu'il existe un mobilier plus que suffisant, et que le créancier privilégié sur les meubles et sur les immeubles a négligé de se faire colloquer sur le prix de ce mobilier, il est non recevable à se faire colloquer sur les immeubles. Il doit s'imputer d'avoir laissé échapper le gage que la loi lui assignait en premier rang, et sa négligence à faire valoir ses droits, ne doit pas préjudicier aux créanciers privilégiés sur les immeubles. Telle est l'opinion de tous les auteurs (2).

ARTICLE 2105.

Lorsqu'à défaut de mobilier les privilégiés énoncés en l'article précédent se présentent

(1) Arrêt d'Amiens du 24 avril 1822. Dalloz, Hyp., p. 32, note 1. Arrêt d'Agen du 28 août 1834 (Sirey, 35, 2, 426. Dalloz, 35, 2, 152).

(2) Grenier, t. 2, n° 371. Persil, art. 2104, n° 3. Delvincourt, t. 3, p. 271, notes. Dalloz, Hyp., p. 26, n° 21.

pour être payés sur le prix d'un immeuble en concurrence avec les créanciers privilégiés sur l'immeuble, les paiemens se font dans l'ordre qui suit :

1° Les frais de justice et autres énoncés en l'art. 2101.

2° Les créances désignées en l'art. 2103.

SOMMAIRE.

252. Transition.
253. Rang des priviléges généraux sur les immeubles avec les priviléges spéciaux. Renvoi.

COMMENTAIRE.

252. Il est donc certain, par les termes de notre article, que les priviléges sur les meubles et sur les immeubles ne doivent et ne peuvent se présenter sur les immeubles qu'à défaut de mobilier (1).

J'ai prouvé ci-dessus, n° 94 *ter*, que cette règle s'applique au privilége général du trésor aussi bien qu'aux priviléges énumérés dans l'art. 2101.

253. Notre article détermine le rang entre les priviléges sur les meubles et sur les immeubles, et les priviléges spéciaux sur les immeubles. Je n'ai rien à ajouter à ce que j'ai dit ci-dessus, à cet égard (2).

(1) *Suprà*, n°s 251 et 251 *bis*.
(2) N° 82.

APPENDICE AUX TROIS SECTIONS PRÉCÉDENTES.

DU DROIT DE RÉTENTION.

254. Avant de m'occuper de la manière dont se conservent les priviléges, je crois utile de parler, aussi sommairement que possible, du droit de rétention accordé, dans certains cas, au détenteur d'un immeuble ou d'un meuble, et qui lui procure un bénéfice semblable, sous beaucoup de points, au privilége, quoiqu'il n'en porte pas le nom.

SOMMAIRE.

COMMENTAIRE.

255. Le droit de rétention est un droit que la loi ou la convention donne à un créancier saisi d'un meuble ou d'un immeuble , pour le retenir jusqu'au paiement de ce qui lui est dû.

Il s'exerce sur les meubles et sur les immeubles.

256. L'art. 2082 du Code civil attribue ce droit de rétention au gagiste. « Le débiteur ne peut, à
» moins que le détenteur du gage n'en abuse, en
» réclamer la restitution, qu'après avoir entière-
» ment payé, tant en principal qu'en intérêts et
» frais, la dette pour la sûreté de laquelle le gage a
» été donné.

» S'il existait de la part du même débiteur, en-
» vers le même créancier, une autre dette contrac-
» tée *postérieurement* à la mise en gage, et deve-
» nue exigible *avant* le paiement de la première
» dette, le créancier ne pourra être tenu de se
» dessaisir du gage, avant d'être payé de l'une et
» de l'autre dette, lors même qu'il n'y aurait eu
» aucune stipulation pour affecter le gage au paie-
» ment de la seconde. »

Ainsi le gagiste a le droit de rétention jusqu'à ce qu'il soit entièrement payé de la dette pour laquelle le gage a été donné.

Il l'a aussi pour toute autre dette contractée après la mise en gage, quoique la chose donnée en nantissement ne fût pas affectée à cette seconde créance par la stipulation.

Cette dernière disposition de l'art. 2082 du Code civile est tirée de la loi unique au Code *etiam ob chirographariam pecuniam pignus teneri posse.* Pérézius s'en exprime en ces termes : « In secundâ » autem legis parte, dicitur debitorem qui eidem » creditori aliam pecuniam debet sub pignore, » aliam sine pignore, solo videlicèt chirographo, » pignoratitiâ actione agentem, exceptione doli » mali repelli posse, nisi utramque pecuniam red- » dat vel offerat. Non movet quod pignus l bere- » tur solutione ejus pecuniæ pro quo obligatum » est ; quia hujus decisionis ratio est, quòd debi- » tor improbè facere videatur non solvendo quod » se debere fatetur, et animum satis improbum et » malitiosum declarat, seque debitum hypotheca- » rium, imò neutrum esse soluturum, nisi metueret » frustrari suo pignore (1). »

On s'est prévalu de ce droit de rétention pour prétendre que le gagiste devait primer tous les créanciers privilégiés quelconques, même ceux pour frais funéraires et de dernière maladie. J'ai eu occasion de dire (2) combien cette doctrine me paraissait peu fondée. Le droit de rétention est

(1) Voyez aussi Dumoulin, *ad consuet.* Paris, t. 1, § 1, glose 9, n° 35; et Favre, Code, lib. 8, t. 16, définit. 1 et suiv. Le passage de Pérézius cité se trouve dans son Code, lib. 8, t. 27, n° 2.

(2) *Suprà,* n° 74 et 169 *bis.*

bon à opposer au débiteur. C'est une exception proposée contre ce dernier, à l'effet de se mettre à l'abri de sa mauvaise foi. « Jus retentionis, dit » très-bien M. Lerminier (1),... non à possessione » pendet. Reverà nihil aliud est quàm exceptio » doli quædam. » Mais lorsqu'il s'agit de créanciers qui ont aussi privilége sur l'objet mis en gage, les choses ne sont plus les mêmes; on ne peut plus leur reprocher de mauvaise foi et de dol, et sous ce rapport ils sont de condition beaucoup meilleure que le débiteur. Il s'agit donc de peser la cause de leur privilége, et si elle est préférable à la cause du gagiste, comme on ne peut le nier à l'égard des frais de justice, de dernière maladie et des salaires des gens de service, etc., ce droit de rétention ne peut être opposé.

257. Le dépositaire a aussi le droit de retenir la chose à lui confiée, jusqu'à ce qu'il soit payé des dépenses qu'il a faites à raison de ce dépôt (2).

Ces dépenses sont assez souvent des frais faits pour la conservation de la chose; d'où il suit qu'outre le droit de rétention, le dépositaire a un privilége, conformément à l'art. 2102, n° 3, du Code civil.

Mais si le dépositaire n'est créancier que pour pertes à lui occasionées par le dépôt, il n'a que le droit de rétention, sans privilége proprement dit.

(1) Dans son exposition de la doctrine de M. de Savigny, sur la possession. Ce petit écrit est intitulé : *De possessione analyticâ Savignianeæ doctrinæ expositio*, p. 7, n° 6.

(2) Art. 1967 du Code civil. Vinnius, *Quæst. select.*, lib.1, cap. 5. *Suprà*, n° 172.

Du reste, le droit de rétention ne peut faire obstacle à l'exercice des priviléges *généraux*, ainsi que je l'ai dit au n° précédent.

257 *bis*. Les ouvriers qui ont amélioré une chose par leurs travaux, ont aussi un droit de rétention. C'est ce qui résulte des textes décisifs que j'ai rappelés dans une autre occasion (1).

258. Au surplus, il ne faut pas croire que dans tous les cas où un créancier détient un meuble appartenant à son débiteur, il ait le droit de le retenir pour se faire payer. Il faut nécessairement qu'il le détienne ou à titre de gage ou à titre de dépôt, ou qu'il y ait fait des améliorations, ou que la loi ou une convention lui permette expressément de le retenir. Dans toutes les autres circonstances, les principes s'opposent à l'exercice du droit de rétention ; car le créancier ne peut pas retenir *de droit* une chose qui ne lui est pas obligée spécialement. Il ne peut, sans convention ou sans le secours d'une loi expresse, s'arroger sur elle un droit réel. C'est ce que prouve fort bien le président Favre dans son traité *De erroribus pragmaticorum* (2), et c'est ce qui a été jugé par le sénat de Savoie, au rapport du même auteur (3).

258 *bis*. C'est pour cela que le commodataire ne peut retenir, sous prétexte d'une dette contractée envers lui par le prêteur, la chose qui lui a été prêtée (4).

(1) N° 176. *Infrà*, n° 264.
(2) Error. 3. Decad. 55.
(3) En son Code, lib. 8, t. 16, def. 5.
(4) Art. 1885 du Code civil, et l. dern. C. Commodati.

Le commodataire ne pourrait prétendre au droit de rétention, que pour impenses faites pour amélioration ou conservation de la chose prêtée (1). Je dois dire cependant que Voët (2) décide qu'il est contre la justice d'accorder ici la rétention, parce que ce serait mal récompenser la générosité du prêteur. Mais cette raison ne me paraît pas suffisante pour faire fléchir les principes.

259. Le droit de rétention se perd avec la possession. Il ne reste plus au créancier qu'une action personnelle, qu'il peut exercer pour avoir ce qui lui est dû.

Il arrive souvent qu'un ouvrier est chargé par un fabricant de travaux d'amélioration, comme, par exemple, de teindre des laines, et qu'au fur et à mesure des remises que fait l'ouvrier des objets composant chaque lot d'envoi, il retient par devers lui une partie de ces objets présumée suffisante pour lui servir de garantie (3).

Dans ce cas, chaque portion retenue répond pour la totalité du travail exécuté sur chaque lot. C'est ce qui a été jugé dans les différentes circonstances par la cour de Rouen (4). Mais remarquez

---

(1) L. 15, § dernier, *de furtis*, au Dig. L. 59, *de furtis*, au Dig. Vinnius, *Quæst. select.*, lib. 1, cap. 5. Pothier, Contra de prêt, n°⁸ 43 et 80. Toullier, t. 7, n° 384.

(2) Ad Pandect. Commod., n° 20.

(3) Voy. Arrêts de Rouen, 1ᵉʳ mars 1827, D. 27, 2, 82. 17 décembre 1828, D. 30, 2, 157.

(4) V. Arrêts de la cour de Rouen des 17 décembre 1828 et 25 février 1829 (D. 1830, 2, 157); autre, 1ᵉʳ mars 1827, D. 27, 2, 82. *Suprà*, n°⁸ 176, 177, 178.

qu'il faudrait qu'il fût bien constant que la retenue a été réellement opérée sur chaque livraison, au fur et à mesure que l'ouvrier remettait au fabricant la marchandise sur laquelle il a opéré. Car, si l'on pouvait soupçonner que l'ouvrier n'a fait de retenue que sur les derniers envois, afin de se ménager un moyen détourné de se payer de ses travaux sur les matières précédemment ouvrées par lui et remises *en totalité* au fabricant, on ne permettrait pas que le droit de rétention prît cette latitude illégale (1). Quand un ouvrier se dessaisit de ce qui pouvait faire son gage, et qu'il suit la foi du fabricant, il n'est plus en son pouvoir de se créer *ex post facto* et sans convention, un droit réel sur des objets qui, par leur destination, ne sont pas appelés à répondre de ce qui peut être dû antérieurement pour d'autres causes. L'art. 2082 du Code civil fournit ici un argument décisif.

Maintenant faisons une autre supposition. Admettons que l'ouvrier ait fait des retenues successives, chaque fois qu'il remettait la matière ouvrée au fabricant, mais que, par exemple, la retenue faite sur la première livraison ne soit pas suffisante pour payer le travail dont elle a été l'objet ; l'ouvrier sera-t-il autorisé à se faire payer du déficit par la retenue faite sur le second envoi ? ou bien la somme faisant déficit ne sera-t-elle qu'une créance chirographaire ?

Un considérant d'un arrêt de la cour de Rouen,

---

(1) Arg. d'un arrêt d'Angers du 6 juillet 1826, D. 27, 2, 40. *Suprà*, n° 178.

du 25 février 1829 (1), semblerait faire entendre que la créance n'est que chirographaire, tandis qu'un autre arrêt de la même cour (2), du 1er mars 1827, paraît avoir admis que toutes les retenues prises en bloc répondent solidairement de tout ce qui est dû, sans distinction de tel ou tel envoi(3).

A moins de circonstances particulières, je crois que la première opinion est préférable. Le gage que l'ouvrier s'est donné, en faisant une retenue sur le second envoi, ne peut servir de garantie à une créance existant *antérieurement*. L'art. 2082 est formel, d'ailleurs l'art. 570 du Code civil, qn'il faut toujours consulter comme argument puissant en cette matière, ne donne à l'ouvrier le droit de rétention, que pour prix du travail opéré sur la chose retenue, et non pour main-d'œuvre effectuée sur un autre objet.

260. A l'égard des immeubles, M. Tarrible pense que le droit de rétention a lieu en faveur du tiers possesseur, qui est obligé de délaisser la chose sur laquelle il a fait, de bonne foi, d'utiles améliorations. Telle est la décision formelle de la loi 29, § 2, D. *De pignorib. et hypothec.* « Sed bonâ fide posses-
» sores non aliter cogendos creditoribus ædificium
» restituere, quàm sumptus, in exstructione eroga-
» tos, quatenùs pretiosior res facta sit, recipe-
» rent (4). » Suivant M. Tarrible, cette loi n'est pas

(1) D. 30, 2, 157.
(2) D. 27, 2, 82.
(3) C'est du moins ce qui me paraît implicitement résulter des faits comparés avec la décision.
(4) Joignez la loi 33, D. *De condict. indeb*, Pothier, Pand.,

en discordance avec les art. 555 et 2175 du Code civil ; elle rentre au contraire dans leur système et doit être suivie (1).

Mais cette opinion n'est pas vraie dans toute sa latitude : je prouverai, au n° 836, qu'elle ne peut s'étendre au tiers détenteur actionné par un créancier hypothécaire en délaissement, et que, d'après Loyseau et Pothier, la loi 29, § 2, D. *De pignorib.*, n'est pas admissible dans notre jurisprudence française.

Toutefois il y a d'autres cas où le droit de rétention est admis ; c'est lorsque le *propriétaire* veut reprendre sa chose sur un possesseur de bonne foi qui l'a améliorée. Il doit préalablement lui payer ses impenses : sans quoi le possesseur usera contre lui du droit de rétention (2). C'est ce qu'on va voir se développer dans les numéros suivans.

261. L'acquéreur à pacte de réméré, jouit pour ses améliorations du même droit de rétention que le possesseur de bonne foi (3), dont il vient d'être question.

Bien plus, le vendeur ne peut entrer en possession qu'en payant le prix de la vente, les frais et loyaux coûts.

Que devrait-on décider si un créancier hypo-

t. 1, p. 378, n° 6. *Inst. de rer. divis.*, § 30. Voët, *Ad Pand. de rei vindicat.*, def. 15.

(1) Répert., Privilége, p. 32.

(2) Ord. de 1667, t. 27, art. 9. Tarrible, Répert., *loc. cit.* Grenier, t. 2, p. 35.

(3) Art. 1673 du Code civil. Favre, Code, lib. 8, t. 16, def. 4. Tarrible, v° Privilége, p. 33.

thécaire se présentait pour déposséder l'acquéreur à réméré? Devrait-il rendre le prix principal de la vente et les loyaux coûts? Sans quoi l'acquéreur aurait-il le droit de rétention?

Pour résoudre cette question, il faut distinguer entre les créanciers ayant hypothèque ou privilége avant la vente à faculté de rachat, et ceux qui ne sont devenus créanciers que postérieurement au contrat de vente.

Les créanciers antérieurs au contrat de vente ont droit de suivre l'immeuble qui leur est affecté en quelques mains qu'il se trouve, et la loi ne les oblige à autre chose qu'à tenir compte des améliorations faites par celui qu'ils dépossèdent (1). Ils ne sont donc pas astreints à payer à l'acquéreur, à pacte de rachat, le prix de vente et les loyaux coûts.

Mais à l'égard de ceux qui ne sont devenus créanciers qu'après la vente à réméré, il en est autrement. Leur droit est subordonné à la condition que la chose sera rachetée, et rentrera par ce moyen dans le domaine de leur débiteur. Donc s'ils veulent exercer le droit de suite, il faut qu'ils rachètent comme l'aurait fait le vendeur. Ils doivent donc payer le prix de vente et les loyaux coûts, sans cela l'acquéreur sera fondé à exercer à leur égard le droit de rétention.

262. D'après l'article 1749 du Code civil, le fer-

_____

(1) Art. 2175 du Code civil. Notez bien, d'après ce que j'ai dit ci-dessus n° 260, que, même pour ces améliorations, le tiers détenteur n'aurait pas le droit de rétention.

mier à qui il est dû une indemnité pour la résiliation de son bail, a droit de retenir les biens affermés, jusqu'au paiement de cette indemnité.

M. Tarrible pense qu'il aurait incontestablement la faculté de retenir l'immeuble, contre les créanciers du bailleur qui voudraient le déposséder pour faire vendre le fonds, ou contre l'adjudicataire, sans distinguer si le cahier des charges qui précède l'adjudication contient ou non celle de payer cette indemnité(1). Cette opinion est fondée sur l'art. 1749 du Code civil. On en donne pour raison que la vente de l'immeuble hypothéqué n'empêche pas le bail de subsister. Si l'acheteur veut se prévaloir de la convention portant que ce bail sera résilié pour une indemnité, il faut qu'il l'exécute, et qu'il paie cette indemnité.

263. Le droit de rétention sur les immeubles se perd, comme le droit de rétention sur les meubles, par la remise qu'en fait le possesseur (2). Ainsi, si le créancier pour impenses rendait l'immeuble au propriétaire, sans exiger son indemnité, il ne lui resterait plus qu'une action personnelle non privilégiée (3). Les Romains donnaient dans ce cas, la condition appelée *indebiti*, au moyen de laquelle le tiers détenteur répétait ses impenses.

On a soutenu, en ce qui concerne l'acquéreur

(1) Répert., Privilége, p. 36.
(2) L. 21 et 68, § 1, D. *ad S. C. Trebell.* Pothier, Pand., t. 2, p. 538, n° 68.
(3) L. 40, § 1, D. *condict. indeb.* L. 60, D. *De leg.* 1°. Pothier, Pand., t. 1, p. 372, n° 24, et p. 378, note *e.* T. 2, p. 338, n° 327.

à pacte de rachat, que du moins il lui restait un privilége semblable à celui du vendeur, parce qu'il n'était lui-même qu'un vendeur non payé ; mais j'ai montré ci-dessus que cette opinion ne pouvait qu'être taxée d'erreur (1).

264. Je termine ce sujet par le passage suivant, dans lequel *Voët* énumère quelques uns des cas principaux où il y a lieu à rétention sur les *meubles* et sur les *immeubles*. « Nauta merces pro » contributione propter jactum retinet; et vendi- » tor, donec venditæ rei pretium solutum fuerit; » et uxor res mariti, donec dos et reliqua mulieris » bona restituantur ; et institor merces sibi a » præponente commissas, donec sibi solutum sit » quod præponens debet; præcipuè retentioni lo- » cus est ob id quod occasione rei retentæ debe- » tur, veluti ob impensas in eam factas, aut opi- » ficia, vel artificia, circà eam præstitâ; qua ratione » fullones, sartores, bonæ vel malæ fidei posses- » sores, panni, vestis retentione sibi consulunt, » pro mercede vel impendiis factis obtinendis; uti » et magistri navium habent jus retinendi merces » pro naulo (2). »

Ailleurs le même auteur ajoute que l'architecte a le droit de rétention sur la chose par lui con- struite ou réparée (3).

(1) No 214.
(2) *Ad Pand. de compens.*, n° 20.
(3) *Loc. conducti,* n° 40.

1.   26

SECTION IV.

COMMENT SE CONSERVENT LES PRIVILÉGES.

ARTICLE 2106.

Entre les créanciers, les priviléges ne produisent d'effet à l'égard des immeubles qu'autant qu'ils sont rendus publics par inscription sur les registres du conservateur des hypothèques de la manière déterminée par la loi, et à compter de la date de cette inscription, sous les seules exceptions qui suivent.

SOMMAIRE.

COMMENTAIRE.

264 *bis.* Cet article du Code civil est le premier qui se présente à nous sur le système de publicité, qui fait la base du régime hypothécaire; système avantageux sous tous les rapports, parce qu'il est fondé sur la bonne foi qui doit présider aux transactions, mais imparfait à beaucoup d'égards, et qui, n'assurant pas au tiers une connaissance complète de la situation de celui avec qui ils veulent contracter, est bien souvent un piége, au lieu d'offrir une garantie. Aussi presque tous les bons esprits s'accordent-ils à reconnaître que le Code civil est, sur ce point important, susceptible de recevoir de nombreuses rectifications. On a vu, dans la préface de cet ouvrage, quels sont les vices et les lacunes qu'on peut avec raison lui reprocher.

265. Les priviléges produisant une affectation réelle sur la chose, et donnant aux créanciers le droit de la poursuivre entre les mains des tiers, on a jugé utile de les soumettre à la publicité; on est parti de cette idée, que l'immeuble doit annoncer tout ce qui le grève, et que l'acquéreur serait trompé s'il ignorait les chances d'éviction auxquelles il est soumis, ainsi que les charges qui sont assises sur l'immeuble qu'il a acheté et dont il peut avoir intérêt à le purger. De là, la **formalité de l'inscription** exigée par l'art. 2106.

Ici plusieurs réflexions se présentent à l'esprit.

266. D'abord, ce n'est pas l'inscription qui fait le privilége; car, comme on l'a vu ci-dessus, il dérive de la qualité de la créance (1). L'inscription n'est qu'une formalité extrinsèque, une sorte de complément pour assurer entre créanciers l'efficacité du privilége; le privilége a son fondement et son existence dans la nature même de la convention. Mais cette existence est condamnée à l'inertie, tant que la publicité ne vient pas lui donner le mouvement et la faculté d'agir au dehors. Ce n'est donc que par l'inscription que le privilége peut se mettre en action.

266 *bis*. Mais aussitôt qu'il est inscrit, il entre dans la plénitude de ses prérogatives, et l'on sait que l'une des plus importantes et des plus précieuses, est de primer les hypothèques (2); d'où l'on est forcé de conclure que ce n'est pas par la date de l'inscription que se règle le rang de la créance privilégiée. Sans cela on la réduirait à la condition d'une simple hypothèque; et le législateur qui a prescrit l'inscription, positivement pour consolider l'effet du privilége, aurait agi dans un sens contraire à ses propres intentions, et lui aurait par cela même ôté tout son effet, qui est de primer toutes les créances hypothécaires, quelle que soit l'époque de leurs inscriptions.

On ne peut s'empêcher néanmoins de reconnaître que notre article est rédigé, sur ce point, d'une

---

(1) V. n°s 267, 270, et Comm. sur l'art. 2134.
(2) Art. 2095.

manière tout-à-fait équivoque, et même vicieuse;
car il semblerait amener à ce résultat, que c'est de
la date de l'inscription que dépend l'effet du privilége. On y lit, en effet, que les priviléges sur les
immeubles ne produisent d'effet qu'autant qu'ils
sont inscrits, *et à compter de la date de cette inscription.* Si l'on voulait prendre ces dernières expressions au pied de la lettre, on voit à quelles incon-
séquences elles conduiraient : c'est donc ici le cas
où l'on peut dire que la lettre tue et que l'esprit
vivifie. Le législateur a voulu seulement exprimer
que c'est du moment de l'inscription du privilége,
qu'il reçoit la faculté de se produire contre les
tiers. Mais que le privilége ne puisse prendre
rang qu'à compter de la date de son inscription,
c'est ce qui n'a jamais été dans la pensée d'aucun
de ceux qui ont rédigé la loi, c'est ce qui répugne
à la nature même du privilége et au but de l'inscription, qui est requise pour donner à ce droit
la force effective dont il est susceptible, et non
pas pour la détruire.

C'est ainsi, du reste, que notre article est entendu
par MM. Tarrible (1) et Grenier (2), et par tous les
auteurs (3). C'est aussi dans ce sens qu'il a été interprété par un arrêt de la cour de cassation du
26 janvier 1813 (4). « Considérant que, s'il est dit
» dans l'art. 2106 que les priviléges ne produisent
» d'effet, à l'égard des immeubles, que par l'in-

(1) Répert., Privilége, p. 40.
(2) T. 2, n₀ 376, p. 202 et 203.
(3) V. Dalloz, Hyp., p. 87, nº 2.
(4) Dalloz, Hyp., p. 107, note 1.

» scription, *et à compter de la date de cette inscrip-*
» *tion*, il ne faut pas en conclure que le privilége
» du vendeur puisse être primé par des hypothè-
» ques simples, antérieurement inscrites; qu'il ré-
» sulte seulement de cet article, que le privilége
» ne produit pas d'effet tant qu'il n'est pas inscrit,
» mais qu'une fois inscrit, il prime toutes les
» créances hypothécaires, qui lui sont postérieu-
» res, quoique l'inscription en soit antérieure. »

On peut appliquer la même solution à tout privilége quelconque, par exemple au privilége du
co-partageant. Ainsi, si un co-partageant ne prend
inscription que le soixantième jour après l'acte de
partage, il aura néanmoins privilége sur toutes
hypothèques antérieurement inscrites.

Il y a plus : on dit souvent que le privilége inscrit remonte *à la date de l'acte* qui le produit (1).
Mais il faut s'entendre.

Oui, sans doute, le privilége inscrit, même postérieurement à l'acte dont il émane, est censé avoir
pris naissance en même temps que cet acte. Mais
cela ne veut pas dire qu'on ne doive lui donner de
rang qu'à la date de cet acte. Il arrive souvent
qu'il prime des hypothèques antérieures à l'époque
de sa naissance.

Par exemple, je vends en 1830 à Pierre ma maison B. Cet immeuble, en entrant dans le patrimoine de Pierre, se trouve à l'instant grevé de

_____

(1) Voyez, par exemple, M. Dalloz, sommaire de l'arrêt de
la cour de cassation du 26 janvier 1813, p. 106. Cette locution
se trouve d'ailleurs partout. Voy. aussi art. 2166.

l'hypothèque légale de sa femme, et comme Pierre était marié dès 1820, il s'ensuit que l'hypothèque de l'épouse prendra rang à la date de 1820 (art. 2135 du Code civil).

Mais, quoique mon privilége n'ait pris naissance qu'en 1830, il n'en est pas moins vrai qu'il primera l'hypothèque de la femme : ainsi, quant au rang, le privilége est préférable aux hypothèques existantes même avant sa naissance.

C'est en ce sens qu'il faut entendre la locution usuelle dont j'ai parlé.

267. L'inscription, dit notre article, est requise pour que le privilége sur l'immeuble produise effet *entre créanciers*. D'où il suit que lorsque plusieurs individus se présentent comme créanciers de la même personne, il est de leur intérêt d'examiner si le privilége que l'un d'eux leur oppose a été inscrit ou non inscrit, et qu'ils sont en droit d'empêcher qu'on ne se prévale de priviléges non inscrits.

Quelle est la raison de cela ?

C'est, disent quelques uns, que chaque créancier a eu intérêt à apprendre par l'inscription les charges qui pèsent sur son débiteur, et qu'il est juste que celui qui a négligé de donner ces lumières, en ne se faisant pas inscrire, ne puisse opposer son titre à ceux que son silence a induits en erreur.

Il me semble cependant que cette raison est bien loin d'être satisfaisante pour tous les cas.

D'abord, le co-partageant n'est obligé de se faire inscrire que dans soixante jours à compter de l'acte de partage. Ainsi, tous ceux qui ont pris inscription hypothécaire dans l'intervalle qui s'est écoulé entre l'acte de partage et le soixantième jour, ne peuvent pas dire que c'est le défaut d'inscription qui les a induits en erreur; car le co-partageant avait légalement droit de leur laisser ignorer son privilége. Il n'était obligé à se faire inscrire que le soixantième jour, c'est-à-dire après leurs inscriptions hypothécaires. Néanmoins, si le co-partageant ne se fait pas inscrire du tout, ils pourront lui faire un reproche du non-accomplissement de la formalité, quoique cette formalité ait été indifférente pour eux.

A l'égard du privilége du vendeur, la chose est encore plus sensible; car aucun délai ne lui est prescrit, comme on le verra plus tard (1), pour se faire inscrire. La faculté de prendre inscription lui est ouverte jusqu'au dernier moment. Il a donc eu le droit formel de laisser ignorer son privilége à tous ceux qui ont contracté avec son acquéreur; néanmoins, si, le dernier moment étant venu (on sait que c'est la quinzaine de la transcription faite par l'acquéreur qui veut purger) (2), il ne s'était pas fait inscrire, ou n'avait pas fait transcrire son contrat, tous les créanciers de l'acquéreur ayant hypothèque inscrite depuis la vente par lui faite, seront en droit de lui reprocher la non-inscription; et cependant, en réalité, il est clair que l'inscription est pour eux indifférente; car ils ont contracté à une époque où le privilége ne devait pas nécessairement leur être connu (3)!

(1) N° 266.
(2) Art. 834 du Code de procédure civile.
(3) *Suprà*, n° 291.

Ces bizarreries accusent la prévoyance du législateur, qui, tout en voulant la publicité pour mettre à nu la situation du débiteur, a manqué son but dans une foule de cas importans, n'a su prendre que des mesures partielles, et a autorisé la clandestinité, au milieu même des dispositions destinées à porter le jour sur les affaires de l'obligé. Son idée était forte, gigantesque même ; mais il n'a pas su la manier avec cette puissance que nous avons vue imprimée aux Codes allemands, dans l'exposé que nous en avons fait dans notre préface. La hardiesse de sa pensée a fait faillir son courage, et il y avait de quoi ; car elle ne pouvait se réaliser sans blesser beaucoup de droits, sans sacrifier arbitrairement le vendeur et le co-partageant à des créanciers qui, par l'inspection des titres, ont pu connaître l'existence du privilége (1). Mais, puisque les rédacteurs du Code ne se sentaient pas la force d'exclure radicalement la clandestinité de leur système hypothécaire, pourquoi promettre témérairement une publicité complète? Pourquoi faire tant de fracas d'inscriptions de priviléges, qui ne font rien savoir? N'espérons donc pas expliquer la loi par ces principes féconds, qui tranchent toutes les difficultés, et répondent à tous les doutes. La règle ne peut que succomber souvent, lorsque le législateur lui-même semble la redouter.

Quoi qu'il en soit, le défaut d'inscription constitue une nullité d'*ordre public* (2), et tout créan-

(1) V. préface.

(2) Arrêt de cassation du 11 juin 1817, rapporté dans M. Grenier, t. 1, p. 131, et dans Dalloz, v. Hyp., p. 243.

cier peut s'en prévaloir. Car c'est le propre des nullités d'ordre public de pouvoir être invoquées par ceux-là même qui n'en ont pas été blessés.

268. Ici je réponds à une question qui peut m'être faite.

Les créanciers chirographaires sont-ils personnes légitimes pour contester au privilégié le défaut d'inscription?

Je crois que toutes les fois qu'un privilégié, ayant négligé d'assurer l'effet de son privilége par l'inscription, est encore à temps de prendre une inscription hypothécaire pour convertir son privilége en hypothèque (1), les créanciers chirographaires n'ont pas d'intérêt à dire que le privilége n'a pas été inscrit; car, en prenant une inscription hypothécaire, les créanciers originairement privilégiés, mais déchus de leur privilége, primeraient toujours les chirographaires.

Mais si le privilégié qui a laissé perdre son privilége, faute d'inscription, ne se trouve plus à temps de s'inscrire comme créancier hypothécaire, je crois qu'alors les créanciers chirographaires auront qualité pour se prévaloir du défaut d'inscription; car toute hypothèque doit être inscrite pour produire son effet.

Je suppose l'espèce suivante:

Un partage a lieu entre Pierre et Jacques, et il est stipulé que pour établir l'égalité, Pierre donnera à Jacques, en retour de lot, une somme de 20,000 fr. Le lot de Pierre est donc soumis au pri-

(1) Art. 2113. V. un exemple, *infrà*, n° 325.

vilége de soulte à l'égard de Jacques. Ce dernier
omet de se faire inscrire dans les soixante jours de
l'arte de partage. Mais bientôt Pierre tombe en faillite. Tous ses créanciers sont chirographaires, excepté Jacques, qui, dans l'origine, a eu un privilége, et qui n'a plus aujourd'hui qu'une hypothèque, mais qui, d'après l'art. 2166 du Code civil et
l'art. 443 du Code de commerce, ne peut plus
prendre d'inscription, attendu l'état de faillite de
Pierre. La vente des immeubles de Pierre s'effectue,
et l'on procède à un ordre. Jacques pourra-t-il
prétendre à une préférence? Nullement. Il est
descendu à la condition des créanciers chirographaires; car, sans inscription, l'hypothèque est
inefficace (1).

Il en serait de même si le co-partageant, sans
avoir laissé périmer son privilége, avait seulement
tardé jusqu'au soixantième jour pour le faire inscrire, et que dans les dix jours qui ont suivi l'in-
sciption, le débiteur fût tombé en faillite. Cette
inscription serait nulle, comme on le sait (2), et
vainement le créancier se prévaudrait-il de la qualité de la créance pour prétendre privilége sur les
créanciers chirographaires. Je l'ai dit; le privilége ne peut avoir d'action contre le tiers que par
l'inscription. Sans inscription, il est forcé de de-
meurer dans l'inertie, semblable à l'être doué de

(1) Grenier, t. 1, nº 60, p. 125. Répert., Inscript. hyp.,
p. 186. Arrêt de la cour de cassation du 11 juin 1817. Dalloz,
Hyp., p. 242, 243.

(2) Art. 443 du Code de commerce, et 2146 du Code civil.
Infrà, nº 653.

la vie, mais qui n'a pas encore la vigueur nécessaire pour se mouvoir. L'art. 2106 porte formellement qu'*entre créanciers* les priviléges ne produisent d'effet que par l'inscription, et l'on voit qu'il ne
distingue pas entre les créanciers chirographaires,
hypothécaires ou privilégiés. Aussi M. Grenier dit-
il (et je crois que c'est avec raison) (1) : « Tou-
» jours est-il vrai qu'il a été dans l'esprit de toute
» législation hypothécaire que lorsqu'un créancier,
» *soit privilégié*, soit hypothécaire, ne remplissait
» pas l'obligation qui lui était imposée pour le
» maintien *de son privilége* ou de son hypothèque,
» il descendait à la condition des simples créanciers
» chirographaires. »

269. Notre article ne soumet à l'inscription que
les priviléges sur les immeubles. Les priviléges sur
les meubles n'y sont pas astreints (2). On en conçoit facilement la raison.

A l'égard des priviléges qui frappent sur les meubles et sur les immeubles, il faut décider que la formalité de l'inscription ne les regarde pas; car ce n'est
que subsidiairement qu'ils peuvent s'appesantir sur
les immeubles; leur assiette principale est sur les
meubles. D'ailleurs, ils n'ont en général pour objet
que des sommes assez minimes, et l'on a pu penser
qu'il serait trop gênant de les astreindre à l'inscription, pour le cas tout-à-fait éventuel où ils
viendraient à s'exercer sur les immeubles (3).

(1) Hyp., t. 1, p. 129, *in fine.*
(2) Art. 2107 du Code civil.
(3) *Infrà,* n° 273.

270. J'ai déjà fait quelques critiques sur le système du Code civil, en ce qui concerne la publicité.

Je ne puis m'empêcher de remarquer que ce système pèche, sous d'autres rapports, par le défaut d'uniformité. Pourquoi ne pas assujettir l'inscription de tous les priviléges sur les immeubles à un délai commun? Le vendeur, en effet, n'est soumis à aucun délai pour faire transcrire son contrat. Il peut requérir cette transcription jusqu'au dernier moment. Le cohéritier ou co-partageant doit se faire inscrire dans soixante jours (art. 2109). L'architecte est dans le même cas que le vendeur. Il peut garder le silence et ne se faire inscrire que dans la quinzaine de la transcription de la vente faite par l'acquéreur. Enfin le créancier qui veut demander la séparation des patrimoines, a six mois, à compter du jour de l'ouverture de la succession, pour se faire inscrire. (Art. 2111.)

Peut-on ne pas qualifier de l'épithète d'incohérent un système dont les dispositions sont si peu combinées les unes avec les autres?

271. C'est chez le conservateur des hypothèques que l'inscription doit être faite; la forme de cette inscription est déterminée par les art. 2146 et suiv.

ARTICLE 2107.

Sont exceptées de la formalité de l'inscription les créances énoncées en l'art. 2101.

SOMMAIRE.

272. Les priviléges généraux sur les immeubles dont parle

l'art. 2101 ne sont pas soumis à l'inscription. Motifs.

273. Ils doivent être inscrits, cependant, dans la quinzaine de la transcription, d'après l'art. 834 du Code de procédure civile.

274. Lorsqu'ils sont purgés par le défaut d'inscription, les créanciers privilégiés peuvent néanmoins agir sur le prix.

COMMENTAIRE.

272. Par anticipation sur notre article, j'ai dit au n° 269 que les priviléges généraux sur les meubles et les immeubles énoncés en l'art. 2101 sont exempts d'inscription. J'ai essayé d'en faire connaître le motif.

273. Mais du moins ces priviléges ne doivent-ils pas être inscrits lorsque le nouvel acquéreur, voulant opérer le purgement des hypothèques et priviléges, remplit les formalités nécessaires pour provoquer les inscriptions et les enchères des créanciers?

On sait que pour ce qui concerne les hypothèques légales, l'art. 2194 a indiqué des mesures qui, lors de l'opération du purgement, amènent l'inscription forcée de ces hypothèques, et mettent le nouvel acquéreur à même d'en libérer sa propriété.

Mais une vague analogie ne suffit pas pour appliquer ces dispositions aux priviléges dont je m'occupe. Faudra-t-il cependant admettre que ces sortes de créances ne peuvent pas être purgées? Ce serait certainement un grand vice dans la législation. Mais je crois que les art. 834 et 835 répondent à cette difficulté. L'art. 834 exige en effet que les créanciers ayant privilége sur les immeubles se fassent inscrire au plus tard dans la quinzaine de la transcription de l'acte d'acquisition du nouveau propriétaire, sinon, ils ne peuvent requérir la mise aux enchères, et le nouveau propriétaire n'est tenu, d'après l'art. 835', que du paiement du prix stipulé dans son contrat.

Je pense que les expressions générales dont se sert l'art. 834 s'appliquent aux priviléges mentionnés dans l'art. 2101 du Code civil; et qu'ainsi s'ils ne se produisaient pas dans la quinzaine de la transcription, le droit de suite serait perdu et l'immeuble passerait exempt de cette charge au nouvel acquéreur. Telle est du reste l'opinion unanime des auteurs (1). C'est à tort que M. Dalloz prétend que M. Tarrible enseigne une doctrine opposée. Si dans un passage emprunté à cet auteur, à la page 108, col. 2 du mot Privilége (2), on peut trouver quelque chose qui semble peu en harmonie avec ce que j'ai dit, néanmoins, en recourant à la page 115, col. 1, on voit que Tarrible enseigne très-positivement que les créanciers qui ont le privilége énoncé dans l'art. 2101 ne peuvent jouir du droit de surenchérir, que s'ils se sont fait inscrire dans la quinzaine de la transcription.

274. Mais le créancier privilégié qui ne s'est pas fait inscrire conserve-t-il cependant une action sur

_____

(1) MM. Grenier, t. 2, p. 351 et suiv., n° 457. Delvincourt, t. 3, p. 271, notes. Persil, Comm., art. 2107. Dalloz, Hyp., p. 87, n° 3. *Infrà*, n° 922.

(2) Au Répert. de M. Merlin.

le prix? L'affirmative me paraît certaine. En effet,
bien que le privilége soit perdu à l'égard de l'acquéreur, et qu'il ne puisse par conséquent donner
lieu à une action sur la chose, néanmoins l'action
sur le prix subsiste toujours, et elle subsiste avec
son privilége. Car, *à l'égard des créanciers*, peu
importe le défaut d'inscription. Le privilége en ce
qui les concerne est déclaré dispensé d'inscription (1). Néanmoins M. Grenier pense que le
créancier privilégié ne pourrait se présenter utilement à l'ordre qu'autant qu'il aurait pris inscription avant l'ouverture, quoique postérieurement
au délai déterminé dans l'article 834. Mais je ne
pense pas que cette formalité soit nécessaire. Aucune loi n'en fait une obligation.

ARTICLE 2108.

Le vendeur privilégié conserve son privilége par la transcription du titre qui a transféré la propriété à l'acquéreur, et qui constate
que la totalité ou partie du prix lui est due;
à l'effet de quoi la transcription du contrat
faite par l'acquéreur vaudra inscription pour
le vendeur et pour le prêteur qui lui aura
fourni les deniers payés, et qui sera subrogé
aux droits du vendeur par le même contrat.

(1) M. Grenier, t. 2, n° 457. Tarrible, Transcript., p. 115,
col. 1. Delvincourt, *loc. cit.* Dalloz, id., n° 4. *Infrà*, n°˙ 922,
983 et 984.

Sera néanmoins le conservateur des hypothèques, tenu, sous peine de tous dommages et
intérêts envers les tiers, de faire d'office l'inscription sur son registre des créances résultant de l'acte translatif de propriété, tant en
faveur du vendeur qu'en faveur des prêteurs,
qui pourront aussi faire faire, si elle ne l'a
été, la transcription du contrat de vente, à
l'effet d'acquérir l'inscription de ce qui leur
est dû sur le prix.

SOMMAIRE.

civile. Faculté de prendre inscription non seulement
après l'aliénation , mais encore dans la quinzaine après
la transcription de la revente. Mauvais résultat de cet
article, à quelques égards.

282. Lorsque le privilége du vendeur a été une fois assuré par
la transcription, le vendeur n'a pas besoin de s'inscrire
dans la quinzaine. Ce n'est que lorsqu'il n'y a pas eu
transcription de son contrat. Dissentiment avec M. Delvincourt.

283. Faute de transcription ou d'inscription dans la quinzaine,
le vendeur perd la faculté de surenchérir et retombe
forcément dans la classe des chirographaires, tant à l'é-
gard des créanciers que des sous-acquéreurs.

284. Quel contrat doit être transcrit? C'est le contrat seul
d'où résulte le privilége.

285. Par qui doit être faite la transcription? C'est par l'acquéreur; mais le vendeur peut la procurer lui-même ;

285 bis. Ou bien prendre inscription , même en vertu d'un
acte de vente sous seing privé. Raison de cela.

286. De l'inscription d'office. Elle n'est pas indispensable pour
le vendeur. Mais quand son omission est une cause de
dommages pour les tiers, ils peuvent actionner le conservateur. Rareté de la possibilité d'un dommage. Le
conservateur doit prendre l'inscription d'office aussitôt
après la transcription.

286 bis. L'inscription d'office doit être renouvelée tous les dix
ans. La réapparition décennale d'une nouvelle inscription est nécessaire , lors même que le privilége a été
conservé par la simple transcription.

286 ter. Conséquences du défaut de renouvellement décennal.
Différens cas où il entraîne la perte du privilége.

287. Tout contrat qui emporte privilége pour le cédant doit
être transcrit, et le conservateur doit prendre inscription d'office.

288. Du créancier délégué dans le contrat de vente. Renvoi.

289. Du prêteur de deniers pour achat de la chose vendue. La

transcription conserve son privilége. Il peut aussi, s'il le veut, prendre inscription. Il jouit des mêmes droits que le vendeur. Renvoi pour la forme de l'inscription et ses énonciations.

289 *bis*. La transcription du contrat dans tous les cas énoncés ci-dessus ne conserve que les sommes déclarées dues par ce contrat, à moins qu'on n'y déroge par un autre acte également transcrit.

COMMENTAIRE.

275. L'art. 2108 trace les formes à suivre pour donner au privilége du vendeur la publicité nécessaire pour sa conservation.

Avant de m'engager dans les détails que comporte l'interprétation de notre article, je dois faire connaître quelle a été la législation relative à la conservation du privilége du vendeur, avant l'état de choses actuel. Trois périodes sont à parcourir : 1° le règne de la loi du 11 brumaire an 7; 2° l'époque régie par le Code civil; 3° l'état de choses actuel, tel qu'il a été réglé par l'art. 834 du Code de procédure civile.

276. Par la loi du 11 brumaire an 7, la vente, quoique parfaite quant à la chose, au prix et au consentement, n'opérait cependant pas encore la translation de la propriété à l'égard des tiers. Il fallait nécessairement qu'elle fût accompagnée de la transcription. Il suit de là que le vendeur restait maître de la chose à l'égard des tiers jusqu'à la transcription, et que l'acquéreur ne pouvait l'hypothéquer, tant que cette transcription n'était pas

effectuée. Il ne pouvait en effet conférer plus de droit qu'il n'en avait lui-même (1).

Mais lorsque l'acquéreur faisait transcrire, le vendeur se trouvait tout-à-fait dépouillé. Il ne lui restait plus que son privilége.

Par une combinaison qui avait pour but de simplifier les formes, le privilége du vendeur se conservait par la transcription faite même par l'acquéreur. Seulement, le conservateur devait prendre, dans l'intérêt du vendeur, une inscription d'office.

Voici donc quel était le jeu de ce système.

Lorsque l'acquéreur conférait des hypothèques sur l'immeuble qu'il avait acheté, mais dont l'acte de vente n'avait pas été transcrit, ces hypothèques ne pouvaient nuire au droit du vendeur. Car avant la transcription, point d'aliénation complète, et par conséquent point d'hypothèque opposable au vendeur ; que si l'acquéreur faisait transcrire, le privilége du vendeur se trouvait par cela même conservé, et nulle inscription hypothécaire ne pouvait le primer.

Si l'acquéreur faisait une revente de l'immeuble, il était encore certain que le droit du vendeur originaire demeurait sain et entier, tant que le sous-acquéreur n'avait pas fait transcrire. Le vendeur maintenait donc l'intégrité de son privilége, en faisant transcrire son contrat, même après la revente. Mais il en était autrement, si, avant cette transcription, le sous-acquéreur faisait transcrire son acte. Cette transcription purgeait l'immeuble

(1) Voyez préface.

entre les mains du sous-acquéreur, et une transcription, ou inscription postérieure faite par le vendeur originaire, n'eût pu relever ce dernier de la perte de son droit (1).

277. Le Code civil a des dispositions qui se rapprochent, à certains égards, de la loi de l'an 11. C'est par la transcription faite par l'acquéreur, que se conserve le privilége du vendeur. En effet, cette transcription, quelle que soit la personne dont elle émane, avertit le public; et dès-lors il était inutile d'imposer au vendeur une condition surabondante de publicité, dont l'omission pouvait exposer sa créance.

De plus, comme par la loi de l'an 11, le conservateur des hypothèques est tenu de prendre d'office une inscription dans l'intérêt du vendeur. Toutefois cette inscription n'est pas indispensable, comme je le montrerai plus bas (2).

Mais il faut remarquer que la transcription n'est plus, sous le Code civil, un élément nécessaire pour la transmission de la propriété, et qu'elle n'est requise que comme un préliminaire, pour parvenir au purgement des hypothèques (3).

278. On s'est aperçu par la lecture de notre article, que le Code civil, imitant le silence de la loi du 11 brumaire an 7, ne détermine aucun délai pour que le vendeur donne à son privilége de la publ cité.

(1) Répert., t. 15. Transcript., p. 692. Arrêt de la cour de cassation du 13 décembre 1813. Dalloz, Hyp., p. 88 et 89.

(2) Répert., v₀ Privilége, p. 41. *Infrà*, n° 286.

(3) Voyez mes observations sur l'art. 2181,

Je conçois que sous la loi de l'an 7 on ait gardé le silence à cet égard. En effet, la transcription étant une des conditions nécessaires pour opérer le changement de la propriété, on avait cru pouvoir se reposer du soin de transcrire sur l'acquéreur, qui, ne devenant propriétaire incommutable que par ce moyen, avait intérêt à faire transcrire tout de suite.

Sous le Code civil, le même mobile n'existe plus. L'acquéreur peut d'ailleurs ne vouloir pas purger, et la transcription reste par conséquent à l'écart. La publicité du privilége du vendeur peut donc se trouver fort retardée. Il est cependant un terme auquel ce privilége doit nécessairement se montrer; à quel point faut-il le fixer? C'est ici que des difficultés se présentent. Pour les résoudre, il faut distinguer le cas où l'acquéreur hypothèque les biens vendus, et où par conséquent le vendeur se trouve en contact avec des créanciers hypothécaires, du cas où le vendeur est en lutte avec un sous-acquéreur.

279. 1° Du cas où l'acquéreur a donné hypothèque sur l'immeuble vendu.

Dans cette hypothèse, le privilége du vendeur se trouve en collision avec les hypothèques accordées aux créanciers de l'acquéreur sur l'immeuble qui a fait l'objet de la vente, et il faut supposer que ces créanciers ont pris inscription avant que le vendeur n'ait donné de la publicité à son privilége; car il ne pourrait y avoir matière à discussion, si le vendeur s'était fait inscrire avant les créanciers hypothécaires.

Dans l'espèce posée, on doit dire que le vendeur doit être admis à s'inscrire, ou à faire transcrire, même après que les créanciers hypothécaires de l'acquéreur ont pris leurs inscriptions(1). La raison en est que, la loi n'ayant pas fixé de délai, le vendeur est en temps utile pour se faire inscrire, tant qu'on n'est pas arrivé à cette extrémité dernière où la propriété est purgée. Tout ce que la loi a exigé, c'est que le privilége fût transcrit, et dès l'instant que cette condition aura été remplie, quelle qu'en soit l'époque, il sera vrai de dire qu'on a satisfait au vœu de la loi. C'est en vain que les créanciers inscrits objecteront qu'ils n'ont pas trouvé de trace de transcription sur les registres du conservateur, que le vendeur leur a laissé ignorer ses droits, et que s'ils eussent connu l'état des choses, ils n'auraient pas contracté avec l'acquéreur. Le vendeur trouvera toujours une réponse péremptoire dans le silence de la loi, dont le résultat nécessaire est qu'il jouisse de la faculté de se faire inscrire jusqu'au dernier moment (2). Et quel est ce dernier moment? c'est, comme on le verra tout à l'heure, la revente faite par l'acquéreur; car cette revente arrête les inscriptions.

Ainsi, tant que l'immeuble sera dans les mains

(1) Rennes, 21 août 1811 (Dalloz, Hyp., p. 107 et note 1). Besançon, 15 juillet 1822 (ibid.). Toulouse, 19 février 1823 (ibid.).

(2) *Suprà*, nᵒˢ 266 *bis*, 267. M. Tarrible, Répert., vᵒ Privilége, p. 144, col. 1, *in fine*. M. Mourre, réquisit. dans l'affaire Sapey, rapportée ci-dessus nᵒ 219. M. Grenier, t. 2, p. 203, alinéa 2.

de l'acquéreur, le vendeur aura le temps de faire
paraître son privilége; et son inscription ou la
transcription lui assureront un droit préférable
aux hypothèques inscrites auparavant. Mais dès
l'instant que l'acquéreur aura vendu l'immeuble,
il n'y aura plus d'inscription possible, et faute
d'inscription, les hypothèques qui auront été inscrites avant la revente, primeront le privilége.

Quelques cours ont décidé, cependant, que la
vente faite par l'acquéreur n'empêchait pas le vendeur de conserver sa préférence sur les créanciers
hypothécaires, si toutefois il faisait transcrire son
contrat (1). Mais cette opinion est insoutenable.
Les droits respectifs doivent rester tels qu'ils
étaient au moment de la revente. La transcription
arrivant trop tard pour imprimer le privilége sur
un immeuble qui en est désormais à l'abri, il est
clair que ce privilége ne pourra réagir sur le prix,
et produire son effet entre créanciers; car pour
que le prix soit affecté par le privilége, il faut que
ce privilége se détache de l'immeuble, plein et
complet. Or, ici il lui manquait une des conditions
de sa plénitude *entre créanciers*, la publicité (2).

(1) Grenoble, 8 février 1810, D. Hyp., p. 108 et 109,
note 1.

(2) Voy. *infrà*, n° 282. Ce qu'on verra *infrà*, n°ˢ 317 et
327 *bis*, est une exception fondée sur ce que les articles 2109
et 2111 du Code civil accordent aux co-partageans et aux légataires, qui demandent la séparation des patrimoines, un délai
de faveur qu'on ne peut leur enlever.

Ici la raison n'est plus la même. Il n'y a pas de temps précis
imparti au vendeur. Le délai pour inscrire n'est pas borné à

Revenons à l'état de choses que je signalais il n'y a qu'un instant, savoir, que le privilége promulgué en temps utile, produit un effet rétroactif et prime tous les hypothèques, quelle que soit la tardiveté de son apparition.

Quoi qu'en dise M. Tarrible, ce système est vraiment bizarre, et conduit à des conséquences toutes contraires à celles que le législateur a voulu obtenir. M. Cambacérès disait en effet, dans la discussion du conseil d'état : « Il est utile de » faire inscrire la créance du vendeur, AFIN QUE » CHACUN SACHE QUE L'IMMEUBLE EST GREVÉ, ET QU'IL » N'Y AIT PAS DE SURPRISE : quand la transcription » atteste que le prix n'a pas été payé en entier, » le public est suffisamment averti : ni les acqué- » reurs ni les prêteurs ne peuvent plus être trom- » pés. » — Comment donc a-t-on pu permettre au vendeur de laisser si long-temps son titre dans les ténèbres? Comment n'a-t-on pas vu qu'en l'autorisant à le faire sortir de l'obscurité, après des hypothèques stipulées et inscrites de bonne foi, la confiance était trompée par les promesses du législateur? Mieux valait ne rien promettre du tout (1).

son égard par une disposition expresse du législateur. Pour trouver cette limite, il faut recourir aux *principes généraux*. Au contraire, les art. 2109 et 2111 conduisent à une dérogation positive aux *principes généraux*.

(1) Voyez les observations que je fais à cet égard dans la préface. Remarquez que quand M. Cambacérès parlait ainsi, on ne s'était pas encore prononcé contre la transcription, comme moyen de transmettre la propriété à l'égard des tiers. Ce n'est qu'en discutant l'art. 2182 que le système de l'an 7 fut abandonné.

280. 2° Du cas où il y a eu revente par l'acquéreur, et du conflit entre le vendeur originaire
et les sous-acquéreurs.

D'après les principes du Code civil, tels qu'ils
ont été fixés par la jurisprudence après de grands
conflits d'arrêts, la vente seule arrêtait le cours
des inscriptions, et elle purgeait la propriété des
hypothèques et priviléges non inscrits, au moment
de la mutation. C'est ce que j'aurai occasion d'é-
tablir avec plus de développemens, en parlant de
la purgation des hypothèques et priviléges (1). La
transcription n'était nullement nécessaire, comme
par la loi de brumaire an 7, pour asseoir et dominer
le cour des inscriptions. Ainsi sous le Code civil,
et avant les modifications apportées par l'art. 834
du Code de procédure civile, il fallait que celui
qui avait une hypothèque ou un privilége s'in-
scrivît, pendant que l'immeuble était encore entre
les mains du débiteur. Sinon, l'aliénation faite
par ce dernier opérait le purgement de ces droits.

On supposait que celui qui avait acheté l'immeuble, ne s'était décidé à traiter avec son vendeur,
qu'en prenant pour point de départ les inscriptions
existantes lors de la vente. Quant à la transcription,
elle n'était, dans un pareil système, que le premier
acte pour parvenir à purger ce qui était inscrit (2).

_____

(1) *Infrà*, n°ᵒˢ 894 et suiv.

(2) M. Grenier, t. 2, p. 115 et suiv. Arrêts de la cour de
cassation des 13 décembre 1813, 12 juillet 1824 (Dalloz, Hyp.,
p. 88 et 106) et 22 février 1825 (D. 25, 1, 55). Paris, 22 décembre 1809. Dalloz, Hyp., p. 105, note 1.

Il suit de là que, si le vendeur originaire ne prenait pas inscription, pendant que l'immeuble était encore entre les mains du débiteur du prix de vente, s'il laissait aliéner l'immeuble sans inscription ni transcription, son privilége était éteint et purgé, soit que l'acte de revente eût été ou non transcrit. Ainsi le vendeur ne pouvait, au moyen d'inscriptions prises après la revente, inquiéter le sous-acquéreur qui, au moment de l'aliénation, n'avait pas trouvé d'inscriptions. C'est ce qui a été décidé d'une manière très-ponctuelle, par un arrêt de la cour de cassation, du 13 décembre 1813, remarquable par ses développemens, et par la force et l'enchaînement des raisonnemens (1). Je ne puis concevoir comment M. Grenier a pu dire qu'il est difficile de tirer de cet arrêt des conséquences précises sur la question dont il s'agit (2). Jamais arrêt n'a été plus formel, il résout la question *in terminis*, et l'on doit savoir gré à la cour suprême d'avoir présenté une théorie si complète.

Et puisque j'ai parlé de M. Grenier, je remarque que cet auteur est tombé dans une grande erreur, en décidant que, d'après le Code civil, le privilége du vendeur doit être considéré comme conservé, nonobstant toutes reventes ultérieures, et quoique le vendeur ne prenne inscription qu'après ces ventes. Comment M. Grenier peut-il accorder cette solution avec ce qu'il a enseigné en différens endroits de son ouvrage (3), savoir, que la vente

(1) Dalloz, Hyp., p. 88. Répert., t. 15, v₀ Transcription.
(2) T. 2, p. 204.
(3) T. 2, p. 117, 118, 119.

purge que les hypothèques et PRIVILÉGES non inscrits, lors de la mutation? Quand M. Grenier
avance que les cours, ou au moins un assez grand
nombre, l'ont ainsi décidé, ne s'aperçoit-il pas
qu'il s'appuie (1) de décisions qui, en supposant
qu'elles aient le sens qu'il leur prête, seraient directement contraires au principe, par lui avoué,
« *que la vente sous le Code civil, purgeait les privi-*
» *leges non inscrits?* »

M. Tarrible a examiné la question (2). Mais il
l'a envisagée sous l'influence de l'art. 814 du Code
de procédure civile, dont je vais parler à l'instant,
et ici mon but est de fixer l'état de la jurisprudence, d'après les principes purs du Code civil.

281. L'art. 834 du Code de procédure a apporté une innovation à ces principes, en dépouillant
la vente du droit de purger les hypothèques et priviléges *non inscrits*. Tous les créanciers privilégiés
ou hypothécaires non inscrits lors de l'aliénation
ont eu le droit de prendre inscription jusqu'à la
transcription, et même dans la quinzaine suivante.

Ainsi cet art. 834 du Code de procédure civile
est venu empirer à quelques égards (3) un système
déjà si infidèle à son point de départ; car si le
Code civil avait l'inconvénient de manquer à ses por-

(1) T. 2, p. 205.

(2) Transcript., § 3, p. 106, Répert.

(3) Je montre *infrà*, n° 900, que, sous d'autres rapports,
cette innovation a eu des avantages; par exemple, par rapport
aux hypothèques. Mais, en ce qui concerne les priviléges, elle
ne fait que rendre plus dure la condition des créanciers, et surtout des sous-acquéreurs.

messes à l'égard des créanciers hypothécaires de l'acquéreur, qu'on pouvait laisser dans l'ignorance des droits du vendeur, du moins n'en était-il pas de même à l'égard des sous-acquéreurs. Le privilége du vendeur, non inscrit lors de la vente, ne pouvait leur être opposé.

Mais, par l'art. 834 du Code de procédure civile, les sous-acquéreurs ont été mis dans la même position que les créanciers hypothécaires du débiteur. En effet, plusieurs ventes successives peuvent avoir lieu, sans qu'on les fasse transcrire; or la vente ne purge plus aujourd'hui ce qui n'est pas inscrit, et il faut que la transcription mette les créanciers en demeure de s'inscrire dans un délai de quinzaine; il suit de là que, si après quatre ou cinq ventes successives aucun acquéreur n'a songé à faire transcrire son contrat, le vendeur originaire pourra se montrer tout à coup, faire sortir son titre de l'obscurité, et inquiéter des sous-acquéreurs qui, cependant, n'ont contracté que dans la persuasion, fondée sur les promesses du législateur, que ce qu'ils achetaient était franc et libre. Ce n'est pas qu'en elle-même cette disposition me paraisse condamnable; elle est un hommage rendu au droit de propriété du vendeur non payé, droit que les sous-acquéreurs ont pu connaître, et qui ne doit pas être facilement paralysé, pour le seul intérêt de dispenser ces acquéreurs de lire leur actes (1). Mais il n'en est pas moins vrai que, dans le cadre où elle est placée, cette dispo-

(1) Voyez ce que j'ai dit à cet égard dans la préface.

sition forme disparate; elle donne un démenti pa-
tent aux paroles de M. Cambacérès; elle trompe
les acheteurs qui auraient pris au mot ce que les
rédacteurs du Code leur avaient annoncé.

282. L'art. 834, qui soumet les priviléges à la
règle de l'inscription dans la quinzaine de la transcription, ajoute « sans préjudice des autres droits
» résultant au vendeur et aux héritiers, des ar-
» ticles 2108 et 2109 du Code civil. »

Ceci demande explication. Que veulent dire
ces expressions « sans préjudice des droits résul-
» tant au vendeur, » de l'art. 2108 du Code civil
(je laisse de côté ce qui concerne le cohéritier,
j'en parlerai sous l'art 2109)? Quels sont ces droits
résultant au vendeur de l'art. 2108?

Je laisse parler M. Tarrible (1).

« Le droit attribué au privilége du vendeur,
» par l'art. 2108 du Code civil, consiste en ce que
» ce privilége est conservé par la transcription du
» titre d'aliénation, qui vaut inscription pour le
» vendeur. L'art. 834 du Code de procédure civile
» présuppose la transcription, puisque la date de
» celle-ci est le point de départ du délai de quin-
» zaine accordé pour s'inscrire. Et comme cette
» transcription vaut inscription pour le vendeur,
» il est évident que dans le cas d'une *vente unique*,
» le vendeur n'a nullement besoin de répéter son
» inscription dans le délai de quinzaine.
» ..... Mais nous avons prévu le cas où le dernier
» acquéreur (après plusieurs ventes successives)

(1) Transcription, p. 108, col. 2.

» pourrait se dispenser de transcrire le premier
» contrat de vente... N'y ayant point de tran-
» scription du premier contrat de vente, il n'y
» aurait point d'inscription réelle ni fictive du
» privilége du premier vendeur, et celui-ci serait
» sans doute tenu de se conformer à la disposi-
» tion de l'art. 834 du Code de procédure civile,
» c'est-à-dire d'inscrire dans la quinzaine de la
» transcription du second contrat de vente, afin
» de conserver son privilége (1). »

Tel est donc l'avantage auquel l'art. 834 du Code
de procédure fait allusion. C'est que lorsqu'il y a
transcription de l'acte de vente qui le concerne, le
vendeur n'a pas besoin de prendre inscription, et
que son privilége se trouve conservé de plein droit.

Je dois dire, cependant, que M. Delvincourt (2)
donne un tout autre sens à ces mots de l'art. 834,
« sans *préjudice*, etc. » Il prétend que l'art. 834
n'a entendu régler que le *droit de suite* et les moyens
de le conserver, mais qu'il n'a voulu rien innover
en ce qui concerne le *droit de préférence* entre
créanciers ; que par ces mots *sans préjudice des
autres droits*, le législateur a entendu réserver au
vendeur le droit de conserver son privilége *contre
les créanciers* par une transcription prise à une époque quelconque (3), pourvu qu'elle soit antérieure

(1) Voyez aussi M. Grenier, t. 2, p. 206, n° 377.
(2) T. 3, p. 281, notes.
(3) Je remarquerai ici que c'est à tort que M. Dalloz, Hyp.,
p. 99, n° 17, attribue à M. Tarrible l'opinion que le vendeur
peut s'inscrire utilement contre les *créanciers hypothécaires*,
lorsque la quinzaine de la transcription est écoulée. M. Tar-

à la clôture de l'ordre. La cour de Grenoble a adopté ce sentiment (1).

Cette opinion est erronée. Elle a été condamnée par arrêt de la cour de cassation du 12 juillet 1824 (2), et par arrêt de la cour de Paris du 16 mars 1816 (3); et, ce qu'il y a de plus décisif, c'est qu'elle est condamnée par les principes. En effet, M. Delvincourt convient que, par défaut d'inscription dans la quinzaine de la transcription, l'immeuble est purgé, et passe à l'acquéreur exempt du privilége du vendeur. Dès-lors, on se demande sur quoi le vendeur pourrait prendre inscription à l'effet de conserver, non plus son droit de suite, mais son droit de préférence. Ce n'est pas sur l'immeuble revendu, puisque désormais il est libre de tout droit non inscrit. Cependant, il ne peut y avoir d'inscription sans un immeuble qui lui serve d'assiette (4); et sans inscription, le vendeur ne

rible n'a parlé, dans la discussion citée par M. Dalloz, que *du cas où l'immeuble est resté dans les mains du premier acquéreur.* Or, dans ce cas, s'il y a eu transcription, elle vaut inscription pour le vendeur. S'il n'y en a pas eu, la question soulevée par M. Delvincourt ne se présente pas. Tout ce qu'a voulu prouver M. Tarrible (Privilége, § 5, n° 5), c'est que le vendeur n'est tenu de s'inscrire qu'au dernier moment; opinion dont je me suis appuyé moi-même, n° 289.

(1) Arrêt du 8 février 1810. Dalloz, Hyp., p. 108 et 109, note.

(2) Dalloz, Hyp., p. 105, 106.

(3) Idem, p. 104, note 1.

(4) Art. 2148, n° 5. Ce qu'on verra *infrà*, n°s 317 et 327, n'est qu'une *exception* pour des priviléges à qui la loi accorde des délais de faveur.

peut prétendre de préférence entre créanciers.

Dira-t-on qu'il fera transcrire le contrat, ce qui ne présentera pas la même difficulté que l'inscription. Mais la transcription *vaut inscription,* d'après notre article. Elle ne peut donc produire un effet que l'inscription serait incapable d'assurer. D'ailleurs, ici se représentent les raisons que j'ai données ci-dessus n° 279. Le privilége n'ayant pas été imprimé sur l'immeuble d'une manière complète, faute d'inscription ou de transcription en temps utile, il ne peut se reverser sur le prix qu'avec son imperfection. La transcription tardive serait insuffisante pour réparer ce qui lui manque : elle ne pourrait faire que ce privilége ait passé dans toute sa plénitude, par l'immeuble, avant d'arriver au prix, qui le représente (1).

Enfin, veut-on que l'art. 834 du Code de procédure civile n'ait dérogé au Code civil qu'en ce qui concerne le droit de suite. Eh bien ! l'on restera sous l'empire du système du Code, d'après lequel la revente purgeait, même à l'égard des créanciers, le droit du vendeur originaire non inscrit (2). Je ne vois pas ce qu'il gagnera à cela.

283. Concluons donc que lorsque le vendeur n'a pas fait transcrire son contrat, ou n'a pas pris inscription dans la quinzaine de la transcription, il perd son privilége, tant à l'égard des sous-acqué-

---

(1) Ceci n'a rien de contraire à ce que je dirai *infrà*, nᵒˢ 984 et suivans, sur la question de savoir si la femme qui a perdu le droit de suite peut avoir préférence entre créanciers.

(2) *Suprà*, n° 279.

I.   28

reurs que des créanciers hypothécaires. Il n'a plus
même l'avantage de devenir créancier hypothécaire. Car il ne serait plus à temps de prendre
inscription pour assurer son hypothèque. Enfin,
d'après l'art. 835 du Code de procédure civile, il
n'a plus le droit de surenchérir, et la perte du
droit de surenchérir ôte à l'hypothèque (de même
qu'au privilége) toute sa vigueur ; elle la prive
des moyens d'élever l'immeuble à sa vraie valeur,
et de toucher le prix (1). Une pareille hypothèque
retombe évidemment dans la classe des créances
chirographaires. Je reviendrai sur cette vérité, en
commentant l'article 2186 du Code civil.

284. J'ai fait connaître quels sont les délais dans
lesquels le privilége du vendeur doit être rendu
public. Je passe en ce moment aux autres difficultés que présente l'art. 2108 du Code civil.

Et d'abord, quel est l'acte de vente qui doit être
transcrit? On avait prétendu qu'en cas de plusieurs
ventes, la transcription d'un des contrats postérieurs suffisait pour conserver le privilége des vendeurs précédens.

Mais cette opinion est déraisonnable. Le privilége du vendeur ne se conserve que par la transcription du contrat dont il résulte, et non par
celle des contrats postérieurs. Car celui-là seul
donne publicité à la créance du vendeur. C'est ce
qui a été formellement décidé par un arrêt de la
cour de cassation, du 14 janvier 1818 (2), dans le
cas de plusieurs ventes successives : « Attendu

(1) Répert., Inscript. hyp., § 4, sect. 8, p. 218, col. 2.
(2) S. 18, 1, 360. Dalloz, Hyp., p. 306 et 307.

» qu'il est de règle, d'après l'art. 2108 du Code
» civil, que le privilége du vendeur non inscrit ne
» se conserve que par la transcription du contrat
» dont il résulte, et non par celle des contrats pos-
» térieurs.» C'est au surplus l'opinion commune (1).

285. Par qui l'acte de vente doit-il être transcrit? Régulièrement, c'est par l'acquéreur, qui
est supposé par la loi vouloir purger sa propriété.

Mais si l'acquéreur renonce à purger, rien n'empêche que le vendeur lui-même ne fasse faire la
transcription (2).

285 bis. Il peut même, dans le cas où la vente
ne serait pas transcrite, prendre une inscription
à sa requête; et cette inscription aurait, indépendamment de toute transcription, la force de conserver le privilége. Car, si l'art. 2108 fait ressortir
la publicité du privilége du vendeur, de la transcription, et garde le silence sur l'inscription,
c'est dans l'intérêt du vendeur, qu'on a voulu
affranchir de formalités surabondantes. Mais il
n'en est pas moins vrai qu'il peut se placer sous
l'empire du droit commun, et recourir à l'inscription, qui est le moyen ordinaire d'attacher la publicité à un droit hypothécaire ou privilégié. Ainsi
l'ont jugé deux arrêts de la cour de cassation, des
6 juillet 1807 et 7 mars 1811 (3), et un arrêt de
la cour de Rennes du 21 août 1811 (4).

(1) Delvincourt, t. 3, p. 383, notes. Persil, Quest., t. 1,
ch. 6. Grenier, t. 2, n° 377. Dalloz, Hyp., p. 97, col. 1.
(2) Dalloz, Hyp., p. 96, col. 2, n° 3.
(3) Dalloz, Hyp., p. 94, note 5, n° 5, et p. 102, col. 2.
(4) Idem, p. 107.

Il a même été décidé que le vendeur peut prendre inscription, quand même l'acte de vente serait sous seing privé (1). En effet, il résulte d'un avis du conseil d'état, du 12 floréal an 13 (2), que les actes de vente sous seing privé et *enregistrés* peuvent être présentés à la transcription, quand même les signatures ne seraient pas reconnues. Or, la transcription de cet acte sous seing privé eût conservé le privilége du vendeur. Donc le vendeur a pu le conserver aussi en prenant, en vertu de ce même acte, une mesure équipollente à la transcription, je veux dire l'inscription (3).

286. Parlons maintenant de l'inscription d'office que la loi charge le conservateur des hypothèques de prendre, lorsque l'acte de vente est porté à sa connaissance par la transcription.

Cette inscription n'est pas indispensable, puisque la transcription seule vaut inscription au profit du vendeur. C'est une mesure d'ordre qui a été prescrite dans l'intérêt des tiers par l'art. 2108, sur la proposition de M. Jolivet, afin que le registre des inscriptions fût complet. Mais l'omission de la formalité ne peut nuire au privilége du vendeur. Seulement, s'il en est résulté quelque dommage pour les tiers, que l'état incomplet du registre a induits en erreur, le conservateur est tenu de les indemniser (4).

(1) Arrêt précité du 6 juillet 1807. Dalloz, Hyp. p. 94.
(2) Voyez-en le texte dans Dalloz. V. Hyp., p. 97, note 1.
(3) Delvincourt, t. 2, p. 283, notes. Grenier, t. 2, n° 386.
(4) Delvincourt, t. 3, p. 285, notes. Persil, art. 2108, n°13. Dalloz, Hyp., p. 92, n°s 12 et suiv.

Notez que notre article ne fixe pas un délai pour que le conservateur prenne inscription. C'est probablement que le législateur a entendu que le conservateur prendrait inscription aussitôt après la transcription (1).

Au surplus, je ferai observer que le tiers qui, voulant s'assurer de la position de son débiteur, n'aurait consulté que le registre des inscriptions, sans consulter aussi le registre des transcriptions, aurait fait une faute de nature à diminuer beaucoup la responsabilité du conservateur, en cas que celui-ci eût omis l'inscription d'office du vendeur. C'est, en effet, par le registre des transcriptions que les tiers, qui veulent se ménager un droit sur l'immeuble, peuvent savoir si les inscriptions dont il est chargé au compte du possesseur actuel ont été ou non prises dans le délai de quinzaine, si elles ne sont pas tardives, etc. Le registre des transcriptions est donc toujours là pour faire connaître le droit du vendeur, que le registre des inscriptions n'annoncerait pas, par la faute du conservateur. Il sera donc très-rare que l'omission de ce fonctionnaire cause à la partie un dommage *irréparable* (2).

286 *bis*. D'après un avis du conseil d'état du 22 janvier 1808 (3), l'inscription d'office doit être

_____

(1) Persil, Comm., art. 2108, n° 19. Dalloz, Hyp., p. 98, n° 14.

(2) Voyez *infrà*, n° 1001.

(3) Voyez-le [dans Dalloz, Hyp., p. 100, note 1, et dans le Code de Paillet, p. 551.

renouvelée dans les dix ans (1). Ce renouvellement doit être requis par le créancier. Car le conservateur ignore, au bout de dix ans, si la créance
du vendeur est ou non soldée. Il lui serait d'ailleurs
impossible de tenir note de toutes les ventes qu'il
aurait transcrites, pour veiller chaque jour à ce
que chaque inscription d'office fût renouvelée à
son terme.

Le renouvellement devrait avoir lieu quand
même le conservateur aurait négligé de prendre
originairement inscription d'office, et quand même
le privilége du vendeur n'aurait été conservé que
par la transcription. La transcription ne vaut en
effet *que comme inscription*, et elle vaudrait davantage si le bénéfice qu'elle procure n'était pas soumis à la prescription de dix ans. (2).

286 *ter*. Faute d'opérer ce renouvellement, le
vendeur se trouverait évidemment réduit à la condition de celui dont le titre n'aurait jamais été
transcrit, ou dont le privilége ne se serait jamais
produit par l'inscription. Il ne pourrait s'inscrire
à nouveau, après les dix ans expirés, que si l'immeuble était dans les mêmes mains, ou si, ayant
été aliéné, la quinzaine de la transcription n'était
pas encore écoulée. Dans l'un et l'autre cas, le privilége se trouverait intact au moyen de l'inscription. En effet, le vendeur serait de même condi-

(1) Art. 2154 du Code civil. *Infrà*, n° 716. Bruxelles,
16 avril 1823. Dalloz, Hyp., p. 109, note. Cassat., 27 avril
1826, l. D. 26, 1, 233.

(2) Art. 2154. Toulouse, 23 mars 1829, D. 30, 2, 112.

tion que celui qui, ne s'étant jamais inscrit, conserve son privilége en s'inscrivant pour la première fois, pendant la quinzaine de la transcription. C'est ce qu'a jugé la cour de Paris dans l'espèce suivante : Drouet vend une maison à Perrée; 27 septembre 1803, transcription et inscription d'office; 10 février 1814, c'est-à-dire plus de dix ans après cette inscription, qui n'avait pas été renouvelée, revente par Perrée à Raffard. Le 16 février, transcription de cette seconde vente, et le 20, inscription nouvelle prise par Drouet.

Les créanciers hypothécaires de Perrée prétendent que, l'inscription du vendeur n'ayant pas été renouvelée dans les dix ans, conformément à l'avis du conseil d'état du 22 janvier 1808, son privilége a dégénéré en hypothèque, d'après l'art. 2113 du Code civil.

C'était mal comprendre et mal appliquer ce dernier article. Nulle déchéance n'était encourue par le vendeur. Car, en le traitant à la rigueur, on ne pouvait que le placer dans la classe d'un vendeur n'ayant pas encore inscrit, attendu que le non-renouvellement de l'inscription était ici absolument équipollent au défaut d'inscription. Or tout vendeur qui n'a pas encore inscrit est admis à le faire dans la quinzaine de la transcription, et il prime tous les créanciers hypothécaires antérieurs. Donc, dans l'espèce, le vendeur, ayant inscrit dans la quinzaine de la transcription, devait conserver son rang.

C'est ce qui fut jugé par arrêt de la cour de

Paris, du 24 mars 1817, portant infirmation de la sentence du premier juge (1).

Mais si l'immeuble avait été aliéné, et que le vendeur n'eût pas renouvelé son inscription dans la quinzaine de la transcription, il perdrait son droit, d'après ce que j'ai dit ci-dessus (2). C'est ce qu'a jugé un arrêt de la section des requêtes du 27 avril 1826 (3). Dans l'espèce de cette décision, les conjoints *Pasquier*, vendeurs originaires, avaient assuré en 1808 leur privilége par la transcription, suivie d'inscription d'office. En 1819, *Pierrot*, acquéreur, revendit à la veuve *Puille*, qui fit transcrire. Dix ans s'étaient écoulés depuis la vente originaire, et depuis l'inscription d'office prise au profit des conjoints *Pasquier*. Ces derniers négligèrent de renouveler leur inscription dans la quinzaine de la transcription faite par la veuve *Puille*. Sur la demande de leur représentant d'être admis à titre de privilége, il fut jugé par la cour d'Amiens que le privilége était éteint, et la cour de cassation rejeta le pourvoi contre cette décision.

Mais la perte du privilége serait-elle encourue, si l'inscription, subsistant encore au moment de l'aliénation, ne tombait en péremption que quel-

(1) Dalloz, Hyp., p. 108, 109 et 110. Voyez aussi Persil, Quest., ch. 6, § 7. Favard, Privilége, sect. 4, n° 6. Dans le même sens autre arrêt de la cour de Paris du 20 février 1834 (Sirey, 34, 2, 160. Dalloz, 34, 2, 132).

(2) Nos 281, 282, 283.

(3) Dalloz, 26, 1, 234.

que temps après? Par exemple, Pierre, vendeur, prend inscription le 1ᵉʳ janvier 1810. Avant l'expiration des dix ans, c'est-à-dire en 1819, l'acquéreur revend l'immeuble soumis au privilége. Il est clair que le sous-acquéreur (qui du reste fait transcrire), a reçu l'immeuble grevé du privilége du vendeur originaire. Mais bientôt, dix ans s'écoulent, et Pierre ne renouvelle pas son inscription dans les délais; il ne songe à prendre une autre inscription qu'en 1821. On demande si cette inscription lui conservera son privilége avec effet rétroactif, au jour de la vente originaire, ou bien si les créanciers du sous-acquéreur, qui ont traité sur la foi de la péremption de son inscription, pourront lui contester son rang.

Cette question n'est pas sans difficulté (1). Ce qui doit cependant en fixer la solution, c'est que la péremption de l'inscription remet les choses au même point que si jamais il n'y avait eu d'inscription; or quand il y a eu revente (comme dans l'espèce), et que le privilége n'était pas inscrit, il faut nécessairement qu'il se produise dans la quinzaine de la transcription, sans quoi l'immeuble est définitivement affranchi. Ceci posé, il est certain que le vendeur, ayant laissé périmer son inscription, s'est assimilé à ceux qui n'ont jamais inscrit; que par conséquent, le renouvellement de son inscription n'ayant pas eu lieu dans la quinzaine de la transcription, cette inscription ne peut plus affecter l'immeuble.

(1) V. *infrà*, n° 716 *bis* une question analogue.

287. J'ai dit tout à l'heure qu'une vente sous seing privé pouvait et devait être présentée à la transcription. On doit de même transcrire tout contrat quelconque qui tient de la nature de la vente, et peut donner lieu à un privilége en faveur du cédant; telle est la vente faite moyennant une rente annuelle, le contrat d'échange dans lequel est stipulé un retour en argent, etc. (1).

Dans tous ces cas aussi, le conservateur est obligé de prendre une inscription d'office (2).

288. Pour ce qui concerne le créancier délégué dans le contrat de vente pour toucher le paiement, je renvoie à ce que je dirai en m'occupant de l'art. 2112.

189. Notre article appelle le prêteur de deniers pour achat d'un immeuble, à jouir du bénéfice de la conservation du privilége par le seul effet de la transcription, lorsque le prêteur a été *subrogé aux droits du vendeur par le même contrat*. Ces dernières expressions de notre article doivent être coordonnées avec l'art. 2103, n° 2. Dès-lors elles ne signifient pas que la transcription faite par l'acquéreur ne profite au prêteur pour achat que lorsque celui-ci s'est fait subroger au vendeur par l'acte de vente; il suffit que, même par des actes séparés, la destination et l'emploi soient prouvés. A la vérité, dans ce dernier cas, la transcription du contrat de vente ne mentionnera pas le prêteur; le nom de celui-ci ne figurera pas sur les registres,

(1) *Suprà*, n°⁰ 215 et suiv.
(2) Grenier, t. 2, n° 387.

et le conservateur des hypothèques ne pourra prendre pour lui une inscription d'office. Mais n'importe. Le prêteur, étant par le fait subrogé aux droits du vendeur, est également subrogé au bénéfice qui résulte pour lui de la transcription (1).

Au surplus, le prêteur de deniers peut prendre une inscription en vertu des actes constatant la destination et l'emploi. Il jouit des même droits que le vendeur (2).

Mais que doit contenir l'inscription?

Je n'ai pas à m'occuper ici des formes de l'inscription; je renvoie pour cet objet à mon commentaire sur l'art. 2148.

289 *bis.* La transcription du contrat ne conserve le privilége que jusqu'à concurrence des sommes qui y sont indiquées comme n'étant pas encore soldées. C'est ce qui résulte de ces expressions de notre article : « *et qui constate que la totalité ou par-* » *tie du prix lui est due,* » d'où il suit que, si le contrat portait quittance, bien que cette clause fût détruite par un autre acte, le vendeur ne serait pas fondé à réclamer de privilége.

Toutefois, il en serait autrement si l'acte dérogatoire à l'acte de vente était transcrit en même temps. Alors il devrait être considéré comme formant un appendice à l'acte de vente, et la publicité qui lui aurait été donnée par connexité avec le contrat, aurait fait connaître aux tiers la véritable

(1) Tarrible, Rép., Privilége, p. 41, col. 2, et p. 46, n° 9.
(2) Grenier, t. 2, 235.

position des parties, de manière qu'ils ne pourraient se plaindre (1).

ARTICLE 2109.

Le cohéritier ou co-partageant conserve son privilége sur les biens de chaque lot ou sur le bien licité pour les soulte et retour du lot, ou pour le prix de la licitation, par l'inscription faite à sa diligence dans soixante jours, à dater de l'acte de partage ou de l'adjudication par licitation, durant lequel temps aucune hypothèque ne peut avoir lieu sur le bien chargé de soulte ou adjugé par licitation au préjudice du créancier de la soulte ou du prix.

SOMMAIRE.

290. Nécessité de l'inscription du privilége.
291. Toutes les causes énoncées dans l'article 2109 imposent l'obligation d'inscrire. De l'assimilation qu'on pourrait faire du privilége du vendeur à celui du cohéritier créancier pour prix d'un immeuble licité. Distinction.
292. L'inscription peut être prise en vertu d'un acte sous seing privé.
293. Le délai pour inscrire est soixante jours, à dater de l'acte de partage ou de l'adjudication sur licitation. Computation de ce délai. Le jour *à quo* y est-il compris? Discussion.
294. Le jour *à quo* était compris dans le terme chez les Romains.

(1) Cassat., 4 décembre 1823. Dalloz, Hyp., p. 96, no 2, et p. 101.

COMMENTAIRE.

290. Après avoir établi en faveur du vendeur une exception au mode ordinaire de rendre publics les priviléges ou hypothèques, le Code rentre dans le droit commun en soumettant le cohéritier ou co-partageant à la formalité de l'inscription, et en lui ordonnant de prendre lui-même cette inscription. Ainsi, la transcription que l'un des co-partageans ferait de l'acte contenant partage avec stipulation de retour de lot, ne conserverait pas le **privilége de ceux à qui il devrait payer ce retour**

de lot. Il faudrait que les créanciers eussent pris une inscription à leur requête.

291. Le cohéritier ou co-partageant est obligé de prendre inscription pour la conservation de chacune des causes énoncées dans notre article, c'est-à-dire pour soulte ou retour de lot, et pour le prix de la licitation.

Mais notre article ne parle pas de la garantie en cas d'éviction, des dettes payées par un co-partageant à la décharge de l'autre, et autres causes énumérées dans notre commentaire sur l'art. 2103, n° 3 (1).

C'est une omission, comme on en trouve beaucoup dans le texte des lois. Mais notre article doit être éclairé par l'art. 2103; et ce qu'il ordonne pour prix de licitation et pour retour de lot doit être étendu à tous les cas compris dans l'article 2103 (2).

La cour de Liége a cependant décidé le contraire par arrêt du 9 mars 1818 (3), dans une espèce où il s'agissait de régler l'inscription d'un co-partageant réclamant privilége pour garantie des créances mises à sa charge par l'acte de partage; cette cour a pensé que le délai de soixante jours, prescrit par notre article, n'était pas applicable, et que le co-partageant pouvait s'inscrire long-temps après ce délai, et primer les créanciers hypothécaires intermédiaires.

(1) V. n° 239.
(2) Persil, art. 2109. Dalloz, Hyp., p, 110, n° 2.
(3) Dalloz, *loc. cit.*

M. Delvincourt enseigne une opinion semblable (1), et il veut que, dans le prétendu silence de
l'art. 2109, on recoure à la disposition plus large
de l'art. 2108.

Mais d'abord le partage est un contrat distinct
de la vente (2), et je ne vois pas pourquoi les principes relatifs à l'inscription du privilége du vendeur,
devraient être appliqués de préférence à ceux que
le Code a embrassés pour les partages eux-mêmes.

De plus, si l'art. 2109 garde le silence sur l'inscription du privilége pour garantie de lots, l'article 2108 n'est pas moins silencieux. Pourquoi donc
donner la préférence à l'un plutôt qu'à l'autre?

Dans le doute, l'art. 2109 doit prévaloir : 1° il
est le droit commun en matière de partage; 2° l'article 2108 crée en faveur du vendeur des exceptions tellement exorbitantes, qu'elles doivent être
plutôt restreintes qu'étendues (3).

Une autre difficulté se présente. Ne pourrait-on
pas dire que, lorsqu'un des co-partageans est créancier pour prix ou portion du prix d'un des immeubles de la succession adjugé par licitation, son
privilége doit être plutôt considéré comme un privilége de vente que comme un privilége de partage,
et que dès-lors il conserve ses droits par la transcription faite par l'adjudicataire et par l'inscription prise d'office par le conservateur?

Pour lever l'objection, il faut distinguer deux

(1) T. 2, p, 153, notes.
(2) *Suprà*, n° 240.
(3) Dalloz, *loc. cit.*

cas : ou l'immeuble licité a été adjugé à l'un des cohéritiers, ou il a été adjugé à un étranger.

Au premier cas, il s'agit plutôt d'un acte de partage que d'une vente, et il faut s'en tenir strictement aux dispositions de notre article, sans quoi le privilége s'évanouirait.

Au second cas, il s'agit d'une vente pure et simple, et ce n'est plus un privilége de partage qu'ont les créanciers du prix. Ils sont vraiment créanciers pour prix de vente, et ce sont les principes de la vente que l'on doit appliquer (1).

292. L'inscription peut être prise en vertu d'un acte de partage sous seing privé. Car, d'après l'article 819 du Code civil, lorsque les parties sont majeures, le partage peut être rédigé par acte sous seing privé comme par acte authentique. Il suffit qu'il soit enregistré pour qu'il puisse être présenté au bureau de la conservation (2).

293. D'après notre article, l'inscription doit être prise dans soixante jours, à dater de l'acte de partage, ou de l'adjudication par licitation.

Il est important de ne pas se tromper sur le calcul des jours accordés par la loi, pour prendre cette inscription.

D'abord, puisque c'est dans les soixante jours que l'inscription doit être formalisée, il s'ensuit que le dernier jour doit être inclus dans le terme. *Dies termini computatur in termino.*

(1) M. Grenier, t. 2, n° 401.
(2) M. Tarrible, p. 45, col. 1 et 2, v° Privilége.

I.   29

Mais le jour où a été signé l'acte de partage est-il compris dans le terme?

Les auteurs ont été long-temps partagés sur la question de savoir si le jour *à quo* est compris dans le terme, et, quoiqu'il semble que les doutes dussent être levés, néanmoins cette question est encore discutée (1).

294. D'après le droit romain, je crois qu'il est vrai de dire que le jour *à quo* était compris dans le terme. Plusieurs lois se présentent à l'appui de cette proposition. Je vais analyser les principales.

Par le droit romain, la manière de compter les jours variait suivant les circonstances. Tantôt, on en faisait la supputation *de momento ad momentum,* comme lorsqu'il s'agissait de calculer la fin de la minorité. Ainsi dit la loi 3, § 3, D. *de minorib.* (2) : «Voyons si nous pouvons appeler mineur celui qui est à la fin de sa 25ᵉ année, mais cependant avant que l'heure correspondante à celle de sa naissance ne soit arrivée. Car s'il est encore mineur, et qu'il ait souscrit une obligation, il aura le bénéfice de la restitution en entier. Il faut répondre que le temps se calcule *de momento ad momentum,* et qu'il est encore mineur. »

Évidemment le résultat de calcul était de comprendre dans le jour *à quo* toutes les heures écoulées depuis le moment de sa naissance.

Tantôt le calcul ne se faisait pas *de momento ad momentum;* mais, au lieu d'attendre l'heure pré-

(1) V. mon comment. *de la Prescription,* art. 2260 et 2261.
(2) Pothier, Pand., t. 1, p. 139, no 2.

cise, on regardait le jour comme accompli du moment qu'il était commencé. C'est ce qui avait lieu dans l'usucapion. « In usucapione ità servatur, ut » etiam si minimo momento novissimi diei possessa » sit res, nihilominùs repleatur usucapio; nec totus » dies exigitur ad implendum constitutum tempus (1). »

Alors, d'après la loi 7 D. *de usurpat. et usucapione* (2), celui qui avait commencé à posséder le premier janvier à midi, et qui possédait encore à la première heure du jour du 31 décembre, avait acquis l'usucapion.

On voit que ces deux dernières lois avaient principalement pour objet de régler ce qui était relatif au dernier jour du terme. Mais il n'en est pas moins vrai qu'il résulte nécessairement de ces décisions que le 31 décembre ne serait pas le dernier jour de l'année, si l'on n'y comptait le premier janvier tout entier, jour du commencement de la possession. Ainsi voilà un cas où le jour *à quo* est compris *dans le délai* pour le total.

La loi 132 D. *de verbor. significat.*, donne un nouvel exemple qui confirme le précédent.

« Anniculus amittitur, qui extremo anni die » moritur, et consuetudo loquendi id ità esse de- » clarat; *ante* diem decimum kalendarum, *post* » diem decimum kalendarum : neque utro enim » sermone undecim dies significantur. »

(1) L. 15, D. *De diversis et temp. præscript.* Pand. de Pothier, t. 3, p. 140, no 34.
(2) Pand., *loc. cit.*

Quel est le sens de cette loi? Le voici d'après Pothier (1).

« Sensus est : si quis ipso kalendarum die ità » loquatur, *ante diem decimum hoc factum est, vel* » *post diem decimum id fiat, neutro sermone undecim* » *dies significantur*, sed decem tantùm : scilicet, » computatis in hoc dierum numero kalendis » ipsis, *quamvis dies ille kalendarum quo quis* » *loquitur* jàm cœptus sit. Ergò pariter, rectè » quis dicitur anniculus fuisse seu 365 diebus » vixisse, qui die ipso trecentesimo sexagesimo » quinto vixit; quamvis eo die nundùm exacto » sit mortuus. Neque enim de momento ad mo- » mentum computamus, et dies mortis, totus vitæ » imputatur. »

Cette interprétation est basée sur le principe que l'auteur semble reconnaître comme évident, que lorsqu'on ne calcule pas de *momento ad momentum* (comme dans le premier exemple), le jour *à quo*, quoique commencé, doit être imputé en entier dans ce délai.

On peut aussi consulter Cujas dans ses récitations solennelles sur le D. t. *de verbor signif.* Pothier n'a fait que suivre son interprétation.

Enfin la loi 133 au D. *de verbor. significat.* (2) porte ce qui suit : « Si quis dixerit ut *intra* diem » mortis ejus aliquid fiat, ipse quoque dies quo » quis mortuus est, numeratur. »

Si un testateur ordonne que quelque chose soit

---

(1) Pand., t. 3, p. 644, no 26, note *a*.
(2) Pothier, Pand., t. 3, p. 666, n° 118.

faite dans un certain nombre de jours, à compter
de sa mort, *le jour de la mort est compris dans le
délai* (1).

Ces quatre lois prouvent bien clairement que
dans les cas qu'elles prévoient, le jour *à quo* est
compris dans le terme.

Il y a plus, c'est que dans le droit romain on
ne trouve aucune décision qui l'en exclue dans
quelques circonstances que ce soit.

A la vérité, quelques auteurs, et notamment la
glose, se sont appuyés sur la loi 101 *de regulis juris*
pour prouver que le jour *à quo* n'est pas compris
dans le terme. Mais ils ont donné à ce texte une
fausse interprétation.

« Ubi lex duorum mensium fecit mentionem,
» et qui sexagesimo primo die venerit, audiendus
» est. Ità enim et imperator noster Antoninus cum
» divo patre suo rescripsit. »

Mais pour quelle raison, lorsque la loi accorde
un délai de deux mois, le soixante-et-unième jour
est-il encore utile? Ce n'est nullement parce que le
jour *à quo* ne doit pas être compris dans le délai.
C'est par la raison que, les mois étant tantôt de
trente jours et tantôt de trente-un, il a paru favorable d'étendre à soixante-un jours le terme de

---

(1) Croira-t-on que cette loi a été traduite de la manière
suivante par Hulot : « Si quelqu'un a stipulé d'un autre qu'il
» ferait telle chose avant sa mort, le jour même où il meurt
» compte encore pour faire ce qu'il a promis!!!»

On voit par là combien il est dangereux de se fier aux tra-
ducteurs!!

Voyez Cujas, sur la loi 133, *De verb. signif.*

deux mois. Telle est l'interprétation donnée par Pothier en ses Pandectes (1).

Il faut même remarquer que dans les textes grecs, on ne trouve pas les mots *primo die*, mais seulement *sexagesimo*, et Cujas trouve que cette leçon s'accorde mieux avec la loi 3o D. *de adulteriis* (2).

295. C'était néanmoins une question extrêmement controversée parmi les interprètes du droit romain, que de savoir si l'on devait comprendre dans le délai le jour *à quo*.

Tiraqueau, qui l'a examinée dans son Traité du retrait lignager (3), et qui l'appelle « *controversiosissima controversia* (4), compte vingt docteurs, y compris la glose, pour l'opinion que le jour *à quo* ne doit pas être imputé dans le terme.

Mais le nombre de ceux qui tenaient l'opinion contraire n'était pas moins considérable, d'après l'énumération qu'en fait le même auteur (5).

Néanmoins, il faut dire que si la première opinion avait contre elle les textes du droit, elle avait en sa faveur l'usage constant; car il est certain qu'à force de distinctions et de limitations, on était parvenu, dans la pratique, à éluder l'application des lois romaines ci-dessus citées, et à les reléguer dans la classe des cas particuliers. C'est ce que sont

(1) T. 3, p. 7o1, n° 17.
(2) Récit. solennelles sur le titre de *De reg. juris*.
(3) § 1, glose xi, n°ˢ 17 et suiv.
(4) *Loc. cit.*, n° 61.
(5) N° 20.

forcés de reconnaître Fulgosius, Balde, Alexandre, Philippe Dèce, qui cependant cherchaient à plaider la cause des principes contre la routine, mais qui n'en attestaient pas moins ce fait, que, d'après une coutume générale, on avait abandonné la véritable règle du droit romain (1).

Dumoulin lui-même, si entier dans ses opinions, Dumoulin n'hésitait pas à s'incliner devant l'usage, quoiqu'il le reconnût contraire aux principes du droit.

« Pro brevi resolutione adverte, dit-il (2), quòd, » quamvis jure regulariter tempus statim currat de » momento ad momentum, tamen de consuetudine » communiter observatur quòd dies à quo praefigi- » tur terminus non computetur in termino, ut » tradit Baldus in l. eos, §sin autem, c. de appellat., » Alexander in l. si quis cautio in jud. sist., Guido » Papa in decis. delphin. 270, Philip. Dec. in cap. » super eod. 2 gloss. fin. de appellat., et ità semper » vidi communiter observari tam in praefecturâ pa- » risiensi (le Châtelet) quàm in hoc supremo se- » natu, sive terminus esset concessus à lege... sive » terminus sit concessus ab judice.

» Sed adverte, quod ista consuetudo et obser- » vantia et interpretatio indè resultans, habet locum » in dubio, et quando non est aliàs praefixum cer- » tum principium cursui temporis. »

On peut encore voir au § 7 un autre cas où Dumoulin croit devoir renoncer aux routes tracées

---

(1) Tiraqueau, De retractu gentil., loc. cit., n° 22.
(2) Cout. de Paris, des Fiefs, § x, n° 2.

par le droit civil, pour suivre la maxime, dès-lors
consacrée par l'usage et par la jurisprudence, que
dies à quo non computetur in termino.

Tiraqueau (1) fléchit aussi devant l'usage et professe la même doctrine que Dumoulin. Ego prio-
» rem partem sequendam esse potius arbitror (c'est-
» à-dire que le jour *à quo* est exclu), tum quia de
» consuetudine solet observari, tum quia in hoc du-
» bio æquiorem ac benigniorem partem sequi debe-
» mus. Benignius autem et æquius est ne quis, unius
» diei lapsu, excludatur à jure sibi competente. »

Les auteurs plus modernes enseignent la même
doctrine. Corvinus, après avoir cité Tiraqueau et
Trentacinquis (2), estime que l'on doit suivre l'o-
pinion de ceux qui veulent que le jour du terme
soit exclu, et il déclare d'après Mysingerius (3),
que cette pratique est suivie à la chambre impé-
riale, *in camerâ imperiali* (4).

Voët professe la même doctrine (5), « Si intrà
» triduum, verbi gratiâ, ex quo quid factum ges-
» tumve fuerit, jubeatur quis... aliquid agere, ve-
» rius est ipsum illum diem quo quid gestum est,
» aut quo decretum dilationis interpositum fuit,
» non esse commemorandum, sed præter illum
» diem, tres alios, arbitrio ejus qui dilationem im-
» petravit, relictos esse. »

(1) *Loc. cit.*, n° 22.
(2) Trentacinquis a composé plusieurs livres de *solutions pratiques.*
(3) 5 obs. 15.
(4) *Cod. de dilat.*, lib. 3, t. 11.
(5) *Ad Pand. de feriis et dilat.*, n° 14.

Même opinion dans Mornac (1), Brillon (2), Ranchin (3), Despeisses (4), etc.

Cet usage était si général, que le droit canonique en suppose l'existence ; car on voit que le pape Grégoire IX, dans une décrétale de l'an 1230 (5), reconnaît la coutume d'intenter, dans l'an et jour du contrat, une action annale. Comme le fait remarquer Tiraqueau (6), ce jour n'est évidemment ajouté à l'année que pour lever les doutes sur la question *an dies à quo computatur in termino*, maintenir la force de l'usage, et le faire prévaloir contre les docteurs qui dans l'école disputaient contre lui.

C'est aussi dans le même but que la coutume de Paris, art. 129, donnait l'*an et jour* pour exercer l'action en retrait lignager. Tiraqueau (7) et Brodeau (8) disent que la coutume avait ajouté le jour à l'an « pour signifier *seulement que l'an fût entier,* » *sans y comprendre le jour auquel on commençait à* » *compter.* » Et en effet, par ce tempérament, les deux opinions contraires se trouvaient conciliées. Ceux qui voulaient que, d'après les vrais principes, le jour du contrat fût compris dans le délai, étaient satisfaits, puisque dans le calcul de l'an et jour on

(1) Sur la loi 1, D. *si quis caution.*
(2) Voy. Délai.
(3) Quest. 272.
(4) Ordre jud., t. 1, n° 33.
(5) Décret. Greg., *De in integ. rest.,* cap. 8, p. 183.
(6) N° 64.
(7) N° 61.
(8) Cout. de Paris, art. 129, n° 13.

devait comprendre le jour de la vente. De leur côté, ceux qui voulaient que le jour *à quo* fût exclu du délai, obtenaient en réalité ce qu'ils désiraient, puisque, au moyen de l'addition d'un jour, c'était comme si, l'an étant donné purement et simplement, on commençait à compter du lendemain de la vente (1). Du reste, il est clair que la coutume voulait que l'usage l'emportât sur le droit: ainsi, c'était se conformer à son esprit que d'exclure, même dans les cas non exprimés, le jour servant de point de départ au délai. C'est ce qu'a fait Dumoulin dans les textes que j'ai cités ci-dessus.

Du reste, toutes les coutumes n'avaient pas été aussi soigneuses que celles de Paris pour éluder la question. Plusieurs n'accordaient *qu'un an, à compter du jour de la vente.* Néanmoins, le parlement de Paris jugeait comme si elles eussent accordé l'an et jour. Car il avait soin d'exclure du délai le jour du contrat, comme on le voit par les arrêts des 3 mars 1570, 2 avril 1573, 23 septembre 1578, rapporté par Charondas (2).

Ainsi, aux yeux du parlement, l'année accordée sans fraction pour exercer le retrait, devait être calculée en excluant le jour *à quo*, de manière que le retrayant avait un délai égal à celui qu'accordaient les coutumes qui donnaient l'an et jour.

(1) V. Chopin, Anjou, liv. 3, ch. 3, n₀ 11. Pithou, Troyes, art. 114. Ferrières, Paris, art. 129, glos. 6, n° 3. Pothier, Orléans, art. 363.

(2) Sur Paris, art. 130. Voyez aussi Pothier, Orléans, *loc. cit.*, n° 6.

Un arrêt du 23 mars 1656, rendu sur les conclusions conformes de M. Talon, avocat-général, a
jugé la question dans le même sens, dans un cas
où, d'après la coutume de Berry, le retrait devait
être exercé *dans les soixante jours à compter
du jour de la vendition*. On trouve le résumé des
conclusions de M. Talon dans le Journal des au-
diences (1).

« La question de cette cause aboutit à savoir si
» le jour du terme est compris dans le terme : en
» quoi il y a peu de difficulté, d'autant qu'encore
» que la jurisprudence ait changé, néanmoins, il
» est constant qu'elle a été résolue par la différence
» du terme *à quo*, et du terme *ad quem* : parce qu'à
» l'égard du premier, tous les docteurs sont conve-
» nus en ce point que la particule *du*, qui répond
» à la particule *à*, est exclusive du jour du terme.
» Mais à l'égard du jour *ad quem*, ils sont tous de-
» meurés d'accord qu'il faisait partie du terme. »

En ce qui concerne les actes de procédure, on
avait été plus loin. On sait que l'ordonnance de
1667 excluait des délais le jour *à quo* et le jour *ad
quem*(2).

Tel était donc l'état des choses, et l'on voit que
les auteurs étaient devenus à peu près unanimes
sur la question.

Mais cette loi de l'usage avait principalement
lieu lorsque le législateur ou le juge se servaient

(1) T. 1, p. 660.
(2) Jousse, ord. de 1667, t. 3, art. 6. Répert., t. 15.
V° Appel, p, 18, col. 1.

d'expressions exclusives et séparatives, pour fixer le point de départ du délai. Ainsi, lorsqu'il était dit, *ea res fiet intra annum post dies contractûs*, nul doute que le jour du contrat ne fût exclu; les docteurs attribuaient le même sens exclusif et séparatif aux particules *à*, *abs*, comme par exemple: *sexaginta dies à die*, ou *abs die contractûs*. Alors le jour du contrat n'était pas compté, et l'opinion commune était de donner à ces particules la même signification qu'à la préposition *post* (1).

Et je dois dire que l'opinion de Tiraqueau a ici d'autant plus de poids, qu'il ne tient pas ce langage comme une conséquence de la règle par lui admise, *que le jour à quo est exclu de droit;* car il raisonne dans l'hypothèse où l'on devrait tenir pour constant *qu'il est inclus de droit;* et alors, il fait remarquer qu'il faudrait faire une exception pour le cas où ces expressions *à*, *ab*, sont employées; car de leur nature elles sont *exclusives*.

Quant à la particule *ex,* la plupart des jurisconsultes l'assimilaient aux prépositions *à* et *ab*. Mais les grammairiens faisaient une différence. *A* était exclusif : *à fundo venire*, ce n'était pas venir précisément de son fonds, mais d'un lieu proche de son fonds; *ex*, au contraire, était inclusif : *ex fundo* venire, c'était venir *ex intimo ipso fundo* (2).

Mais je ne sais si cette règle grammaticale n'était pas soumise à plus d'une exception.

(1) Tiraqueau en a donné l'énumération, n°s 52, 52. Bartole, sur la loi *Meminisse*, D. *De officio prætoris.*
(2) Cicer., *pro Cæcina*. Tiraqueau, n° 54.

Quoi qu'il en soit, notre langue, qui traduit *à* et *ex* par la même particule, *du*, ne peut marquer la nuance qui sépare ces deux prépositions, que par le sens de la phrase. Or, en thèse générale, *du*, étant exclusif et séparatif dans le sens grammatical, était pris dans le même sens par les jurisconsultes, à moins que la tournure de la phrase, ou une intention marquée, ne lui donnassent un sens exclusif.

Il en était de même de l'expression *depuis*, qui, dans ses élémens, comprend le *post* des Romains ; et de celles-ci : « *à compter de tel jour, à dater de telle jour.* »

Ainsi, même en supposant que l'on dût tenir pour règle que *le jour à quo est inclus dans le terme*, néanmoins il fallait, d'après Tiraqueau, l'exclure tout-à-fait dans le cas où le législateur se serait servi de ces expressions : *du jour, à compter du jour, depuis le jour*, qui répondent à l'*à die* des Romains.

Par exemple, le juge se borne-t-il à dire : « l'ad- »judication est remise à soixante jours : « ceux qui veulent suivre les principes du droit romain pourront dire que le jour du jugement doit être imputé dans les soixante jours ; car le juge n'a rien dit qui l'en exclue.

Mais s'il ajoute : « l'adjudication est remise à soixante jours, à compter du jour du jugement, » ce jour devra être exclu.

J'ai suivi Tiraqueau dans l'hypothèse qu'il se fait afin de mieux établir la force de ces expressions, *du jour, à compter du jour, depuis le jour;* mais je répète que, par la pratique générale, les lois re-

maines étaient tombées en désuétude; que la véritable règle de l'usage était que le jour *à quo* était
exclu de droit. Et l'on peut invoquer en faveur de
cette règle, des témoignages si nombreux et si im-
posans, une jurisprudence si ancienne et si invariable, une coutume si invétérée et si bien attestée
par ceux-là même qui la blâment, qu'on peut la
considérer comme ayant, en quelque sorte, acquis
l'autorité de la loi; car cette autorité est attribuée
aux coutumes sanctionnées par le temps (1), et à
la chose toujours jugée de la même manière (2).

297. Le Code civil et le Code de procédure n'ont
rien changé à cet état de choses; et ce serait venir
un peu tard, que de vouloir nous faire oublier ce
que des siècles ont consacré comme règle élémentaire, pour nous ramener à l'observation des lois
romaines, abrogées par un consentement général,
par le droit canonique et par *les libertés* de notre
droit français, si souvent indépendant de celui qui
fut son guide et son maître. « Minime sunt mu-
» tanda, quæ interpretationem certam semper ha-
» buerunt. » L. 23, D. *De legib.*

298. C'est cependant ce qu'a fait que M. Merlin,
dans le 17ᵉ volume de son Répert. de Jurisp.,
aux mots *Délai* et *Prescription*.

Il soutient, contre ce qu'il avait d'abord enseigné (3), que l'on doit en revenir aux lois romaines qui avaient établi pour règle immuable

(1) L. 32. § 1, *De leg.*
(2) L. 38, *De legib.*
(3) Répert., vᵒ Loi, § 5, nᵒ 9 *bis.*

que *dies à quo computatur in termino;* et qu'on le
doit même lorsque la loi se sert des expressions
à compter du jour, etc.; que, quoique l'habitude
eût dérogé à quelques égards à cette maxime,
néanmoins la jurisprudence était loin d'être universelle; que le Code civil en est revenu au véritable
esprit du droit romain; qu'en effet, d'après l'art.
2260, sainement entendu, on doit faire entrer
dans le calcul des prescriptions le jour à compter
duquel en commence le cours; que les art. 1153,
26, 502, 2180, 2279, 1975 prouvent de plus en
plus qu'il est dans le système de nos lois de comprendre généralement le jour du départ dans le
délai, à moins que le contraire ne soit clairement
ordonné par une disposition expresse, comme
par les art. 1033 du Code de procédure civile,
et 373 du Code d'instruction criminelle.

Quant aux arrêts, M. Merlin n'en compte pas
un grand nombre en sa faveur, et il ne cite pas
tous ceux qu'on pourrait lui opposer.

Je vais répondre à chacune des raisons de l'auteur du Répertoire, et je crois qu'il me sera facile
de prouver que sa doctrine ne doit pas être suivie.

299. Et d'abord, je repousse l'objection tirée du
défaut d'uniformité de la jurisprudence et de l'u-
sage. Fulgosius, Balde, Alexandre, Philippe Dèce,
attestent que la coutume ne suivait pas la loi romaine à l'époque déjà ancienne où ils écrivaient.
Dumoulin nous dit que cette coutume était *com-
munément* observée, et qu'il l'avait vue *toujours*
pratiquée au châtelet et au parlement de Paris.
Tiraqueau, contemporain de Dumoulin, se réunit

à lui pour en attester la puissance et l'universalité.
En vigueur dans l'immense étendue du territoire
soumis au parlement de Paris, elle avait aussi
jeté ses racines dans le ressort du parlement de
Grenoble, d'après Guy-Pape (1); elle dominait en
Allemagne, d'après Cornivus et Mysingerus, et en
Italie, d'après les mêmes Fulgosius et Balde, et les
constitutions des papes en reconnaissaient même
l'existence. Quand même quelques décisions iso-
lées y eussent contrevenu, son autorité n'en serait
ni moins universelle, ni moins imposante.

Mais à quoi se réduisent ces décisions? M. Merlin n'a pu en recueillir que trois sous l'ancienne
jurisprudence.

L'une est du parlement de Rouen, du 17 août
1778; les deux autres, en date du 23 janvier et
12 juillet 1694, sont du parlement de Flandre.

Et encore peut-on dire que l'arrêt du parlement
de Rouen est rendu dans un cas d'exception.

D'après l'art. 454 de la coutume de Normandie,
les héritages vendus dans le *Pont-Audemer, Pont-
Lévêque, Lisieux, Caen, Coutances, Avranches*, et
autres endroits, *ès quels il n'y avait*, auparavant
et d'après l'ancien coutumier, *que vingt-quatre
heures de clameur*, pouvaient être retrayés dans
les quarante jours de la lecture et publication du
contrat.

Le parlement de Rouen jugea, par l'arrêt cité,
que le premier des quarante jours devait être compris dans le terme.

_____

(1) Décis. 270.

Mais quelle fut la raison de cette décision? D'après l'ancien coutumier, on ne donnait que les vingt-quatre heures de la lecture pour exercer le retrait. On comptait donc nécessairement alors *de momento ad momentum*. La coutume réformée, en prolongeant ce délai à quarante jours, ne rejette pas le jour de la lecture. On continue donc à calculer, comme on avait fait auparavant, en comprenant le jour de la lecture. On voit que cet usage était fondé sur une circonstance particulière.

Restent donc les deux arrêts du parlement de Flandre, et ce n'est pas avec leur secours qu'on prétendra soutenir la lutte contre la phalange nombreuse des autorités et des décisions contraires.

J'oubliais de dire que M. Merlin se prévaut encore des arrêts que le parlement de Paris a rendus dans les coutumes qui ordonnaient d'exercer le retrait dans l'an et jour. En effet, pour calculer ce délai d'an et jour, on imputait dans le délai le jour *à quo*. Mais je ne puis croire que ces arrêts soient favorables à la doctrine de Merlin. Car les coutumes dont il s'agit ne parlaient de l'an et jour, que pour exprimer l'*année non compris le jour de la vente*, pour décider, en faveur de l'usage, une difficulté que les auteurs discutaient encore, en opposant le droit romain à la pratique des tribunaux.

Je dois dire néanmoins que M. Merlin se montre ici fort incrédule : car, de ce que ces coutumes n'exprimaient, ni dans leur texte, ni dans leurs procès-verbaux, le motif pour lequel elles exigeaient l'an et jour, M. Merlin ne croit pas qu'elles aient eu le but de confirmer la maxime « *dies à quo non computatur in termino.* »

C'est néanmoins ce qu'attestent presque tous les commentateurs des coutumes, et les auteurs des plus graves, tels que Tiraqueau et autres, que j'ai eu occasion de citer ci-dessus, et dont le suffrage mérite d'autant plus de poids, qu'il n'est pas facile d'apercevoir pour quel autre motif les coutumes eussent ajouté un jour à l'année.

En définitive, M. Merlin, qui avait à justifier la proposition que l'ancienne jurisprudence n'était pas universelle sur la maxime *dies à quo non computatur*, n'a pu retenir que deux arrêts perdus dans la foule, et émanés d'un parlement qui, sur beaucoup de points, avait une jurisprudence contraire à celle des autres cours souveraines.

300. M. Merlin passe ensuite à l'examen de la jurisprudence qui s'est écoulée depuis 1789 jusqu'à la publication des Codes. Deux arrêts seulement lui paraissait devoir être cités à l'appui de sa doctrine. L'un est un arrêt de la cour de cassation, du 8 mai 1811, qui rejette le pourvoi dirigé contre un arrêt de la cour de Bordeaux, qui avait jugé que, sous l'empire de la seconde loi du 11 brumaire an 7, art. 14, lorsque le tribunal renvoyait l'adjudication à trente jours, dans le cas où les enchères ne s'élevaient pas à quinze fois le revenu, on devait comprendre dans les trente jours celui où le renvoi avait été prononcé.

La cour de cassation a rejeté le pourvoi, parce qu'il n'y avait contravention à aucune loi (1).

(1) Répert., Appel, t. 15.

On conviendra que l'arrêt de la cour de cassation ne prouve pas grand'chose, surtout si on se
reporte au texte de la loi, qui se borne à dire, en
termes généraux, que le renvoi aura lieu à *vingt
jours au moins,* et *trente jours au plus,* sans s'expliquer autrement sur le calcul du temps (1).

L'arrêt de la cour de Bordeaux est-il plus signi-
ficatif? D'abord, en adoptant le système de l'inclu-
sion, cette cour n'a rien fait qui prouve la proposition principale de M. Merlin, savoir que ces mots
« *à compter de tel jour* » sont inclusifs. La loi ne
les emploie pas et se tait sur ce point de départ du
délai. De plus, la cour a pu penser que, d'après les
circonstances, la loi a voulu inclure le jour *à quo.*
C'est une exception prévue par Tiraqueau. « *Nonò,*
» *limita ut non procedat regula, quandò subjecta*
» *materia ostendi tempus ipsum primum includi*
» *ac computari in termino* (2). »

Le second arrêt, cité par M. Merlin, est du
25 octobre 1818. Il est rendu dans un cas tout-à-
fait semblable.

La loi du 20 septembre 1792, sur le divorce,
porte : « L'époux demandeur en divorce pour in-
» compatibilité d'humeur, sera tenu de se présen-
» ter en personne à l'assemblée; il entendra, ainsi
» que l'époux défendeur, s'il comparaît, les repré-

_____

(1) Joignez à cela le penchant bien prononcé, et souvent légitime, de la cour de cassation pour les *rejets.* Quelque imposante que soit une maxime de droit, il y une foule de
nuances diverses qui peuvent la rendre inapplicable.

(2) N° 35.

» sentations des parens ou amis, à l'effet de les con-
» cilier; si la conciliation n'a pas lieu, *l'assemblée*
» *se prorogera à deux mois*, et les époux y demeu-
» reront ajournés. »

On voit que cette loi laisse dans le doute le
point de départ des deux mois. Elle n'inclut ni
n'exclut le jour de la prorogation; et la cour de
cassation a bien pu, sans contrarier l'usage, établir
que le législateur a exigé un délai juste de deux
mois entre la première et la seconde assemblée.

Du reste, comme notre règle n'est pas sans exception, il arrivera toujours que pour certaines lois
qui méritent d'être interprétées avec faveur, on
pourra, sans violer les textes, donner à ces expressions, *depuis*, *à compter de*, un sens plutôt inclusif qu'exclusif. M. Merlin en donne un exemple
dans un arrêt de la cour de cassation, du 25 frimaire an 11, qui a jugé qu'un tribunal n'avait pas
violé la loi en entendant le mot DEPUIS dans un sens
inclusif. M. Merlin, qui alors n'était pas encore
l'adversaire de la maxime *dies à quo non imputatur
in termino*, représente cette décision comme une
exception dictée par la faveur des circonstances (1).

De même, lorsque le Code pénal dit, art. 22,
que la durée de la peine des travaux forcés et de
la réclusion se comptera du jour de l'exposition,
je pense que le jour de l'exposition doit être compris dans la durée de la peine, car ce serait ajouter
par des fictions à la rigueur de la loi. Mais on sent
que de tels cas ne peuvent tirer à conséquence. Au

(1) Quest. de droit, v° Triage et papier monnaie.

surplus, un arrêt qui montre bien que dans les cas où ces motifs de faveur ne se rencontrent pas, on doit s'en tenir à la règle « *dies à quo non computatur in termino* », c'est celui qu'a rendu la cour de cassation, le 22 avril 1806, sur les conclusions de M. Merlin, et dans lequel elle a décidé qu'un acte fait le 25 messidor an 3 était valable, nonobstant la loi du 25 messidor an 3 qui le défendait, à compter de ce même jour du 25 messidor an 3 (1).

301. Mais voyons si M. Merlin est plus heureux en voulant prouver que la publication de nos Codes a ramené les choses au véritable esprit du droit romain.

D'abord, j'interroge la jurisprudence, et je la trouve soumise à la maxime *dies à quo non computatur in termino.*

302. *Première espèce.* Attendu que l'art. 1975 du Code civil exige que celui qui crée une rente viagère sur sa tête, survive au délai de vingt jours *de la date* du contrat; que si le jour de la date était compris dans les vingt jours, il n'y aurait pas vingt jours complets; que dans l'espèce particulière le contrat a été passé le 24 mai 1820; que le sieur Aubert est décédé le 13 juin suivant, d'où il suit qu'il est décédé dans les vingt jours, que le terme *à quo* ne devait pas y être compris, etc. — Rouen, 3 décembre 1821 (2).

303. *Deuxième espèce.* L'art. 2154 du Code civil dit que les inscriptions conservent l'hypothè-

(1) Répert., v° Loi, §, n° 9 *bis.*
(2) Denev, 22, 2, 97.

que pendant dix années *à compter du jour de leur date*. De là, question de savoir si le jour de l'inscription, qui est le jour *à quo*, doit être compris dans les dix ans fixés pour le renouvellement d'une inscription hypothécaire.

La cour de Colmar est la seule qui, à ma connaissance, ait décidé que le jour de l'inscription devait être compris dans le délai. Son arrêt est du 30 juillet 1813, et M. Merlin l'approuve fort (1).

M. Merlin cite encore un arrêt de la cour de cassation, du 17 juin 1817 (2), où on lit qu'une inscription, prise le 14 avril 1799, aurait dû être renouvelée *avant* le 14 avril 1809. Mais je rejette cet arrêt; il n'avait pas la question à décider; il ne s'agissait pas de juger une inscription prise le 14 avril 1799, et renouvelée le 14 avril 1809. Il s'agissait d'une inscription qui n'avait pas été renouvelée du tout, ou qui avait été prise, tout au moins, après le 14 avril 1809. L'énonciation contenue dans le considérant de l'arrêt de la cour est donc une phrase peu méditée, et qui ne peut faire une grande impression. C'est une observation qu'a faite la cour de Bordeaux, et qui frappe par sa justesse (3). M. Merlin ne s'y tient attaché avec tant de force que parce que les monumens judiciaires qui rentrent dans son système, sont infiniment rares.

(1) Répert., t. 17, Prescript., p. 438, col. 1, et t. 16. Inscript., p. 448. Dalloz, Hyp., p. 305.
(2) Dalloz, *loc. cit.*, p. 308.
(3) Arrêt du 23 janvier 1826. Dalloz, 26, 2, 200.

Mais dans le système contraire les arrêts se présentent en foule. J'en compte quatre de la cour de Bruxelles, des 20 février 1811, 26 juin 1813 (1), 19 octobre 1815 (2) et 5 juin 1817 (3). Par ces quatre arrêts le jour *à quo* est exclus.

Un cinquième de la cour de Caen, du 19 février 1825, peut être cité non seulement comme jugeant précisément la question pour l'exclusion, mais encore comme contenant une théorie développée sur le sens de ces mots *à compter, à partir.* « Toutes les » fois, dit la cour, que le législateur a fixé des dé- » lais dans le Code de procédure, en se servant » des mots *à compter,* ou *à partir de tel jour,* ce » jour n'a jamais été compris dans le délai. Il » existe une foule d'arrêts qui l'ont ainsi décidé, » et la jurisprudence est maintenant fixe sur ce » point (4). »

Enfin la question s'est présentée à la cour de cassation, et elle a été jugée en thèse pour l'exclusion du jour de l'inscription, par arrêt du 5 avril 1825. On lit dans les considérans, que ces expressions, *à compter du jour de sa date,* disent clairement que le jour où l'inscription a été faite n'est pas compris dans le délai (5).

Troisième espèce. Un jugement contradictoire

(1) Dalloz, Hyp., p. 310, note, n° 2. Denev., 15, 2, 19 et 21.

(2) Rép., t. 16, Inscript., p. 449. Dalloz, Hyp., p. 305.

(3) Dalloz, *loc. cit.*

(4) Dalloz, 25, 2, 160.

(5) Dalloz, 25, 1, 255. Voyez aussi Grenier, t. 1, n° 107, et autre arrêt, D. 26, 2, 200.

avait accordé à une partie un délai de quinze jours, de la prononciation du jugement, sous peine de déchéance pour faire une option.

Arrêt de la cour de cassation, du 9 février 1825, duquel il résulte que le délai expire le 22 août. Or le 22 août n'est utile qu'autant que l'on exclut le 7 août, jour de la prononciation du jugement (1).

304. *Quatrième espèce.* Un jugement ordonnant une enquête avait été signifié à avoué le 7 août 1809. D'après l'art. 257 du Code de procédure civile, l'enquête devait être commencée à peine de nullité dans la huitaine *du jour* de cette signification.

Par arrêt du 7 mars 1814, la cour de cassation dit positivement que ce délai n'expirait que le 15 août. D'où il suit qu'elle exclut le 7 août, jour de la prononciation du jugement (2).

Cinquième espèce. D'après l'art. 157 du Code de procédure civile, le jugement par défaut rendu contre une partie ayant avoué, n'est recevable que pendant huitaine, *à compter du jour de la signification* à avoué.

Dans un arrêt du 9 juillet 1812, la cour de cassation dit que, lorsqu'un arrêt de défaut est signifié le 9 juin 1810, l'opposition doit être formée le 17; et c'est bien là exclure le jour *à quo* (3).

Je conviens que dans ces deux arrêts la cour de cassation n'avait pas précisément à juger la question. Néanmoins elle fixe l'époque des déchéances

(1) Dalloz, 25, 1, 134.
(2) Répert., Délai, p. 39, col. 1.
(3) Sirey, 12, 1, 367.

d'une manière si certaine, qu'on la voit dominée par le principe que *dies à quo non computatur in termino.*

M. Merlin prétend (1) que la cour suprême n'a indiqué ces délais des 17 juin et 15 août que parce qu'ils étaient convenus entre les parties; mais je ne crois pas qu'on puisse adopter cette explication.

Des actes de procédure avaient été faits tardivement. La cour suprême a cru devoir indiquer aux parties dans quels termes elles auraient dû agir : elle l'a fait d'après ses propres lumières. Ce n'est pas une énonciation vague, jetée inutilement comme dans l'arrêt du 17 juin 1817, que je citais au n° 303; c'est une indication régulatrice, et évidemment calculée pour lever des doutes.

Du reste, la fixation déterminée par la cour de cassation s'accorde avec les règles données par l'usage constant, et par les auteurs les plus accrédités sur la procédure, tels que Pigeau (2) et Carré (3).

Ce dernier auteur, en commentant le Code de procédure civile, n'hésite pas à dire sur l'art. 157 : « Toutes les fois que la loi se sert des expressions *à compter du, à dater du, depuis, ou à courir du,* le jour du départ n'est pas compris (4). »

305. *Sixième espèce.* D'après l'art. 680 du Code

(1) T. 17, v° Prescription, p. 458, col. 1.
(2) T. 1, p. 544.
(3) T. 1, p. 391.
(4) On peut voir un résumé de la jurisprudence sur ce point dans une dissertation de M. Sirey, t. 15, 1, 402.

de procédure civile, la saisie immobilière doit être transcrite au greffe du tribunal où doit se faire la vente, et ce dans la quinzaine *du jour* de la transcription au bureau des hypothèques.

Une saisie immobilière transcrite au bureau des hypothèques le 17 juin 1819, n'avait été transcrite au greffe du tribunal que le 2 juillet suivant. On prétendit que cette inscription était tardive. La cour de Nancy décida qu'elle avait été faite en temps utile, parce que, d'après l'usage constant, on ne compte pas le jour *à quo*. Sur le recours en cassation, arrêt du 6 janvier 1822, portant : « Attendu que d'après l'art. 680 du Code de procédure civile, le délai pour faire la transcription d'une saisie immobilière, soit chez le conservateur des hypothèques, soit au greffe du tribunal, ne commence que le jour qui suit la confection de l'acte qui doit en précéder un autre ; d'où il suit *que l'usage constant est de ne pas compter, dans le délai, le jour* à quo (1). »

Cet arrêt n'empêche pas M. Merlin de persister dans son système. Il pense que la cour suprême aurait autrement jugé, si on eût mieux soutenu le pourvoi en cassation, si on eût prouvé que *de droit commun* le jour *à quo* ne devait pas être plus exclus que le jour *ad quem*, surtout si on eût montré à la cour de cassation son arrêt du 17 juin 1817, ci-dessus cité.

Invoquer le droit commun en faveur du système du demandeur en cassation, c'eût été invoquer sa

(1) Sirey, 22, 1, 262. Denev., 22, 1, 161.

condamnation. Quant à cet arrêt du 17 juin 1817, qui n'est pas même rendu sur la question, je doute beaucoup qu'il eût produit l'effet qu'en attend M. Merlin !!!

306. Il faut dire néanmoins que, dans sa lutte contre l'arrêt du 6 janvier 1822, M. Merlin ajoute une raison qui mérite un examen plus attentif que ses regrets sur la maladresse du demandeur.

Il remarque en effet que l'art. 680 ne fait pas courir de délai du *jour de la transcription*, mais *de la transcription* au bureau des hypothèques. C'est donc l'instant même de la transcription qui est ici le point de départ. Or, si la partie du jour, qui s'écoule depuis la transcription, est comprise dans le délai, il faut que ce jour y entre en totalité : c'est la conséquence nécessaire de l'art. 2260 du Code civil, portant que les prescriptions se comptent par jour et non par heures.

Cet argument n'est pas nouveau. Tiraqueau (1) cite plusieurs auteurs dont l'opinion est que la règle « *dies à quo non computatur in termino,* » ne doit pas être étendue au cas où le délai court de l'acte, *ab actu*, et non pas du jour de l'acte, *non à die actûs*. Car, disent-ils, lorsque le temps commence *à die actûs*, il faut que le jour de l'acte soit fini. Mais lorsque le temps court de l'acte lui-même, il suffit que l'acte soit consommé ; le délai court dans ce cas *de momento ad momentum*.

Mais on a fort bien répondu à cette opinion que dans le langage des lois il n'y a pas de différence

(1) § 1, glose XI, nᵒˢ 24 et 55.

entre ces expressions *ab actu* et *à die actûs* ; qu'il
était indifférent de dire, depuis le temps du contrat, ou depuis le jour du contrat (1).

Et en effet, la loi 41, § 15 D. *de fidesc. libert.* (2),
emploie alternativement et dans le même sens cette
locution *à die testamenti facti*, et celle-ci *à tempore facti testamenti*.

De même les lois 29, § 5 et 30, § 8 D. *ad leg.
Juliam de adult.*, se servent dans une acception
identique des mots *à divortio*, ou *ex die divortii* (3).
C'est la remarque de Bartole sur la loi 29, § 8.

De même encore dans la loi 1, § 40 D. *de vi et vi
armata* (4), on voit Ulpien dire tantôt *ex die quo
quis dejectus est*, et tantôt *ex quo quis dejectus est*,
comme s'il n'y avait aucune différence entre ces
deux locutions.

C'est probablement pour cela que Dumoulin, si
profondément versé dans la connaissance des textes,
n'est pas arrêté par ces nuances de langage, en commentant les deux articles suivans de la coutume de
Paris.

« Le seigneur féodal, après le trépas de son vas-
» sal, ne peut saisir le fief mouvant de lui, ne ex-
» ploiter en pure perte, *jusques à quarante jours
» après ledit trépas* (5). »

(1) Balde, sur la loi *Scire oportet*, § *aliud autem*, D. *De
excus. tutor.* Bartole, sur la loi *Pater*, § *sexaginta*, D. *De
adult.* Tiraqueau, *loc. cit.*

(2) Pothier, Pand., t. 2, p. 450.

(3) Idem, t. 3, p. 473, n° 19, et p. 476, n° 44.

(4) Idem, t. 3, p. 219, n° 34.

(5) Des Fiefs, § 7.

Dumoulin n'hésite pas à dire que le jour de la mort doit être exclus en entier, d'où il suit que, selon lui, ces expressions *après ledit trépas* équivalent à celles-ci, après le jour du trépas.

Dans un autre lieu (1), la coutume de Paris dit : « après que le vassal a baillé son dénombrement » au seigneur féodal, ledit seigneur est tenu de » blasmer ledit dénombrement dedans quarante » jours *après icelui dénombrement baillé*, autrement » ledit dénombrement est tenu pour reçu. »

D'après M. Merlin, le délai aurait dû courir de l'instant même qui a suivi la remise du dénombrement. Mais Dumoulin ne s'arrête pas à cette subtilité grammaticale, et il enseigne que le délai commence le jour qui suit cette remise.

Je pourrais multiplier les citations, mais je serais entraîné dans des détails surabondans. J'en ai dit assez pour repousser l'objection de M. Merlin contre l'arrêt du 6 janvier 1822.

307. *Septième espèce.* L'art. 17 de la loi du 23 frimaire an 7 permet à la régie de requérir une expertise dans l'année à compter du jour de l'enregistrement du contrat, à l'effet de constater si le prix énoncé dans le même contrat est inférieur à la valeur réelle des biens.

21 août 1819, enregistrement d'un contrat.

21 août 1820, la régie fait signifier à l'acquéreur une requête au bas de laquelle est une ordonnance par laquelle est accueillie sa demande en nomination d'experts.

(1) § x.

L'acquéreur oppose que la demande aurait dû être formée le 20 août et non le 21, et il s'appuie sur un arrêt de la cour de cassation de Liége.

Le tribunal de Malines accueille son système. Pourvoi en cassation devant la cour supérieure de Bruxelles.

Arrêt du 29 novembre 1822 qui casse, en se fondant sur ce que, d'après un usage constant reconnu par les auteurs et consacré par la jurisprudence, la phrase *à compter du jour*, est toujours exclusive du terme qu'elle désigne comme point de départ (1).

Telle est la jurisprudence (2).

A part quelques exceptions bien rares, elle vient confirmer une pratique de plusieurs siècles, et enseignée par les auteurs et par les arrêts, dans l'école et au barreau. Il me paraît difficile de l'ébranler, surtout pour y substituer une opinion d'une excessive sévérité.

308. Je dois dire néanmoins qu'au milieu de cette foule d'arrêts qui se pressent dans nos recueils, j'en ai trouvé un de la cour de cassation du 12 oc-

----

(1) Répert., t. 17, Prescript., p. 440, 441.

(2) Voir encore en faveur de notre opinion, arrêt de Lyon du 7 février 1834 (Sirey, 34, 2, 357. Dalloz, 34, 2, 128).

La cour de Bastia, tout en reconnaissant le principe *dies termini non computatur*, déclara, par arrêt du 8 décembre 1835 (Dalloz, 36, 2, 27. Sirey, 36, 2, 313), qu'il était inapplicable en matière électorale. C'est avec raison que l'arrêtiste critique cette décision.

La cour suprême avait jugé dans un sens tout opposé à l'arrêt de Bastia le 25 juin 1830 (Sirey, 30, 1, 362).

tobre 1814 (1), qui décide, dans l'espèce suivante, que le jour *à quo* doit être imputé dans le
délai.

L'art. 60 de la loi du 22 frimaire an 7 porte
que, si la régie de l'enregistrement a à former une
demande en supplément de perception, cette demande est prescrite *après deux années, à compter
du jour de l'enregistrement.*

Une déclaration de succession fut faite le 21 septembre 1808. Le 20 septembre 1810 la régie fit
signifier requête en supplément de perception,
mais cette requête ne fut enregistrée que le lendemain 21. Aux termes de la loi, la requête devait
être enregistrée dans le délai de deux ans pour
que les droits de la régie fussent entiers. On soutint de la part des héritiers, que la signification de
la requête et l'enregistrement auraient dû être
faits le 20 septembre, dernier jour du terme.

La régie opposa que le délai n'avait dû courir
qu'en commençant au 22 septembre 1808, d'après
la règle *dies à quo non computatur in termino*, et que
par conséquent le 21 était le dernier jour utile.

Par l'arrêt ci-dessus la cour suprême repoussa
ce système, et décida que le jour de la déclaration
faite par les redevables comptait dans les délais.
La régie fut donc déclarée déchue.

Mais si l'on considère qu'il s'agissait dans l'espèce des intérêts du fisc, qui dans le doute sont
peu favorables, on pourra concevoir que la cour
de cassation ait interprété la loi dans un sens in-

(1) Sirey, 15, 1, 181.

clusif et tendait à limiter ses droits. Néanmoins je dois dire que, dans mon opinion, cet arrêt est une anomalie, que les motifs que je viens de donner ne peuvent suffisamment expliquer. La cour supérieure de Bruxelles a suivi des idées plus droites et plus fermes dans l'arrêt tout-à-fait juridique rapporté plus haut (espèce septième). Au surplus, que peut cet arrêt du 12 octobre 1814, que l'on compte seul entre tant de décisions contraires? On l'aperçoit dans l'isolement comme une preuve, heureusement assez rare, de ces déviations et de ces écarts que ne peuvent prévenir les jurisprudences les mieux établies.

309. Je m'aperçois que cette discussion m'entraîne au-delà de ce que j'avais d'abord prévu. Cependant, puisque je m'y suis engagé, je ne peux la terminer sans examiner les articles du Code civil, dont M. Merlin tire avantage pour poser les bases de son système.

M. Merlin a voulu rattacher le Code civil aux lois romaines, et prouver que dans la plupart des dispositions où il est question de fixation de délai, la loi actuelle, résistant à l'influence des idées modernes, a donné la préférence à la règle suivie par le droit romain, et si long-temps abandonnée. Il croit avoir donné la preuve de cette espèce de réconciliation, en citant quelques articles du Code où les mots *à compter*, etc., sont pris dans un sens inclusif. Mais après tout, que prouve cet état de choses? toute règle n'a-t-elle pas ses limitations? Tiraqueau comptait jusqu'à quinze exceptions à la maxime *dies termini non computatur in termino*, et cependant cette maxime n'était ni moins forte ni moins inébranlable.

Mais suivons notre auteur dans le détail des cas particuliers qu'il a recueillis.

310. D'après l'art. 26 du Code civil, les condamnations contradictoires n'emportent la mort civile qu'*à compter* du jour de leur exécution.

Je n'examinerai pas la question de savoir si la mort civile commence à la première heure du jour de l'exécution, ou seulement au moment de l'exécution. Cette question est difficile, et m'entraînerait trop loin. Je dirai seulement qu'il est certain que, dans toute la portion du jour qui s'écoule depuis le moment même de l'exécution, le condamné est déjà mort civilement, et qu'ici les mots *à compter* sont pris dans un sens inclusif.

Mais quelle en est la raison? La mort civile imite la mort naturelle. Or, la mort naturelle ne peut être suspendue et retardée par des fictions de droit et par des supputations artificielles. Donc la mort civile doit également produire un effet actuel, dès l'instant même de l'exécution; sans cela elle ne serait plus une imitation de la mort naturelle, et l'on se trouverait conduit à ce résultat absurde, qu'un homme retranché de la vie civile par la main de la justice serait encore citoyen français jusqu'à la fin du jour de son exécution, et que probablement aussi le criminel tombé sous le glaive vengeur conserverait encore pendant quelques heures la vie naturelle ! ! !..... Or, nous sommes précisément ici dans cette exception prévue par Tiraqueau; «Septimo limita non procedere *si se-*

»*quereturabsurdum.* »Ou bien dans celle-ci : « Nonò
»limita, ut non procedat, quandò subjecta materia
» ostendit tempus ipsum includi (1). »

311. L'art. 502 du Code civil dit que l'interdiction où la nomination d'un conseil aura son effet *du jour* du jugement.

Nul doute que ces mots ne soient pris ici dans un sens inclusif. Il s'agit de déterminer un état, une capacité. Or, l'état de l'homme est quelque chose de continu; une fois constaté, il ne peut être soumis à des délais, à des conditions. Le jugement qui le fixe est purement déclaratif de ce qui existe déjà. Il saisit par conséquent *hic et nunc*, et l'effet n'en peut être retardé sans violer les lois de notre existence morale. Je retrouve donc encore ici les deux limitations de Tiraqueau.

312. Suivant l'art. 1153 du Code civil, les intérêts d'une créance demandée en justice sont adjugés *du jour de la demande*, et on ne peut douter que les intérêts mêmes du jour où la demande est formée ne soient dus comme ceux des jours suivans.

En voici la raison. La demande formée en justice est le moyen de mettre un débiteur en demeure (1139 du Code civil). Or, les intérêts sont dus aussitôt que le débiteur est constitué en état de demeure, d'après l'art. 1146 du Code civil. Donc, les intérêts dont parle l'art. 1153 sont dus dès le jour même de la demeure. C'est la conséquence inévitable de la combinaison de ces divers articles,

(1) § 1, glos. XI, nᵒˢ 33, 35.

et de la force des choses. « Nonò limita ut non pro-
» cedat, quandò subjecta materia ostendit tempus
»ipsum primum includi. »

J'ose croire que ces trois exemples ne portent
aucune atteinte à notre maxime. D'ailleurs, comme
M. Merlin le reconnaît lui-même, les articles du
Code dont il vient d'être parlé n'indiquent nullement des points de départ pour des délais; ils
indiquent seulement le commencement d'un droit
ou d'un état de choses illimité. Ce qui est fort
différent.

313. Viennent ensuite les art. 2180, 2279, 2262
et 1975 du Code civil, cités par M. Merlin. Mais
ici la thèse change, et notre auteur (à ce qu'il me
semble) ne justifie que ces articles lui sont favorables qu'en décidant la question par la question.

D'abord, en ce qui concerne l'art. 1975, j'ai cité
ci-dessus (première espèce) un arrêt de la cour de
Rouen, qui décide que le jour *à quo* doit être considéré comme exclu.

Quant aux autres articles, toute la question est
de savoir si, lorsqu'il s'agit d'une prescription ou
d'une déchéance, le jour *à quo* doit être compris
dans les délais. M. Merlin s'efforce de prouver l'affirmative dans son 17e volume, v° *Prescription*.
Mais, comme il ne peut montrer un seul texte du
Code civil qui justifie sa proposition, je suis fondé
à croire que les choses ont continué à être, sous le
Code civil, ce qu'elles étaient auparavant; et que
cette innovation, que M. Merlin nous avait dit avoir
été produite par nos Codes, n'est pas une réalité.

Dans tous les exemples ci-dessus rappelés, il

s'agit de déchéances ou de prescriptions abrégées, et l'on a vu la jurisprudence constamment exclure le jour *à quo*, soit qu'il s'agisse de délais fixés par le Code civil ou par le Code de procédure.

Je dis qu'on doit décider la même chose à l'égard de toute prescription quelconque.

Tel est l'avis de Dunod, dans son Traité des Prescriptions. Cet avis est fondé sur l'usage enraciné, et sur cette coutume universelle dont j'ai parlé plus haut. Pour que le Code civil eût changé quelque chose à une opinion si fortement entée dans les esprits, il faudrait qu'il l'eût explicitement annoncé; sinon, le Code civil devra être interprété par la jurisprudence admise à l'époque de sa promulgation, et non pas par les lois romaines, depuis long-temps mises à l'écart. Or, le Code garde le silence sur la question, et dès-lors se trouve renversée toute l'argumentation développée par M. Merlin (1); argumentation fondée tout entière sur cette équivoque, que les lois romaines doivent servir, dans l'espèce, de supplément au Code civil.

Mais, dit M. Merlin, l'orateur du gouvernement a annoncé que le Code a voulu indiquer *de quel jour commence la prescription*. C'est évidemment dans l'art. 2260 qu'il faut chercher cette intention. Or, cet article dit *que la prescription se compte par jour et non par heure*. Dans quelle vue parle-t-il ainsi? Ce n'est pas pour établir que, par rapport au dernier jour du terme, les heures ne sont rien, et qu'il faut que ce dernier jour soit accompli dans

(1) Prescript., t. 17.

son entier, car l'art. 2261 en porte une décision expresse, et la loi eût fait pléonasme. Cet article n'a donc pu avoir en vue que le commencement de la prescription. Or, en disant que la prescription se compte par jour, et non par heure, il fait entendre clairement que le jour à compter duquel la prescription commence est compris dans la période de temps qu'il faut qu'elle décrive pour remplir son objet.

Ce raisonnement ne me touche pas. Je lui oppose immédiatement cet autre argument du même genre qui le rétorquera, mais ne videra pas le litige. J'admets que l'art. 2260 ait voulu déterminer le point de départ de la prescription. S'il dit qu'il faut compter par jour et non par moment, c'est pour faire manifestement entendre que les heures du premier jour de la possession doivent être rejetées, et qu'on ne doit commencer à compter que du commencement du jour suivant. Car il ne peut être dans l'intention de la loi de compter utilement le premier jour tout entier, puisqu'on n'a pas possédé ce premier jour tout entier.

Qui décidera entre l'argument de M. Merlin et le mien? L'usage, l'interprétation commune, la jurisprudence antérieure et postérieure au Code, l'opinion à peu près unanime des auteurs: or, tout cela est contre M. Merlin.

Je ne puis me dissimuler que cette dissertation ne soit fort longue. Mais les doctrines de M. Merlin ont un si grand poids, qu'on ne peut les combattre légèrement.

314. Je me résume en appliquant à notre article ce qui vient d'être dit.

Le jour *à quo* ne doit pas être compris dans le délai, à moins d'une intention contraire manifestée par le législateur. Cette intention ne se montre pas ici. Le jour de l'acte de partage ou de la licitation doit donc être exclu. Peu importe que notre article fasse courir le délai *à dater de l'acte de partage*, et non *à dater du jour de l'acte de partage*. Ces deux locutions sont identiques, ainsi que le prouvent les exemples que j'ai cités ci-dessus.

314 *bis*. Si l'acte de partage est sous seing privé, le délai ne courra pas à compter de l'enregistrement, mais à compter de la date de l'acte, qui pourra toujours être opposée au co-partageant qui y a été partie, ou à ses ayant-causes (1).

314 *ter*. Au surplus, il faudra faire attention de ne pas se tromper sur le véritable caractère de l'acte qui sera la base du privilége, et de ne pas confondre, par exemple, un partage (2) provisoire avec un

---

(1) Persil, art. 2109, n° 7. Favard, Privilége, sect. 4, n° 8. Tarrible, Privilége, sect. 5, n° 7. Dalloz, Hyp., p. 111, n° 3.

(2) Si la minorité ou l'interdiction de quelque cohéritier rendait nécessaire le partage en justice, suivant les formalités prescrites par le Code civil et le Code de procédure civile, le délai pour prendre inscription pour les soultes et retours de lots *au cas de partage en nature,* ne courrait que du jour du jugement d'homologation du procès-verbal de partage, parce que la sanction de la justice est en ce cas indispensable pour imprimer au travail du notaire liquidateur le caractère légal de partage définitif.

Il en serait de même dans le cas d'un partage en justice entre majeurs, si, toutes les parties n'approuvant pas le procès-

partage définitif, etc. Souvent l'erreur sur la nature plus ou moins provisionnelle de l'acte pourrait donner lieu à une déchéance, et faire déclarer tardive une inscription qui, au fond, prendrait son véritable appui ailleurs que dans l'acte provisoire d'où on voudrait faire sortir le privilége (1).

315. Lorsqu'il s'agit de partage d'ascendans, si le partage est fait par acte entre vifs, le délai de soixante jours court de l'acceptation ; s'il est fait par testament, le délai court du jour du décès (2).

315 bis. D'après l'art. 834 du Code de procédure, toute inscription doit être prise au plus tard dans la quinzaine qui suit la transcription de l'acte translatif de propriété. Il est cependant ajouté par le même article que cette obligation ne préjudicie pas aux droits résultant aux héritiers (3), de l'art. 2109 du Code civil.

Or quel est le droit que l'art. 2109 du Code civil concède aux héritiers? C'est qu'il leur suffit de prendre inscription dans les soixante jours à

verbal du notaire liquidateur, il fallait revenir devant le tribunal pour obtenir l'homologation.

Il faudrait encore, dans ces deux cas, que le procès-verbal de partage contînt les apportionnemens. Si le tirage au sort des lots devait avoir lieu conformément à l'art. 982 du Code de procédure civile, le procès-verbal du tirage au sort ferait seul cesser définitivement l'indivision, et le délai ne courrait qu'à dater de ce jour. (Voir au surplus, n₀ 318.

(1) Voyez une espèce jugée par la cour de cassation, le 17 février 1820. Dalloz, Hyp., p. 112.

(2) Grenier, t. 2, no 407. Persil, Quest., t. 1, ch. 6, § 8. Dalloz, Hyp., p. 112.

(3) Ce qui s'étend aussi à tous co-partageans.

compter de l'acte de partage pour conserver leur privilége. Il suit de là que si un des héritiers aliène l'immeuble héréditaire grevé du privilége de soulte, le lendemain, par exemple, de l'acte de partage, et que l'acquéreur fasse transcrire huit jours après, le cohéritier privilégié n'en aura pas moins jusqu'au soixantième jour pour prendre son inscription; l'obligation de se faire inscrire dans la quinzaine ne lui sera pas applicable, et il conservera son privilége à l'égard des autres créanciers de son cohéritier.

316. Mais ici se présente une difficulté résultant de l'art. 835 du Code de procédure civile.

Cet article 835 dit : « Le nouveau propriétaire » n'est pas tenu de faire aux créanciers dont l'in- » scription n'est pas antérieure à la transcription » de l'acte, les significations prescrites par les » articles 2183 et 2184 du Code civil; et dans tous » les cas, faute par les créanciers d'avoir requis la » mise aux enchères dans le délai et les formes » prescrites, le nouveau propriétaire n'est tenu que » du paiement du prix, conformément à l'art. 2186 » du Code civil. »

D'après cela, on voit que l'acquéreur qui ne trouve pas d'inscription prise avant la transcription de son acte, n'est pas obligé de faire à l'héritier, créancier de soultes, les notifications nécessaires pour provoquer les enchères. Dès-lors, l'héritier se trouve presque toujours privé d'un droit dont l'utilité est frappante (1), quoique ce-

(1) *Suprà*, n° 283.

pendant il ne soit pas en faute, quoiqu'il ne fasse que se reposer sur un délai que la loi lui accorde. Je sais bien qu'il peut, même sans notification, se présenter pour surenchérir, pourvu qu'il arrive dans les délais. Mais on sent que lorsque la notification ne vient pas mettre le créancier en demeure de surenchérir, la connaissance des diligences de l'acquéreur pour purger, devient extrêmement chanceuse, et que le créancier est fort exposé. Or 's'il ne requiert pas la mise aux enchères dans les délais prescrits, le nouveau propriétaire n'est tenu que du prix, et l'on a déjà vu plus haut quelles sont pour les créanciers les conséquences funestes de cet état de choses (1).

317. J'ai dit que le cohéritier, quoique n'ayant pas reçu de notification, peut néanmoins requérir la mise aux enchères. Mais pour cela il faut deux conditions, la première qu'il se fasse inscrire, la seconde qu'il se fasse inscrire dans la quinzaine de la transcription.

Il doit nécessairement se faire inscrire ; car d'après l'art 2185 du Code civil, le droit de surenchérir et de faire porter la vente de l'immeuble à sa vraie valeur, n'appartient qu'au créancier dont le titre est inscrit.

Il doit se faire inscrire dans la quinzaine et accélérer son inscription : car, s'il attendait plus tard que la quinzaine, quoiqu'il fût encore dans les soixante jours, il perdrait le droit précieux de

(1) *Suprà*, n° 283.

surenchère, et n'aurait qu'un privilége sur le prix fixé par le contrat.

Ceci paraîtra contradictoire avec ce que j'ai dit tout à l'heure, savoir, que le cohéritier n'est pas tenu de s'inscrire dans la quinzaine pourvu qu'il soit encore dans les soixante jours. Mais nous marchons dans des routes tortueuses et incertaines. Il faut plus que jamais prendre garde de se laisser aller aux apparences. Ce n'est qu'en distinguant très-soigneusement les cas, qu'on peut sortir de ce labyrinthe difficile.

Oui sans doute, il est vrai que le cohéritier peut se faire inscrire après la quinzaine de la transcription, pourvu que ce soit dans les soixante jours. Mais cette inscription ne conserve son privilége que contre les créanciers de son cohéritier, et ne lui laisse d'autre droit que de venir sur le prix.

Mais, à l'égard de l'acquéreur, ce n'est pas de préférence sur le prix qu'il s'agit ; c'est du droit de surenchérir, droit réservé par la loi aux créanciers privilégiés et hypothécaires, afin qu'ils ne soient pas frustrés, et que, si l'évaluation du prix a été portée à une fixation trop minime, ils la fassent porter à son juste taux. Or, ce droit ne se conserve à l'égard de l'acquéreur que par l'inscription prise par le créancier dans la quinzaine de la transcription ; l'art 834 du Code de procédure civile est général ; il s'applique à tous les créanciers quelconques. Il dit d'une manière illimitée que ceux qui ne seront pas inscrits au plus tard dans la quinzaine, ne pourront requérir la mise aux enchères. **Ainsi le cohéritier, qui veut se réserver le droit de**

surenchérir, n'est pas plus exempt que les autres
de prendre inscription dans la quinzaine. Si dans
le § final de l'art. 834, il est ajouté « *sans préjudice
des droits du cohéritier,* » cela ne veut dire autre
chose sinon que, bien que déchu du droit de surenchérir, le cohéritier qui s'inscrit dans les soixante
jours, n'en conserve pas moins son privilége sur
le prix à l'égard des créanciers de son cohéri-.
tier.

On ne peut douter que tel ne soit le sens de
l'art. 834 et de l'art. 835, d'après ce que disait
M. Tarrible, orateur du tribunat (1). « Si la vente
» du fonds affecté à la soulte ou au prix de la lici-
» tation était faite et transcrite, même pendant le
» délai de soixante jours accordé au co-partageant,
» ce dernier ne conserverait la faculté de surenché-
» rir envers le nouvel acquéreur, *qu'en accélérant
» son inscription,* et en la plaçant au moins dans
» la quinzaine de la transcription de la vente...
  » Ainsi ce projet a distingué, comme il le devait,
» la faculté de surenchérir, qui est commune à tous
» les créanciers, soit privilégiés, soit simplement
» hypothécaires, d'avec le droit de préférence sur
» le prix, qui est l'apanage des priviléges. La faculté
» de surenchérir envers le nouveau propriétaire
» est soumise pour tous à une règle uniforme ; et
» le droit de préférence est conservé aux privilé-
» giés envers les autres créanciers, tel qu'il était
» auparavant. »

(1) Locré, Esprit du Code de procédure civile, sur les articles 834 et 835. Dalloz, Hyp., p. 113, col. 1, n° 25.

Tel est aussi l'interprétation de M. Grenier (1). Mais, quoiqu'elle soit la seule légitime, il n'en est pas moins vrai qu'elle conduit à des résultats bizarres, que le panégyrique de M. Tarrible ne doit pas nous faire perdre de vue.

En effet, la quinzaine de la transcription passée sans inscription prise par le co-partageant, il est certain que *le droit de suite* est éteint, et que l'immeuble est purgé de la charge qui le grevait.

Mais alors, n'y a-t-il pas une véritable inconséquence à autoriser le co-partageant à prendre inscription, postérieurement à cette quinzaine, à l'effet de conserver son *droit de préférence* entre créanciers? Inscription sur quoi? sur un immeuble qui n'a plus à redouter le droit qu'on inscrit; sur un immeuble dégrevé du privilége (2). Voilà ce que veut le législateur; mais le bon sens approuve-t-il cette volonté? Certainement, je conçois bien que le droit de préférence puisse subsister, quand le droit de suite est éteint (3). Ces deux droits sont différens l'un de l'autre, et le second peut survivre au premier. Mais c'est à la condition qu'on ne lui imposera pas l'accomplissement d'une obligation qui, de droit, est inexécutable. Or, c'est ce que fait ici le législateur dans son système composé d'idées hétérogènes. Il veut qu'on s'inscrive, lorsqu'il n'y a plus d'immeuble pour prendre inscription.

On conçoit qu'il faut des textes bien positifs

(1) Hyp., t. 2, p. 246, n° 400.
(2) *Suprà*, n° 282.
(3) *Suprà*, n° 274. *Infrà*. n°ˢ 922, 983, 984.

pour que notre raison se prête à ces anomalies. C'est parce que les textes n'existent pas à l'égard du privilége du vendeur que nous avons refusé ci-dessus (1) d'adopter des interprétations qui étendraient jusqu'à lui ce système bizarre. Mais ici la loi est formelle (2). Le délai de soixante jours appartient tout entier au co-partageant. Il faut lui permettre de s'inscrire, tant qu'il n'est pas écoulé, quelle que soit la singularité qui résulte de cet état de choses. L'art. 834 dans son § final dit positivement que telle est la conséquence de l'art. 2109 du Code civil ; il donne à cet article cette interprétation, et il veut qu'on la respecte, puisqu'il en fait une réserve expresse. Il ne peut donc pas y avoir lieu à équivoque.

318. Si le co-partageant ne prend son inscription qu'après les soixante jours, il est clair qu'il descend dans la classe des créanciers hypothécaires, et que son rang dépend de l'époque de l'inscription, d'après l'art. 2113 du Code civil.

318 *bis*. Il me reste à dire que des doutes se sont élevés sur ce qu'on doit entendre par ces mots de notre article, *à compter de l'acte de partage.* Qu'est-ce à vrai dire que l'acte de partage? est-ce celui qui asseoit la propriété dans les mains de chaque héritier? ou bien n'est-ce pas plutôt l'opération qui liquide les droits respectifs, et fixe définiti-

(1) No 282.
(2) Voyez *infrà*, no 327 *bis*. Je reviens sur une question analogue, en examinant ce qui concerne l'inscription pour séparation de patrimoines.

vement l'état de situation de chaque héritier relativement à son consort? Cette question se présente
fréquemment dans le cas où la licitation d'immeubles impartageables précède la liquidation.
Voici la solution qu'elle doit recevoir.

Un partage est un acte qui fait cesser l'indivision et déclare la part distincte et séparée qui
revient à chaque héritier dans les choses de la
succession. Toutes les fois que, par une opération
quelconque, un immeuble ou un meuble sortent
de l'état d'indivision entre plusieurs pour tomber
dans le domaine exclusif d'un seul, il y a partage.
A la vérité ce partage peut n'être que partiel;
il peut laisser l'indivision se continuer à l'égard
d'autres émolumens héréditaires, et ne pas embrasser la totalité de l'actif et des charges; des
répétitions et des retours peuvent être encore en
suspens, en un mot les bases d'une égalité définitive et complète peuvent n'avoir pas encore été
arrêtées. Mais il n'est pas moins évident qu'en ce
qui concerne l'immeuble licité, l'indivision n'existe
plus. Or, là où il n'y a pas indivision, il n'y a plus
lieu à partage. D'avance, le partage a été consommé. Un intérêt exclusif a pris la place d'un intérêt
commun.

Ces idées tranchent la question sous le point de
vue logique, et quand on invoque la liquidation
non encore effectuée pour jeter du doute sur l'existence définitive du partage, on confond deux
momens très-distincts dans l'apurement d'une succession; savoir, l'attribution de la propriété et le
réglement de l'égalité entre co-successeurs. La

première opération peut précéder et précède souvent la seconde, et elle se suffit à elle-même
comme contenant investissement de droits certains. Toutes ces notions se comprendront aisément, si l'on veut surtout ne pas prendre
le mot *partage* dans le sens large qu'on lui attribue souvent dans la vue d'embrasser sous une
expression complexe la série d'opérations assez
compliquées qui ont pour but de fractionner une
succession, une communauté, en parties égales ou
proportionnelles. Dans le sens exact, le mot partage a beaucoup moins de portée. Il n'implique
que l'idée du contraire de l'indivision. Dès l'instant
que l'indivision s'évanouit, tout est dit en fait de
partage; il peut bien y avoir une liquidation ultérieure à faire pour conserver l'équilibre, mais le
partage proprement dit n'est pas moins réalisé.

Ce que le raisonnement vient de nous dire, le
texte de l'art. 2109 le proclame hautement. Chacune de ses expressions démontre que l'attente de
la liquidation n'a nullement frappé le législateur.
Supposant qu'une licitation a eu lieu entre cohéritiers, il pose pour point de départ de l'inscription, non l'époque à laquelle les parties se sont
réglées sur leurs retours, récompenses et répétitions respectives, mais l'époque de l'adjudication;
et cependant il n'ignorait pas que la part que
chacun des héritiers pourrait avoir à prendre
dans le prix, dépend souvent de compensations
et de calculs qu'une liquidation est seule de nature
à établir. Mais cette part n'est pas ce qui importe
au législateur; car l'inscription a la faculté de

s'étendre sur la totalité du prix, et par ce moyen tous les droits sont garantis. Mais ce qui a frappé le législateur, c'est la cessation de l'indivision, c'est cette transformation du droit de tous en un droit exclusif; c'est cette attribution de la propriété qui, ouvrant un ordre de choses tout nouveau, place les intéressés en demeure de prendre inscription.

Du reste, la question a été trois fois jugée en ce sens par les cours de Bordeaux (1), Paris (2) et Lyon (3); quant à l'arrêt de la cour de cassation, que nous avons cité au n° 314 *ter*, il est trop dominé par les points de fait déclarés constans par la cour royale, pour qu'on puisse y voir une objection contre notre manière de voir.

(1) Dall., 31, 2, 212, 16 juin 1831.
(2) 33. 2, 203, 7 février 1833.
(3) 21 février 1832, Dalloz, 32, 2, 146.

Plus récemment encore cette jurisprudence a été confirmée par la cour royale de Lyon, le 29 décembre 1835 (Sirey, 36, 2, 453. Dalloz, 37, 2, 98); et par la cour royale de Paris, le 3 décembre 1836, dans une espèce où l'un des cohéritiers était mineur (Sirey, 37, 2, 273. Dalloz, 37, 2, 59). Ce que nous enseignons ici n'est pas en opposition avec ce que nous avons dit au n° 314 *ter*, note 2.

Dans l'hypothèse dont nous nous occupions alors il n'y avait pas de licitation; le partage s'opérait en nature; le délai ne pouvait donc courir que du jour où ce partage était définitivement opéré, ce qui est fort différent du cas où il y a licitation.

ARTICLE 2110.

Les architectes, entrepreneurs, maçons et autres ouvriers, employés pour édifier, reconstruire ou réparer des bâtimens, canaux ou autres ouvrages, et ceux qui ont, pour les payer et rembourser, prêté les deniers dont l'emploi a été constaté, conservent, par la double inscription faite 1° du procès-verbal qui constate l'état des lieux, 2° du procès-verbal de réception, leur privilége à la date de l'inscription du procès-verbal.

SOMMAIRE.

319. Nécessité d'une double inscription. Le prêteur de deniers n'a pas besoin de faire inscrire les actes qui constatent son prêt.
320. Quand la double inscription doit-elle avoir lieu, en cas d'aliénation de l'immeuble?
321. Distinctions.
322. L'inscription du constructeur a-t-elle un effet rétroactif, ou bien le privilége ne prend-il date que du jour de l'inscription du premier procès-verbal?

COMMENTAIRE.

319. Comme les autres priviléges, celui dont il est ici question est soumis à des conditions de publicité. Les ouvriers et les prêteurs de deniers doivent faire inscrire le premier procès-verbal,

c'est-à-dire celui qui constate l'état des lieux, et le procès-verbal de réception des lieux (1).

Les prêteurs de deniers pour travaux n'ont pas besoin de faire inscrire les actes qui constatent les sommes prêtées. La loi ne l'exige pas, et cette formalité est d'ailleurs assez inutile; car il importe peu aux autres créanciers que le privilége soit exercé par les ouvriers eux-mêmes ou bien par ceux qui leur sont subrogés (2).

La double inscription ordonnée par notre article, était le meilleur moyen pour donner de la publicité au privilége des ouvriers et du prêteur de deniers.

On voit par cette formalité l'état de l'immeuble au moment où les travaux sont commencés, les réparations dont il avait besoin, les ouvrages qui l'ont amélioré, et dont le second procès-verbal constate les valeurs, c'est-à-dire le maximum de la créance privilégiée (3).

320. Notre article n'exige pas que les deux procès-verbaux soient inscrits ensemble. Ils peuvent

(1) L'inscription de ce deuxième procès-verbal a pour but de faire connaître le maximum de la créance privilégiée. L'article 13 de la loi du 11 brumaire an 7 est ainsi conçu :

« Le procès-verbal qui constate les ouvrages à faire doit être » inscrit *avant* le commencement des réparations, et le privi- » lége n'a d'effet que par cette inscription. Celui de réception » des travaux doit être également inscrit, à l'effet de détermi- » ner le maximum de la créance privilégiée.»

(2) Tarrible, Privilége, p. 46.

(3) Tarrible, Privilége, p. 46, n° 8, col. 1. Grenier, t. 2, p. 256.

être inscrits séparément, pourvu que ce soit en temps utile.

M. Grenier se propose la difficulté suivante, qu'il résout ainsi (1) : Des constructions considérables ont lieu. Avant leur *perfection* et leur réception, le propriétaire vend l'immeuble dont elles augmentent la valeur. Si l'architecte ne pouvait conserver son privilége qu'en inscrivant les deux procès-verbaux dans la quinzaine, il faudrait qu'il y renonçât; car comment inscrire le second procès-verbal, puisque les travaux ne sont pas encore finis, et qu'il y a par conséquent impossibilité que ce procès-verbal soit rédigé? Le privilége sera donc conservé par l'inscription du premier procès-verbal dans la quinzaine, sauf à inscrire le second ultérieurement.

321. Cette question est susceptible de plusieurs faces sous lesquelles elle doit être envisagée.

Trois hypothèses peuvent se présenter.

Ou les travaux sont inachevés et l'acquéreur s'oppose à leur continuation;

Ou l'acquéreur consent à ce qu'ils soient parachevés;

Ou bien les travaux sont finis, mais non reçus lors de l'aliénation.

Au premier cas, si l'acquéreur arrête les travaux, il faudra adopter l'opinion de M. Grenier. L'architecte ne peut inscrire dans la quinzaine le second procès-verbal, puisque les travaux ne sont pas encore finis. Pour constater l'état de ces travaux et

_____

(1) Hyp., t. 2, n° 410.

la plus-value qui en résulte, quoiqu'ils soient imparfaits, il faut du temps (1). L'intervention du tribunal de première instance est nécessaire : de plus, il faut que l'expert ait le temps matériel pour procéder. Pendant toutes ces opérations la quinzaine s'écoule. Il serait trop rigoureux de s'en faire un moyen de déchéance. Il y a force majeure.

Dans le second cas, l'acquéreur en laissant continuer les travaux sur son terrain, non seulement a succédé à l'obligation de son vendeur, mais même est censé avoir contracté, de nouveau, avec les ouvriers, pour la perfection des ouvrages. C'est donc comme si *ab initio* il avait fait marché avec eux. Il est impossible de considérer cet acquéreur comme un tiers à l'égard des ouvriers, et dès-lors on ne conçoit pas comment il pourrait purger son immeuble d'un privilége créé, ou si l'on veut ratifié et corroboré par lui. La transcription qu'il fait ne met donc pas les ouvriers en demeure de prendre leurs inscriptions dans la quinzaine. Rien ne les oblige à prendre ces inscriptions, puisque celui qui fait transcrire est précisément celui de qui émane le privilége.

Dans le troisième cas, c'est-à-dire si les travaux sont *parachevés mais non reçus*, alors il est clair que l'acquéreur est un tiers véritable pour les ouvriers, et qu'il n'y a rien de commun entre eux. Alors les ouvriers doivent se mettre en règle dans la quinzaine de la transcription, et si le second procès-verbal n'était pas inscrit dans cette quinzaine, il y aurait pour eux déchéance.

(1) *Suprà*, n° 245.

L'une de ces hypothèses s'est présentée devant la cour de Lyon dans une espèce où il s'agissait, non de vente volontaire, mais d'expropriation forcée. D'après les considérans de l'arrêt, on voit que l'ouvrier avait fait inscrire le premier procès-verbal avant l'adjudication, mais que le second n'avait été inscrit *que trois mois après*, et cela, parce qu'au moment de l'adjudication, les travaux n'étaient pas parachevés, et que l'*ouvrier y travaillait encore*. Par arrêt en date du 13 mars 1830 (1), la cour décida que l'inscription du premier procès-verbal avait suffi. On voit que cette décision, rendue dans une espèce calquée sur notre seconde hypothèse, confirme pleinement notre sentiment; mais la cour n'a pas abordé des principes aussi absolus que ceux que nous avons proposés.

322. Notre article dit que la double inscription conserve le privilége *à la date de l'inscription du premier procès-verbal.* Cette locution est-elle un vice de rédaction semblable à celui que nous avons remarqué dans l'art. 2106 (2)?

Les opinions sont partagées à cet égard.

MM. Persil (3) et Delvincourt (4) pensent que ces mots doivent être pris au pied de la lettre, et que le privilége ne prend rang qu'à compter de l'inscription du procès-verbal (5).

Au contraire, MM. Tarrible, Grenier et Favard

____

(1) Dal., 31, 2, 193.
(2) N° 266 *bis*.
(3) Sur l'art. 2110, n° 3, et Quest., t. 1, ch. 6, §9.
(4) T. 3, p. 288, notes.
(5) Junge Dalloz, Hyp., p. 43 et 114.

pensent que les expressions de l'art. 2110 doivent s'interpréter de la même manière que celles de l'art. 2106. Car il semble qu'il est contraire à la nature du privilége, qu'il prenne rang de son inscription.

La loi de brumaire an 7 voulait que le procès-verbal constatant les ouvrages à faire, fût inscrit *avant le commencement des opérations.* Cette disposition était très-sage et levait tous les doutes. Le constructeur se trouvait-il en effet en contact avec des créanciers ayant hypothèque sur l'immeuble avant le commencement des travaux? il prélevait la plus-value que ces travaux avaient donnée à l'immeuble, et dont ces créanciers ne devaient pas profiter à son détriment. Ayant conservé le gage commun, ayant agi dans l'intérêt de tous, aucun créancier antérieur ne pouvait être admis à lui dénier cette préférence si légitime. Au contraire, le constructeur se trouvait-il en contact avec des créanciers ayant hypothèque depuis les travaux? l'inscription du procès-verbal avant l'exécution de ces travaux avait fait connaître aux créanciers, qui avaient contracté avec le propriétaire de l'immeuble, qu'ils ne devaient pas compter sur la plus-value acquise par les travaux du constructeur. Ce n'est qu'autant que l'ouvrier avait laissé ignorer son droit, faute d'inscription, que ceux qui avaient contracté depuis les travaux pouvaient prétendre à le primer. Car l'immeuble s'était présenté à eux exempt de charges, et ils avaient dû compter sur la valeur intégrale. Dans le système de la loi de brumaire an 7, les priviléges n'avaient pas cet effet rétroac-

tif que le Code civil donne à leur inscription.
Par exemple, à l'égard du vendeur, comme la
transcription était à la fois un élément de la vente
et le moyen de rendre public le privilége du vendeur, il s'ensuit que ce privilége prenait notoi-
rement naissance au moment de la perfection du
contrat, sans qu'il fût nécessaire de recourir à
l'expédient trompeur d'une inscription, qui a un
effet rétroactif. Il en était de même du privilége
du co-partageant (1).

Le Code civil est malheureusement conçu dans
des idées différentes (2). L'inscription, en conso-
lidant le privilége, lui donne un effet rétroactif, quelque tardive qu'elle soit (3). C'est ce qui
a lieu à l'égard du vendeur; c'est ce qui a lieu à
l'égard du co-partageant. Y a-t-il quelque raison
pour croire que le Code ait adopté d'autres vues
à l'égard du privilége des architectes? Ne doit-on
pas supposer que ces expressions *à la date*, etc.;
sont la conséquence de l'art. 2106, et doivent se
prendre dans le même sens?

En expliquant l'art. 2110 par l'art. 2106, il est
certain qu'on laisse à la loi toute son homogénéité,
et qu'on se maintient dans un système dont toutes
les parties sont plus concordantes. Mais, pour se
montrer si obstinément fidèle à une interprétation
qui n'est pas la plus favorable à la publicité, il

(1) Paris, 26 décembre 1807 et 19 juin 1817. Dalloz, Hyp.,
p. 110, col. 2, note 1.
(2) Voyez art. 2106, nᵒ 266 *bis*; et préface.
(3) Nᵒ 266 *bis*.

faudrait qu'il n'y eût pas quelque motif plausible de s'en écarter ; or ce motif existe ici.

En donnant un effet rétroactif à l'inscription du vendeur et à celle du co-partageant, la loi a pu être frappée de cette considération, que, par l'inspection des titres de leur débiteur, les créanciers ont pu connaître, indépendamment de l'inscription, l'existence de ces deux priviléges. Mais il n'en est pas de même du privilége de l'architecte. Ceux qui ont pris hypothèque depuis les travaux, ne peuvent savoir que la plus-value est le lot du constructeur, qu'autant qu'un moyen de publicité le leur fait savoir. Car les titres qu'ils ont consultés ne leur ont rien appris à cet égard. Il fallait donc qu'ils fussent informés des travaux d'amélioration ; sans quoi ils ont dû compter sur la valeur totale de l'immeuble. C'est tant pis pour l'architecte s'il n'a pas fait inscrire le procès-verbal avant le commencement des travaux. Sa négligence ne doit pas porter préjudice à des créanciers de bonne foi.

On oppose qu'il est contraire à la nature du privilége qu'il prenne date de l'inscription. Mais il faut faire attention qu'en ce qui concerne les créanciers antérieurs aux travaux, l'inscription de l'architecte suffit pour que la cause de ce dernier soit préférable à la leur. Le privilége produit donc ici un de ses grands effets, qui est de primer les hypothèques antérieures. Ce n'est que pour les créanciers postérieurs aux travaux, qu'on se référera aux dates des inscriptions. Ainsi le veut la publicité promise aux prêteurs par la loi.

Cette interprétation se corrobore d'une considération.

D'après l'art. 2103, le premier procès-verbal doit
être *dressé* avant les travaux. Si l'art. 2110 ne dit
pas comme la loi de l'an 7 qu'il doit être *inscrit*
avant les travaux, il le suppose par sa relation
avec l'art 2103. En tout cas il ne s'éloigne pas
de la pensée de la loi de l'an 7, lorsqu'il dit que le
privilége de l'ouvrier ne prendra rang (en ce qui
concerne les créanciers postérieurs aux travaux)
qu'*à compter* de son inscription. Par là, il est clair,
en logique et en droit, que la plus-value ne doit être
enlevée qu'aux créanciers qui, en contractant, ont
su, par l'inscription, qu'elle était acquise à l'ouvrier. Mais la leur enlever, quand il ne l'ont pas
su, est une criante injustice.

ARTICLE 2111.

Les créanciers et légataires qui demandent
la séparation du patrimoine du défunt, conformément à l'art. 878 , au titre des Successions, conservent à l'égard des créanciers des
héritiers ou représentans du défunt, leur privilége sur les immeublés de la succession, par
les inscriptions faites sur chacun de ces biens,
dans les six mois à compter de l'ouverture de
la succession.

Avant l'expiration de ce délai, aucune hypothèque ne peut être établie avec effet sur

ces biens par les héritiers ou représentans au
préjudice de ces créanciers ou légataires.

SOMMAIRE.

COMMENTAIRE.

5a3. Mon objet n'est de parler ici de la séparation des patrimoines que dans ses rapports avec le
régime hypothécaire. Tout ce qui tient à l'origine,
à l'objet et aux effets de ce droit, au cas où l'on
peut en faire usage, a été expliqué par MM. Toullier, Chabot et autres auteurs, aux ouvrages desquels il suffit de renvoyer. J'ai d'ailleurs le projet
de m'en occuper spécialement dans un travail sur
les successions, qui prendra place dans la série de
commentaires que je me propose de publier sur
la première partie du Code civil.

Et d'abord, on a fort bien remarqué que c'est
improprement que l'on a qualifié du non de privilége le droit que les créanciers et légataires du
défunt ont de demander la séparation des patrimoines. Car un privilége ne s'exerce qu'entre les
créanciers d'un même débiteur; et cependant la
séparation des patrimoines est une prérogative
accordée aux créanciers du défunt, contre les
créanciers personnels de l'héritier; elle a pour
objet de former pas conséquent deux classes de
débiteurs et de créanciers différens. Aussi la loi
du 11 brumaire an 7 ne parlait-elle pas de la
séparation des patrimoines comme d'un privilége, etc. Le Code civil lui-même ne classe pas
ce droit parmi les priviléges, dont il donne l'énumération aux art. 2101, 2102, 2103 et 2104 (1).

Pourquoi donc l'art. 2111 donne-t-il à la séparation des patrimoines le nom de privilége? On
ne peut en rapporter d'autre raison, sinon que ce
droit est soumis à des conditions de publicité, à
une inscription, comme les priviléges. Mais cela
ne peut excuser le législateur, qui, dans la rédaction des lois, devrait peser les expressions avec
assez de mesure, pour ne jamais se servir de termes
impropres et sujets à équivoque. Car, de ce qu'un
droit réel est assujetti à l'inscription, il ne s'ensuit

(1) Thémis, t. 6; p. 252. Conclus. de M. de Broë, D. 28,
1, 332. La loi de brumaire an 7 (art. 14), après avoir énuméré diverses causes de préférence, ajoutait : « *Le tout sans*
» *préjudice du droit qu'ont les légataires de demander la sé-*
» *paration des patrimoines.* » Elle n'ordonnait pas l'inscription. Gassat., 17 octobre 1809. Dalloz, Hyp., p. 115.

nullement qu'il change de nature, et passe dans
la catégorie des priviléges.

3₂4. La séparation des patrimoines forme, comme
on le sait, deux masses distinctes de biens, l'une
qui se compose de ce qu'a laissé le défunt, l'autre
qui comprend les biens personnels de l'héritier.
Par l'effet de cette séparation, tous les meubles et
immeubles qui constituaient la fortune du défunt
sont dévolus à ses propres créanciers. Mais pour
conserver ce droit sur les immeubles, il faut que
des inscriptions soient prises sur *chacun* de ces
biens, dans les six mois à compter (1) de l'ouverture de la succession. Quant au droit exclusif des
créanciers du défunt sur les meubles, il n'est soumis à aucune condition de publicité et d'inscription.

5₂5. D'après les dispositions de l'art. 88o du
Code civil, l'action en séparation de patrimoine
peut être exercée *à l'égard des immeubles tant qu'ils*
existent dans la maison de l'héritier.

MM. Merlin, Grenier, Toullier et Chabot (1),
pensent que cet article a été modifié par l'art. 2111,
que j'analyse en ce moment.

« Si les créanciers personnels de l'héritier sont
» chirographaires, disent ces auteurs, ou si, étant
» hypothécaires, ils n'ont pas fait inscrire leurs
» titres, les créanciers du défunt pourront sans
» doute, *même sans avoir pris inscription,* demander

---

(1) *A compter!* Sur le sens de ces mots, voyez *suprà*,
n°ˢ 296 et suiv.

(2) Merlin, Répert.,Voy. Sépar. de patrim. Grenier, Hyp.,
t. 2, n° 432. Toullier, t. 4, p. 548. Chabot, sur l'art. 88o.

» la séparation des patrimoines, tant que les biens
» existeront dans la main de l'héritier ou que le
» prix lui en sera dû.

» Mais si les créanciers personnels de l'héritier
» ont des hypothèques inscrites, ou des hypo-
» thèques dispensées d'inscription, les créanciers
» du défunt devront, à peine de déchéance de leur
» privilégé de séparation, prendre des inscriptions
» sur chacun des immeubles, *et former leur de-*
» *mande dans les six mois à compter* de l'ouverture
» de la succession. Sans ces précautions, ils n'auront
» pas plus de droits que les créanciers hypothé-
» caires de l'héritier.

» Ainsi, dans le cas où il y a des créanciers hy-
» pothécaires inscrits, l'art. 880 a été modifié : le
» droit de demander la séparation ne subsiste que
» pendant les six mois qui suivent la mort du dé-
» funt, au lieu que, par l'art. 880, il subsistait tant
» que les biens existaient dans les mains de l'héri-
» tier. »

Et d'où ces auteurs tirent-ils la preuve que
l'art. 2111 a modifié l'art. 880 ? C'est de ces expressions « les créanciers et légataires *qui demandent la
séparation des patrimoines conservent*, etc. » Or, dit
M. Merlin, il résulte de là que l'art. 2111 n'impose
le devoir de s'inscrire, que lorsque les créanciers
demandent la séparation des patrimoines. L'inscription ne *peut donc avoir lieu et produire d'effet* que
dans le cas où elle est, soit accompagnée, soit pré-
cédée d'une demande en séparation. Or, puisque
cette inscription doit être prise dans les six mois;

il s'ensuit que la demande doit aussi être formée dans les six mois.

Comme il m'est impossible d'adopter, sur la foi de jurisconsultes accrédités, des opinions qui ne satisfont pas ma raison, je me suis placé hors des subtilités de mots sur lesquelles roule le système de MM. Merlin, Chabot, etc., et j'ai cherché à interpréter par mes propres lumières les art. 880 et 2111 combinés ensemble. Il est possible que je m'égare dans cet examen dicté par une indépendance d'opinion peut-être excessive; mais j'aurai du moins le mérite d'avoir cherché franchement la vérité.

D'abord, en ce qui concerne le cas où l'héritier n'a que des créanciers chirographaires ou des créanciers hypothécaires non inscrits, est-il vrai que les créanciers du défunt peuvent demander la séparation sans avoir pris d'inscription?

Si l'on se reporte à ce que j'ai dit ci-dessus n° 268, on se convaincra sans difficulté qu'il ne servirait de rien aux créanciers chirographaires, d'opposer aux demandeurs en séparation le défaut d'inscription de leur privilége dans les six mois; car les créanciers, poursuivant la séparation, pourraient, au même instant, prendre une inscription hypothécaire (art. 2113), qui leur assurerait la préférence sur les créanciers chirographaires (1).

Mais s'il s'agissait de créanciers hypothécaires non inscrits au moment de la demande, ils pour-

(1) Paris, 23 mars 1824 (Dall., 25, 2, 119). Poitiers, 28 janvier 1823 (Dal., 24, 2, 33).

raient, sans difficulté, se faire inscrire, et alors ils seraient fondés à opposer que les créanciers du défunt n'ont pas pris inscription dans les six mois. Car, faute d'avoir rempli cette formalité dans le délai prescrit, les demandeurs en séparation descendraient à la condition de créanciers hypothécaires, et leur rang ne serait fixé qu'à la date de leurs inscrisptions.

Passons aux créanciers de l'héritier qui ont une hypothèque inscrite. Nul doute que les créanciers qui veulent demander la séparation, ne doivent s'inscrire dans le délai de six mois à compter du décès du défunt. Sans cela, ils ne peuvent plus demander avec effet le bénéfice de séparation, quand même les biens seraient encore entre les mains de l'héritier.

Et c'est en ceci que l'art. 2111 a dérogé à l'art. 880 du Code civil. Car, dit M. Tarrible (1), si le privilége de séparation et ses effets ne peuvent se conserver que par les inscriptions faites dans les six mois, il s'ensuit qu'à défaut d'inscription, les créanciers de la succession ne peuvent plus invoquer de préférence sur les créanciers personnels de l'héritier, et demander utilement la séparation des patrimoines (2), quoique les immeubles soient encore dans la main de l'héritier, et que

_____

(1) Répert., Privilége, p. 38, col. 1.

(2) En effet, les demandeurs ne pourraient plus réclamer qu'un rang d'hypothèque (art. 2113), et ce rang serait nécessairement inférieur à celui des créanciers personnels de l'héritier déjà inscrit avant lui.

cependant l'art. 880 dise qu'on peut demander la
séparation, tant que les immeubles sont dans la
main de l'héritier.

Il faut donc prendre nécessairement inscription
dans les six mois.

Mais faut-il nécessairement aussi que la demande en séparation contre les créanciers inscrits
soit formée dans les six mois? Quoi qu'on en dise,
je ne connais pas de loi qui en fasse une obligation,
et il faudrait cependant qu'il en existât une bien
formelle pour qu'on pût admettre cette antinomie
avec l'art. 880 du Code civil. Quant à l'argument
tiré par M. Merlin, de ces expressions *qui demandent la séparation*, ce n'est qu'une argutie fondée
sur les mots. Le législateur a évidemment voulu
dire *qui veulent demander, qui ont droit de demander*.

Ainsi, lorsque le créancier de la succession a fait
inscrire son privilége dans les six mois, son droit
est garanti pour l'avenir, et il peut demander la
séparation, tant que les immeubles restent dans
les mains de l'héritier. Tel est l'avis de M. Tarrible,
qui, quoiqu'il n'ait pas traité la question, me
paraît cependant avoir interprété l'art. 2111 dans
le même sens que je l'entends.

« Lorsque, dit-il, les créanciers de la succession et
» les légataires auront rempli cette formalité dans le
» délai prescrit, *ils conserveront dans toute sa pléni-
» tude le droit de séparation des patrimoines* (1). »
Au surplus, je trouve des décisions plus explicites
dans un arrêt de la cour de Nîmes, du 19 février

(1) Répert., Privilége, p. 38, col. 2.

1829 (1), et dans un arrêt de la cour de Colmar, du 3 mars 1834 (2) qui, tous deux, repoussent le système des auteurs que je combats, et jugent que le droit de séparation est conservé par l'inscription dans les six mois, bien que la demande en séparation soit postérieure à ce délai. Je n'hésite pas à croire que cette jurisprudence est seule destinée à rallier à elle les esprits. Dans la pratique, on n'est pas prodigue de déchéance comme dans les livres.

326. Quoique l'art. 880 du Code civil dise que l'on ne peut demander la séparation des patrimoines que lorsque les immeubles sont encore dans la main de l'héritier, néanmoins on est d'accord aujourd'hui sur ce point, que les choses sont encore entières lorsque le prix provenant de la vente n'a pas encore été distribué. Car, en ce cas, le prix représente la chose (3); c'est ce qu'a jugé la cour de cassation. Il est vrai que cette décision a été rendue sous l'empire de la loi de brumaire an 7 (4). Mais, quoi qu'en dise M. Dalloz (5), cette circonstance est peu importante, puisque l'art. 880 du Code civil est conforme aux anciens principes (6). D'ailleurs la

---

(1) Sirey, 29, 2, 214.

(2) Sirey, 34, 2, 678.

(3) Voët, D. *De separat.* Répert., v° Séparation. Chabot, art. 880. Grenier, t. 2, p. 287, n° 430. Toullier, t. 4, p. 546.

(4) 17 octobre 1809. Dalloz, Hyp., p. 115.

(5) *Loc. cit.*, note 1.

(6) L. 2, Dig. *De separat.*

I.   33

même chose a été jugée sous le Code civil (1).

Ainsi les créanciers de la succession peuvent arriver à l'ordre et demander la séparation, pourvu qu'ils se soient fait inscrire dans les délais. Mais quels sont ces délais? Sera-ce le délai de six mois dont parle notre article?

Ce qui fait la difficulté, c'est l'art. 834 du Code de procédure civile, qui exige que, lorsqu'il y a aliénation de l'immeuble, les inscriptions se présentent dans la quinzaine de la transcription.

Or ici il y a aliénation. L'immeuble est passé en d'autres mains. Il est vendu, et il ne s'agit plus que de distribuer les deniers.

Cette question doit se décider par les principes qui ont été développés ci-dessus, quand nous avons parlé de l'inscription du privilége des co-partageans (2). Il faut faire la distinction essentielle qui existe entre le *droit de suite* et le *droit de préférence*.

Voyons d'abord l'effet de l'aliénation par rapport au droit de suite.

327. Puisque le privilége ne subsiste que *lorsque les biens sont encore dans les mains de l'héritier* (3), il suit qu'il est éteint par la seule aliénation que l'héritier fait des biens de la succession, et que l'acquéreur n'a rien à redouter du droit de séparation. Je ne vois donc pas de nécessité à obliger le demandeur en séparation, à prendre une in-

(1) Arrêts de cassat. des 26 juin et 16 juillet 1828 (D. 28, 1, 300 et 331).

(2) N° 317.

(3) Art. 880 du Code civil.

scription, au plus tard dans la quinzaine de la transcription de la vente faite par l'héritier (1). Car la transcription n'est un appel que pour ceux dont les priviléges subsistent encore, et à qui il ne manque que l'inscription. Ici au contraire, la vente seule a fait disparaître le privilége au regard de l'acquéreur. Il ne peut craindre que les créanciers de la succession viennent surenchérir et le troubler.

Dira-t-on, avec M. Dalloz (2), que l'art. 880 du Code civil, qui veut que la demande en séparation ne soit recevable que tant que les biens ne sont pas sortis des mains de l'héritier, a été modifié par l'art. 834 du Code de procédure civile?

Mais il ne faut pas être si prodigue d'abrogation. L'art. 834 n'a point eu pour but de changer les principes relatifs à la séparation des patrimoines. La règle qui veut que la vente des biens héréditaires mette obstacle à la séparation, tient à des causes dont l'art. 834 n'a nullement songé à s'occuper. Elle tient à ce que la bonne foi veut qu'on ratifie ce que l'héritier a fait *medio tempore*, comme le disait Papinien dans la loi 2, *Dig. de separat.* Elle tient à cette autre règle que, pour demander la séparation des patrimoines, il faut que les choses soient *entières* (3). Or, ce sont là des raisons spéciales et tout-à-fait étrangères aux combinaisons hypothécaires, que l'art. 834 a voulu modifier.

(1) M. Grenier parle cependant de la nécessité de cette inscription, t. 2, p. 293. M. Dalloz, Hyp., p. 115.

(2) Hyp., p. 115, n° 4.

(3) Pothier, Pand., t. 3, p. 188, n° 14.

Aussi, voyez le silence que garde l'art. 834 sur ceux qui demandent la séparation des patrimoines, tandis qu'il réserve si expressément les droits des priviléges mentionnés aux art. 2108 et 2109. Et cependant un délai de faveur est accordé aux légataires demandeurs en séparation, de même que l'art. 2109 en accorde un aux co-partageans. Pourquoi donc parler des uns et pas des autres? N'est-ce pas parce que l'art. 834 ne s'occupe que des véritables *priviléges*, et non pas du droit dont parle notre article, et qui n'est pas un privilége? n'est-ce pas parce qu'il a senti que, l'aliénation opposant un empêchement à la séparation des patrimoines, il n'y avait pas lieu à étendre jusqu'à elle le délai de quinzaine de la transcription?

327 *bis*. Venons maintenant à l'effet de l'aliénation par rapport au *droit de préférence* entre créanciers.

L'aliénation n'empêche pas d'agir en séparation des patrimoines sur le prix non distribué, qui représente l'immeuble. Mais ce ne pourrait être pour conserver ce droit sur le prix, que les créanciers de la succession seraient obligés de s'inscrire dans la quinzaine de la transcription. Car cette inscription dans la quinzaine, prescrite par l'art. 834, n'a pour objet que de conserver au créancier privilégié le droit de surenchérir; elle est en quelque sorte dirigée contre l'acquéreur. Or ici, il ne s'agit pas de contestation entre l'acquéreur et les créanciers; c'est un débat entre les créanciers de la succession et ceux de l'héritier, et notre article n'a fait dépendre la préférence des premiers que de l'inscription *prise dans les six mois*.

On pourra donc s'inscrire, tant que les six mois ne seront pas écoulés. On le pourra, parce que l'art. 834 n'a pas été fait pour la séparation des patrimoines. On le pourra, parce que l'art. 2111 donne un délai de six mois, et qu'il déclare *sans effet les hypothèques prises par des tiers pendant ce délai*.

Objectera-t-on que, par le Code civil, qui seul est notre loi, la vente arrête les inscriptions (1)? sans doute, en thèse ordinaire; mais non pas quand il y a un délai de faveur accordé pour prendre inscription. C'est ainsi que l'art. 834 du Code de procédure civile reconnaît dans son § final, que, d'après le Code civil, le co-partageant peut, malgré la vente, s'inscrire pendant soixante jours. Si c'est là l'esprit du Code civil à l'égard du co-partageant (et l'on ne peut en douter puisque le législateur le dit lui-même dans cet art. 834), il faut nécessairement dire qu'il a été mu par les mêmes principes, à l'égard du légataire demandant la séparation des patrimoines. Je sais bien cependant tout ce qu'il y a d'anomalies dans cet état de choses (2). Mais quand la loi est formelle, il faut y obéir. Elle est maîtresse d'apporter des exceptions aux principes généraux (3).

(1) *Suprà*, n°ˢ 279, 280.
(2) *Suprà*, n₀ 317.
(3) Opinions conf. MM. Delvincourt, t. 2, p. 178, notes. Dalloz, Hyp., p. 115, n° 4. Arrêt de la cour de Colmar du 3 mars 1834 (Sirey, 34, 2, 678).

L'acceptation d'une succession sous bénéfice d'inventaire

328. La loi du 22 frimaire an 7, comme je l'ai dit ci-dessus (1), ne soumettait pas le droit de demander la séparation des patrimoines à la publicité et à l'inscription.

On a demandé si, une succession étant ouverte sous cette loi, les créanciers du défunt n'ont pas été obligés de prendre inscription dans les six mois qui ont suivi la publication du titre des priviléges et hypothèques. La négative, condamnée d'abord par plusieurs arrêts (2), a fini par prévaloir (3), et les auteurs l'approuvent généralement (4), de telle sorte qu'on ne la conteste plus (5).

opère de plein droit la séparation des patrimoines au profit des créanciers de cette succession et les dispense de l'inscription.

Et cette séparation, ainsi opérée, continue de subsister même après que l'un des héritiers bénéficiaires a fait un acte d'héritier pur et simple comportant déchéance du bénéfice d'inventaire.

Arrêts de cassation du 18 juin 1833 (Sirey, 33, 1, 730. Dall., 33, 1. 233); arrêt de la même cour du 18 novembre 1833 (Sirey. 33, 1, 817); arrêt de Paris du 4 mai 1835 (Sirey, 35, 2, 257. Dalloz, 35, 2, 101); arrêt de Colmar du 9 janvier 1837 (Sirey, 37, 2, 311. Dalloz, 37, 2, 126).

(1) Nº 323, note 1.

(2) Toulouse, 12 janvier 1807. Rouen, 23 août 1809. Dalloz, Hyp., p. 115, 116.

(3) Cassat., 8 mai 1811 (Dalloz, Hyp., p. 116). Turin, 7 mars 1810 (Ibid.). Cassat., 17 avril 1827 (D. 27, 1, 202, 203). Lyon, 26 mai 1827 (D. 28, 1, 331). Caen, 2 décembre 1826 (D. 2, 93).

(4 Grenier, t. 2, nₒ 434. Merlin, Sépar. de patrim.

(5) Voy. en effet l'espèce rapportée par Dalloz, 28, 1, 133. Un arrêt de la cour de cassation du 3 mars 1835 (Dalloz, 35, 1, 110. Sirey, 35, 1, 161); et un arrêt de Bordeaux du 14 juillet 1836 (Sirey, 37, 2, 222. Dalloz, 37, 2, 175).

ARTICLE 2112.

Les cessionnaires de ces diverses créances privilégiées exercent tous les mêmes droits que les cédans, en leur lieu et place.

SOMMAIRE.

351. Le mot de subrogation est nouveau. Il nous vient du droit canonique.

352. Deux espèces de subrogation, l'une conventionnelle, l'autre légale.

353. De la subrogation *conventionnelle* accordée par le créancier. Elle ne peut avoir lieu *ex intervallo.* Elle doit *être expresse.* Par le droit romain, la subrogation aux *priviléges personnels* avait lieu de plein droit, pourvu que l'argent fût parvenu au créancier privilégié. Mais, pour être subrogé à l'*hypothèque*, il fallait une clause expresse. Plus de différence par le Code civil. Le créancier n'est pas forcé de donner la subrogation.

353 *bis*. Rapport entre la cession et la subrogation accordée par le créancier. Mais différences notables. Dissentiment avec M. Toullier sur la question de savoir si le créancier doit garantie.

354. De la subrogation conventionnelle accordée par le débiteur. Conditions pour qu'elle soit valable. Les formalistes l'ont repoussée long-temps.

354 *bis*. La différence du droit romain entre la subrogation au privilége et la subrogation à l'hypothèque, n'existe plus par le Code civil.

355. *De la subrogation de plein droit.* 1° Au profit de celui qui, étant créancier, paie un créancier pr éférable. Du droit d'offrir.

356. Le droit d'offrir appartient au créancier chirographaire. Dérogation au droit romain.

357. Le créancier antérieur est-il subrogé de plein droit au créancier postérieur qu'il paie? Oui, par le droit romain. Non, par le Code civil. Dissentiment avec M. Toullier.

358. 2° De la subrogation de plein droit au profit de l'acquéreur de l'immeuble qui paie les créanciers hypothécaires.

359. La subrogation dans ce cas n'est pas limitée à l'immeuble acheté. Elle s'étend à tous les droits du créancier payé.

36o. 3° De la subrogation légale au profit de celui qui, étant tenu avec d'autres ou pour d'autres, avait intérêt à acquitter la dette.

361. 4° De la subrogation légale de l'héritier bénéficiaire qui paie les dettes de la succession.

362. Formalités pour la conservation des priviléges cédés ou transmis par transport, subrogation ou autrement.

363. Lorsqu'il y a *transport*, et que le privilége est inscrit, le cessionnaire en profite. Néanmoins, il est prudent qu'il prenne inscription en son nom.

364. S'il n'y a pas d'inscription prise, le cessionnaire peut en prendre en son nom personnel. Il n'est pas nécessaire qu'il mentionne son acte de cession. Contradiction de M. Grenier.

365. Le cessionnaire peut-il prendre inscription en son nom avant la signification du transport? Jugé qu'il le peut.

366. Tous les cessionnaires concourent entre eux, malgré la date des titres.

367. Si le cédant est créancier d'un reliquat, il ne peut prétendre de préférence sur les cessionnaires. Il doit prendre rang après eux.

368. Le créancier *simplement indiqué* ne peut prendre inscription en son nom. Raison de cela. Arrêts.

369. Mais peut-il se prévaloir de l'inscription valable de son débiteur? Distinction importante, et qui cependant a échappé à M. Merlin. Arrêt de Bruxelles combattu. Le créancier indiqué doit profiter de l'inscription contre les *ayant-cause de l'acquéreur*. Mais il ne peut en tirer avantage *contre les créanciers du même débiteur que lui*. Arrêts.

370 et 371. *Quid* quand l'indication a été acceptée? C'est alors une véritable cession.

372. La délégation acceptée par un créancier donne-t-elle préférence sur les autres créanciers du débiteur? Distinctions. Suite, nos 372, 373, 374, 375.

376. Du sort des priviléges dans le cas de *délégation*. — *Novation*.

377. Que doit faire le subrogé pour conserver les priviléges à lui transmis? Lorsque la subrogation émane du créancier, appliquer ce qui a été dit pour le cas de cession.

378. Rang du créancier subrogeant à qui il est dû un reliquat. Il est préférable aux subrogés.

379. Les subrogés entre eux viennent par concurrence. Exception.

380. Indication des moyens à prendre pour la conservation du privilége lorsque c'est le débiteur qui accorde la subrogation.

381. Tous les subrogés concourent entre eux.

382. Quan il y a subrogation légale, renvoi aux moyens indiqués pour le cas de subrogation consentie par le créancier.

COMMENTAIRE.

329. Cet article ne parle que des cessionnaires, c'est-à-dire de ceux qui, en vertu de cessions ou transports, exercent les droits de leur débiteur dont ils tiennent la place. Mais, pour traiter cette matière avec toute l'étendue désirable, je m'occuperai dans ce commentaire de tous individus quelconques qui, par transport, délégation ou subrogation, remplacent la personne primitivement investie du privilége de créance. Car le mot cession est un terme générique qui comprend le *transport*, la *délégation* et la *subrogation*, droits différens les uns des autres (1); mais qui, néanmoins, ont entre eux un point de contact, en ce qu'on y voit un nouvel individu mis à la place d'un précédent, pour exercer ses droits (2).

(1) Renusson, Subrog., chap. 2, n° 1.

(2) La difficulté de cette matière me force à rappeler quel-

§. *De la Cession.* — *Transport.*

340. Olea définit ainsi la cession, dans son Traité *De cessione jurium :* « Cessio est quasi traditio, et *juris* et *actionis* ex aliquo titulo in alium facta translatio (1). » C'est ce que les Romains appelaient *emptio nominis, venditio nominis.* Comme le dit Olea, elle n'a lieu que pour les choses incorporelles, telles que créances et actions.

A ne considérer que la subtilité du droit, la cession d'une créance, d'un droit, ou d'une action, c'est-à-dire d'un droit personnel, paraît contraire aux principes. Car le débiteur ne s'est obligé qu'envers une seule personne, c'est-à-dire envers le créancier avec qui il a contracté; et il semble qu'il ne peut devenir le débiteur d'une autre personne, sans son fait. Car il peut craindre de tomber entre les mains d'un créancier avare et intraitable, et de voir aggraver ainsi sa condition.

Néanmoins, les cessions étant très-utiles au commerce, on a cherché à les accommoder avec les principes du droit, et avec de la réflexion on a trouvé qu'elles ne lui répugnaient pas autant qu'il semblait au premier coup d'œil. En effet, un créancier peut évidemment exercer par un mandataire les droits que sa créance lui donne contre son débiteur. Dès-lors, on peut considérer comme un

ques principes généraux dont j'ai besoin de m'appuyer dans les discussions qui vont suivre.

(1) Quæst. 1, no 101. V. mon comment. *de la Vente,* t. 2, nos 878 et suiv.

simple mandataire celui à qui la créance est cédée. Seulement, au lieu d'agir au nom du mandant, il **agit** en son propre nom; il est *procurator in rem suam* (1).

Ainsi, soit que le cessionnaire agisse *nomine proprio*, soit qu'il agisse comme mandataire, le débiteur se trouve dans la même situation, et il n'en résulte pour lui rien dont il puisse se plaindre.

La cession peut être tantôt une vente, tantôt un échange, tantôt une donation, suivant les stipulations intervenues entre le cédant et le cessionnaire. Elle sympathise avec tous les moyens de transmettre la propriété.

341. La cession peut être *principale* ou *accessoire*.

Elle est principale lorsque, par des paroles dispositives, on cède à quelqu'un un droit ou une action déterminée, qui fait l'objet principal du contrat.

Elle est accessoire, lorsqu'elle découle comme conséquence d'un autre contrat principal. Quand je vends un héritage, je cède implicitement à mon acquéreur tous mes droits sur cet héritage. Cette cession est accessoire, elle complète le contrat de vente, et y est sous-entendue (2).

342. D'après les principes du droit, tous les priviléges attachés à la créance passent de plein droit

---

(1) Pothier, Vente, n° 551.

(2) Bartole, sur la loi *Modestinus de solut.*, *in fine*. Olea, tit. 1, quæst. 3, n° 8. Galleratus, *De renuntiatione*. t.1, lib.1, c. 4, n° 25.

et tacitement à celui qui en devient cessionnaire. Il se fait, avec la cession principale, une cession accessoire des prérogatives qui y étaient attachées entre les mains du cédant (1).

Par exemple : Pierre cède à Jacques un titre portant créance d'une somme de 20,000 fr. provenant d'une vente d'immeubles qu'il a faite à Paul. Quoiqu'il ne soit pas expliqué que cette créance de 20,000 fr. est privilégiée sur la chose vendue, néanmoins Jacques n'en aura pas moins le droit d'user du privilége.

Telle est la disposition de l'art. 1692 du Code civil (2).

343. J'ai dit tout à l'heure que la cession s'effectuait sans le concours du débiteur ; et c'est un principe invariable en droit : « *Cessio fit invito debitore*, » dit Cujas (3).

Mais pour que le cessionnaire soit saisi, *à l'égard des tiers*, il faut que la signification du transport soit faite au débiteur, ou bien que le débiteur ait accepté le transport dans un acte authentique (1690 du Code civil) (4).

(1) Renusson, Subrog., ch. 2, n° 5.

(2) V. mon comment. *de la Vente*, t. 2, n° 906, ce que je dis de l'importante question de savoir si la cession *par voie d'endosement* d'une créance hypothécaire emporte virtuellement le transport de l'hypothèque.

(3) Récit. solenn., Code, tit. *De oblig. et act.* sur les lois **3,** C. *De hæred. vend.*, et 1, C. *De novat. et deleg.*

(4) J'ai développé avec les plus grands détails tout ce qui touche à la signification du transport et à son acceptation par le débiteur, dans mon commentaire *de la Vente*, t. 2, n°* **882** et suivans.

La raison en est que sans cette signification, ou sans cette acceptation, le débiteur n'est pas obligé de savoir si la créance a passé d'une personne à une autre, et que, par conséquent, le cédant n'est pas dessaisi à son égard.

Il suit de ce principe, que le cessionnaire qui voudrait se présenter à un ordre sans avoir fait signifier son titre au débiteur en serait repoussé avec avantage par les tiers créanciers. Ils seraient fondés, en effet, à méconnaître sa qualité. Au surplus, l'obligation de signifier le transport n'est pas applicable : 1° aux lettres de change et billets de commerce, qui se transmettent par la voie de l'endossement ; 2° aux actions des sociétés de commerce, quand elles sont au porteur (Code de commerce, art. 35) ; 3° aux actions de la banque de France, qui se transmettent par un transfert sur les registres (décret du 15 janvier 1808) ; 4° aux rentes sur l'état, qui se transmettent par un simple transfert sur les registres de la trésorerie.

§ De l'indication du paiement.

344. L'indication de paiement a lieu lorsqu'un individu charge le créancier de toucher d'un autre la somme dont il lui est redevable. Par exemple : si Pierre vend une maison à Paul, et qu'il charge Jacques, son créancier, de recevoir le prix en son nom, mais en déduction de ce qu'il lui doit, c'est une délégation de paiement ou une indication de paiement.

C'est encore une indication de paiement, lors-

que je vends un immeuble, et que je charge l'acquéreur d'en payer le prix à mon créancier qui ne
participe pas au contrat (1).

L'indication de paiement, ou, comme disent
quelques jurisconsultes, l'*assignation de dette*, est
fort commune en France. Elle était très-peu usitée à Rome (2).

Par cette indication de paiement, il s'opère une
sorte de cession tacite, qui fait passer en la personne de celui à qui je délègue le prix, les prérogatives que j'avais pour l'exiger moi-même.

Mais ce n'est là, toutefois, qu'une cession imparfaite. Car la cession véritable, ou ce qui est la
même chose, *le transport*, contient une aliénation
complète des droits du cédant. En sorte que, si le
débiteur devient insolvable *ex post facto*, le péril
en retombe sur le cessionnaire.

Au contraire, l'indication de paiement ne contient pas d'aliénation véritable. Elle ne contient
qu'un mandat. Celui qui délègue demeure toujours
créancier du prix jusqu'à ce que le paiement soit
effectué; si le débiteur devient insolvable, son insolvabilité retombe sur lui et non sur le créancier
à qui la délégation est faite (3).

Néanmoins, l'indication de paiement peut devenir un transport *ex post facto* : ainsi, dans le cas
où en vendant mes biens je charge l'acquéreur de

(1) Répert., vº *Deleg. in fine*, et *Indic. de paiement*.
(2) Loyseau, Garantie des rentes, ch., 3, nº 5.
(3) Loyseau, *loc. cit.* Pothier, Vente, nº 552. L. Paulus,
§ ult., D. *De leg.* 3º.

remettre le prix à Titius, mon créancier ; si Titius
déclare, par acte authentique, accepter cette délégation, la chose sort des termes d'un simple mandat. Je ne peux plus révoquer la délégation. Mon
créancier est devenu mon cessionnaire ; il est le
créancier du débiteur indiqué (1).

§ *De la Délégation.* — *Novation.*

345. Outre la délégation dont je viens de parler,
et qui n'est qu'une indication faite au créancier
d'un moyen de se faire payer, il est une autre
sorte de délégation, qui contient une véritable *no-*
vation. Elle se fait, lorsque pour me libérer de ce
que je vous dois, je vous délègue mon débiteur
qui, pour acquitter sa dette, s'oblige envers vous
et que vous acceptez pour débiteur, en me déchar-
geant (1375 du Code civil). *Delegare est vice suâ*
alium reum dare creditori. Fit autem delegatio
vel per stipulationem, vel per litis contestationem.
L. 11. D. *De nov. et deleg.* « Par cette espèce de
» délégation, dit Pothier, la dette que le délégant
» devait à celui à qui il fait la délégation, et celle
» que le débiteur délégué devait au délégant sont
» entièrement éteintes ; il s'en contracte à la place
» une nouvelle de la part du débiteur délégué en-
» vers celui à qui la délégation est faite (2). »

_____

(1) Loyseau, ch. 3, n° 6. L. 1, C. *De oblig. et act.* Toullier, t. 8, p. 351. Metz, 24 novembre 1820. Sirey, 20, 2, 315.

(2) Vente, n° 553.

Ainsi la délégation produit l'extinction de deux dettes : 1° l'extinction de la dette existante entre le délégant et le créancier pour qui se fait la délégation ; 2° l'extinction de la dette que le débiteur devait au délégant. Ce débiteur change de créancier, et contracte une nouvelle obligation (1).

On aperçoit au premier coup d'œil la différence qui existe entre la délégation et l'indication de paiement (1277 du Code civil). On voit avec la même facilité la différence qui existe entre la délégation et la cession. La délégation parfaite, telle qu'elle est définie par l'art. 1275 du Code civil, contient novation, et la cession n'en contient pas. « Qui delegat debitorem, dit Cujas, actionem » amittit, *quia fit novatio* (2). »

La cession se fait *invito debitore;* au contraire, pour la délégation il faut son concours et son consentement (2).

Enfin la cession se fait par le concours de deux personnes, le cédant et le cessionnaire.

Pour faire une délégation de paiement, il faut le concours de trois personnes, le délégant, le débiteur délégué, le créancier en faveur de qui la délégation est faite (4).

(1) Renusson, Subrog., ch. 2, n° 11.

(2) Récit. solenn. sur le Code *De oblig. et act.*

(3) Cujas et Pothier, *loc. cit.* Donnellus, Comm., lib. 19 cap. 1. Hilligerus, son Commentateur, note *h.* Olea, t. 1, quæst. 2, n°° 50 et suiv.

(4) Pothier, Oblig., n° 564. Renusson, Subrog., chap. 2, n° 0. Loyseau, Garantie des rentes, ch. 3, n° 8.

Au surplus, on doit faire attention qu'il ne peut y avoir de véritable délégation, d'après l'art. 1275 du Code civil, qu'autant que le créancier, en faveur de qui la délégation est faite, déclare décharger le débiteur qui fait la délégation. Sans cela il n'y aurait pas novation, l'ancienne dette subsisterait toujours, ce ne serait plus qu'une sorte d'indication de paiement.

346. Ceci est très-important; car si la délégation est complète, c'est-à-dire si elle contient novation, les priviléges qui existaient en faveur de l'ancienne dette ne passent pas à la nouvelle, d'après l'art. 1278, à moins que le créancier qui accepte la délégation ne les ait expressément réservées. Telle était aussi la jurisprudence romaine, et celle qui a précédé le Code civil (1).

Par exemple, j'ai un privilége sur le fonds Cornélien, pour 20,000 francs que me doit Sempronius, à qui j'ai vendu ce fonds. Je consens que ce bien soit vendu à Mævius, à condition qu'il me paiera les 20,000 francs, et je donne décharge à Sempronius. Par la novation qui est intervenue, j'ai perdu mon privilége. Je n'ai plus qu'une créance pure et simple sur Mævius (2).

Je vend à Caïus le fonds Cornélien pour la somme de 20,000 francs, et je le charge de payer ces 20,000 francs à mes créanciers privilégiés qui me donnent quittance.

La dette privilégiée que j'avais contractée avec

(1) L. 18, D. *De nov. et deleg.* Voët, sur ce titre, Favre, Code, lib. 8, t. 8, def. 19 et 24. Pothier, Oblig., n° 563.
(2) Favre, défin. 24. *loc. cit.*

ces créanciers demeure éteinte, et par conséquent les priviléges qui en étaient l'accessoire.

Mais on demande si mes créanciers auront pour les 20,000 francs que je leur ai délégués le même privilége que moi.

Il faut répondre que non.

La dette qui existait entre moi et mon débiteur de 20,000 francs est éteinte, de même que celle que j'avais à payer à mes créanciers (1). Un nouvel engagement a pris la place de ceux qui existaient antérieurement, et puisque les engagemens primitifs sont éteints, à plus forte raison les priviléges et hypothèques, qui n'en sont que des accessoires.

Lorsque j'ai chargé mon débiteur de payer les 20,000 francs à mes créanciers, et que ceux-ci y ont accédé, je l'ai tout-à-fait déchargé, il y a eu libération entre lui et moi; il y a donc novation parfaite (1271, n° 3). Comment la dette pourrait-elle être éteinte, et le privilége subsister?

On aperçoit ici une nouvelle différence entre la cession et la délégation. La cession conserve les priviléges et hypothèques de la créance cédée. Au contraire, la délégation les fait disparaître puisqu'elle éteint la dette préexistante, et donne naissance à une obligation absolument nouvelle.

347. Cependant les parties peuvent, par une convention spéciale, stipuler que les priviléges et hypothèques de l'ancienne créance passeront à la nouvelle (2).

(1) Pothier, Vente, n° 553.

(2) Art. 1278 du Code civil. L. 4, § 1, *Quib. modis pign. solvit.* Favre, Code, lib. 8, t. 8, def. 19 et 24.

Mais ceci demande à être éclairci.

J'ai dit ci-dessus que toute *délégation-novation* ne pouvait s'opérer que par le concours de trois personnes.

Il résulte aussi des détails dans lesquels je suis entré, que toute délégation contient l'extinction de deux dettes, 1° celle qui existait entre le délégant et le créancier en faveur de qui se fait la délégation; 2° celle qui existait entre le délégant et le débiteur délégué.

Ceci posé, reprenons les hypothèses que nous avons proposées tout à l'heure.

1° J'ai un privilége sur le fonds Cornélien pour 20,000 francs, que me doit Sempronius acquéreur de ce fonds. Je consens que ce bien soit vendu à Mævius, à condition qu'il me paiera les 20,000 fr., et je donne décharge à Sempronius, *sous la réserve de mon privilége.*

Par cette réserve, quoiqu'il y ait anéantissement de l'obligation primitivement contractée entre Sempronius et moi, le fonds Cornélien continue à être toujours grevé de mon privilége. Car ce bien, qui passe dans les mains de Mævius avec mon consentement, est le même que celui sur lequel j'avais un droit privilégié du chef de Sempronius. Or je n'ai consenti à ce changement que sous la condition que je conserverais mon privilége. J'ai voulu libérer Sempronius, et le dégager de toute action personnelle; mais je n'ai pas voulu dégager l'immeuble; c'est la condition de la novation. Les autres créanciers ne peuvent s'en

plaindre. Car à leur égard mon droit reste absolument ce qu'il était auparavant.

2° Je vends à Caïus le fonds Cornélien pour la
somme de 20,000 francs, et je le charge de payer
les 20,000 francs à mes créanciers privilégiés, qui
me donnent quittance, *sous réserve de leurs priviléges.*

Les priviléges que ces créanciers avaient sur le
fonds Cornélien, lorsque je le possédais, subsis-
teront encore après la vente faite à Caïus et la
quittance qui m'est donnée. Car je n'ai été déchargé qu'autant que le privilége continuerait à
exister à son rang en faveur de ceux qui ont
cessé d'être mes créanciers.

3° Je suppose maintenant que mes créanciers ne
soient pas privilégiés, mais qu'ils soient chirographaires. En leur déléguant la somme de 20,000 fr.
que je leur dois, je stipule que je la leur délègue
avec le privilége de vente qui y est attaché en ma
personne. Rien n'empêche qu'une telle convention ne soit valable; car je suis maître de céder
mes droits à qui bon me semble. La délégation-
novation, que j'ai faite dans ce cas, a été accompagnée d'une cession, au moyen de laquelle j'ai
transporté tous mes droits à mes créanciers.

348. Mais remarquez que les réserves les plus
expresses ne peuvent étendre le privilége d'une
chose à une autre.

Par exemple, Pierre est débiteur de Paul d'une
somme de 20,000 francs, à cause de la vente que
ce dernier lui a faite du fonds Cornélien. Paul a
donc sur le fonds Cornélien un privilége jusqu'à

concurrence de 20,000 francs. Pierre vend ensuite à Jacques le fonds Sempronien pour une somme de 5o,ooo francs, et délègue sur cette somme 20,000 francs qu'il doit à Paul. Celui-ci donne quittance à Pierre, sous réserve de son précédent privilége. Il est évident que cette clause ne pourra donner à Paul le droit d'être payé par privilége sur les 5o,ooo francs provenant de la vente du fonds Sempronien. Sa réserve est inutile et sans conséquence. Il n'a pu se réserver un droit sur une chose qui ne lui a jamais été obligée. C'est le fonds Cornélien sur lequel il avait privilége. Nulle convention ne peut transférer ce privilége sur le fonds Sempronien ; car on ne crée pas des priviléges suivant son bon plaisir. C'est la loi qui les donne dans des cas déterminés. C'est à la faveur de la cause qu'ils sont attachés. Pierre pouvait sans doute donner à Paul le privilége que, comme vendeur, il avait sur l'immeuble vendu. Mais cette stipulation n'a pas eu lieu. C'est Paul qui a cru, par une réserve mal entendue, faire passer sur un immeuble un privilége qu'il avait sur un autre. Tout ceci résulte de l'art. 1279 du Code civil.

§. *De la subrogation* (1).

349. La subrogation est fort différente du transport, de l'indication de paiement et de la délégation.

(1) Dumoulin, *De usuris*, quæst. 49. Renusson, Subrogat. D'Olive, liv. 4, ch. 14 et 26. Pothier, sur Orléans, t. 20,

Renusson la définit (1) : La mutation d'un créancier en un autre créancier, quand les droits du créancier *qui est payé* passent à l'autre qui a fourni ses deniers pour le paiement. C'est une fiction par laquelle celui qui a prêté nouvellement ses deniers est réputé entrer en son lieu et place pour exercer les mêmes droits. « Subrogatio est » transfusio unius creditoris in alium, eâdem vel » mitiori conditione », dit Dumoulin, *De usuris.*

Quoique cette définition ait besoin de commentaire, je la préfère cependant aux définitions plus modernes qui ont été données dans le *Répertoire de jurisprudence*, et dans les *Questions de droit* de M. Merlin, v° *Subrogation.* Il faut se défier surtout du parallèle que M. Merlin établit entre la subrogation et la cession, d'après une consultation qu'on trouve à la fin du traité de Renusson sur la subrogation. A force de vouloir distinguer, le jurisconsulte est tombé dans la subtilité : il ne présente qu'un côté de la subrogation, et il avance même des propositions érONées, comme l'a prouvé M. Toullier (2) ; propositions qui sont du reste contraires à ce que Renusson enseigne dans le corps de son ouvrage. On sait que c'est un défaut

---

sect. 5. Obligat., n°' 519 et suiv. Loyseau, Off., liv. 3, ch. 8, Répert., Subrogat., quest. de droit. Toullier, t. 7, Grenier, Hypoth., t. 1, n°s 90 et suiv. Ancien Journal du Palais, t. 2, p. 29 (M. Toullier y a beaucoup puisé). Brodeau sur Louet, *loc. cit.*, som. 38. Pand. de Pothier, t. 1, p. 569, § 2, n° 5.

(1) Ch. 1, n° 10.

(2) T. 7, n° 119, p. 140 et suiv.

ordinaire des parallèles, de tenir beaucoup moins à la vérité des choses qu'aux aperçus ingénieux.

La subrogation a souvent été confondue avec la cession ou le transport. C'est cette erreur des formalistes qui a beaucoup contribué à brouiller cette matière difficile.

La cession est une véritable vente. Son objet principal et direct est de transporter une créance sur la tête de quelqu'un qui l'achète. Au contraire la subrogation n'est jamais que l'accessoire d'un paiement fait pour libérer un débiteur et éteindre une obligation. Elle adhère toujours à une résolution de contra, « *est potiùs distractus quàm con- » tractus* (1). »

Dans la cession, la commune intention est d'aliéner et d'acquérir. Au contraire, lorsqu'il se fait un paiement avec subrogation, le créancier qui cède ses droits n'a nullement l'intention de vendre. Son objet est de se faire payer ce qui lui est dû. Aussi a-t-on dit avec raison de la subrogation : « *non est vera cessio, sed successio in locum alte- » rius* (2). »

Mais ces différences entre la cession et la subrogation sont bien plus sensibles lorsque la subrogation, au lieu d'être consentie par le créancier, émane du débiteur, ou même de la loi, comme on le verra *infrà*.

Car alors la subrogation se fait *etiàm invito creditore*, tandis que la cession doit être nécessairement l'ouvrage du créancier.

(1) Renusson, chap. 2, n° 22.
(2) Renusson, chap. 2, n° 14.

M. Merlin a dit (1) que la ceesion transfère la dette même, tandis que la subrogation n'en transmet que quelques prérogatives.

Mais cette proposition, vraie dans certains cas, est fausse dans sa généralité. Il arrive souvent que le subrogé est investi, non seulement du privilége et de 'hypothèque du créancier primitif, mais encore de la créance elle-même. Par exemple, la caution du débiteur d'une rente paie le capital et les arrérages de cette rente au créancier et stipule la subrogation dans icelle. Dans ce cas, suivant Dumoulin (2) et Renusson (3), la caution deviendra créancière de la rente, qui continuera à avoir cours à son profit. La créance est donc réellement transférée.

De même, lorsqu'un créancier postérieur paie un créancier antérieur, et qu'il lui est subrogé de plein droit, ce créancier postérieur a, dit Renusson, *la même action* qu'avait l'ancien, et *le même droit*, la même hypothèque. La loi 3, C. *De his qui in prior. loc. succed.*, dit positivement « *in jus* » *eorum successisti* (4). » Tel est aussi l'avis de M. Toullier (5).

Enfin Pothier (6), après avoir montré que par le droit romain celui qui fournissait ses deniers au débiteur pour payer le créancier, n'acquérait pas

(1) Rép., Subrog., p. 25.
(2) *De usuris*, quæst. 89.
(3) Chap. 2, nos 24 et 25.
(4) Chap. 4, n° 24.
(5) T. 7, p. 143 et suiv.
(6) Orléans, tit. 20, n° 80.

la créance du créancier, laquelle était éteinte par
le paiement, mais n'acquérait que l'hypothèque,
établit qu'il n'en est pas de même par le droit
français, et que le subrogé acquiert non seulement
l'hypothèque, mais encore *la créance elle-même* et
les actions qui en dépendent.

Aussi la cour d'Amiens a-t-elle décidé, je crois
avec raison, que la caution de l'acquéreur qui
paie le vendeur succède non seulement à son privilège, mais encore à son droit de demander la
résolution du contrat (1).

350. La subrogation diffère aussi de la délégation. Car celle-ci a toujours lieu entre trois personnes, et la subrogation entre deux; quelquefois
même c'est la loi qui l'accorde.

La délégation a pour but de mettre un débiteur
à la place d'un autre. *Delegare est vice suâ reum
alium dare creditori*, dit la loi romaine citée ci-
dessus.

Au contraire, la subrogation met un créancier
à la place d'un autre, c'est un moyen par lequel
un débiteur cherche à se procurer un créancier
plus complaisant. «*Debitoribus autem prodest* SUBRO-
»GATIO *quò faciliùs viam inveniant dimittendi* acer-
»biorem creditorem, vel commodiùs mutandi. »
Ce sont les paroles de Dumoulin (2).

La délégation éteint la dette et par conséquent
les priviléges et hypothèques dont elle jouissait.

Au contraire, la subrogation fait survivre les

---

(1) 9 novembre 1825. D. 26, 2, 156.
(2) *De usuris*, quæst. 37.

priviléges et hypothèques à la dette payée par le subrogé, et les transfère en la personne de ce dernier.

351. La subrogation n'était pas connue sous ce nom dans le droit romain. Les jurisconsultes l'appelaient « *cessio actionum à lege, beneficium ceden-* » *darum actionum, successio, substitutio* (1). » Quelques interprètes du droit romain lui donnent le nom de *subingressio* quand elle s'opère de plein droit (2). Le mot *subrogation*, tel que nous l'employons, nous vient du droit canonique (3).

C'était même quelque chose de fort obscur que tout ce qui se rattachait à la matière des subrogations, comme on peut le voir par ce que dit Loyseau, dans son Traité des offices (4), et par le Traité de Renusson, sur la subrogation. Mais on sent que ce n'est pas ici le lieu d'approfondir cette matière, qui appartient principalement au titre des obligations, et qui n'est ici qu'un accessoire. Je me bornerai à rappeler quelques détails nécessaires pour se mieux pénétrer des règles consacrées par notre article.

352. La subrogation est *conventionnelle* ou *légale*. La subrogation conventionnelle peut être octroyée, tant par le créancier qui reçoit son paiement d'une tierce personne, que par le débiteur qui emprunte.

(1) Renusson, ch. 2, n° 14.
(2) Olea, *De cessione jurium.*
(3) Renusson, ch. 1, n° 8.
(4) Liv. 3, ch. 8, n°ˢ 57 et suiv.

353. 1° La subrogation peut être octroyée par
le créancier lorsque celui-ci reçoit son paiement
d'un tiers. Le créancier désintéressé subroge alors
le tiers qui le paie dans ses droits, actions, priviléges et hypothèques. Cette subrogation doit être
expresse, et faite en même temps que le paiement.
Elle ne peut être faite *ex intervallo*. On en sent la
raison ; car le paiement non accompagné d'une
prompte cession d'actions, comme dit Loyseau , bien
loin de transférer la dette ou l'hypothèque, l'éteint
et l'amortit tout-à-fait (1). Je dois dire cependant
que les Romains n'exigeaient une convention expresse de subrogation que pour le cas où un tiers
payait un créancier *ayant hypothèque*. Mais lorsque
ce tiers payait un créancier *privilégié*, il lui était subrogé de plein droit, et sans stipulation, ainsi que
le dit Ulpien dans la loi 24, § 11, D., *De reb. auct.
jud.* ; il suffisait que l'argent fût parvenu ès mains
du créancier privilégié. « Eorum ratio prior est
creditorum, quorum pecunia ad creditores privile-
giarios pervenit (2). » Telle était aussi la jurisprudence française, ainsi que l'attestent Loyseau (3),
Brodeau sur Louet (4), d'Olive (5), Renusson (6),

---

(1) Offic., liv. 3, chap. 8, n° 67. L. Solvendo, D. *De neg.
gestis.* D'Olive, liv. 4, ch. 14. Cujas, Observ., liv. 18, c. 40.
Pothier, Pand., t. 1, p. 569, n° 6.

(2) Cujas, Observ., l. 18, c. 40, et Quæst. Pauli, lib. 3, sur
la loi *Aristo*. Renusson, ch. 3, n°s 28, 29. 31.

(3) Off., liv. 3, ch. 7, n° 4.

(4) Lettre E, n₀ 38.

(5) D'Olive, liv. 4, ch. 14.

(6) Ch. 3, *loc. cit.*

Pothier (1); et c'est en quoi M. Toullier a commis une erreur lorsqu'il a dit (2) qu'il n'y avait pas de différence par le droit romain entre la transmission de l'hypothèque et celle du privilége, par voie de subrogation, lorsque cette transmission était consentie par le créancier. Il est certain que dans un cas il fallait une stipulation, et que dans l'autre la transmission s'opérait de plein droit. Mais par le Code civil, cette différence, dont il n'y a pas de motifs plausibles, n'existe plus; car l'art. 1250, n° 1, exige une clause expresse, soit pour le privilége, soit pour l'hypothèque.

Du reste, il faut remarquer que le créancier n'est pas obligé de donner la subrogation (3). Il peut s'y refuser, ne fût-ce que dans l'intérêt du débiteur, afin de ne pas l'exposer à tomber entre les mains d'un créancier avare.

Néanmoins, comme ce refus pourrait souvent être capricieux, on a évité cet inconvénient en permettant que la subrogation se fît par le débiteur. C'est la deuxième manière dont s'opère la subrogation conventionnelle. J'en parlerai (4) tout à l'heure.

353 *bis.* De tous les genres de subrogation, la subrogation octroyée par le créancier est celle qui a le plus de rapport avec la cession. C'est même

(1) Oblig., n° 521.
(2) T. 7, n° 158.
(3) L. *Nulla* C. *de solut.* Basnage, Hyp., ch. 15, Loyseau, liv. 3, ch. 8, n 27. D'Olive, liv. 4, ch. 14.
(4) *Infrà,* n° 354.

en l'assimilant à la vente que les jurisconsultes l'introduisirent dans le droit sous le titre de *Beneficium cedendarum actionum*. En effet, le paiement éteint la dette et toutes ses garanties. Comment donc le créancier qui reçoit son paiement, peut-il céder des droits qui cessent de subsister au moment même où le paiement est effectué? Pour éluder cette difficulté, les jurisconsultes romains imaginèrent de dire que la somme donnée en paiement au créancier était moins un paiement, que le prix de la cession des actions faite par le même créancier. «Non enim in solutum accepit (dit »Paul (1); sed quodammodo nomen debitoris »vendidit, et ideo habet actiones, quia tenetur ad »id ipsum ut præstet actiones.» C'est aussi ce que dit Modestin dans la loi 76 *De solut.* (2).

M. Toullier a conclu de ces textes que le créancier qui consent à une subrogation, est obligé à la garantie, de même que dans la cession (3). Mais c'est une erreur réfutée d'avance par Renusson, Dumoulin et Pothier. Dumoulin dit en effet: «*Creditor non tenetur cedere actiones cum hoc onere ut sint efficaces, sed simpliciter quales habet* (4). » —« Le créancier qui a consenti la subrogation, dit Renusson, n'est obligé à aucune garantie : *suum recepit*. Le consentement qu'il donne à la subro-

(1) L. 36, D. *De fidejussor.* Pothier. Pand., t. 3, p. 337, n° 46.
(2) Cujas, sur cette loi. Pothier, Pand., t. 3, p. 337, note *c*, et 338.
(3) T. 7, p. 141.
(4) *De usuris*, n°s 672 et suiv.

gation ne l'oblige (1). » Et ailleurs : « La simple
cession d'actions, que nous appelons subrogation,
a bien quelque effet semblable à la vente et à la
cession et transport, mais non pas tous leurs
effets... Car le *créancier qui aura consenti la subro-*
gasion ne sera pas garant ; la rente sera éteinte à
son égard (2). »

En effet, ce n'est que par une fiction que celui
qui est subrogé au créancier est censé avoir plutôt
acheté de lui la créance que l'avoir payée (3). Aussi
Paul dit-il : « *quodammodo vendidit.* » Remarquez,
toutefois, que si le créancier payé et subrogeant
n'était pas créancier, soit parce qu'il eût déjà été
payé, soit parce que son titre n'était pas véritable,
il y aurait lieu à recourir contre lui; mais ce ne
serait pas, à proprement parler, par l'action en garantie, ce serait plutôt par la *condictio indebiti.* Car
il aurait reçu ce qui ne lui était pas dû (4).

D'olive (5) examine la question de savoir si le
créancier qui a reçu son paiement *comme premier*
créancier est sujet à garantie, lorsque de fait il
n'a pas le premier rang. Il se prononce pour l'affirmative, et s'appuie d'un arrêt du parlement de
Toulouse, du 15 juillet 1637.

Je crois cette solution bonne, quand il est bien
prouvé que c'est uniquement à cause de son hypothèque, qu'on croyait la première, que le créan-

(1) Chap. 2, n° 22.
(2) Chap. 2, n° 25. Pothier, Orléans, t. 20, sect. 5.
(3) Pothier, id., t. 20, sect. 5.
(4) Renusson, ch. 2, n° 22.
(5) Liv, 4, ch. 26.

cier a reçu paiement de quelqu'un qui ne lui devait rien. Mais ce cas ne peut pas favoriser beaucoup le système de M. Toullier. Car il s'agirait ici d'erreur, et ce serait l'erreur qui ferait annuler le paiement.

On pourrait même dire que, l'objet du traité portant principalement sur le rang, le créancier a fait plus que d'agir pour recevoir son paiement, qu'il a encore agi dans l'intention de vendre et d'acquérir. Ce qui nous ramenerait à une cession proprement dite (1), et donnerait ouverture à la garantie. Mais, je le répète, il faudrait que cette intention fût claire. En général, le créancier n'a pour objet principal que de recevoir son paiement, et nullement de vendre.

354. 2° La subrogation peut être octroyée par le débiteur; comme lorsque, par exemple, Pierre emprunte de l'argent pour payer Jacques, son créancier privilégié, et subroge son prêteur à tous les droits de ce dernier.

Il faut, pour que cette subrogation soit valable, que l'acte d'emprunt et la quittance soient passés devant notaire; que dans l'acte d'emprunt il soit déclaré que la somme a été empruntée pour faire le paiement; et que dans la quittance, il soit déclaré que le paiement a été fait des deniers fournis par le nouveau créancier. (Art. 1250 du Code civil.)

Nous avons déjà vu deux exemples de cette subrogation (2).

(1) *Suprà*, n° 349.
(2) V. sur l'art. 2103, § 2 et 5.

Loyseau (1) nous apprend qu'il y avait de son
temps des *formalistes* qui ne pouvaient se persua-
per que le débiteur pût subroger à la place de
l'ancien créancier privilégié, celui qui faisait sa
condition meilleure. Il leur paraissait extraordinaire que l'action et le privilége pussent passer
d'une personne en une autre, sans transport de
celui qu en est investi.

Mais Loyseau répond aux scrupules de ces
modernes praticiens, d'abord par les lois *Si prior*,
§ *à Titio* D.; *Qui potior in pignorib.*, 1 C.; *De his
qui in prior. cred. loc. succed.* 7, § 6, *De reb. eor.*
Ensuite, il s'appuie de l'opinion du prince de
nos docteurs français, *Dumoulin* (2), dont voici
les termes : « Non requiretur istam cessionem
» fieri cum primo creditore vel eo sciente : sed
» sufficit fieri cum solo debitore vel eum repræ-
» sentante. Sicque iste secundus creditor nullam
» causam habet à primo, sed solùm causam habet
» à debitore. Et tamen succedit in jus primi,
» *saltem in jus simile et æquè potens*, etiàm in præ-
» judicium intermediorum creditorum, quibus
» tamen non dicitur damnum inferri, sed lucrum
» non afferri, quia duntaxat novissimus iste loco
» primi subrogatur, eodem aliquo statu remanente.
» Ideò hoc *toleratur*, licet non interveniat factum
» primi. Et merito est jure introductum, et mo-
» ribus confirmatum, quia creditoribus damnum
» non infert, debitoribus autem prodest quo fa-

(1) Off., liv. 3, ch. 8.
(2) *De usuris*, n° 276.

I.   35

» cilius viam inveniant dimittendi acerbiorem cre-
» ditorem, vel commodiùs mutuandi. » On peut
voir aussi d'Olive, liv. 4 chap. 14. Néanmoins,
l'autorité du droit romain et des grands jurisconsultes, qui s'en étaient faits les défenseurs, ne pu-
rent vaincre tout-à-fait les préjugés, et il fallut
qu'un édit de 1609 établît que le débiteur pouvait
subroger sans le concours du créancier (1).

354 *bis.* Lorsque la subrogation se fait par le
débiteur, les Romains faisaient une distinction
entre le cas où il s'agissait d'un privilége personnel
et celui où il s'agissait d'une hypothèque.

Lorsqu'il s'agissait de subroger à un privilége,
la loi n'exigeait qu'une condition, savoir, que l'argent eût été donné avec réserve qu'il serait payé
aux créanciers privilégiés, et qu'en effet les créanciers fussent payés; ou bien que, sans convenir que
l'argent serait donné aux créanciers, il fût prouvé
par l'événement qu'il leur fût parvenu par les
mains du débiteur, *si modo non post aliquod intervallum* (3). Je dis que la seconde de ces circonstances suffisait sans l'autre (2), quoique M. Toullier semble croire qu'elles fussent cumulativement
obligées. Car le texte de ces deux lois, loin d'exiger
leur réunion, présente l'emploi effectif des deniers
prêtés comme étant de nature à acquérir de plein
droit la subrogation. C'est ainsi, du reste, que les

(1) Loyseau, *loc. cit.*
(2) L. 24, § 3, D. *De reb. auct. jud.* L. 2, D. *De cessione bonor.* Pothier, Pand., t. 3, p. 186, n° 33.
(3) T. 7, n° 158.

ont entendues la glose(1), Cujas(2), et Pothier(3).

Au contraire, lorsqu'un tiers étranger prêtait au débiteur pour payer un *créancier hypothécaire*, il n'avait la subrogation qu'autant qu'il la requérait expressément. Vainement eût-il prouvé que l'argent était parvenu dans les mains du créancier hypothécaire (4), ou qu'il n'avait prêté que pour le payer (5). Tout cela était inutile, sans la clause expresse de subrogation (6).

Il n'est pas facile d'expliquer pourquoi les Romains avaient établi cette différence entre la transmission par subrogation des *priviléges*, et la transmission par subrogation des *hypothèques*.

Par le Code civil, la même distinction n'existe plus. Soit qu'il s'agisse de privilége, soit qu'il s'agisse d'hypothèque, il suffit que dans l'acte d'emprunt on stipule la destination, et que la quittance donnée par le créancier prouve l'emploi. Alors, il y a subrogation quand même cette subrogation n'aurait pas été expressément stipulée. Car elle sort implicitement du concours de la destination des fonds prêtés et de l'emploi.

355. La subrogation de plein droit a lieu d'après l'art. 1251 du Code civil :

(1) Sur la loi *Si ventri*.
(2) Observ., l. 18, ch. 4.
(3) T. 3, p. 186, n° 23, Pand.
(4) L. 2, C. *De his qui in prior.* Pothier, Pand., t. 1, p. 569, n° 6.
(5) L. 3, D. *Quæ res pignori.* Pothier, *loc. cit.*
(6) L. 1, C. *De his qui in prior.* L. 3, C. *De privil. fisci.* Cujas, Observ., lib. 18, cap. 40. Renusson et autres, cités *suprà*, n° 353.

1°. Au profit de celui qui, étant lui-même créancier, paie un autre créancier, qui lui est préférable à raison de ses priviléges ou hypothèques.

Par le droit romain, le créancier hypothécaire postérieur, qui payait le créancier premier en hypothèque, était subrogé *de plein droit* à celui-ci, parce qu'il était réputé n'avoir fait ce paiement que pour devenir premier et principal créancier (1). On sait que dans les principes du droit romain, il n'y avait que le premier créancier qui pût faire vendre le gage hypothécaire. Il suivait de là que les créanciers postérieurs étaient souvent exposés à attendre leur paiement, et qu'il dépendaient du premier créancier, appelé *potior creditor*. Pour remédier à cet inconvénient, les lois accordaient le droit d'offrir (*jus offerendi*), par lequel le créancier postérieur offrait au premier créancier de le payer comptant, et en ce faisant, il était subrogé de plein droit en son lieu et place.

En France, il était de règle, autrefois comme aujourd'hui, que tous les créanciers indistinctement pussent faire vendre le gage hypothécaire. C'est sur cette différence du droit français et du droit romain que plusieurs jurisconsultes, d'un très-grand poids, avait pensé que le droit d'offrir n'avait pas lieu en France, et que si un second créancier en payait un premier, il n'entrait pas dans ses droits, sans cession expresse (2).

Mais l'opinion la plus commune était que;

(1) C. *De his qui in prior. loc. succed.* Renusson, chap. 4. Pothier, t. 1, p. 570.

(2) Loyseau, Offic., liv. 3, ch. 8, n° 66.

comme dans beaucoup de cas il pouvait être utile
au créancier postérieur de payer le premier créancier, il y avait lieu à maintenir la subrogation de
plein droit, accordée par les lois romaines (1).

L'on voit que c'est ce dernier sentiment que le
Code a fait prévaloir (2).

356. Mais on demande si sous la législation
actuelle le droit d'offrir appartient au créancier
chirographaire ou simplement au créancier hypothécaire.

Dans l'ancienne jurisprudence, il était certain
que le créancier chirographaire qui payait un
créancier privilégié ou hypothécaire ne lui était
pas subrogé de plein droit ; on considérait le créancier chirographaire comme un créancier étranger,
qui aurait payé sans requérir ou stipuler de subrogation (3).

M. Grenier pense dans son Traité des hypothèques (4) qu'il doit en être de même sous le Code
civil. Mais M. Toullier (5) est d'avis que l'art. 1251
du Code civil s'applique dans sa généralité à tout

(1) Favre, *De exorib. pragmat.*, cap. 4, lib. 1. Brodeau
sur Louet, l. C, n° 38. Renusson, ch. 4, n° 20. Basnage,
Hyp., ch. 15.

(2) V. *infrà*, t. 3, p. 752 et suiv., divers exemples de l'u-
tilité de la subrogation légale dans le cas de concours de l'hypothèque générale avec l'hypothèque spéciale.

(3) Leprestre, cent. 1, chap. 69, p. 196. Dumoulin, *De
usuris*, n° 176. Corvinus, *Enarrat.*, lib. 8, t. 9. Perezius,
Prælect., idem. Basnage, Hyp., ch. 15. Domat., liv. 3, t. 1,
sect. 6.

(4) T. 1, n° 91, p. 179.
(5) T. 7, n° 140, p. 183.

créancier quelconque, quand même il ne serait que créancier personnel. Il suffit, dit-il, qu'il soit créancier.

Je crois que cette dernière opinion est la meilleure. D'abord, dans l'ancienne jurisprudence on pouvait dire avec raison qu'un créancier personnel devait être assimilé à un étranger. Car il n'avait aucun droit sur les biens et il ne pouvait les faire vendre. S'il eût eu un titre authentique, condition nécessaire pour exproprier, il eût eu nécessairement une hypothèque. Mais aujourd'hui on ne peut pas dire d'une manière aussi étendue qu'un créancier personnel n'a aucun droit sur les biens; car s'il est porteur d'un titre authentique, quoique dépourvu d'hypothèque, il peut les faire saisir (art. 2213 du Code civil).

Les biens sont donc son gage, sauf la préférence des priviléges et hypothèques, et ce serait dès-lors une grande erreur que d'assimiler le créancier personnel à l'étranger qui paie pour le débiteur.

De plus, quels sont les motifs qui ont fait maintenir en France le droit d'offrir? On a vu que c'étaient des raisons absolument étrangères au droit romain.

Renusson (1) dit que « c'est pour le bien de la » paix, pour éviter les contestations et les frais qui » s'augmentent et multiplient par le nombre des » créanciers. » Et ailleurs (2) « que le créancier paie

(1) Chap., 4, n° 9.
(2) *Loc. cit.*, n° 137.

» pour réunir en sa personne le droit de l'ancien
» créancier qui pourrait le traverser, le troubler,
» et faire des frais qui consomment la chose hy-
» pothéquée. »

Basnage dit aussi (1) « que c'est pour éviter les
» frais que pourrait faire le précédent créancier et
» qui absorberaient le prix de la chose. »

Ces motifs s'appliquent évidemment au créancier chirographaire, et je pense qu'on ne peut
douter que le Code n'ait dérogé à l'ancienne jurisprudence.

357. Renusson pensait que le créancier antérieur qui payait le créancier postérieur lui était
subrogé de plein droit pour le paiement. « En ef-
» fet, dit cet auteur, il peut arriver qu'un créan-
» cier antérieur, pour ménager le bien du débi-
» teur commun et éviter la contestation, voudra
» payer le créancier postérieur, et en ce cas il est
» raisonnable que le créancier antérieur ait pareil
» avantage que le postérieur, c'est-à-dire qu'il soit
» pareillement subrogé, de plein droit, au créancier
» postérieur, par le paiement; et même par le droit
» romain le créancier antérieur avait *jus offerendi*
» préférablement au créancier postérieur; il pou-
» vait avoir intérêt de se conserver la chose hypo-
» théquée, et d'exclure le créancier postérieur en
» lui payant ce qui lui était dû ; et cela doit avoir
» lieu parmi nous encore à plus forte raison, parce
» que, suivant notre usage, tous créanciers hypo-
» thécaires ayant droit de poursuivre leur paie-

(1) Chap. 15.

» ment, et de faire vendre le bien de leur débiteur,
» il pourrait arriver que le bien du créancier étant
» de peu de valeur pourrait être consommé en
» frais par un créancier postérieur qui le ferait
» vendre; le créancier antérieur payant le créan-
» cier postérieur pour faire cesser la poursuite, et
» empêcher les frais, il est bien juste que par le
» paiement il soit subrogé de plein droit (1). »

M. Toullier estime que cette doctrine doit encore être suivie. Mais elle me semble formellement
proscrite par le texte même de l'art. 1251, n° 1, qui
n'accorde la subrogation légale qu'au créancier
qui paie un autre créancier *qui lui est préférable.*
M. Grénier (2) est aussi de ce dernier sentiment.

En effet, la subrogation est de droit étroit. Elle
ne doit avoir lieu que dans les cas exprimés par la
loi ou par la convention (3).

558. 2° La subrogation de plein droit a encore
lieu au profit de l'acquéreur d'un immeuble, qui
emploie le prix de son acquisition au paiement des
créanciers auxquels cet héritage était hypothéqué
ou affecté par privilége (art. 1251, n° 2).

Cela est conforme au droit romain (4) et à l'ancienne jurisprudence française (5). Il faut cependant convenir que Pothier, donnant un autre

(1) Chap. 4, n° 14.
(2) T. 1, n° 91, p. 180.
(3) Renusson, ch. 5, n° 18.
(4) L. 17, D. *Qui potior.* L. 3, C. *De his qui in prior. loc.* Cujas, sur ce titre du Code.
(5) Louet, l. C. n° 38. D'Olive, chap. 14, liv. 4. Renusson, ch. 5.

sens aux lois romaines, soutenait que la subrogation n'avait lieu que si elle était stipulée, et qu'en
avouant que la jurisprudence inclinait en France
pour la subrogation de plein droit, il l'attribuait
à des motifs étrangers aux lois romaines (1).

Quoi qu'il en soit, le bénéfice principal de cette
subrogation est que, lorsque l'acquéreur a ainsi
payé, et qu'il est troublé dans la suite par des
créanciers postérieurs au créancier indemnisé, il
peut se défendre contre eux, en se prévalant des
prérogatives du créancier préférable dont il est le
subrogé; ou bien que, s'il délaisse l'héritage par
lui acquis, pour le laisser vendre par expropriation forcée, il doit être mis en ordre sur le prix,
comme subrogé aux droits du créancier qu'il aurait payé (2).

Il était de toute justice d'accorder cette subrogation légale, car l'acquéreur n'ayant payé les
créanciers privilégiés ou hypothécaires que pour
se conserver la possession de la chose par lui acquise, il faut que, s'il vient à quitter cette possession, il ne soit pas frustré de ce qu'il aurait payé,
et qu'il soit mis en ordre sur le prix de la chose
acquise, suivant l'hypothèque du créancier payé(3).

359. Renusson examine sur cette espèce de subrogation légale, beaucoup de questions ardues
que je négligerai ici, parce qu'elles rentrent plutôt
dans la matière des obligations.

(1) Orléans, t. 20, n₀ 73.
(2) Renusson, ch. 5, n° 2.
(3) Idem, ch. 5, n° 3.

Je ne puis cependant m'empêcher de parler de la difficulté suivante. Lorsqu'un acquéreur paie un créancier de son vendeur, la subrogation doit-elle avoir lieu sur tous les biens du vendeur qui étaient obligés et affectés par privilége au créancier qui a été payé, ou bien la subrogation a-t-elle son effet limité sur la chose acquise?

Renusson a traité cette question avec sagacité dans son chapitre 5, et il se fonde sur les lois 17, D. *qui potior*, et 3 au C. *de his qui in prior. loc.*, pour décider que la subrogation est limitée à la chose acquise. Telle était aussi l'opinion universelle (1).

Par exemple, je vous vends pour 30,000 francs la moitié du fonds Sempronien, sur la totalité duquel Leduc a un privilége pour cause de vente.

Vous avez l'imprudence de me payer comptant cette somme de 30,000 francs, montant du prix de votre acquisition.

Quelque temps après, je vends à Laboulie l'autre moitié du fonds Sempronien pour 30,000 fr.

Mais Leduc exerce contre vous l'action hypothécaire, et vous lui payez les 30,000 francs pour conserver la libre possession de votre portion du fonds Sempronien.

Pouvez-vous, en vertu de la subrogation légale, exercer le privilége du créancier payé sur l'autre portion vendue à Laboulie?

J'ai dit que cela ne se pouvait pas dans l'ancienne

(1) Argou, Droit français, liv. 4, chap. 5, t. 2. Pothier, Oblig., n° 521, et sur Orléans, t. 20, 73.

jurisprudence. Le seul avantage que pût vous procurer la subrogation était de vous défendre contre
les créanciers postérieurs, et de leur être préféré
sur l'immeuble par vous acquis.

Mais, sous le Code civil, il semble qu'on peut
aller plus loin, en vertu du n° 3 de l'art. 1251, qui
accorde la subrogation à celui qui, étant tenu pour
d'autres, paie la dette qu'il avait intérêt à acquitter.

Or, l'acquéreur qui paie le créancier privilégié
pour échapper au délaissement, est tenu pour le
vendeur ; il paie pour le vendeur ; donc il est subrogé aux droits que le créancier payé avait contre
ce même vendeur, et l'on se trouve placé hors du
cas prévu par les lois romaines invoquées par Renusson (1).

La difficulté a cependant été jugée en sens contraire par arrêt de la cour de Bourges du 10 juillet 1829 (2). Mais je crois que cette décision ne
peut pas faire impression. La cour de Bourges ne
répond pas à l'argument tiré de l'art. 1251, n° 3.
Elle s'est laissé influencer par d'anciens principes,
qui restreignaient la subrogation, tandis que la
nouvelle législation lui donne une salutaire extension.

(1) Delvincourt, t. 2, p. 360, note 7. Toullier, t. 7, n° 145,
p. 186, note 2, p. 188. Grenier, Hyp., t. 2, n° 496, p. 439.
Arrêt de cassation du 15 juin 1833 (Sirey, 33, 1, 81. Dalloz,
33, 1, 142); Arrêt de Paris du 20 décembre 1834 (Sirey, 36,
2, 159. Dalloz, 35, 2, 144); autre arrêt de Paris du 19 décembre 1835 (Sirey, 36, 2, 161. Dalloz, 36, 2, 79).

(2) Dal. 29. 2. 272, et Dal., Hyp., p. 357, note 1. *Infrà*
n° 789.

360. La subrogation légale a lieu en troisième lieu, au profit de celui qui, étant tenu avec d'autres ou pour d'autres au paiement de la dette, avait intérêt de l'acquitter.

Cette subrogation s'applique aux cautions, aux débiteurs solidaires, aux associés en matière de commerce, parce qu'ils sont tenus solidairement (1).

Tout le monde sait que cette disposition du Code civil est de droit nouveau, et que, par le droit romain et par le droit français ancien, la caution qui payait pour le débiteur principal n'était subrogée au créancier qu'autant qu'elle s'était fait accorder le bénéfice *cedendarum actionum* (2).

Mais le Code civil a préféré le sentiment de Dumoulin, qui, dans la première de ses leçons solennelles faites à Dôle, soutint contre l'opinion unanime, que le co-débiteur solidaire était subrogé de plein droit.

Les cas que j'ai indiqués, par forme d'exemple, où un individu étant tenu avec d'autres et pour d'autres a intérêt d'acquitter la dette, ne sont pas les seuls. Il peut s'en présenter beaucoup d'autres. C'est au magistrat à les distinguer (3).

361. En quatrième et dernier lieu, la subrogation légale a lieu au profit de l'héritier bénéficiaire qui a payé de ses deniers les dettes de la succession.

(1) Voy. le numéro précédent.
(2) Renusson, chap. 7. Pothier, Pandect., t. 3, p. 337, et Oblig., n° 280.
(3) Voy. un exemple numéro précédent.

Cette subrogation a été introduite par la jurisprudence française pour encourager les héritiers bénéficiaires à démêler au plus vite les affaires de la succession (1).

362. On a vu dans les numéros précédens par quelles voies de droit un créancier prend la place d'un autre dans les priviléges dont il est investi, et les exerce à son profit dans toute leur plénitude.

J'en aurais dit assez, si le système de publicité qui distingue notre régime hypothécaire n'obligeait quelquefois les cessionnaires du privilége à des formalités qui doivent occuper notre attention.

363. Et d'abord, je vais parler de celui qui, en vertu d'un transport, est appelé à exercer un privilége.

S'il s'agit d'un privilége sur les meubles, le cessionnaire n'est soumis à aucune formalité d'inscription. Il est investi par son titre, d'un droit aussi étendu que son cédant, et il peut se présenter à la distribution pour obtenir le rang de préférence auquel il a droit, pourvu que son transport ait été signifié au débiteur ou que celui-ci l'ait accepté par acte authentique. Sans cela, le cessionnaire se verrait repoussé par l'exception de défaut de qualité.

Mais s'il s'agit d'un privilége sur les immeubles, toujours sujet à inscription, il faut distinguer si le cédant a pris inscription avant la cession, ou s'il n'a pas rempli cette formalité.

Si le cédant a pris, avant le transport, une in-

(1) Lebrun, Successions, liv. 3, ch. 4, n° 19.

scription de nature à conserver son privilége, le
cessionnaire en est investi par l'existence même de
la cession, et le bénéfice de l'inscription lui profite,
de telle sorte qu'il n'est obligé de faire aucun acte
de publicité pour mettre au grand jour les nouveaux droits qu'il acquiert (1). Et en effet qu'importe aux tiers intéressés que les droits du cédant
soient exercés personnellement par lui ou par
quelqu'un qui le représente? Néanmoins, il est
prudent que le cessionnaire prenne une inscription
en son nom personnel. Car un cédant de mauvaise
foi pourrait, d'accord avec ses créanciers, donner
main-levée de son inscription et nuire au cessionnaire, ainsi qu'on l'a vu dans une espèce jugée par
la cour de cassation, le 5 septembre 1813 (2).

364. Mais si le privilége n'était pas inscrit, lorsque la cession a eu lieu, alors c'est au cessionnaire
à prendre inscription, et il peut le faire comme
aurait pu faire le cédant lui-même (3).

Il suffit qu'il prenne inscription en vertu du titre
du cédant. Il n'est pas nécessaire qu'il fasse mention de la cession, quand même il prendrait inscription en son *nom personnel*, ainsi que l'a jugé
la cour de cassation, par son arrêt du 25 mars
1816 (4).

(1) *Infrà*, no 377.
(2) Denev., 1813, 1, 503. *Infrà*, n° 377.
(3) Toutefois le renouvellement d'inscription faite pour la
créance totale par le créancier qui en avait cédé une portion
profite au subrogé. Arrêt de Bordeaux du 7 mai 1836 (Dalloz,
37, 2, 61. Sirey, 37, 2, 488).
(4) Sirey, 16, 1, 233. Dalloz, Hyp., p. 263.

Cet arrêt est fondé sur ce que le titre dont la loi ordonne l'énonciation dans l'inscription, est le titre originaire, constitutif du privilége ou de l'hypothèque. Déjà la cour de cassation avait décidé cette question en ce sens par arrêts des 15 ventose an 13 (1), 4 avril 1810 (2), 7 octobre 1812 (3).

Elle a confirmé cette jurisprudence par un arrêt du 11 août 1819 (4).

J'aurai, au surplus, occasion de la justifier par de nouvelles raisons, en parlant des formalités de l'inscription des priviléges et hypothèques (5).

Je conclus de tous ces arrêts que M. Grenier est tombé dans une erreur palpable, lorsqu'il a soutenu que le cessionnaire ne pouvait prendre inscription en son nom personnel, qu'autant qu'il était cessionnaire *par acte authentique* (6). Il est clair qu'un acte sous seing privé lui suffit, puisque la loi n'exige que l'indication du titre du cédant ; aussi la cour de cassation a-t-elle décidé, par l'arrêt du 11 août 1819 que je viens de citer, qu'un cessionnaire pouvait, en vertu d'un acte sous seing privé, *renouveler* en son nom l'inscrip-

(1) Dalloz, Emigré, p. 807. Merlin, Rép., Hyp., p. 868, col. 2.

(2) Sirey, 10, 1, 218. Répert., Hyp., sect. 2, § 2, art. 10, n° 1, p. 867. M. Dalloz ne donne pas le texte de cet arrêt; il n'en indique que la date. Hyp., p. 263, note.

(3) Dalloz, Hyp., p. 271 et 272. Sirey, 13, 1, 111.

(4) Dalloz, Hyp., p. 309. Sirey, 19, 1, 490.

(5) N°s 679 et 682.

(6) Hyp., t. 2, p. 226 et 227, n° 389.

tion hypothécaire de son cédant, et je ne vois pas qu'il y ait de différence entre la première inscription à prendre, et le renouvellement. De même, dans l'espèce jugée par l'arrêt du 4 avril 1810, le sieur de Bausset était cessionnaire du sieur de Nauroy, par acte sous seing privé, et il ne vint dans l'idée de personne d'attaquer cette forme de son titre, quoiqu'il eût pris inscription sur le sieur Lesenechal Kerkado de Molac, en son nom personnel. Au surplus, M. Grenier enseigne lui-même, au tome premier de son ouvrage, page 154, alinéa premier, que le cessionnaire d'une créance hypothécaire, par acte sous seing privé, peut prendre inscription *en son nom personnel*, et il s'étonne qu'on puisse avoir une opinion contraire (1).

365. C'est une question controversée que de savoir si le cessionnaire peut valablement prendre une inscription, *en son nom*, avant la signification du transport au débiteur.

Un premier arrêt de la cour de Paris, du 10 ventose an 12 (2), a décidé la négative. Cette cour pensa que, dans ce cas, les créanciers du débiteur cédé pouvaient faire annuler cette inscription, comme prise *à non domino*.

Mais, par un second arrêt du 13 ventose an 13, la même cour a décidé, qu'encore que l'inscription eût été prise avant toute signification du trans-

(1) C'est aussi l'opinion de M. Delvincourt, t. 3, n° 3, p. 166.

(2) Dalloz, Hyp., p. 264, note 1, n° 3. Sirey, 4, 2, 704.

port, on ne pouvait demander la nullité de cette inscription (1).

Cette décision me paraît beaucoup plus juridique. Aussi la cour de cassation a-t-elle jugé la question dans ce dernier sens par ses arrêts des 25 mars 1816 et 11 août 1819, cités ci-dessus (2).

En effet, la signification du transport n'est exigée que lorsqu'il s'agit d'empêcher le débiteur de payer au cédant, ou lorsqu'il s'agit de procéder par voie exécutive et d'exproprier le débiteur. Mais l'inscription n'est qu'une mesure conservatoire (3).

366. Lorsque le créancier privilégié a cédé son droit à différens cessionnaires porteurs de titres successifs, ils concourent entre eux et ne peuvent se prévaloir de la date de ces titres pour prétendre une préférence les uns sur les autres.

La raison en est que les priviléges s'estiment non par le temps, mais par la cause, et que, d'après l'art. 2097, les créanciers privilégiés qui sont dans le même rang sont payés par concurrence.

Je renvoie à ce que j'ai dit à ce sujet, n°s 83 et suiv., et particulièrement à l'arrêt de la cour de cassation, du 4 août 1817, que j'ai cité n° 89, et qui décide positivement que les cessionnaires d'une même créance privilégiée ont un droit égal,

(1) Sirey, 5, 2, 556. M. Dalloz ne donne pas le texte de cet arrêt, et se contente d'en énoncer la date. Hyp., p. 263, note.

(2) N° 364.

(3) Voyez au surplus, sur cette question et sur une question analogue, mon commentaire *de la Vente*, t. 2, n°s 893 et 894. On y trouvera la discussion d'un arrêt de la cour de cassation du 22 juillet 1828, qu'il n'est pas inutile de rappeler ici.

quoique le titre de l'un soit antérieur aux titres des autres. C'est aussi l'avis de M. Grenier (1).

Je fais observer néanmoins que, d'après l'arrêt de la cour de cassation, dont les considérans doivent être remarqués, il semble que le cédant peut, par des stipulations expresses, établir une préférence entre les portions de la créance transportée. Car la vente est susceptible de toutes les conditions et modifications, et les cessionnaires devraient respecter les engagemens auxquels ils se seraient assujettis (2).

367. Si le créancier privilégié avait cédé une portion seulement de sa créance, et qu'il fût resté propriétaire du surplus, il pourrait se présenter une difficulté sur le rang qu'il faudrait lui assigner, en cas d'insuffisance des deniers distribués.

Par exemple, Pierre est créancier de Jacques, de 50,000 francs, pour une terre qu'il lui a vendue.

Pierre cède la moitié de cette créance à Sempronius, qui la lui paie 24,000 francs.

L'immeuble, étant vendu par saisie réelle, ne produit qu'une somme de 40,000 francs.

Pierre et Sempronius devront-ils concourir, et faire une perte proportionnelle? ou bien l'un doit-il l'emporter sur l'autre?

En se reportant aux principes, on aperçoit clairement que la concurrence est impossible.

Pierre a vendu à Sempronius une créance de 25,000 francs; il doit par conséquent l'en faire

(1) T. 2, p. 227.

(2) Voir *suprà*, n° 107, note 3.

jouir, et dès-lors il est manifeste qu'il doit lui céder la préférence. C'est aussi l'opinion de M. Grenier (1).

On objectera peut-être que, dans la cession faite purement et simplement, le cédant n'est tenu que de la garantie de droit, c'est-à-dire de l'existence de la créance, et nullement de l'insolvabilité (1693 du Code civil); que dès-lors, ne devant pas garantir au cessionaire qu'il sera payé de la totalité de son dû, il n'y a pas de raison pour que ce dernier lui soit préféré.

Mais je répondrai qu'il serait tout-à-fait contraire à la bonne foi que le vendeur de la portion de créance cédée, après en avoir touché le prix, vînt, par son propre fait, empêcher son cessionnaire de recouvrer la somme déboursée.

368. Je passe au créancier qui a été indiqué ou délégué pour recevoir le prix d'une vente.

La simple indication de paiement, c'est-à-dire celle qui n'est pas devenue une cession par l'acceptation du créancier indiqué, n'est pas un acte d'aliénation, ainsi que je l'ai dit plus haut n° 344.

Ainsi le créancier indiqué ne peut prendre, *en son nom*, inscription contre l'acquéreur, ou bien faire transcrire la vente, lorsque ces mesures conservatoires n'ont pas été prises par le vendeur. Car tous ces actes seraient nuls, comme faits *à non domino*.

C'est ce qu'a jugé la cour de cassation par un arrêt du 22 février 1810 (2), sur le fondement que

(1) T. 1, n° 93.
(2) Dalloz, Hyp., p. 229, 230.

l'indication d'une personne pour revevoir paiement *ne forme pas un titre de créance au profit de cette personne, tant qu'elle n'a pas été acceptée par elle.*

Il a même été décidé par cet arrêt, que l'inscription de l'hypothèque (je dis la même chose de la transcription) ne peut pas valoir comme acceptation; car l'inscription n'est qu'une mesure conservatoire du titre, et ne peut par conséquent ni le précéder, ni le suppléer, ni le former. D'ailleurs elle ne saurait constituer un lien de droit. Le débiteur qui a fait l'indication peut la révoquer, et rendre par conséquent l'inscription inutile.

Cet arrêt est fondé sur des principes si clairs, qu'on ne peut concevoir comment M. Grenier a pu y voir des difficultés (1). Cependant je dois dire que cet auteur a renoncé plus tard (2) à ses doutes (3).

369. Mais du moins le créancier désigné pour recevoir le paiement peut-il se prévaloir de l'inscription prise par le vendeur, ou de l'inscription d'office prise pour le même vendeur?

Pour résoudre cette question, il faut distinguer deux cas qui peuvent se présenter.

Ou les créanciers indiqués se prévalent de l'inscription prise par le vendeur pour prétendre une préférence sur les créanciers de l'acquéreur, et ils y sont fondés, parce qu'ils sont les mandataires du

(1) Hyp., t. 1, p. 175, n° 89.

(2) Hyp., t. 2, n° 388, p. 226, note 1,

(3) Opinion conforme de M. Toullier, t. 7, n°ˢ 287 et suiv., et d'un arrêt de Metz du 24 novembre 1820. Sirey, 21, 2, 315. Dalloz, Hyp., p. 230, note.

vendeur, et qu'ils ont qualité pour exercer ses droits.

Ou bien les créanciers indiqués se prévalent de l'inscription du vendeur pour prétendre une préférence sur d'autres créanciers du vendeur, et leur prétention doit être rejetée; car entre créanciers qui représentent le débiteur dans un droit qu'il n'a pas aliéné, la préférence ne se règle que par les droits personnels à chacun de ses créanciers; le droit de leur auteur ne peut servir à quelques uns au préjudice des autres.

Cette distinction, qui n'a été faite ni par M. Merlin (1) ni par M. Grenier (2), est cependant nécessaire; c'est faute d'y avoir fait attention que ces deux auteurs se sont laissé entraîner dans des doctrines inexactes, à mon avis, dans leur généralité.

M. Merlin, qui professe ouvertement que dans aucun cas les créanciers délégués ne peuvent se servir de l'inscription du vendeur, pas même contre les créanciers de l'acquéreur, cite un arrêt de la cour de Bruxelles du 14 janvier 1817, rendu dans l'espèce suivante (3).

Mainy vend au sieur Deboutridder trois maisons, et le charge de payer à son acquit une rente de 83 f. 44 c. qu'il doit au sieur Drombise.—Transcription au bureau des hypothèques. Le conserva-

(1) Répert., Hypoth., sect. 2, § 2, art. 13, T. 16, Hypoth., p. 399, et Inscript. hyp., p. 474, n° 10.
(2) T. 2, n° 388, p. 224.
(3) T. 16; Inscript., p. 474, col. 2, n° 10.

teur prend une inscription d'office pour la rente, en *faveur du vendeur et du créancier.*

Plus tard, les trois maisons vendues à Deboutridder sont vendues par expropriation forcée; Drombise prétend exercer le privilége assuré au vendeur; mais cette priorité lui est contestée par un sieur Thiriar, créancier hypothécaire de Deboutridder, et dont le titre n'avait été inscrit que postérieurement à la transcription de la vente faite par Mainy à Deboutridder.

Sur ce débat, la cour de Bruxelles ordonne que Thiriar sera colloqué avant le sieur Drombise. « Attendu, dit-elle, que l'appelant n'ayant ni vendu » l'immeuble dont il s'agit, ni fourni les deniers » qui auraient été destinés à en faire l'acquisition, » n'est pas dans le cas de pouvoir réclamer le pri- » vilége que l'article 2103, § 1 et 3 du Code civil, a » établi en faveur des vendeurs et prêteurs, et que » l'article 2108 du même Code leur conserve au » moyen des devoirs qu'il leur prescrit;

» Que ces lois sont d'autant moins applicables » que les priviléges, en tant qu'ils s'écartent du » droit commun, sont d'une interprétation très- » étroite. »

On voit que cet arrêt juge positivement que l'inscription prise pour le vendeur ne peut servir au créancier indiqué, contre un créancier hypothécaire de l'acquéreur. M. Merlin le cite comme autorité; il l'aprouve comme servant à corroborer son principe général, que les créanciers indiqués ne doivent pas jouir de l'effet de l'inscription d'office prise pour le vendeur.

Mais cet arrêt doit-il être suivi? je ne puis le croire, et je persiste à penser que je ne dois pas me départir de ma distinction.

Il est certain, en droit, que le créancier délégué est un véritable mandataire, chargé par celui qui a fait l'indication de recouvrer la créance. Or, le mandataire représente le mandant, et exerce toutes ses actions. Dès-lors, puisque Drombise *prétendait exercer le privilége assuré au vendeur* (ce sont les paroles de M. Merlin), puisqu'il se prévalait du droit de son mandant, il n'y avait aucun moyen légal de le repousser. On ne pouvait pas plus l'exclure que Mainy, dont il se présentait pour occuper la place; et en l'admettant on ne causait aucun préjudice à Thiriar, puisque ce dernier, n'étant que le créancier hypothécaire de l'acquéreur Deboutridder, devait nécessairement céder le pas au privilége du vendeur.

D'ailleurs n'est-il pas de principe que les créanciers peuvent exercer tous les droits de leur débiteur?

L'inscription prise pour le vendeur devait donc profiter au créancier délégué.

On opposerait à tort que l'inscription avait été prise en faveur du vendeur *et du créancier*, et qu'à cause de cela elle était vicieuse; je réponds par l'adage vulgaire, *utile non vitiatur per inutile.* Que veut dire ensuite la cour de Bruxelles, en citant le principe que les priviléges sont de droit étroit, et qu'il ne faut pas les étendre? Il ne s'agit pas ici de faire passer un privilége d'une personne à une autre personne qui lui est étrangère; il s'agit seulement de savoir si un mandataire peut se faire payer pour le compte de son mandant.

Ainsi l'arrêt de la cour de Bruxelles doit être rejeté. Il faut conclure sans hésiter que le créancier indiqué peut jouir du bénéfice de l'inscription régulière prise pour le vendeur, et qu'il peut l'opposer aux créanciers de l'acquéreur.

Je passe à la seconde branche de ma distinction.

J'ai dit ci-dessus que les créanciers indiqués par le vendeur ne peuvent tirer aucun avantage de l'inscription de celui-ci pour prétendre préférence sur ses autres créanciers.

Cette proposition est appuyée de différens arrêts qui la mettent au dessus de toute controverse.

Isabelle, créancière d'une rente viagère, prend, le 20 avril 1799, une inscription sur les biens du sieur Scelles son débiteur.

Le 28 février 1809, Scelles vend au sieur Laurent l'immeuble hypothéqué, et il le charge de payer la rente à la dame Isabelle. L. 21 mars transcription du contrat et inscription d'office.

La dame Isabelle laisse périmer son inscription. Lors de la distribution du prix, la dame Isabelle prétendit se faire colloquer à la date de son ancienne inscription quoiqu'éteinte et périmée, parce que, disait-elle, l'inscription d'office équivalait à un renouvellement d'inscription de sa part.

Le sieur Guersant, autre créancier du sieur Scelles, et dont l'inscription subsistait encore, s'opposa à cette prétention, et son système fut admis par la cour de Caen du 12 février 1812 (1).

Je crois qu'il devait l'être. La dame Isabelle et le sieur Guersant étaient tous deux créanciers du sieur Scelles, lequel n'avait pas aliéné son privilége au profit de la dame Isabelle, puisqu'il ne paraît pas que la délégation eût été acceptée; donc leurs droits devaient être réglés par leurs inscriptions; mais la dame Isabelle avait laissé périmer la sienne; elle ne pouvait donc prétendre avantage sur Guersant, dont l'inscription était intacte.

La délégation faite à son profit et suivie d'une inscription d'office n'avait pu changer cet état de choses; car l'inscription d'office ne pouvait profiter qu'au vendeur ou à ses représentans. Or, Guersant et Isabelle représentaient tous deux le vendeur Scelles, leur débiteur commun; dès-lors, pour fixer leur rang, il fallait toujours en revenir aux inscriptions, et reconnaître que l'inscription d'Isabelle étant périmée, devait céder le pas à Guersant. Il est même certain que, quand même le vendeur eût voulu intervertir les rangs, cela n'était pas en son pouvoir.

La décision de la cour de Caen est conforme à deux arrêts de la cour de Cassation.

Le premier est du 15 frimaire an 12 (2), en voici l'espèce :

(1) Sirey, 12, 2, 290. Répert., t. 16, p. 475, col. 2. M. Dalloz cite le sommaire et la date de cet arrêt, mais n'en donne pas le texte. Hyp., p. 314, col. 2.

(2) Merlin, Répert., t. 16, Hyp., p. 399. Sirey, 4, 2, 131. Dalloz, Hyp., p. 103, rapporte l'arrêt sans donner la notice des faits.

Le sieur Demarez vend une maison à la demoiselle Guerre, et en délègue le prix à quelques créanciers.

Transcription du contrat au bureau des hypothèques et inscription d'office.

Les créanciers délégués prétendirent que, par cette inscription, ils devaient avoir préférence sur le sieur Marx Élie, autre créancier de Demarez vendeur.

Marx Élie répondit à cette prétention, en disant que l'inscription d'office conservait la préférence au vendeur et *à ses ayant-cause* sur l'acquéreur; mais qu'elle ne réglait pas la préférence des créanciers du vendeur entre eux.

Ce système fut successivement admis par la cour de Nancy et par la cour de cassation, et il fut décidé que les créanciers délégués ne pouvaient avoir aucune préférence sur le prix de vente.

Le second arrêt est du 22 avril 1807 (1). Il a été rendu dans des circonstances toutes semblables. Des créanciers indiqués soutenaient que l'inscription d'office prise pour le vendeur devait leur assurer la préférence sur les créanciers chirographaires (2) de ce même vendeur, et leur prétention fut rejetée comme elle devait l'être; car tant que le débiteur est resté propriétaire de son pri-

(1) Répert., Hyp., p. 877. Dalloz, Hyp., p. 103, note.
(2) M. Merlin dit qu'ils étaient chirographaires; M. Dalloz, qu'ils avaient inscription hypothécaire!! En général, on ne saurait mettre trop de précision et d'exactitude dans l'exposé des faits, et c'est ce que l'on ne trouve pas toujours dans les recueils d'arrêts.

vilége, et qu'il ne l'a pas aliéné (on sait que la simple indication de paiement n'empêche pas le délégant de rester propriétaire), ses créanciers qui le représentent *tous* dans ce droit non aliéné, ne peuvent réclamer avantage les uns sur les autres, lorsqu'ils n'ont pas, *d'autre part*, une cause de préférence.

370. J'ai parlé jusqu'ici des cas où les choses sont restées dans les termes d'une simple indication de paiement.

Mais il en serait autrement si l'indication de paiement avait été acceptée par le créancier indiqué; car cette acceptation transformerait l'indication de paiement en cession, et produirait entre le créancier indiqué et son débiteur un lien de droit qui opérerait une véritable vente (1).

Ainsi, le créancier indiqué pourrait prendre inscription en son nom. Ainsi, le conservateur devrait prendre aussi en son nom l'inscription d'office. Ainsi encore, il pourrait exercer en son nom tous les droits attachés à l'inscription prise par son débiteur. Tout cela ressort des termes de notre article.

371. Dira-t-on, comme le fait M. Merlin(2), que d'après l'art. 2108, le conservateur ne peut prendre inscription d'office au profit des cessionnaires et ayant-cause du vendeur; que cet article est limitatif, d'autant plus qu'en le rapprochant de l'art. 29 de la loi du 11 brumaire an 7, on voit

(1) *Suprà*, n° 344.
(2) T. 16, p. 474, n° 10.

que ce dernier article décidait que la transcription conservait le privilége tant pour le vendeur que pour ses *ayant-cause*; mais que le Code civil n'ayant plus parlé des *ayant-cause*, on doit les exclure?

Mais tout ce raisonnement roule sur une pure équivoque.

En droit, le cessionnaire représente le cédant, et notre article dit positivement que les *cessionnaires des diverses créances privilégiées exercent les mêmes droits que les cédans en leur lieu et place;* donc le délégué peut se prévaloir de l'inscription prise par le cédant, ou, ce qui est la même chose, le conservateur doit prendre inscription d'office au nom de l'un ou de l'autre. Les circulaires de la régie lui en font un devoir (1).

372. Mais il n'est pas aussi facile de décider si le créancier délégué, qui a accepté l'indication de paiement, peut se prévaloir de l'inscription de son débiteur, pour prétendre préférence sur les autres créanciers de ce même débiteur.

Cependant, en distinguant les cas, on arrive à des résulats clairs et précis.

Lorsque les créanciers, sur lesquels le délégué prétend préférence, sont chirographaires, cette préférence doit lui être accordée. Car le débiteur commun était maître de faire des aliénations, sans que les chirographaires pussent s'en plaindre, puisque leurs titres ne leur donnent aucune suite sur la chose. Or, c'est ce qu'il a fait en cédant en quelque sorte au créancier délégué le prix de la

---

(1) M. Grenier, t. 2, p. 225.

chose vendue, et le privilége assis sur cette chose. Ce privilége est dès-lors sorti du domaine du débiteur. Ses créanciers chirographaires ne peuvent plus s'en prévaloir, il appartient tout entier et exclusivement au cessionnaire, c'est-à-dire au créancier délégué (1).

373. Lorsque les créanciers sur lesquels le délégué prétend la préférence sont hypothécaires, c'est-à-dire lorsqu'ils ont une hypothèque antérieure à la vente faite par le débiteur, il faut voir si cette hypothèque a été inscrite avant ou après la vente.

Si elle a été inscrite avant la vente, le délégué ne peut prétendre droit sur la chose vendue qu'après les créanciers inscrits du vendeur.

En effet, le cédant ne peut céder à son cessionnaire plus de droits qu'il n'en avait lui-même. Or, le cédant ne pouvait rien prendre sur le prix qu'après que ses créanciers hypothécaires étaient payés. Donc, son cessionnaire doit se soumettre à la même condition.

On voit de suite la différence qui existe entre les créanciers chirographaires et les créanciers hypothécaires.

Les créanciers hypothécaires ont un droit spécial sur la chose; et pour l'exercer, ils n'ont pas besoin de se prévaloir du droit de leur débiteur. Car ils agissent par l'action hypothécaire, de leur chef.

Au contraire, les créanciers chirographaires ne

(1) *Suprà*, n° 4.

pourraient se servir du privilége de leur débiteur qu'en exerçant ses droits. Car, de leur chef, ils n'ont pas de droit de suite. Or, il est de principe que les créanciers chirographaires ne peuvent exercer que les droits que leur débiteur n'a pas aliénés sans fraude. Et comme le débiteur a aliéné son privilége, nul doute que le cessionnaire, en faveur de qui l'aliénation est faite, ne soit préférable aux chirographaires.

374. Si les créanciers hypothécaires n'ont pas pris d'inscription avant la vente de l'immeuble hypothéqué, et la cession faite aux créanciers délégués, il y a plusieurs difficultés à examiner ; pour y parvenir, il faut s'appuyer du secours de quelques exemples afin de rendre les choses plus sensibles.

Par exemple, Pierre est débiteur de 50,000 f. envers Titius, lequel s'est fait consentir hypothèque sur le fonds Cornélien. Mais il oublie de prendre inscription.

Pierre vend à Jacques le fonds Cornélien, et délègue le prix à Sempronius, qui lui a prêté de l'argent par billet, et qui déclare par acte authentique accepter la délégation. Le contrat est transcrit sur-le-champ, et une inscription d'office est prise en faveur de Sempronius.

Titius ne prend inscription que dans la quinzaine pour son hypothèque. On procéde à une distribution du prix, et Sempronius prétend à la préférence sur Titius.

Titius pourra-t-il combattre cette prétention en disant que le privilége, en se trouvant transféré à Sempronius, ne doit pas lui être plus nuisible que s'il fût resté entre les mains de Pierre?

Cette question n'est pas sans difficulté. Sempronius pourra faire valoir en sa faveur des raisons empruntées à la bonne foi et à la publicité du régime hypothécaire. Ces raisons ne sont pas dépourvues de force.

Le cessionnaire, qui achète le privilége du vendeur, et qui ne trouve pas d'inscription prise sur l'immeuble vendu, se croit sûr de la préférence; il ne contracte qu'à raison de cette préference qu'il a vu lui être acquise. C'est tant pis pour le créancier qui n'a pas veillé à ses droits, et qui a laissé son hypothèque imparfaite et sans efficacité : les tiers ne doivent pas souffrir de sa négligence.

Or Sempronius est un véritable cessionnaire. On l'a établi ci-dessus (1) avec l'autorité de Loyseau, de M. Toullier et des lois romaines. Titius ne peut donc venir le troubler par son inscription tardive.

Sempronius, sachant que le fonds Cornélien allait être vendu, pouvait évidemment prendre jugement contre Pierre, et puis se faire inscrire chez le conservateur. Nul doute qu'alors il n'eût eu la préférence sur Titius, créancier inscrit postérieurement. Il n'a pas pris cette voie de rigueur, parce que la négligence de Titius lui a laissé croire que la cession du privilége produirait pour lui des résultats aussi avantageux. Serait-il juste que Titius vînt après lui enlever sa position? De plus, on ne peut contester qu'en vendant l'im-

(1) N° 344.

meuble, Pierre n'eût pu y asseoir une hypothèque au profit de Sempronius; et si Sempronius eût pris de suite inscription, il serait certainement préférable à Titius. Eh bien! il a fait quelque chose d'à peu près semblable; il a fait passer à Sempronius son privilége, c'est-à-dire un droit qui saisit la chose comme l'hypothèque, et qui de plus a des prérogatives plus étendues. Les résultats doivent donc être au moins les mêmes.

Mais quelque spécieuses que soient ces raisons, il y en a d'autres qui doivent assurer la préférence au créancier hypothécáire.

Le cédant n'a pu transmettre que les droits qu'il avait lui-même; et, comme le dit notre article, le cessionnaire ne peut exercer que les mêmes droits que le cédant.

Or, le cédant avait déjà aliéné en faveur de Titius un droit de préférence sur le prix de l'immeuble Cornélien; car toute concession d'hypothèque emporte avec elle un droit de préférence sur les deniers que procurera la vente, et il est bien certain que si quelqu'un doit être primé sur le prix de l'immeuble, c'est celui qui a donné l'hypothèque sur cet immeuble.

Pierre avait donc permis à Titius que ce dernier aurait sur le prix un droit préférable au sien.

Il suit de là que Titius n'avait pas à redouter le privilége de Pierre; ce n'était pas pour s'en garantir qu'il avait des précautions à prendre. C'était contre les autres créanciers de Pierre, ou contre les créanciers du nouvel acquéreur, mais

jamais pour se mettre à l'abri de la concurrence
de son propre débiteur.

Ceci posé, qu'est-ce que Sempronius? C'est le
représentant de Pierre; il a pris sa place; il est
son successeur : il ne peut donc avoir plus de
droits que lui, et il ne peut pas plus inquiéter
Titius que Pierre n'aurait pu l'inquiéter.

Sempronius, dans toute son argumentation, a
beaucoup plus parlé de ce qu'il aurait pu faire que
de ce qu'il a fait. Sans doute, s'il eût préféré avoir
hypothèque et qu'il l'eût fait inscrire avant celle
de Titius, il aurait eu la préférence. *Entre créanciers*, le rang d'hypothèque se règle par l'inscription. Mais ici il ne s'agit pas de rang *entre créanciers* : il s'agit du rang entre Titius *créancier* et
Pierre son *débiteur*, dont Sempronius exerce les
droits. Car Sempronius ne doit pas s'y méprendre.
Le privilége dont il s'appuie n'est pas le *sien*, en
ce sens qu'il n'est pas vendeur. C'est le privilége
de Pierre qu'il veut exercer.

Il en aurait été autrement s'il eût pris hypothèque. Cette hypothèque eût été vraiment *sienne*,
puisqu'elle aurait été l'accessoire de sa créance.
Mais le *privilége* est-il l'accessoire de ce que Pierre
lui doit? Il faut toujours en revenir là. Il ne fait
qu'exercer un droit attaché à une créance de
Pierre, et que ce dernier lui a cédé.

Sempronius parle de sa bonne foi et de l'erreur où il a été jeté par défaut d'inscription de la
part de Titius. Mais il y avait un moyen bien
simple de savoir si Pierre n'avait pas de créanciers ayant droit de préférence sur l'immeuble;

c'était d'attendre la quinzaine de la transcription, et de ne traiter que si des inscriptions ne se présentaient pas dans ce délai (1).

Je suppose maintenant que dans l'espèce posée tout à l'heure, Sempronius ait accepté la délégation par acte authentique, mais que la transcription et l'inscription d'office ne s'effectuent que long-temps avant la vente, et aussi après que Titius se sera fait inscrire. (Je suppose toujours que l'inscription de Titius est postérieure à la délégation.)

Sempronius sera encore moins heureux, puisqu'il y aura cette circonstance, que Titius a pris inscription sans retard, et que l'on aperçoit dans cette espèce avec bien plus d'évidence combien il serait choquant qu'un tel commerce sur le privilège fût nuisible aux créanciers de bonne foi.

376. Lorsque la délégation contient une novation, le créancier délégué perd toute espèce de droit aux hypothèques et aux priviléges préexistans. Ainsi, il n'a rien à réclamer du chef du délégant.

Mais, si par une clause expresse, les priviléges et hypothèques sont réservés, il faut appliquer ici tout de que j'ai dit ce la cession.

(1) Si l'immeuble vendu provenait d'un partage, il faudrait faire attention aux soixante jours accordés au co-partageant pour s'inscrire. Ce n'est qu'au bout de ce temps, écoulé sans inscription, qu'on serait sûr que le privilége du vendeur ne serait pas paralysé par celui de son co-partageant dont il était débiteur pour retour de lot.

307. Voyons pour la subrogation.

Lorsque la subrogation est accordée par le créancier payé, le subrogé peut être assimilé à un cessionnaire pour les mesures nécessaires à la conservation du privilége qui lui est transmis.

Ainsi, il faut décider que le subrogé profite de l'effet de l'inscription prise par le subrogeant, et que la loi ne le soumet à aucune obligation pour jouir de ce bénéfice. Néanmoins, dit M. Toullier, la prudence exige que le subrogé fasse dans tous les cas renouveler l'inscription en son nom, pour prévenir la mauvaise foi du créancier, qui, de connivence avec les autres créanciers postérieurs, pourrait consentir à la radiation de son inscription. Il cite un exemple tiré d'un arrêt de la cour de Paris, du 29 août 1811 (1).

Il peut aussi faire signifier ou remettre au conservateur la quittance du créancier contenant subrogation. Le conservateur en fait mention en marge de l'ancienne inscription; et à compter de ce moment, la radiation ne peut avoir lieu que du consentement du subrogé (2).

Si le privilége n'est pas inscrit lors de la subrogation, le subrogé peut prendre inscription comme aurait pu le faire le subrogeant lui-même.

Bien plus, si le subrogeant prend inscription en son nom, il lui suffit d'annoncer qu'il est subrogé aux droits du créancier; mais, par les raisons ci-dessus, n° 364, et qui trouvent ici leur

(1) T. 7, n° 168, p. 237. Grenier, t. 1, n° 92, et t. 2, n° 322. Sirey, 12, 2, 21. *Suprà*, n° 363.

(2) M. Battur, t. 2, p. 65.

application, il n'y a rien qui l'oblige à inscrire l'acte de subrogation. Il suffit qu'il précise l'acte d'où découle le privilége qui lui est transporté.

378. Si le créancier a reçu en différens temps différentes portions de sa créance, de plusieurs personnes qu'il a subrogées dans ses droits pour les portions qu'il a reçues d'elles, et s'il reste encore créancier d'une partie, il doit leur être préféré. En effet, il est de principe que la subrogation ne peut jamais être opposée au créancier subrogeant, ni lui préjudicier. Ce point de jurisprudence était constant avant le Code civil où l'on tenait pour maxime : « *Nemo videtur cessisse contrà se* (1). »

Le Code civil l'a consacré par l'art. 1252 du titre des obligations (2).

Il est donc inutile d'entrer ici dans des développemens de principes qui seraient hors de mon sujet. Je renvoie, au surplus, à ce que j'ai dit *suprà*, n° 233. On verra aussi, n° 234, ce qui doit avoir lieu pour fixer le rang des prêteurs de fonds qui ont payé avec subrogation les créanciers du vendeur, et qui se trouvent en concurrence avec des créanciers de ce même vendeur non payé.

379. Quant aux créanciers subrogés entre eux, il est non moins certain qu'ils doivent venir par concurrence, et sans aucun égard à la date des subrogations. En effet, ils ont tous la même cause.

(1) Dumoulin, De *usuris, quæst.*, 89, n° 670. Reunsson, chap. 15. Pothier, Orléans, t. 20, n° 87.
(2) Grenier, t. 1, p. 181. Toullier, t. 7, n°s 169 et suiv.

Tous ont payé pour éteindre la dette ; leurs droits doivent être égaux (1).

Cependant il peut se présenter une question qui n'est pas sans difficulté.

J'ai dit que le créancier était préférable à ses subrogés pour ce qui lui reste dû. On demande donc si celui qui lui a payé un reliquat, et qui lui est subrogé, peut exercer la préférence qu'il était en droit de réclamer contre les autres subrogés.

Renusson examine cette difficulté (2), et décide que le créancier qui ne fait que recevoir son paiement, et *qui touche les deniers pour le compte du débiteur qui se libère*, ne peut pas subroger dans ce droit d'exclusion et de préférence dont il vient d'être question. Car, dit-il, encore que le créancier qui reçoit le paiement de son dû, *consente la subrogation* en ses droits, au profit de ceux qui ont fourni leurs deniers au débiteur, la subrogation ne vient pas en ce cas du créancier qui est contraint, malgré qu'il en ait, de recevoir ce qui lui est dû ; elle vient plutôt du débiteur qui ne peut pas faire préjudice à ceux qui lui auraient prêté leurs deniers pour faire les premiers paiemens. M. Toullier est aussi de ce sentiment (3), et dit que c'est celui de Duparc-Poullain.

Mais Renusson pense que lorsque le créancier fait autre chose que recevoir son paiement, lorsqu'il agit pour son utilité particulière, et qu'il

_____

(1) Pothier, Orléans, t. 20, n₀ 87. *Infrà*, nº 608.
(2) Chap. 16, nº 15.
(3) T. 7, nº 170, nº 239.

transporte ses droits *venditionis causa*, il peut céder son droit de préférence et d'exclusion (1). Car, quoi qu'en dise M. Toullier, ce droit n'est pas personnel ; il est susceptible d'aliénation. Il peut être vendu, et si le créancier ne peut y subroger, ce n'est pas à raison de la personnalité du droit, mais à raison des différences existantes entre la subrogation et la cession.

380. Je m'occupe maintenant du cas où la subrogation est accordée par le débiteur.

Les moyens de conserver le privilége transmis sont indiqués dans les art. 2108 et 2110 ci-dessus.

La transcription seule du contrat de vente vaut inscription pour le prêteur de deniers. Ainsi il n'est nullement nécessaire de faire mention des actes d'où découle la subrogation.

Le prêteur lui-même peut procurer cette transcription : il lui suffit de faire transcrire le contrat de vente. Mais il faut faire attention si le contrat porte subrogation en faveur du prêteur de deniers pour achat de la chose, ou si la subrogation a été consentie par des actes subséquens.

Au premier cas, le conservateur est obligé de prendre inscription d'office en faveur du prêteur, et le prêteur figure en nom sur le registre des inscriptions.

Au second cas, le conservateur ne peut prendre inscription en faveur du prêteur, puisque le prêt et la subrogation lui sont également inconnus. Mais le privilége du prêteur n'en est pas moins

(1) Chap. 16, nos 6 et 15.

conservé ; car il lui suffit qu'il y ait inscriptrion en favenr du vendeur. Cette inscription lui profite (1).

Il faut remarquer cependant que souvent il peut être désavantageux pour le prêteur de deniers, de ne pas figurer en nom personnel sur le registre des incriptions. Car il se trouve privé des avertissemeus et sommations qui sont ordonnés par la loi, lorsqu'il s'agit de procéder à la purgation dés priviléges. Il pourrait aussi arriver que le vendeur donnât une main-levée frauduleuse de ses inscriptions (2).

Aussi la prudence exige-t-elle qu'il prenne er son nom une inscription, en vertu des actes constatant la destination et l'emploi des deniers.

A l'égard de ceux qui ont prêté des deniers pour le paiement des ouvriers privilégiés, ils conservent leur privilége par la double inscription du procès-verbal qui constate l'état des lieux et du procès-verbal de réception (3). Les réflexions que j'ai faites sur le prêteur de deniers pour achat de la chose sont absolument applicables ici.

381. Tous les prêteurs concourent entre eux, quelle que soit la date de leur contrat. « Si duorum » pupillorum nummis res fuerit comparata, ambo » in pignus concurrent pro his portionibus quæ » in pretium rei fuerint expensæ (4). »

(1) *Suprà*, n° 289.
(2) *Suprà*, n° 377.
(3) *Suprà*, n₀ 319.
(4) L. 7, D. *qui potior in pignor.* Brodeau sur Paris, art. 95, n° 9, et sur Louet, lettre D, n° 63, § 8. Renusson, chap. 16.

Le dernier prêteur ne pourrait en aucune manière se prétendre snbrogé au droit de préférence
qu'a le créancier pour le reste de son dû. Car
aussitôt que ce créancier a été payé, sa préférence
s'est anéantie par le paiement. *Solutione tollitur
omnis obligatio.* Il n'a pas été au pouvoir de l'acheteur, quand il l'aurait voulu, de faire revivre un
droit éteint, une exclusion injuste en tout autre
qu'en la personne du vendeur. Encore moins le
débiteur a-t-il pu transmettre un droit contraire
à celui qu'il avait donné aux premiers subrogés;
c'eût été trahir la promesse qu'il leur avait faite de
leur transférer les droits du vendeur. Ainsi jugé par
arrêt du parlement de Paris du 17 juillet 1694 (1).

382. Tout ce que je viens de dire pour le cas
de subrogation conventionnelle accordée par le
créancier, s'applique aussi à la conservation des
priviléges transmis par la voie de la subrogation
légale.

ARTICLE 2113.

Toutes créances privilégiées soumises à la
formalité de l'inscription, à l'égard desquelles
les conditions ci-dessus prescrites pour conserver le privilége n'ont pas été accomplies,
ne cessent pas néanmoins d'être hypothécaires; mais l'hypothèque ne date, à l'égard

Loyseau, Off., liv. 3, ch. 8, n° 94. Répert., Subrogat., p. 40,
col. 2. Toullier, *loc. suprà cit.*
(1) Renusson, ch. 16, et addition.

des tiers, que de l'époque des inscriptions qui auront dû être faites, ainsi qu'il sera expliqué ci-après.

SOMMAIRE.

383. Quels priviléges descendent dans la classe des hypothèques.
384. Renvoi au n° 35, pour savoir comment cette transformation est conforme au principe.

COMMENTAIRE.

383. Les priviléges soumis à l'inscription sont seuls exposés à descendre dans la classe des hypothèques; et c'est le sort qui les attend si l'on n'observe pas les formalités indiquées pour leur conservation et dont je viens de parler (1).

Le privilége de séparation des patrimoines, quoiqu'il ne soit que très-improprement appelé privilége, peut, comme tous les autres priviléges soumis à inscription, dégénérer en hypothèque.

384. J'ai fait connaître plus haut (2) pour quels motifs le privilége étant éliminé, laisse subsister après lui un droit d'hypothèque.

(1) *Suprà,* n°s 286 *ter* et 325.
(2) N° 27.

FIN DU PREMIER VOLUME.

TABLE DES MATIÈRES

CONTENUES DANS CE VOLUME.

———

FIN DE LA TABLE DES MATIÈRES.